国家软科学重大项目

（2011GXS2D026）

中国区域经济发展
动力机制研究系列

中国区域经济发展动力机制研究系列

China's Dynamic Mechanism of the Regional Economy Development Se

中国区域金融发展的动力机制

——以中原经济区为例

DYNAMIC MECHANISM OF REGIONAL
FINANCIAL DEVELOPMENT

史自力　焦继军

段聪颖

社会科学文献出版社

SOCIAL SCIENCES ACADEMIC PRESS (CHINA)

目　录

理论篇——机制机理

实践篇——机制作用

政策篇——机制优化

CONTENTS

Part of Theory—The Principle of Mechanism

Part of Practice—The Effect of Mechanism

Part of Policy—The Optimization of Mechanism

Dynamic Mechanism of Regional Financial Development in China

理论篇——机制机理

第一章

导 论

第一节　研究背景和选题意图

金融与经济的相互关系历来是经济学家研究的重点和现实中的热点问题。金融发展理论的演变经历了金融结构理论、金融深化理论、金融内生理论等不同发展阶段。金融发展理论主要研究的是金融发展与经济增长的关系，即研究金融体系（包括金融中介和金融市场）在经济发展中所发挥的作用，研究如何建立有效的金融体系和金融政策组合以最大限度地促进经济增长，以及如何合理利用金融资源以实现金融的可持续发展并最终实现经济的可持续发展。金融发展不应只是金融资产不断积累和丰富的过程，更应该是建立合理的金融制度、实现金融资源合理配置的过程。对区域金融的研究始于对金融发展一般理论的概括和分析。麦金农和肖的金融深化理论揭示了发展中国家金融发展的特殊性和阶段性。20 世纪 90 年代以来的经济学家将内生增长理论引进金融发展理论，对金融发展与经济增长之间的互生共长关系进行了深入的探讨。

金融作为现代市场经济的一个主要推动力，不仅在现代经济增长因素分析中得到了理论支持，而且在现代经济发展的历程中也得到了实践验证。金融对经济增长的贡献度是对金融发展理论及区域金融成长理论的实证考察。现代经济中金融对经济的贡献主要通过三个方面体现出来：①促进了要素投入量的提高；②促进了劳动生产率的提高；③金融业产值增长对经济发展的直接贡献。

区域金融是一国金融结构与运行在空间上的分布状态，它是金融发展的中观层次。区域金融成长构成了区域经济发展的主要方面。区域金融与区域经济一样，是现代市场经济条件下大国经济发展的一种客观现象。区域金融成长与区域经济发展存在着大致平行和制约的关系，两者联系紧密。区域金融成长会加速区域经济发展，金融压抑会阻碍区域经济发展。区域金融成长研究和探讨金融增长与金融发展空间结构变动的规律，反映金融结构与金融运行的空间差异和具体分布状态。区域金融成长内含于经济状态的形成与变化过程。同时，不同程度和水平的区域金融成长为区域经济发展提供了内在动力。区域金融成长从量上的扩张表现为区域资本投入的增加，从质上反映为区域要素生产率的提高。金融运行和发展本身不仅呈现明显的区域性特征，而且经济发展的区域性实现很大程度上要借助于金融的区域化运行。随着社会经济发展，我国的区域经济差异问题日益突出，并成为世界上区域经济差异最大的国家之一。实践证明，区域金融对区域经济发展正在产生深刻而重大的影响。

区域经济发展的"二元性"使得金融资源的供给与需求在空间分布上形成非均衡性，从而决定了区域间货币资金的流动。区域间货币资金流动是区域金融成长的重要表征与金融资源空间配置的根本途径。资金向经济发达地区的流动是市场经济发展和金融市场开放的伴生现象。资金作为一种可流动的生产要素，在金融市场开放条件下，必然会向风险较小、收益较高的地区流动，形成类似产业经济发展的集聚效应和区域金融发展的二元结构。资金的集聚对于经济相对不发达的区域而言，造成了信贷资金稀缺、民间借贷利率高企、企业的财务成本提高，这在一定程度上影响了区域经济增长。在市场机制的调节下，资金在区域间的流向取决于各个区域投资收益的差别，资金就在投资收益的杠杆作用下从低收益区域流向高收益区域，从而通过资金流动引导着其他要素的流动与组合。

区域间货币资金不平衡是我国现阶段区域经济差异扩大的重要原因。因此，如何从区域间资金合理流动这一角度协调区域经济发展是我国迫切需要解决的问题。实践表明，我国中西部地区资金短缺、资金流失、资本形成困难等问题尤为突出，困扰和制约着中西部的发展。鉴于资本要素是区域经济增长的最主要的动力，区域经济发展取决于资本产出率，而中西部仅靠现有的资金来源渠道和投融资方式，很难满足大量的资本需求。

改革开放以来，中国区域金融发展水平呈现明显的"二元"特征。特别是自1997年后，国有银行逐步定位于经济发达地区和大中城市，新兴金融机构基于效益考量，主要按照经济合理性设立分支机构，其业务布局主要在中心城市和发达地区。在金融活动向发达地区和中心城市集中的同时，欠发达地区的金融运行呈现相对的落后性，金融发展处于较低水平，金融活动的数量和规模明显偏低，金融形式落后。

2011年，国务院发布了支持河南省加快建设中原经济区的指导意见。加快建设中原经济区是破除城乡二元结构，促进新型工业化、新型城镇化、新型农业现代化"三化"协调科学发展的需要；是带动中部地区崛起，促进区域协调发展的需要。中原经济区"三化"协调科学发展是中原经济区建设的新引擎和全省发展的助推器。中原经济区建设的目标是走出一条不以牺牲农业和粮食、生态和环境为代价的"三化"协调科学发展的路子。但中原经济区底子薄、基础弱，要实现"三化"协调发展，就需要巨额资金支持。中原经济区建设要打造竞争力强的现代产业体系，城乡统筹的新型城镇化体系，引领区域自主创新体系、现代化综合交通体系、内外互动的开放型经济体系、可持续发展的资源环境体系的发展，必然离不开资金的支持。建设中原经济区需要大量的建设资金做保障，必须构建全方位、多元化、多层次的投融资体系，不断拓宽融资渠道，促进中原经济区建设的跨越式发展。

中原经济区建设的核心是促进新型城镇化、新型工业化、新型农业现代化"三化"协调发展，而金融发展在其中起着关键作用。国内外研究证实：金融发展对区域经济发展有着巨大的推动作用。中原经济区金融业的可持续发展体现为金融结构的优化以及与经济发展现状的适应性，主要包括涉农金融体系建设、多层次资本市场体系建设、金融产业集聚以及以郑州为中心的区域金融中心功能的发挥。正是基于这种理论和实际的需要，我们选择了"中国区域金融发展的动力机制——以中原经济区为样本"作为本书的选题，从金融发展的角度，考察中原经济区金融市场和金融资产的特征、结构、效率及金融功能的发挥。

第二节 研究框架

一 本书结构安排

本书遵循金融发展理论→金融发展对经济发展的促进作用→中原经济区金融发展的动力机制→涉农金融体系建设→多层次资本市场建设→金融产业

集聚及郑州区域金融中心建设，依次展开分析的技术路线。

全书共分三个部分。第一部分包括第一章和第二章：第一章导论论述选题的研究背景和意义，提出本书的分析框架；第二章首先是关于金融发展理论的梳理和评价，在此基础上提出对中原经济区建设中金融供求现状及金融发展与经济增长互动关系的分析，为后面各章的具体分析奠定基础。第二部分包括第三章、第四章、第五章、第六章、第七章和第八章：第三章主要论述农业现代化与农村金融的关系；第四章分析中原经济区农村金融改革与创新动力机制；第五章是中原经济区农村金融发展动力源培育；第六章主要分析了中原经济区多层次资本市场发展的现状，以及多层次资本市场建设对中原经济区建设的推动作用；第七章通过对比国内外多层次资本市场的发展，总结国内外多层次资本市场发展对中原经济区建设的借鉴和经验；第八章论述中原经济区构建多层次资本市场的战略目标、规划与实现路径。第三部分包括第九章和第十章：第九章首先分析了金融产业集聚的形成、发展、集聚效应及动力机制，其次分析了金融产业集聚与郑州区域金融中心形成的关系；第十章主要论述郑州区域金融中心的发展定位，以及促进郑州区域金融中心形成及金融产业集聚的政策建议。

二 研究方法

本书采用定性分析和定量分析相结合、实证分析和规范分析相结合，以及比较分析等方法进行研究。通过建立计量模型，按照历史与逻辑并重、理论研究与实证分析相结合的分析方法，完成既定的研究目标，并得出结论和政策建议。

第二章
中原经济区金融供求
宏观动力机制分析

加快中原经济区建设需要大量的资金推动，在"三化"协调发展中解决好"钱从哪里来"的问题，是推动中原经济区建设的关键环节。经济发展在很大程度上取决于高效稳定的金融制度的建立和完善。本章将在对金融发展理论和金融制度变革进行阐述的基础上，分析中原经济区金融供给现状及金融资源利用效率。

第一节　理论基础：金融制度变迁中的金融发展

自货币信用产生以来，金融制度就随着社会制度的变迁而不断发展演进。20 世纪 70～80 年代，金融创新给全球金融业带来了巨大的变化，金融在推动社会经济发展进步的同时，自身也隐藏着巨大的风险。金融制度的协调健康发展对经济的稳定发展有着至关重要的意义。

一　金融制度变迁的轨迹

货币信用的产生、金融中介机构的演变以及金融制度的发展变迁是一个历史范畴，它们都是经济社会发展所带来的必然结果并随着经济社会的发展而变化。随着 19 世纪后期股票和债券等金融工具的发行和流通，商业信用、银行信用等信用形式不断完善，金融工具也越来越多样化，使得金融配置经济资源的方式发生了极大变化，配置资源的功能和效率也得以极大扩展和提高。这期间金融中介机构获得了飞速发展，其功能、业务范围、经营方式、经营理念及组织形式也不断发展和完善，对经济生活的重要性也大大加强了，金融逐渐获得"万能垄断者"的地位，成为经济生活的神经中枢。

金融对经济的推动作用，最初是通过货币与信用这两个相对独立的范畴体现出来的。货币以其自身的属性方便了交换和贸易，提供了财富积累的新形式，从而为扩大再生产创造了前提。后来货币的外延进一步扩展，货币有了许多替代的形式，如股票、债券等证券化工具，经营这些替代货币的非银行金融机构和金融市场的作用也逐渐为人们所重视。信用使生产要素得到了及时充分的运用，并且使生产者能够超过自己的资本积累从事扩大再生产，同时也促进了资本的积聚与集中。因此，货币和信用为经济发展提供了重要条件和前提，也是推动经济发展的特殊力量。通过提供多样化金融资产及其交易市场，金融工具有了为整个社会经济资源进行定价和配置的功能。

金融发展和经济发展最直接的联系就是融资制度的安排。融资方式的演变能够反映货币金融发展的历史进程和金融发展的本质特征，也是金融制度变迁的最集中体现。

目前，国际上一般认为市场经济发达国家的融资方式主要有两种模式。一种是以英、美为代表的证券融资方式为主的模式，即直接融资模式。在这种融资模式中，银企关系相对不密切，企业融资日益游离于银行体系。另一种是以日、德为代表的银行融资方式为主的模式，即间接融资模式。在这种融资模式中，银企关系密切，企业通常与一家银行有着长期稳定的交易关系，银行通过对企业产权的适度集中而对企业的经营活动实施监督和控制。

由于英、美是典型的自由市场经济资本主义国家，资本市场十分发达，企业行为完全是市场行为，因此，企业资金来源除自我积累外，其外源融资则主要是通过发行企业债券和股票方式从资本市场上筹措长期资本。以证券市场为主导的融资模式是美、英等国工业化过程中融资体制的典型特点。最近30年来，美国企业从银行间接筹措的资金所占份额一直在平稳下降，商业银行的作用大大降低了，而另一种资金来源——债券融资和商业信用直接融资的比例则在不断增加。

日本工业化过程中的资本形成所走的是另一条道路。银行体系在企业融资中一直居于主导地位，以股票市场为核心的资本市场的重要性相对较低，因此，投资者一般倾向将储蓄存于银行金融机构。此外，日本推行的是低利率政策，信用集中于银行，限制有价证券市场的发展和资本流出，这就促使工商业资本主要依赖银行资本，银行系统的间接融资占据了资金供应的主渠道地位。特别是第二次世界大战后从经济恢复时期到高速增长时期，企业对银行贷款的依赖程度不断提高，形成了比较典型的主银行体制。进入20世纪80年代以后，随着日本政府对金融市场管制的放松，证券市场特别是债券市场得到了长足的发展，企业的资金状况和融资模式也发生了一些变化，主银行的重要性已大大下降。

德国在其资本主义发展初期，国内产业资本积累率很低，近代工商业是在一种极不发达的金融环境中发展起来的。因此，企业主要依靠银行系统而不是证券市场筹措资本，其融资体制与日本相似，也是以间接融资为主，银行在金融体系中具有支配地位。但是由于德国在政治、经济、金融及历史文化等方面的特点，所以形成了独具特色的全能银行制度和企业融资制度。德国19世纪后期才开始产业革命，由于资本积累不足，所以工商业不得不主要依靠银行资金。商业银行既为企业提供创业资本，为企业的设立承购股票、办理证券发行承销业务，又为企业提供日常运营资金，从而形成企业与银行相互依赖和相互依存的密切关系。第二次世界大战以后，由于金融危机的爆发，多数企业无力偿还银行贷款，商业银行被迫以持有工商企业股票的方式来强制收回其对企业的贷款。这使得银企关系更加密切，银行对企业的控制也得到进一步加强。多数国家允许银行对企业参股，但不参加管理，这样使得银行既重视企业经营效果，又可使企业不受银行的直接控制。

发展中国家和转型经济体制国家实行的也是银行主导型的企业融资制度模式，其主要原因是企业对外部资金的依赖程度大，金融机构和金融工具的数量和品种不丰富，证券市场特别是资本市场不发达。因此，债券和股票市场在企业融资中的作用不大，企业仍主要依靠银行间接融资。但近年来，部分发展中国家的股票、债券市场已经有了长足的发展。

以上两种企业融资制度，各有利弊。从发展的角度看，以日、德为代表的银行主导型融资制度使企业更注重长远发展，有利于形成技术与资本密集型的大型企业和企业集团，有利于增强企业在国际市场上的竞争力；而以直接融资为主的英、美模式，银企关系较为松散，在一定程度上削弱了金融对经济发展的推动作用。但从经济与金融稳定的角度看，日、德模式由于银行与企业之间相互持股，容易掩盖财务危机与各种矛盾，当风险积累到一定程度后，很可能爆发金融危机，20世纪90年代初日本"泡沫经济"的破灭就是证明。相反，英、美模式成功发挥了市场机制和法律监管的作用，虽然银行与企业破产的比率较高，但通过市场机制的作用大部分都能够在局部范围内消化，不易引起整个经济的剧烈震荡。

直接融资制度和间接融资制度很难有优劣之分，融资方式的演变除了政府制度安排的因素外，主要是由经济社会的发展水平决定的，它随着经济社会的发展而变化，同时也不断适应经济社会的发展和变化。一国融资制度的选择取决于它所处的经济发展水平、经济体制安排、所有制结构变化、市场发育程度和历史文化背景等因素，单纯强调某种融资方式会降低资源的配置效率和资金的使用效率。实际上，目前英美、日德两种融资模式本身也在不断演变并逐步走向融合。如自20世纪80年代以来，特别是亚洲金融危机后，日本证券融资的比重已大幅提高。

二 社会制度变化影响和决定金融制度的变迁

一国金融发展的总体战略取决于一国的经济发展阶段和政治体制，并服从于一国一定时期的经济发展总体战略。从历史的角度来看，世界金融发展模式可归纳为三种：市场经济发达国家的自然演进型、新兴市场经济国家的政府主导超前发展型和转型经济国家实行的金融压抑的滞后型金融体制。

一般经济发达国家实行的是自然演进型的金融发展模式，它们最早完成了工业革命，经济发展程度较高。市场经济和自由竞争一直是它们所奉行的经济原则，国家一般不干预金融业的经营活动，市场配置经济资源的效率较高。伴随着商品经济和货币信用制度的发展，金融体系也自然而然地形成并逐步建立起来。这些国家一般资本市场较为发达，商业银行在长期融资中扮演次要角色。自然演进型金融发展模式的国家以英国为典型代表。英国金融体系中的银行与非银行金融机构都是在激烈的竞争中逐渐形成的。由于其国内的商品货币信用关系发达，因而形成了较为发达的股票、债券等长期资本市场。自然演进型金融发展模式的金融关系经过长期发展，其演变最为稳定和成熟，市场化程度最高，金融运行的效率也最高。

超前发展的金融模式多实行于原来经济发展水平较低但后来经济发展速度较快的新兴市场经济国家，如东南亚及拉美的部分国家。这些国家实行的是经济赶超战略，即不遵循常规循序渐进的经济发展思路，试图通过国家干预来使有限的经济资源配置到需要优先发展的产业中去。它们通过优先发展金融业,利用金融对经济发展的巨大促进作用,来带动整个经济的快速发展,实现经济赶超战略。实行超前发展金融模式的国家一般经济发展的起步水平较低,资本原始积累程度较低,技术力量薄弱,市场经济不发达,但又面临着来自经济发达国家的巨大的经济渗透的威胁,因而客观上不允许它们像其他发达国家那样经过一个自然演进的逐步发展过程。它们认为后进国家具有后发优势,可以直接学习先进国家在发展经济中的经验并吸取教训。这些国家认识到经济发展的最大障碍在于其资本原始积累不足,并且储蓄向投资转化的渠道不畅、转化效率低下,因而经济发展中经常表现为资金的短缺,只有优先发展金融业,才能有效地动员和集中现有的储蓄资源,并将之分配到最具战略意义的经济部门,从而最大限度地实现赶超性发展。但金融不可能自己实现超前发展,这就需要政府的人为扶持和干预,需要政府采取金融自由化的政策,减少管制,使金融部门获得更快的发展。因此,在这种模式下,政府往往直接插手建立、干预银行体系和金融市场,同时政府、银行、企业三者之间的"铁三角"关系往往非常牢固。

政府主导的金融压抑型金融发展模式主要存在于原来的计划经济体制国家中,这些国家多数经济发展水平也比较落后,经济建设资金严重匮乏,而需要发展的部门又很多,因此它们试图通过计划的手段强制集中、分配资源到重要的经济部门,以实现经济的发展并赶超西方发达国家。它们相信计划的重要性,认为用计划手段配置经济资源要优于市场手段。因此,这些国家从本质上排斥利用市场主导的金融方式配置资源,而多采用计划主导的财政方式来配置经济资源,从而在金融发展战略问题上往往采取压制金融发展的措施,对金融业实行严格的管制。因此,这些国家金融业的发展往往非常缓慢,完全没有金融市场或金融市场非常初级,金融相关率很低,金融的功能和金融配置资源的效率也非常低下。

以上三种金融发展模式是各国根据自身社会发展状况、经济制度、社会制度以及历史发展等条件的现实选择,各种发展模式有其自身的鲜明特点。自然演进型的发展模式充分尊重市场规律在金融与经济发展中的决定性作用,从而可以逐步形成高效协调的金融运行体系,并且从长远来看,充分自主而理性的微观市场主体是经济与金融发展的持久动力。但这种模式的缺陷也很明显,即需要漫长的金融发展过程,而这与后进国家强烈的赶超愿望是矛盾的。超前型金融发展模式的好处是可以在短期内实现金融发展战略，实现经济的赶超型发展，但其缺陷是只注重了外延的扩张而忽视了内涵的发展，因而往往隐藏着巨大的金融风险，容易导致和诱发金融危机。20 世纪 90 年代的东南亚金融危机就是明证。政府主导的金融压抑型金融发展模式有其存在的特定历史环境，但其暴露的弊端也十分明显。这种模式往往会造成信贷约束软化，导致资源配置失调，同时导致经济金融活动中的交易成本过高，且易产生寻租行为和滋生腐败等，因而是效率最低的金融发展模式。目前经济转型国家已基本摒弃这种金融发展模式，因为它和市场经济的根本原则相矛盾。通过计划手段配置经济资源有其存在的特定历史条件，但这种方式所需要的信息搜寻成本太高，其交易成本高得难以支付。市场的一大重要作用就是能够降低信息搜寻成本和交易成本，它是一只无形的手，在竞争完全的市场中，能够给产品准确定价，因而能够指导生产、消费和投资。

以上三种金融发展模式的演化表明：社会制度、经济发展决定着金融发展，同时，金融发展也适应着经济发展和社会制度的变革。

三　政府对金融的管制决定金融制度的变迁

政府对金融监管的广泛开展是与中央银行制度的产生和发展直接相联系的，中央银行制度的建立是现代金融监管的起点。世界各国在 19 世纪末基本上都建立了中央银行制度，美国在 1913 年也建立了自己的中央银行——联邦储备体系。1920 年在布鲁塞尔举行的国际经济会议倡议未建立中央银行制度的各国，应从速建立中央银行。中央银行制度的建立，为政府提供了一个调控经济的手段。尤其是在 20 世纪 30 年代世界性经济危机的冲击下，各国都深刻认识到中央银行对经济调控和金融监管的重要意义，纷纷加强中央银行的职能，从而使得中央银行在经济活动中发挥着越来越重要的作用。利用中央银行来调节货币供应量，代表政府实行货币方面的调控措施，已成为各国政府管理经济的一种主要方式。中央银行的另一重要职能就是代表政府对一国的金融体系进行监管。

20 世纪是金融监管理论和金融监管实践不断发展和变迁的时期。20 世纪 30 年代以前，资本主义各国金融监管的目标主要是保证稳定和弹性的货币供给，并防止银行挤兑的风险。而 20 世纪 30 年代经济危机的教训使各国金融监管的目标转变为努力维持一个安全而稳定的金融体系上来，以防止金融体系的崩溃对宏观经济的严重影响。这一时期各国都实行较严格的金融管制。20世纪70年代末，过度严格的金融监管造成金融机构效率下降和发展困难，金融监管的目标开始重新注重效率问题。20世纪90年代末的亚洲金融危机使各国的金融监管转变为对安全性和效率性并重。但总的说来，20世纪金融监管目标的努力方向是试图维护货币与金融体系的稳定，建立高效率、竞争性的金融体系。20世纪早期金融监管的对象主要是商业银行，因为当时商业银行的资产负债规模在金融体系中占绝对优势，对经济的影响也就比非银行金融机构大得多。第二次世界大战后，随着资本主义国家经济的飞速发展，金融机构和金融工具日趋多元化，金融创新迅猛发展，货币的概念得以扩张，因而金融结构日趋复杂化，非银行金融机构的数量和业务量有了大幅度的增长，因此金融监管当局加强了对非银行金融机构的监管。此外，随着金融市场特别是20世纪80年代以来金融衍生品市场的发展，金融监管的对象变得更加复杂化和多元化，对中央银行的监管能力构成了挑战。20世纪30年代之前的金融监管很少直接干预金融机构的日常经营行为，强调银行业自律。但20世纪30年代的经济金融危机使美国等西方资本主义国家开始对银行金融机构从事证券业务进行反思，并认为金融危机是银行金融机构从事证券投机的结果。于是1933年后，美国开始对金融机构进行严格的管理。限制金融业混业经营的《格拉斯－斯蒂格尔法案》以及旨在控制利率的"Q号"条例都是严格管制的产物。20世纪70年代以后，在金融自由化浪潮推动下，各国又纷纷放松了对金融机构的管制措施。

一般认为，中央银行的金融监管和金融机构的趋利动机之间存在着矛盾，在现实中，不是商业银行为追求利润而逃避监管，就是中央银行加强管制而减少了商业银行的可得利润。政府为了实现既定的货币政策，必然加强对金融的管制。而分业经营与混业经营的争论在金融管制方面具有典型意义，因为它直接限制了商业银行的潜在利润，必然引发商业银行的各种规避管制的行为，而这又会导致中央银行新一轮的管制。这在美国金融发展史上表现得尤为明显。因此，讨论金融监管就不得不涉及分业经营与混业经营的问题。

考察世界上实行市场经济制度的主要国家，从其商业银行业务经营的种类和范围看，可归纳为两种基本制度模式，即"分业经营制度"和"混业经营制度"（或"全能银行制度"）。分业经营制度下传统的银行业务（存贷款及与之相关的中间业务）与证券投资等业务相分离，商业银行不得经营证券投资等非传统银行业务，证券公司不得经营零售性存放款业务。分业经营的典型代表有美国、日本和英国。而混业经营是证券投资、银行以及其他多种金融业务相互结合、相互渗透的一种经营方式。混业经营以德国、瑞士、法国等欧洲大陆国家为典型代表。20世纪30年代以前，是银行业的平稳发展时期，政府对金融机构的监管较松，商业银行可经营各种金融业务。20世纪30年代后，受世界经济危机的影响，美国银行大量倒闭，对经济造成了极大的冲击。美国政府把经济危机和金融恐慌的主要原因归咎于商业银行经营投资业务，支持过度的股票投机，于是在1933年制定了旨在限制商业银行从事证券业务的《格拉斯－斯蒂格尔法案》（Glass-Steagall Act），规定商业银行和投资银行业务必须严格分开，实行分业经营。

与英、美等国实行的分业经营制度形成鲜明对照的是，德国在巨大的银行垄断的状况下，实行的是全能银行制度，即混业经营制度。商业银行可以从事各种金融业务，即不仅可以提供短期的商业性周转贷款，还可以提供中长期固定资产贷款，同时也可以从事证券投资与信托等业务。

进入20世纪90年代，金融分业经营体制在全球遇到了前所未有的挑战，英、日等相继放弃这一制度，银行的跨地区综合化经营成为一种趋势。通过1980年和1982年广泛的金融自由化措施，美国在金融方面的限制有所放松。美国在90年代初期通过了跨州设立机构的法案，并于1999年11月4日通过了《金融服务现代化法案》，废除了以分业经营为特征的《格拉斯－斯蒂格尔法案》，允许银行、证券、保险等行业互相渗透，参与彼此的市场竞争。这意味着在美国实行了近70年，并由美国传播到世界各地从而对国际金融格局产生了重大影响的分业经营制度走向终结，这一转变符合经济全球化、金融全球化和金融自由化的趋势，符合金融业分散风险、增强竞争力以及为企业提供多元化一条龙服务的要求。在英国，法律上不存在对银行业务的限制，但由于金融业的传统观念根深蒂固，长短期金融以及银行业务与证券业务分离的体制基本上延续下来。

金融业的分业经营制度实践导致银行金融机构和非银行金融机构之间竞争的加剧。在美国现代金融史上，由于中央银行的控制重点是商业银行，因此，与其他各类非银行金融机构相比，美国的商业银行处于不利地位，它们的净利润在长期内呈下降趋势；而非银行金融机构在竞争中则处于有利地位，并且它们也不受"Q号"条例利率上限的约束。因此产生了20世纪

60～70年代的资金"脱媒"现象，即资金绕过商业银行体系的体外循环现象。这些体外循环的资金被大量集中于非银行金融机构，以逃避中央银行的管制，这对中央银行的金融监管提出了严峻挑战。

四　微观金融主体的金融创新

金融创新是一个既古老又现代的话题，它并不是现代金融发展的专利。自从货币信用产生以来，金融创新就一直伴随着金融的发展，而金融业也在金融创新的推动下不断发展和完善。甚至有人说，一部金融发展史，就是一部金融创新的历史。自从20世纪30年代美国颁布《格拉斯－斯蒂格尔法案》和"Q号"条例开始，金融创新就不断围绕着管制和规避管制的主题而展开。

20世纪60年代的金融创新是金融业在趋利动机的驱使下，顺应当时经济金融形势的要求而产生的变革。其首要动机是面对当时金融业激烈竞争的压力。首先，为了吸收存款，导致金融机构甚至非金融机构之间展开了激烈的竞争，从而引入了各种新型金融工具，拉开了金融创新的序幕；其次，为了规避法规的约束和金融管制；再次，金融机构在20世纪60～70年代为了规避利率、汇率剧烈波动的风险；最后，计算机和信息技术的发展，为金融创新提供了技术支持。信息技术的发展，降低了金融业的成本，促进了金融创新的发展。

进入20世纪80年代以来，金融创新的发展更为突出和明显。金融创新对金融工具的影响主要体现在推动金融工具品种和数量的扩张，以及交易成本的降低等方面。这方面既有银行金融机构创造的新型金融工具如CD、NOW、MMMF、MMDA等，又有非银行金融机构的创造，如各类新型保险单、各类新式基金的股份等，还有大量的衍生金融工具，如金融期货、期权、互换等。此外，还有技术创新带来的工具创新，如电子货币等。这些特色各异的新型金融工具，为投资者提供了足够大的选择空间，使投资者能够很容易地进行组合投资，有效地分散或转移投资风险。同时，金融创新降低了金融工具的发行成本及持有和保管成本，便利了金融工具的交易，使各类金融资产间方便转换，大大降低了金融工具的交易成本。

金融创新对金融机构的影响，主要表现在机构扩张和业务趋同方面。首先，金融创新造就了一批新型金融机构，促进了非银行金融机构的发展。这些新型金融机构有的是出于满足金融需求的变化而诞生的，如各类投资基金等资本市场中介机构；有的是由于技术创新在现有金融机构中的应用，如ATM可以24小时为客户提供零售银行业务，POS机使顾客在商场购物免去了携带现金的不便，以及电话银行和网络银行的出现等，它们所提供的是金融服务方式的创新。其次，金融创新改变了金融机构的割据局面，使金融机构的业务日益趋同化和多元化。传统的业务分工和机构分工的界限不断被金融创新打破，商业银行和非银行金融机构之间的业务区别已越来越小。金融创新促进了金融机构的混业经营趋势，这将会进一步加剧金融机构之间的竞争。目前，金融机构的服务功能已不再局限于传统的信用中介和信用创造，除存、贷、结算等传统基本业务外，还向证券、租赁、房地产和信托等方面拓展，业务领域大大拓宽。此外，信贷资产证券化业务将金融中介机构与资本市场紧密联系在一起。

20世纪80年代以来金融创新的发展，极大地改变了现代金融发展的一些主要特征。金融创新的出现，一方面促进了金融机构经营管理观念的创新，另一方面可能导致金融体系的不稳定性。20世纪80~90年代是金融深化特别是金融创新的不断推进时期，但也是货币金融危机频繁爆发的时期。金融创新在繁荣金融工具品种、降低交易成本、提高金融效率的同时，也极大地加剧了金融业自身的风险，从而使经济风险及经济生活中的不确定性增大。

金融衍生工具是风险管理的工具，它既具有较高的收益，同时又具有极大的损失风险。但近年来，金融衍生工具在一定程度上已从风险管理的工具日益演变为投机的工具。英国巴林银行和日本大和银行事件充分证明了这一点。因此，在实践中如果脱离实体经济而片面强调金融创新的发展，则会导致金融资产数量过度膨胀，金融体系的不稳定性或内在脆弱性可能会同时增加，这将给金融安全发展带来严重不良影响。因此，各国管理当局应对金融衍生工具的交易和发展进行统一的协调、规划和管理。

无论发展中国家还是发达国家，都存在着金融自由化或市场化问题，因为相对其他产业，金融业在各国都是被管制较严的一个产业，自由化或市场化进程落后于其他产业，这是由金融业的特殊性和重要性所决定的。20世纪70年代是世界金融业纷纷放松管制，走向金融创新和自由化进程的时期。金融发展在发展中国家主要表现为金融深化过程，而在发达国家则主要表现为金融创新过程。如果说金融深化主要是由政府主导推动的金融制度创新形成的，那么，金融创新则主要是金融微观主体推动的业务创新形成的。所以，金融发展既需要上层建筑的制度创新，又需要微观过程中的金融机构和金融业务的创新。金融创新在现代金融发展中具有至关重要的意义。它为金融发展提供了深厚而广泛的微观基础，是推动金融发展的直接动力。

国外金融创新理论研究的主要内容首先集中在探讨金融创新的动因方面，美国经济学家西尔伯（Silber，W. L. ）提出了金融创新的约束诱致假说。他认为金融创新是微观金融组织为了追求最大化利润、减轻外部对其本身实施的金融压制而采取的自卫行动，金融机构是通过改变它所面对的机会来规避这些约束的。他认为金融压制主要来自两个方面：一是政府的外部金融压制；二是内部强加的压制，指金融业制定的一系列资产负债管理制度及行业内部规定。因此，金融机构将会从机会成本角度和金融机构管理影子价格与实际价格的区别中来寻求金融创新，并且只有与约束相对应的影子价格在一定时期内持续上升，才能导致金融创新。美国经济学家凯恩（Kane，E. J. ）把市场创新和制度创新看作相互独立的经济力量与政治力量不断斗争的过程和结果。金融机构对政府管制所造成的利润下降和经营不利做出的反应就是进行创新，通过创新钻管制的漏洞，逃避管制，以便把由此所造成的潜在损失减少到最小限度。而政府对市场创新的反应就是再次改变管制的手段和规则，以便重新在宏观上取得对金融活动的控制权。但政府也可能承认旧制度在现实已经失效，转而承认既存的市场创新成果，随后再根据已变化了的市场基础制定新的管制措施。因此，静态的均衡几乎是不存在的，管制与金融创新总是不断交替进行的，这是一个动态的自由与管制博弈的过程。凯恩认为，许多形式的政府管制实质上相当于隐含的税收，这些管制限制了金融机构的获利机会。政府的管制和由此产生的金融机构的规避行为，是以政府和微观金融主体之间的博弈方式进行的，其根源在于微观金融主体和政府之间的利益冲突。

希克斯（Hicks，J. R. ）和尼汉森（Niehans，J. ）1976 年提出了金融创新的交易成本理论，他们认为金融创新的支配因素是降低交易成本。降低交易成本是金融创新的首要动机，交易成本决定了金融业务和金融工具是否具有存在的实际价值。金融创新实质上是科技进步导致金融交易成本下降的结果。金融交易成本是指买卖金融资产的直接费用，包括各方转移金融资产所有权的成本、经纪人的佣金、借入和支出的非利率成本等。希克斯认为交易成本是作用于货币需求的一个重要因素，不同的货币需求会产生对不同类型金融工具的要求，交易成本的高低使得微观主体对货币需求的预期发生变化。交易成本降低的发展趋势使货币向更为高级的形式演变，从而产生新的交易媒介和金融工具。不断降低交易成本就会刺激金融发展，改善金融服务。因此，可以说金融创新的过程就是不断降低交易成本的过程。

此外，制度学派的诺思（North，D.）、戴维斯（Davies，L. E.）等主张从金融发展史的角度来研究金融创新，认为金融创新是与社会制度紧密相连的，金融创新是一种与经济制度相互影响、互为因果的制度变革。他们认为，在管制极严的计划经济体制和完全没有管制的纯粹自由市场经济体制下，没有金融创新的空间。全方位的金融创新只能在受管制的市场经济中才会存在。当金融创新行为对当局的货币政策构成威胁时，则会促成当局采取一系列有针对性的制度创新。在制度学派看来，金融体系中任何制度变革引起的变动都可以认为是金融创新。

可以看出，西尔伯的金融创新理论仅适用于解释金融机构的"逆境创新"，而对与金融企业相关的市场创新以及宏观经济环境引发的金融创新却不适用；在西尔伯和凯恩的理论中，尽管都提到创新中的技术进步和交易成本下降等问题，但并未把它们作为决定性因素加以分析，而技术进步在金融创新中的地位，却会极大地改变金融发展的方向；交易成本理论把金融创新的根本原因归结于金融机构在逐利动机下对交易成本降低的追求，但若把金融创新的源泉完全归因于科技进步引起的交易成本下降，则有一定的局限性，科技进步并非交易成本下降的唯一因素，其他因素也可能导致交易成本下降，促使新金融工具的产生；而制度学派金融创新的概念似乎过于宽泛，它把金融体系的任何制度变革引起的变动都视为金融创新，甚至政府的一些金融管制措施，也被认为是另一种方式的金融创新，他们似乎有意模糊金融创新和金融管制的不同含义。

在金融制度变迁的过程中，技术进步的作用也是不可低估的，如电子计算机的使用和信息技术的发展极大地降低了金融产品的交易费用，即改变了（金融）资源的相对价格，从而间接地影响金融制度变迁的进程。如果没有计算机和信息技术的发展，20 世纪 80 年代以来的金融创新是不可想象的。

总之，金融创新促进了金融理论的发展，而理论的发展又为金融创新提供了一定的理论指导。金融经济理论的发展与金融创新的实践是一个互相促进的过程，并不一定先有金融创新理论，然后才有金融创新实践，也可以是金融创新先行，然后产生新的金融创新理论，或二者同时进行。金融发展有其自身的特殊性和规律，它不是被动地适应经济金融理论的发展，而是对理论有反作用。金融发展要求经济金融理论的创新与之相适应。金融创新是与规避管制和降低交易费用的努力紧密联系的，它也与科技进步如计算机技术的发展有相当大的关系。可以预见，随着人类社会和经济的发展，仍不断会有新的金融创新工具涌现出来。

五　金融理论的发展与金融制度演进

经济学关于"看不见的手"的争论持续了几乎整个20世纪，并在很大程度上主导经济学的发展演变。亚当·斯密认为政府仅仅应当作为市场经济的守夜人，而不应直接介入和干预经济运行。国家管理经济的实践源于凯恩斯的货币经济理论，凯恩斯继承和发展了维克塞尔（Wicksell, K.）的经济理论，认为市场经济并不能自动地使供给必然等于需求，储蓄决策与投资决策主要是由不同的人做出的，而且没有什么机制保证储蓄量与投资量会必然相等，市场并不能自动地出清。因而需要国家干预经济生活，使储蓄和投资能够联系起来，用"看得见的手"来弥补"看不见的手"的缺陷。凯恩斯主义经济学在第二次世界大战后长达30年左右的时间里占据了统治地位。然而20世纪60～70年代资本主义世界普遍存在的"滞胀"问题，使货币主义、供给学派和理性预期学派等新古典宏观经济学派先后兴起，他们试图恢复古典经济学的传统命题，重新强调市场机制的自动调节作用。

针对发展中国家的货币经济问题，20世纪70年代罗纳德·I. 麦金农（Mckinnon, R. I.）和爱德华·S. 肖（Shaw, E. S.）提出了金融压抑和金融深化理论。他们对发展中国家金融发展与经济增长的关系进行了研究，详细地分析了发展中国家货币金融的特殊性，认为发展中国家存在着金融压抑问题，因此应实行金融深化和金融自由化战略，减少或取消政府对金融的管制。他们的理论被称为"金融深化论"或"金融中介论"。

他们认为传统的金融理论是以发达国家的经济为基础的，只适用于发达市场经济国家。而发展中国家的经济金融有自己的特征，即市场化程度低，市场机制不健全，金融市场特别是资本市场非常落后，经济的货币化程度低，处于现代金融机构与落后的传统金融机构并存的二元金融机构，政府对金融实行严格管制，金融业缺乏竞争，金融机构难以有效地吸收社会闲置资金并将其分配到投资领域。低储蓄－低投资－低产出－低收入－低储蓄，形成发展中国家的"贫困陷阱"。政府对金融的干预和管制形成了金融机构垄断或被压制的局面，损害了金融机构与金融市场自我进化的机制，形成"金融抑制"，而这种"金融抑制"制约着金融业的成长和经济的发展。他们认为，发达的金融中介能够充分地吸收储蓄，并使之有效地转化为投资，而实现这种转化最好的工具就是引入各种金融资产，金融中介比率的提高就是金融深化的表现。发展中国家应放弃政府对市场机制的过度替代，取消对金融业的各种管制，实行金融自由化，促进金融业竞争，充分发挥市场机制的资源配置功能。

金融深化和自由化理论在发展中国家金融改革的实践中得到了广泛体现，如韩国、新加坡、泰国等新兴市场经济国家实行金融超前发展战略，取得了经济金融的赶超性发展，是对其理论的实际运用。但同时金融深化和自由化理论在实践中也暴露出许多问题，由于各国经济发展水平、经济市场化程度和金融市场发育程度的不同，金融深化和自由化理论对不同国家而言只具有相对意义。鉴于拉美一些国家完全取消利率限制后导致金融混乱，我们认为应提倡渐进的自由化措施。同时金融自由化并不等于放弃政府对银行和其他金融机构的监督。20世纪70年代以来，以中国为代表的东亚各国采取渐进的市场化改革方案，取得了令世人瞩目的成就。

英国经济学家雷蒙德·W. 戈德史密斯（Goldsmith，R. W.）在1969年出版的《金融结构与金融发展》一书中，强调金融结构与金融发展对经济增长的引致效应。他认为，以金融工具和金融机构多样化为表现方式的货币替代进程，实质上就是金融发展的现实路径。金融发展意味着金融结构的变化。金融结构就是指各种金融工具和金融机构的相对规模，它既包括金融与实质经济的配比关系，又包括各类金融工具和金融机构在金融资产中的比例关系。戈德史密斯的分析主要是围绕金融相关率这个指标展开的，他还分析了自由企业经济和带有中央政府管制的混合经济对金融结构的不同影响。他认为金融发展实质上就是金融结构的优化和金融市场效率的提高。金融结构优化包含两层含义：一是金融工具种类与规模的扩张；二是金融机构类别与构成的优化。金融工具的多样化发展有助于提高金融中介效率，而金融工具多样化依赖于金融机构的多样化发展。发达的金融结构对经济增长的促进作用，是通过提高储蓄、投资总水平和有效配置资金这两条渠道达到的。因此，发展中国家经济金融的发展取决于其金融结构的优化与合理化。

不难看出，麦金农和肖主张的金融深化论有助于增加国内储蓄并促进储蓄向投资的转化；有助于促进国内金融发展，进而实现经济的发展。他们强调金融自由化或市场化是金融发展最深刻的动力。戈德史密斯的金融结构论更强调金融机构与金融工具的数量和多样化，并强调金融机构类别与构成的优化。我们认为，在金融自由化进程中伴随着金融工具、金融机构和金融市场的不断进化。就金融发展的方式和内容看，金融自身的发展一般是从金融工具和金融机构两个方面来标度的，而金融在这两个方面的多样化发展，就孕育了金融功能的扩张及金融政策的相应调整，表现出金融发展对经济发展越来越复杂的作用过程。货币外延的扩大、金融机构和市场作用的增强、金融功能的扩张这三个方面，以及由此带来的金融资产、金融机构的多样化扩张和金融政策的适应性调整，是金融发展的历史路径。

20世纪90年代中期以来，理论界在反思金融抑制、金融深化以及金融自由化的过程中认为，对发展中国家经济或转型经济而言，金融抑制将导致经济发展的停滞不前和落后，而推行金融自由化和金融深化，由于受到客观条件制约，很难收到预期效果，甚至会导致金融动荡。以斯蒂格利茨（Stiglitz, J. E.）为代表的新凯恩斯主义经济学家从不完全信息市场的角度提出了"金融约束论"。金融约束论运用信息经济学理论对发展中国家的金融市场和金融体系进行了研究，由于经济中普遍存在着由信息不对称导致的逆向选择和道德风险以及代理行为等因素的影响，因此金融市场失灵。金融市场失灵本质上是信息失灵，它导致金融市场交易制度难以有效运行，因而必须由政府供给有正式约束力的权威制度来保证市场机制的充分发挥。政府可通过金融约束政策为金融部门和生产部门创造"租金机会"，并通过"租金效应"和"激励作用"来有效解决不完全信息问题。即政府通过控制存款利率使其低于竞争性均衡利率水平（但保持实际利率为正），从而为银行创造获取租金的机会。政府这种选择性干预将有助于金融的发展。金融约束论认为在金融管制下，仍可按照市场经济的原则有效配置经济金融资源。政府通过为微观主体即银行机构创设租金的方式，来激励和调整微观主体的行为，促进其改善融资市场的信息不完全状况。

对于发展中国家来说，金融约束可以成为国家在保证市场效率的前提下干预经济的手段，而且与过度金融自由化所带来的消极影响相比较，金融约束是与金融渐进改革相适应的。金融约束是发展中国家从金融压抑走向金融深化从而金融发展的中间环节和过渡阶段。应该说，金融约束理论的提出，为发展中国家特别是经济体制转型国家在金融自由化过程中如何实施政府干预提供了理论依据和政策框架。

六 政府在金融制度变迁中的作用

新制度经济学以经济人假设为理论基础，以交易费用和产权为核心概念，研究制度安排对经济发展的影响。制度是新制度学派的又一重要概念，诺斯（North, D.）认为，制度是一个社会游戏博弈的规则，或者是构建人类相互行为的人为设定的约束，而组织是游戏的参加者。正是制度和组织之间的相互作用塑造了经济的制度演化，制度的使命就是要减少无序状态，促成有序的交易。当组织经过成本收益分析，决定投资于正式制度的改革时，它们便在从事制度创新。在制度创新过程中，最后都离不开政府的作用，它提供的服务是保护和公正。虽然影响经济发展的因素很多，制度却是最根本的因素，即使没有要素投入增加和技术进步，单是制度创新就能带来生产效率的提高。这是因为经济总成本包括生产成本和交易成本，技术创新降低了生产成本，制度创新则会降低交易成本，所以同样会促进经济增长。制度创新就是交易费用的减少，生产效率的提高。同时，技术进步的速度也是受制度因素影响的。制度的出现降低了人们相互交往中的不确定性，同时又提供了一个社会的激励机制。然而，并不是所有的制度都能提供有效的激励机制。有的制度安排鼓励的反而是分配性的努力，即寻租行为。寻租活动的盛行会酿成政府对市场运行的过度干预。制度在很多情况下有必要由垄断了暴力潜能的政府加以实施，这就是政府的作用。诺斯认为制度具有报酬递增的性质，因而具有路径依赖性，不同的路径最后会导致完全不同的结果。制度的演变可能有两种不同的结局，或者是良性循环，加速优化；或者可能锁定在一种无效率的状态中，忍受长期的经济停滞。制度并不总是有效的，良好的制度安排是经济发展的首要保证。

该学派还提出了委托代理理论，由于信息不对称和存在逆向选择与道德风险问题，委托人得让出一部分剩余索取权给代理人，以鼓励代理人为利润最大化目标而努力。

从新制度经济学的观点来看，我们认为金融制度变迁乃是金融交易规模和范围的扩张以及方便交易和流通、节约交易费用、降低交易成本目的的制度变迁的结果。在货币的范围较窄、金融市场不发达、金融机构和金融工具多样化之前，金融资产的专用程度较高，因而交易费用也高，交易成本较大，于是就产生了金融制度创新的需求。

在金融制度的形成过程中政府的作用是至关重要的。政府干预经济的方式和程度是形成各国金融发展模式的主要因素。金融制度的建立和发展并不是完全根据需求被动进行的，适当的金融体系并不会自动生成，政府应成为金融制度供给的主导角色，在有效的金融制度建立过程中发挥主导作用，特别是在经济发展的早期阶段和对于金融市场不发达的发展中国家。在发展中国家和地区，政府往往是经济现代化和工业化的设计者和推动者，政府对经济运行的干预程度较高。这主要是由于特殊的历史背景要求政府建立能充分利用稀缺资本的金融体系来支持产业发展和经济结构的调整，银行因其在筹集资本上的优势，自然成为政府支持经济发展较为理想的选择，银行也因此集中了主要的社会储蓄，成为储蓄向投资转化的主渠道。因此，在政府干预经济程度高的国家，为实现经济起飞，政府往往在金融结构方面制定了许多特殊的金融政策。从资金易得性和降低交易成本的角度看，银行贷款依然是发展中国家企业外部融资的一个重要来源。这是因为发展中国家资本市场不发达，银行贷款和股票、债券相比更为容易取得，融资的交易成本较低，而且银行和企业之间或多或少都有某些利益上的关联。这也必然刺激企业对银行资本的高度依赖。利用委托代理理论同样可以解释发展中国家由于信息不完备，资本市场存在逆向选择和道德风险问题较严重，因而其外部融资主要依靠间接融资而非直接融资。

七　金融发展效率的评价

金融效率（Financial Efficiency）是指金融部门的投入与产出，即金融部门对经济增长的贡献及其相互间的关系，它是指金融资源配置的帕累托最优（Pareto Optimum）状态，是经济效率的表现形式和推动因素。

（一）宏观金融效率

1. 融资交易效率

融资效率高低是影响金融资源使用效率的首要因素。对融资的交易效率评价，可由融资成本、融资机制的规范度和融资主体的自由度来衡量。

融资成本是企业筹措和使用资金所付出的代价，是企业选择资金来源、进行资本筹措的重要依据。融资成本与融资效率成反比。高融资成本（相对于具有相似风险项目的竞争性市场收益而言）和资金的有限可得性表明金融发展水平较低、金融市场不发达。解决此问题并不是一件轻而易举的事，因为这需要社会逐步形成新的甄别和治理金融交易的能力。

融资机制的规范度体现了资金市场的成熟度。机制规范的资金市场融资渠道多、风险小、效率高。

融资主体自由度是指融资主体受外界约束的程度，这种约束包括法律上的、制度上的和体制上的。约束与自由度成反比，与融资效率成反向关系。经济增长在很大程度上依赖于融资主体受外界约束的弱化和市场的竞争与效率。

2. 金融体系效率

金融体系功能的核心是金融资源的动员和配置，以及保持金融资源的流动性和增值性。现代金融中介理论表明，金融中介机构的主要功能是在盈余单位把未支用的收入在向赤字单位转移过程中发挥中介作用，在贯彻这一功能时，有助于提高储蓄和投资水平，并在可供选择的投资项目中最佳地配置稀缺的储蓄。

金融体系运作的最终目的是在满足贸易和服务交换需求的前提下，优化资源配置，实现金融效率。金融体系的绩效对企业的资本形成决策产生重要影响，这些决策也会影响一国的经济发展和国际竞争力。

融资难度大小与一个经济体内资本形成的数量和类型关联度较大。在动态的、充满竞争的市场体系中，利润与效率是联系在一起的。长期以来，中国的储蓄率都处于高水平，对于中国这样一个资金相对紧缺的国家而言，高储蓄率为中国经济发展提供了良好的资金来源。但欠发达的金融系统一直无法充分利用现有的金融资源，高储蓄率与资源浪费并存，投资效率并不高。

3. 资金配置效率

资金配置效率包括资金的有效动员与金融资源的高效利用。前者指以最低的融资成本为资金需求者提供金融资源的能力；后者指将稀缺的资本分配给进行最优化"生产性"使用的投资者。资金配置效率高低，取决于金融市场上供应的金融产品和金融机构提供的金融服务的多样性和金融商品及金融服务价格的灵活性。

经济增长的速度取决于有多少资金投入到经济运行中。直接融资和间接融资是将储蓄转化为投资的两个主要渠道，这两种融资方式的效率直接决定了储蓄向投资的转化效率，金融发展正是通过这两种渠道影响资本形成的质量进而影响经济增长。资金的充分流动是资金达到最优配置状态的必要条件。而利息率使当前消费转化为未来消费，实物储蓄转化为货币储蓄，从而进一步使向投资的转化成为可能。

（二）微观金融效率

现代经济是一种货币信用经济。在经济货币化条件下，经济资源的分配与配置不能直接实现，必须借助货币资本的交易和配置来完成。因而经济资源配置是否能够最大限度地满足经济成长的要求，将在相当程度上取决于金融交易及其结果，取决于货币资本的分配。金融的微观效率是金融机构作为金融这一产业主体在经营发展中的效率，体现为金融机构的经营效率和发展效率。

1. 降低营运成本

信息不完全或监督的高昂成本，使得正规的、有组织的金融机构在面临借款者的道德风险和逆向选择时，会对借款者采取信贷配给的政策，使借款者的资金需求得不到全部满足甚至根本得不到满足。而民间金融能够节约信息搜集成本和监督成本。民间金融使出借者对借款者的信用和收益状况，甚至人品等情况了如指掌，对借款者的生产经营活动等信息也很了解，跟踪管理成本较低，从而能够减少金融活动中的交易成本，降低风险，提高资金配置效率。

2. 动员储蓄

动员储蓄意味着将资金从众多小额储蓄者手中集聚起来，用以形成生产性资本。一般而言，在动员储蓄过程中存在着两种成本：一是从小额储蓄者处集中储蓄的成本；二是克服因信息不对称而产生的信任成本。

3. 降低信息成本

市场收集信息花费的成本大小取决于以下因素：①法律制度的完备性和可置信程度。②激励机制的设计。信息不对称和不确定性的存在使激励机制成为必要，而使契约双方利益相容的激励机制可以使信息被正确显示，从而降低信息收集成本。③产权的明晰程度。产权越明晰，从市场上收集信息的成本就越低。市场交易规模和市场的竞争程度影响着信息的收集成本。

综上所述，在金融发展进程中伴随着金融工具、金融机构和金融市场的不断进化。就金融发展的方式和内容看，金融自身的发展一般是从金融工具和金融机构两个方面来标度的，而金融在这两个方面的多样化发展，就孕育了金融功能的扩张及金融政策的相应调整，表现出金融发展对经济发展越来越复杂的作用过程。货币外延的扩大、金融机构和市场作用的增强、金融功能的扩张，以及由此带来的金融资产、金融机构的多样化扩张和金融政策的适应性调整，是金融发展的历史路径。稳定、高效、协调的金融制度的建立和完善离不开一国经济体制的特征、经济发展的模式及政府在尊重微观金融主体利益前提下的理性规定和推动。同时，金融制度对经济发展具有"双刃剑"作用，适应经济发展的、协调高效的金融制度可以促进经济的发展；而金融制度的不协调、不适应则会成为经济发展的桎梏，甚至引发金融和经济危机。

第二节　中原经济区金融供给现状

一　中原经济区金融业发展历程

（一）河南省金融业 30 年大事记（1987~2008 年）

中原经济区金融业的发展历程就是河南省金融业发展大事记。

1987 年 2 月 21 日，河南省政府批转省体改委、省人民银行同各家专业银行提出的《关于深化河南省金融体制改革的若干意见》。该意见的主要内容为：建立纵横结合，以横为主，以市地人民银行为调节中心的信贷资金管理模式；建立短期资金拆借市场；建立票据贴现市场；发展证券市场；建立外汇额度调剂市场；等等。

1989 年 2 月 23~27 日，河南省政府召开历史上规模最大的金融工作会议，研究确定了全省金融系统的 10 项任务。

1991 年 5 月 22 日，河南省政府批转了由省人行、体改委等共同拟定的《关于搞活金融工作的意见》。简称金融"体改 40 条"。

1996 年初，省人行和省体改委共同制定了《河南省金融体制改革要点》，进一步加快了国有专业银行向商业银行转变的步伐。随后，河南省银行业进入快速发展阶段（详见专栏 2-1）。

1996 年 6 月，中国人民保险公司河南省分公司分设为中保财产保险有限公司河南省分公司（简称中保财险省分公司）和中保人寿保险有限公司河南省分公司（简称中保人寿省分公司）。

1998 年底，在原中国人民银行河南省分行和原中国人民银行郑州分行基础上，合并成立中国人民银行郑州中心支行作为中国人民银行总行在河南省的派出机构（正厅级），在河南省履行贯彻执行货币政策、维护辖区金融稳定、提供金融服务、外汇管理、征信管理和反洗钱等各项工作职责，支持地方经济平稳、较快发展。

1999 年 7 月 1 日，中国证监会郑州特派员办事处（简称郑州特派办）成立，人民银行对全省证券市场监管的职能分离出来。2004 年 5 月，郑州特派办更名为中国证券监督管理委员会河南监管局。

2001 年 2 月 19 日，中国保险监督管理委员会郑州特派员办事处（简称郑州保监办）成立。2004 年 2 月 6 日经国务院批准更名为中国保险监督管理委员会河南监管局。

2002 年 3 月，中国人民银行郑州中心支行出台《关于进一步改进外汇管理支持河南省对外经济贸易发展的意见》。

2003 年 10 月，中国银行业监督管理委员会河南监管局成立，2004 年 1 月 16 日，河南银监局全辖 16 个银监分局全部挂牌履职，河南银监局机构体系的组建工作基本完成。

2005 年 2 月，河南省农村信用社联合社成立。这标志着河南省农村信用社改革取得重大进展。

2005 年，中国人民银行郑州中心支行先后出台《关于加强和改善金融服务支持民营暨中小企业发展的指导意见》和《关于切实重视改善金融生态建设建立经济金融良性互动长效机制的意见》。

2006 年，河南省政府印发《河南省人民政府关于加快保险业改革发展的意见》，这是深入贯彻落实《国务院关于保险业改革发展的若干意见》的具体举措，也是指导河南省保险业改革发展的纲领性文件。

2006 年 4 月和 12 月，中国人民银行郑州中心支行先后出台《关于河南省社会主义新农村建设金融服务工作的指导意见》和《关于加强县域金融工作促进城乡一体化发展的意见》。

2006 年 4 月，河南银监局印发《关于全省银行业支持县域经济发展的指导意见》。

2007 年，河南省委、省政府发布"关于促进金融业持续健康发展的若干意见"，并就河南省地方法人银行机构整合、加强河南省企业上市工作、吸引金融机构进驻河南省壮大河南省期货市场的意见、加快中原证券改革、加强河南省金融生态环境建设等出台文件。

2007 年 6 月，中国人民银行郑州中心支行先后出台《关于创新信贷产品改善金融服务支持河南省中小企业发展的意见》和《关于推进河南省金融市场业务发展的意见》。

2007 年 12 月 18 日，河南省政府与中国信保签署全面战略合作协议。

2008 年 4 月，中国人民银行郑州中心支行出台《关于进一步强化金融支农工作的指导意见》。

2008 年 6 月，河南银监局出台《河南银行业 2008 年小企业金融服务工作指导意见》。

2008 年 10 月，河南银监局出台"关于大型银行进一步支持县域经济发展推进小企业金融服务的指导意见"，要求各大型银行不断完善小企业授信的操作方案，选择好试点，以点带面，推动小企业信贷的增长。

2008 年 11 月 19 日，河南省人民政府与中国人寿保险（集团）公司战略合作意向书签字仪式在郑州举行。

2009 年 2 月 4 日，中国人民银行郑州中心支行与河南银监局、河南省财政厅联合出台《关于加快推进河南省农村金融产品和服务方式创新试点工作的实施意见》，在全省 18 个县开展农村金融产品与服务方式创新试点工作。

2009 年 2 月 11 日，河南省政府出台《河南省 2009 年"两转两提"和优化经济发展环境工作意见》，在优化金融生态环境方面迈出新步伐。

2009 年 4 月 7 日，由财政部代理发行的 50 亿元河南省政府债券（一期）成功发行。

2009 年 5 月 29 日，河南省政府发布《关于支持中小企业加快发展的若干意见》和《关于建立健全中小企业信用担保体系的若干意见》，决定组建河南省中小企业投资担保集团，帮助中小企业切实解决发展中的难题。

2009 年 6 月 4 日，河南省 145 家县级联社专项中央银行票据资金 143.72 亿元全部兑付到位。2009 年，河南省新增人民币存贷款分别是上年同期的 1.5 倍和 2 倍，位居中部 6 省第一位、第二位，存贷款的大量增加为全省经济实现 V 形反转提供了较好的金融环境。

2010 年 1 月 18 日，中国人民银行与银监会在商丘市联合召开了"加快推进农村金融产品和服务方式创新试点工作座谈会"，对河南省相关工作予以充分肯定。

2010 年 5 月 10 日，河南省 2010 年银企合作会议在郑州举行，共签订协议贷款金额 1798 亿元，创历次银企对接活动签约金额新高。

2010 年 6 月 30 日，河南省各类投资担保机构突破千家，达到 1002 家，注册资本总额达 316.06 亿元。

2010 年 8 月 30 日，河南省政府批转中国人民银行郑州中心支行、省政府金融办、河南银监局、省财政厅《关于在全省范围内推动农村金融产品和服务方式创新工作意见的通知》（豫政办〔2010〕100 号），将农村金融产品和服务方式创新工作由 18 个县试点，扩大至全省范围内实施。

2011 年 2 月 16 日，河南省在全国银行间债券市场成功发行中小企业集合债券，募集资金 4. 9 亿元。

2011 年 5 月 22 日，中国人民银行郑州中心支行会同省工信厅联合下发《关于实施千家"小巨人"企业信贷培育计划支持中原经济区建设的意见》（郑银发〔2011〕115 号）。

2011 年 7 月 6 日，中国人民银行郑州中心支行举行千家"小巨人"企业信贷培育工作启动大会暨签约仪式。

2011 年 7 月 30 日上午，中国人民银行周小川行长一行到郑州中心支行调研，对郑州中心支行近年来工作给予充分肯定。

2011 年 8 月 23 日，跨境贸易人民币结算地区扩大至包括河南省在内的全国范围。

2011 年 11 月 18 日，中国人民银行郑州中心支行组织召开河南省跨境人民币业务宣传活动启动仪式电视电话会议，组织为期一个月的跨境人民币业务政策宣传，推动跨境人民币业务顺利开展。

2011 年 12 月 31 日，中国人民银行郑州中心支行会同省财政厅、省金融办出台《河南省直接债务融资激励引导办法》。

专栏 2 – 1　河南省银行业 15 年发展历程（1995～2010 年）

1995 年 12 月，广发银行郑州分行成立。

1996 年初，人行河南省分行（现人行郑州中心支行）和省休改委共同制定了《河南省金融体制改革要点》，进一步加快了国有专业银行向商业银行转变的步伐。

1998 年，中行河南省分行在河南省首家推出人民币远期结售汇业务。

1998 年底，在原中国人民银行河南省分行和原中国人民银行郑州分行基础上，合并成立中国人民银行郑州中心支行。

1999 年 3 月 18 日，光大银行收购原投资银行郑州分行 7 个营业网点成立中国光大银行郑州管理部。2000 年 11 月，光大银行郑州分行开业。

2001 年 4 月，浦发银行郑州分行开业。

2002 年，新乡市商业银行（现新乡银行）成功收购新乡市获嘉县城市信用社，开创河南、山东两省城商行跨区域经营的先河。

2002 年 12 月，招行郑州分行成立。

2003 年 10 月，中国银行业监督管理委员会河南监管局成立，2004 年 1 月 16 日，河南银监局全辖 16 个银监分局全部挂牌履职，河南银监局机构体系的组建工作基本完成。

2004 年，光大银行郑州分行在河南第一家推出获得监管部门批准的人民币理财产品"阳光理财 B 计划"。

2005 年 2 月，河南省农村信用社联合社成立，标志着河南省农信社改革取得重大进展。

2007 年，河南省委、省政府发布《关于促进金融业持续健康发展的若干意见》，并就河南省地方法人银行机构整合、加强河南省企业上市工作、吸引金融机构进驻河南省壮大河南省期货市场的意见、加快中原证券改革、加强河南省金融生态环境建设等出台文件。

2007 年，中行河南省分行在河南省首家推出私人银行业务。

2007 年 2 月，广发银行郑州分行、中信、兴业等多家银行联合推出的柜面通业务开始上线。

2007 年 6 月，人民银行郑州中心支行先后出台《关于创新信贷产品改善金融服务支持河南省中小企业发展的意见》和《关于推进河南省金融市场业务发展的意见》。

2007 年 10 月，兴业银行郑州分行与河南省内 17 家城商行、城信社全部签订"银银平台"合作框架协议。

2008 年 2 月，建行河南省分行启动"客户接待日"制度。

2008 年，中信银行郑州分行在郑州同业率先成立投资银行中心，标志着商业银行开始了真正的转型。

2008 年，新乡银行与兴业银行签订合作协议，成为河南省首家与股份制商业银行进行"银银合作"的城市商业银行。

2008 年 6 月，河南银监局出台《河南银行业 2008 年小企业金融服务工作指导意见》。

2008 年 6 月 16 日，河南栾川民丰村镇银行开业。这是河南省首家村镇银行。

2008 年 6 月 19 日，民生银行郑州分行成立。

2008 年 10 月，河南银监局出台《关于大型银行进一步支持县域经济发展推进小企业金融服务的指导意见》，要求各大型银行不断完善小企业授信的操作方案，推动小企业信贷的增长。

2008 年 10 月 8 日，汇丰银行郑州分行开业，成为首家进入河南省的外资银行。

2008 年 12 月 17 日，农行河南省分行与省政府签署《全面深化合作共同推进中原崛起战略合作协议》，成为当年"国十条"出台后，四大行与河南省政府签署的第一份战略合作协议。

2009 年 3 月 4 日，经中国银行业监督管理委员会批准，"洛阳市商业银行"更名"洛阳银行"，成为河南省第一个完成更名、升级的城市商业银行。

2009 年 5 月 8 日，交行河南省分行成立郑州市第一家直客式贷款服务中心。

2009 年 8 月，浦发银行郑州分行中小企业业务经营中心成立，率先在省内成立中小企业服务专营机构。

2009 年 12 月 17 日，郑州市商业银行正式更名为郑州银行。

2009 年 12 月，经中国银行业监督管理委员会批准，新乡市商业银行正式更名为新乡银行股份有限公司，简称"新乡银行"。

2010 年 1 月 16 日，工行私人银行部郑州分部在郑州成立。

2010 年，农行河南省分行在全国首创新农村民居建设贷款新品种，并在新乡和安阳滑县进行试点。

二　中原经济区金融供给现状分析

"十一五"以来，河南省在全面落实科学发展观和各项宏观调控政策、促进中部崛起和建设社会主义新农村、应对金融危机和落实中央应对金融危机一揽子计划的大背景下，金融总体保持健康平稳的运行态势。存贷款总量增长，信贷结构持续优化，金融对经济发展的支撑和助推作用稳步增强，服务地方经济发展的能力得到提升；证券业发展与规范并重，保险业发展与创新提速；金融改革逐步深化，金融市场功能继续完善，金融生态环境趋于优化，经济金融良性互动格局初步形成。"十一五"以来，主要国民经济和金融指标见表 2－1。

表 2 – 1　"十一五"期间河南省国民经济及金融业主要指标

指标　　　年度	2006	2007	2008	2009	2010
国内生产总值（亿元）	12362.79	15012.46	18018.53	19480.46	22942.68
第三产业增加值（亿元）	3721.44	4511.97	5271.06	5700.91	6452.64
人均生产总值（元）	13172	16012	19181	20597	23898.63
各项存款年底余额（亿元）	11492.55	12576.42	15255.42	19175.06	23148.80
各项贷款年底余额（亿元）	8567.33	9545.48	10368.05	13437.43	15871.30
保险公司保费收入（亿元）	252.31	323.56	518.92	565.39	793.28
保险公司赔款及给付（亿元）	50.98	100.88	128.77	148.23	153.91
金融业城镇固定资产投资（亿元）	3.74	6.65	7.87	12.19	14.34
金融业增加值（亿元）	219.72	302.31	413.83	499.92	697.68
金融业增加值占 GDP 比重（%）	1.78	2.01	2.30	2.57	3.04
金融业增加值占第三产业比重（%）	5.90	6.70	7.85	8.77	10.81
金融相关率（FIR）*	1.62	1.47	1.42	1.67	1.70

注：金融相关率计算过程中，金融资产总量数值用存款加贷款近似代表。

资料来源：根据 2006 ~ 2010 年《河南统计年鉴》、中国人民银行网站、中国保监会网站整理。

（一）金融机构扩张迅速

根据河南省政府金融办公布的最新统计资料，2010 年以来，金融机构在河南省迅速扩张。截至目前，全省农商行、农合行已达 13 家，居全国第 7 位；同时，河南省城市商业银行发展迅速。洛阳、郑州、许昌、新乡、平顶山、信阳、鹤壁等 7 市的城商行已经获得跨区域设立分支机构许可；洛阳银行郑州分行、郑州银行南阳分行已经正式开业，实现了河南省城商行的跨区域经营。

（二）金融机构存贷款总量增加明显

从 2000 年以来，河南省金融机构存贷款余额呈现快速增长趋势，从《河南统计年鉴》获得的数据显示，2010 年底，全省金融机构存款余额2.31 万亿元，比 2000 年增长了 3.87 倍，比"十一五"开局之年的 2006 年增长了 1 倍。其中，居民储蓄存款余额 1.29 万亿元，比 2000 年增长了 3.05倍，比 2006 年增长了 74.88%。贷款余额 1.59 亿元，比 2000 年增长了2.64 倍，比 2006 年增长了 85.25%（见表 2 – 2）。同时，与中部其他省份相比，2010 年，河南省存贷款总量位居中部六省首位、增量位居第 2 位，有效支持了全省经济平稳较快发展。图 2 – 1 反映了 2007 ~ 2010 年四年间河南省金融机构存贷款增速与国内生产总值增速的对比，其中计算采取以"十一五"开局之年 2006 年为基期，同比计算的方法。从图中可以看出，在 2007 年与 2008 年，河南省金融机构存贷款增速还赶不上国内生产总值的增长，但 2009 年与 2010 年，存款增速已经远远超过国内生产总值增长，贷款增速也与国内生产总值增速持平（见图 2－1）。

表 2－2　2000～2010 年河南省存贷款余额

单位：亿元

年份	存款余额	其中:城乡居民储蓄存款	贷款余额
2000	4753.41	3182.08	4356.94
2001	5530.16	3634.50	4885.73
2002	6451.59	4202.57	5553.58
2003	7618.03	4919.09	6422.66
2004	8631.79	5607.30	7092.31
2005	10003.96	6488.55	7434.53
2006	11492.55	7367.37	8567.33
2007	12576.42	7812.24	9545.48
2008	15255.42	9515.82	10368.05
2009	19175.06	11207.40	13437.43
2010	23148.83	12883.70	15871.32

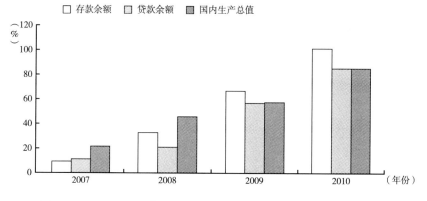

图 2－1　2007～2010 年河南省存贷款余额与生产总值同比增速对比

就金融业增加值占 GDP 比重以及金融业增加值占第三产业增加值比重而言，金融业对于 GDP 的贡献和金融业对于第三产业的贡献呈现逐年提高的发展态势（见图 2－2），2006 年底，金融业增加值占 GDP 的比重仅为 1.78%，至 2010 年底，这一比重达到 3.04%；金融业增加值占第三产业增加值比重在 2006 年底为 5.9%，至 2010 年已达到 10.81%，表明河南省第三产业结构正日趋合理，金融相关率逐步提升。

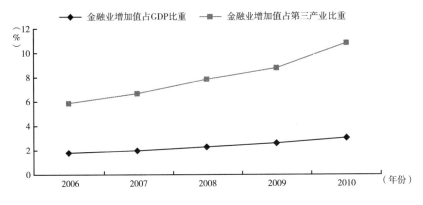

图 2 - 2 "十一五"期间河南省金融业增加值比重

（三）保险业市场规模稳步扩大，社会保障能力持续增强

截至 2010 年，河南省保费收入在全国占第五位，居中部六省的首位。保险公司赔款及给付等各项指标也持续上升，保险覆盖面不断扩大，对经济社会的渗透程度日渐加深（见图 2 - 3）。据《河南统计年鉴》数据，2010 年底，全省保险公司保费收入为 793.28 亿元，比 2000 年增长了 13 倍，比 2006 年增长 2.14 倍；赔款及给付 153.91 亿元，比 2000 年增长 7.89 倍，比 2006 年增长 2 倍。

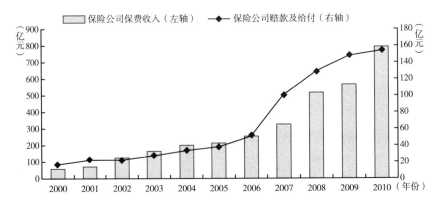

图 2 - 3 2000～2010 年河南省保险公司保费收入与赔款及给付

（四）证券业规模稳步扩张，上市公司数量继续扩大

表 2 - 3 反映了河南省证券业 2009 年与 2010 年发展的基本情况，从表中可以看到，截至 2010 年底，河南省上市公司数量为 81 家，发行股票 83

只，比 2009 年增加了 15 家，增发股票 15 只。2010 年发行 A 股 52 只，其中新发行 11 只，发行境外股票 31 只。截至年末，募集资金总额 751.1 亿元，比 2009 年增长 30.1%。2010 年全年首次发行、再融资募集资金173.64 亿元，比 2009 年增长 2 倍。年末 A 股上市公司流通股市价总值3296.88 亿元，股票成交量 24290.27 亿元，市值比 2009 年增加 31.7%，成交量略有下降。截至 2010 年底，河南省投资者开户 359.66 万户，其中机构投资者 4.96 万户，个人投资者 354.7 万户（见表 2-3）。从 2010 年河南省证券市场的发展来看，上市公司数量及募集资金数额均创历史新高，证券业规模稳步扩张。

表 2-3　2010 年河南省证券业基本情况

指　标	2009 年	2010 年
年末河南上市公司数量(家)	66	81
年末发行股票(只)	68	83
发行 A 股(只)	41	52
#新发行	3	11
发行境外股票(只)	27	31
#新发行	3	4
截至年末募集资金总额(亿元)	577.46	751.10
本年首次发行、再融资募集资金(亿元)	57.64	173.64
#A 股	50.06	142.27
年末 A 股上市公司		
流通股市价总值(亿元)	2503.00	3296.88
股票成交量(亿元)	26054.00	24290.27
投资者开户数(万户)	316.00	359.66
#机构	0.32	4.96
个人	315.68	354.70
证券营业部个数(个)	123	138
#外省证券公司设本省营业部	89	101

2010 年，河南省新增证券和期货经营机构 31 家，股指期货、融资融券、IB 业务等创新业务相继推出（见表 2-4）。

表 2 - 4　2010 年河南省证券机构基本情况

单位：家

项　　目	数量
总部设在辖内的证券公司数	1
总部设在辖内的基金公司数	0
总部设在辖内的期货公司数	3
年末国内上市公司数	51

资料来源：摘自中国人民银行郑州中心支行货币政策分析小组《2010 年河南省金融运行报告》。

（五）在主要经济、金融指标对比中，河南省多项指标居中部地区首位

"十一五"以来，中部六省主要经济、金融指标的对比数据见表 2 - 5。

表 2 - 5　中部六省"十一五"期间主要经济、金融指标对比

单位：亿元，%

年度	指　　标　　省　份	河南	山西	安徽	江西	湖北	湖南
2007	生产总值	12495.97	4752.54	6148.73	4670.53	7581.32	7568.89
	第三产业增加值	3721.44	1727.44	2471.94	1563.65	3075.83	3084.96
	金融业增加值	219.72	138.26	130.25	76.13	174.99	184.70
	金融业增加值占生产总值比重	1.76	2.91	2.12	1.63	2.31	2.44
	金融业增加值占第三产业增加值比重	5.90	8.00	5.27	4.87	5.69	5.99
2007	生产总值	15012.46	5733.35	7364.18	5500.25	9230.68	9200.00
	第三产业增加值	4511.97	2025.09	2874.88	1753.56	3886.00	3657.04
	金融业增加值	302.31	160.31	154.73	85.72	337.27	211.74
	金融业增加值占生产总值比重	2.01	2.80	2.10	1.56	3.65	2.30
	金融业增加值占第三产业增加值比重	6.70	7.92	5.38	4.89	8.68	5.79
2008	生产总值	18407.78	6938.73	8874.17	6480.33	11330.38	11156.64
	第三产业增加值	5271.06	2370.48	3318.74	2005.07	4586.77	4216.16
	金融业增加值	345.36	189.76	183.18	98.06	393.05	245.67
	金融业增加值占生产总值比重	1.88	2.73	2.06	1.51	3.47	2.20
	金融业增加值占第三产业增加值比重	6.55	8.01	5.52	4.89	8.57	5.83
2009	生产总值	19480.46	7358.31	10062.82	7655.18	12961.10	13059.69
	第三产业增加值	5700.91	2886.92	3662.15	2637.07	5127.12	5402.81
	金融业增加值	499.92	361.64	359.60	165.10	479.11	402.57
	金融业增加值占生产总值比重	2.57	4.91	3.57	2.16	3.70	3.08
	金融业增加值占第三产业增加值比重	8.77	12.53	9.82	6.26	9.34	7.45
2010	生产总值	22942.68	9200.86	12359.33	9451.26	15967.61	16037.96
	第三产业增加值	6452.64	3412.38	4193.70	3121.40	6053.37	6369.27
	金融业增加值	697.68	448.30	396.20	241.49	561.27	463.16
	金融业增加值占生产总值比重	3.04	4.87	3.21	2.56	3.52	2.89
	金融业增加值占第三产业增加值比重	10.81	13.14	9.45	7.74	9.27	7.27

资料来源：2006~2010 年中部六省统计年鉴。

第一，从分省年度序列数据来看，国内生产总值、第三产业增加值以及金融业增加值三项指标，河南省连续多年位居中部地区首位，金融对经济的支撑作用显著。图2-4列示了中部六省"十一五"期间金融业增加值对比及趋势。可以发现，河南省金融业增加值在中部地区处于明显的优势，较好地支持了地方经济的发展。以金融业增加值为例，2010年数据显示，河南、山西、安徽、江西、湖北、湖南六省金融业增加值分别为697.68亿元、448.3亿元、396.2亿元、241.49亿元、561.27亿元、463.16亿元，河南省居第一位，与2006年相比，分别增长2.18倍、2.24倍、2.04倍、2.17倍、2.2倍和1.5倍，增速排名第三位。

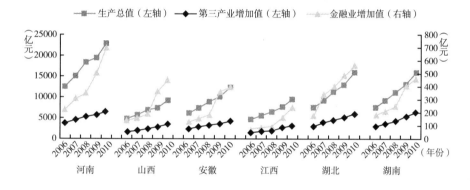

图2-4 2006~2010年中部地区分省GDP、第三产业增加值和金融业增加值对比

第二，从年度截面数据来看，无论是国内生产总值、第三产业增加值，还是金融业增加值，河南省均处于前列。图2-5反映了2010年分省上述三项指标的绝对数量对比。

第三，从金融业占GDP比重以及金融业占第三产业比重来看，分省年度序列数据表明，在2006年，河南省金融业占GDP的比重为1.76%，在中部六省中排名仅高于江西省，排在第五位，至2010年，该指标上升为3.04%，排名高于江西与湖南；金融业占第三产业的比重，2006年河南省为5.9%，排名第三位，位列山西与湖南之后，至2010年，这一指标上升至10.81%，排名升至第二位，仅列陕西之后（见图2-6）。

（六）全省分金融机构存贷款情况

表2-6列出了河南省分金融机构存贷款状况，全部金融机构存款中，

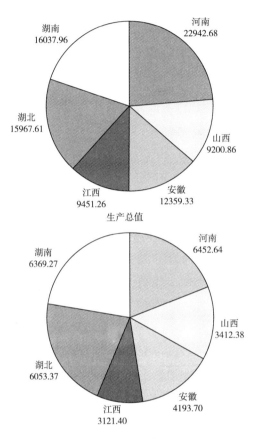

生产总值

第三产业增加值

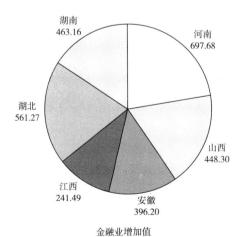

金融业增加值

图 2 - 5 2010 年中部六省 GDP、第三产业增加值、金融业增加值对比

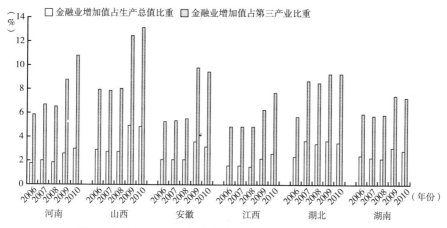

**图 2 - 6 2006～2010 年中部地区分省金融业占 GDP 比重
和金融业占第三产业比重对比**

大型银行 2010 年末存款余额为 1.3 万亿元，占全省存款市场的 60%，中小银行存款余额 3131.58 亿元，占比 14%，农村信用社存款余额 3604.72 亿元，占比 16%，区域性中小银行存款余额 2267.99 亿元，占比 10%。从贷款情况来看，大型银行 2010 年末贷款余额为 7561.14 亿元，占贷款市场的份额为 49%，中小银行贷款余额为 3928.94 亿元，占市场份额的 25%，农村信用社贷款余额 2703.01 亿元，占市场份额的 17%，区域性中小银行贷款余额为 1418.42 亿元，占市场份额的 9%（见图 2 - 7）。

表 2 - 6 2010 年河南省分金融机构存贷款情况

单位：亿元

金融机构类型	各项存款		各项贷款	
	年末余额	比年初增减数	年末余额	比年初增减数
中小银行	3131.58	716.70	3928.94	448.85
大型银行	13282.94	1871.40	7561.14	1125.71
区域性中小银行	2267.99	639.11	1418.42	388.49
农村信用社	3604.72	479.41	2703.01	336.16

注：中小银行包括招商银行、中国农业发展银行、浦东发展银行、中信银行、兴业银行、民生银行、光大银行和广东发展银行；大型银行包括中国工商银行、中国建设银行、中国农业银行、中国银行、国家开发银行、交通银行和中国邮政储蓄银行；区域性中小银行包括城市商业银行、农村商业银行、农村合作银行和村镇银行。

资料来源：2011 年《河南统计年鉴》。

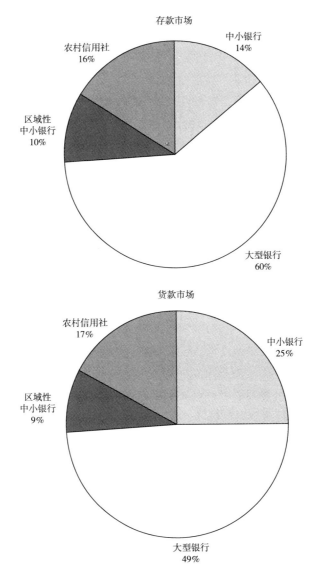

图 2 - 7　2010 年河南省金融机构存贷款市场份额分布

　　值得注意的是，大型银行虽然占了全省存款市场的 60%，但是其投放的贷款却仅占全省贷款市场的 49%。这表明大型银行在河南省的资金吸纳能力较强，但相对于吸储能力而言，其信贷投放力度有限。对此，可以进一步计算各类机构的存差进行分析。表 2 - 7 反映了河南省金融机构分机构的存差状况，从全省存贷款总余额对比来看，2010 年全省存差总额 6675.72

亿元，存贷比为70%。分机构来看，中小银行存差为负，说明相对于吸收的存款来说，这些机构还从外省向河南省调入资金。大型银行存差额为5721.8亿元，占总存差的比重高达85.71%，存贷比为56.9%，说明河南省为大型银行提供了较多的存款资源，并且部分存款被调出河南省用于外省。农村信用社和区域性中小银行存贷比分别为62.54%和74.99%，说明这些机构绝大部分资金用于本省经济发展。

表 2 - 7　河南省金融机构分机构存差状况

单位：亿元，%

金融机构类型	存款余额	贷款余额	存差	存差在总存差中的占比
中小银行	3131.58	3928.94	-797.36	-11.94
大型银行	13282.94	7561.14	5721.8	85.71
区域性中小银行	2267.99	1418.42	849.57	12.73
农村信用社	3604.72	2703.01	901.71	13.51
总　计	22287.23	15611.51	6675.72	100.00

第三节　中原经济区金融发展与经济增长的互动关系分析

金融是现代经济的血液，是经济社会发展的动力之基、活力之源。金融业与地方经济发展相辅相成，一方面金融业有力地支持了地方经济的发展，另一方面地方经济的发展又培育壮大了金融业。中原经济区金融发展的动力机制，首先表现在中原经济区经济中心对金融业发展的相互依赖和相互促进关系上。

一　金融发展与经济增长的研究成果综述

经济增长理论是经济学研究的重心，金融发展与经济增长关系的研究一直都是经济学界普遍关注的焦点。

熊彼特（Schumpeter，1911）是较早研究金融发展与经济增长关系的经济学家。他在《经济发展理论》一书中率先考虑银行对经济增长的作用，指出功能完善的银行能够通过评估和融资来发现和支持具有较大成功概率的投资项目来推动经济增长。

1950 年以后经济学研究中金融元素被更多关注，一些西方经济学家开始从事金融与经济发展关系方面的研究工作，创立金融发展理论。格利和肖（Gurley，Shaw，1955～1956）在《经济发展中的金融方面》和《金融中介机构与储蓄－投资过程》两篇论文中着重阐述了金融中介在经济发展过程中的重要性，揭开了金融发展理论研究的序幕。帕特里克（Patrick，1966）在《欠发达国家的金融发展与经济增长》一文中最早研究金融发展与经济增长的因果关系，提出"需求追随"和"供给引导"两种经典模式。前者强调金融服务的需求方，认为金融发展是经济增长的一个结果；后者强调金融服务的供给方，认为金融发展促进经济增长。一国经济发展阶段决定该国金融发展模式，欠发达国家因为需要改进现有资本构成，有效配置资源，刺激储蓄和投资，应采用金融优先发展的供给引导模式；而随着经济的发展，需求追随模式逐渐居于主导地位。戈德史密斯（Goldsmith，1969）在《金融结构与金融发展》一书中提出金融结构假说，认为金融发展就是金融结构由简单到复杂、由低级到高级的变化。为了对金融发展进行定量分析，他确立了衡量一国金融结构和金融发展水平的基本指标体系，并通过对 35 个国家 103 年数据的实证研究得出金融相关率与经济发展水平正相关的结论，为此后的金融研究提供了重要的方法论参考和分析基础，奠定了经济增长和金融发展实证研究的基石。

麦金农（Mckinnon，1973）《经济发展中的货币》与肖（Shaw，1973）《经济发展中的金融深化》两本书的出版标志着金融发展理论的形成。他们分别单独研究了多个发展中国家和地区第二次世界大战以后的金融发展状况，创立现代金融发展理论，主张金融自由化并提出适合发展中国家金融现状的"金融抑制"和"金融深化"理论。他们认为金融抑制政策会减少社会储蓄与投资，限制市场机制作用的充分发挥，阻碍经济增长；而以金融深化为标志的金融自由化改革使得该经济体中的资源配置更有效率，促进经济增长。在此之后，金融发展与经济增长之间的关系逐渐成为发展经济学的一个重要研究领域。麦金农和肖的金融深化论在西方经济学界产生极大影响，卡普（Kapur，1976）、加尔比斯（Galbis，1977）、马西森（Mathieson，1980）等经济学家纷纷提出对金融发展问题的新见解，基于麦金农和肖的分析框架相继建立了一些宏观经济模型，但金融发展对全要素生产力有何影响这一问题一直未被关注和解决。

20 世纪 90 年代以来，对金融发展和经济增长关系的研究取得了飞速发展。不确定性、信息不对称、不完全竞争、交易成本等更贴近现实的因素被引入理论模型；信息技术与统计分析的发展使得人们的数据收集与处理能力大幅提高，为实证分析创造了有利条件。格林伍德、乔安娜维克（Greenwood，Jovanovic，1990）、本茨文奇、史密斯（Bencivenga，Smith，1991）等学者在研究中指出，金融中介和金融市场的组建存在较高的固定进入成本与固定交易成本，导致金融发展和经济增长之间具有"门槛效应"。只有当经济规模达到一定程度后相应金融体系的发展才会促进经济增长。帕加诺（Pagano，1993）利用内生增长模型表明金融系统可以通过提高储蓄投资转化率、资本边际生产率和储蓄率来影响经济增长率。金和莱文（King，Levine，1993）从金融体系的功能出发，认为金融发展的过程就是金融体系功能不断深化的过程，金融发展导致经济增长。莱文（Levine，1997）认为金融系统促进交易、分散风险、配置资源、监督管理、动员储蓄等功能使其能够通过资本积累和技术进步两个渠道促进经济增长。格林伍德和史密斯（Greenwood，Smith，1997）分析了金融市场通过增加专业化来促进经济增长，突破了新古典经济理论的限制，开辟了分析经济增长来源和决定因素的新途径。

经济学家认为金融发展与经济增长的关系主要有三种观点：一是金融发展与经济增长没有因果关系；二是二者存在单向的因果关系，要么金融发展是经济增长的一个决定因素，要么经济增长促进金融发展；三是金融发展与经济增长互为因果，这也成为现代金融发展理论的主流观点。顾塔（Gupta，1984）通过对14个发展中国家的季度时间序列数据的分析，发现14个发展中国家中有8个国家存在供给引导情形，4个国家存在需求追随情形，2个国家存在双向因果关系。莱文（Levine，1997）针对戈德史密斯（Goldsmith）研究的不足，采用80个国家1960～1989年共40年的数据进行实证研究，结果表明：金融发展和经济增长存在统计意义上的显著正相关关系。莱姜和任格尔斯（Rajan，Zingales，1998）指出金融发展与经济发展正相关，金融发展对经济增长的贡献具有非均衡机制，那些高度依赖金融部门的产业部门比低度依赖金融部门的产业部门对经济增长的贡献大概相差1个百分点。穆森（Mohsin，2000）使用二阶段最小二乘法（2SLS）验证金融发展和经济增长间正相关。阿道夫（Adolfo，2001）利用巴西1980～1997年的数据，使用时间序列模型和格兰杰因果关系检验法检验了经济增长和金融发展间的关系，得出二者之间互为因果关系的结论。总体来说，这一阶段的实证研究证明了金融发展和经济增长之间存在正相关关系，金融发展被视为经济增长必要条件的地位得到了确认。

国内关于金融发展和经济增长之间关系的研究起步较晚，大概开始于20世纪90年代后期，关于金融发展与经济增长关系的研究也主要体现在实证层面。谈儒勇（1999）采用1993～1998年季度数据，运用普通最小二乘法（OLS）对中国金融发展与经济增长关系进行了实证检验，结果表明：金融中介发展对经济增长起促进作用，二者存在显著的正相关关系；股票市场发展对经济增长起抑制作用，二者存在不显著的负相关关系；金融中介发展和股票市场发展之间有显著的正相关关系。

韩廷春（2001）在研究中考虑到中国转轨时期经济的运行特点，将数据分为1978～1989年和1990～1999年两个阶段，建立了金融发展与经济增长关联机制的计量模型，并对我国经济发展过程的有关数据进行了实证分析。研究发现两个阶段中金融发展程度以及资本市场发展程度对经济增长的作用均逐渐增强。研究结果指出，金融深化理论与利率政策必须与经济发展过程相适应，并应加强对金融体系运作效率的重视以提高整个社会的投资质量。

曹啸、吴军（2002）通过我国1994～1999年季度数据进行研究，认为在格兰杰检验意义上我国的金融发展确实构成了经济增长的原因。但是，我国金融发展对经济增长的促进作用主要是通过金融资产数量上的扩张来实现的，而不是通过提高金融资源的配置效率从而促进经济增长，这就导致我国经济增长的粗放型发展，同时也说明我国目前的金融深化水平还处于一个比较低的阶段。

孟猛（2003）利用含有误差修正项的格兰杰关系函数式以我国1978～2000年数据为例进行了实证分析。研究认为，短期内金融深化不会促进经济增长，其中经济增长会促进货币化程度的提高，但对非金融机构获取的贷款量没有影响；而长期金融深化程度的提高会促进经济增长速度的加快。

赵振全、薛丰慧（2004）采用对 Greenwood-Jovanovic 模型修正后的产出增长率模型，利用1994～2002年的季度数据检验我国信贷市场和股票市场对经济增长的作用。研究结果表明，我国信贷市场对经济增长的作用较明显，股票市场对经济增长的作用不明显，国内信贷总量的不断扩张是信贷市场贡献的主要途径，而融资利用效率低下和资源的逆配置是导致股票市场对经济增长作用低下的主要原因。

刘伟、王汝芳（2006）严格按照资本市场的定义，综合考虑中长期信贷市场、股票市场和债券市场，对转型时期我国资本市场效率、资本市场与经济增长的关系进行了系统的分析。通过动态模型实证研究，发现我国资本市场间接融资（中长期贷款）与固定资产投资的比率的提高对经济具有负面影响，但随着金融改革的深化，其负面影响逐步降低；相对来说，资本市场直接融资与固定资产投资的比率的提高对经济有着积极的作用，且其积极作用越来越明显。

林毅夫、孙希芳（2008）运用中国28个省（自治区、直辖市）在1985～2002年的面板数据，考察了银行业结构对经济增长的影响。文中对银行业结构的分析着眼于不同规模的银行在银行体系中的相对重要性，考察了中小金融机构的市场份额，运用双向固定效应模型估计结果显示，中国现阶段中小金融机构市场份额的上升对经济增长有显著的正向影响。

赵勇、雷达（2010）利用数据包络分析（Data Envel-opment Analysis, DEA）和永续盘存法分析了经济增长方式的决定因素以及金融发展对经济增长方式转变的影响，并对中国不同地区间金融发展促进经济增长效应的差异进行了对比分析。研究结果表明，经济增长方式在由投资推动向生产率主导的转变过程中存在着"门槛效应"，而金融发展水平的提高可以通过降低增长方式转变的门槛值来推动经济增长的集约式转变，其效应大小与经济发展的阶段有关。

我国地域差距大，资源分布不均，导致区域经济发展不平衡，区域金融发展的差异日趋明显。国家层面的研究无法结合某一区域或某一特定地区自身经济与金融的特点，因此许多学者开始研究不同区域下金融发展对于经济增长的关系，希望提出适合该地区经济与金融发展的适应对策。

周立、王了明（2002）通过对1978～2000年金融发展与经济增长关系的实证研究，发现中国各地区金融发展与经济增长密切相关。金融发展差距可以部分解释中国各地区经济增长差距。一个地区金融发展初始条件低下，对其长期的经济发展不利；而提高金融发展水平，对于长期的经济增长会带来良好影响。在金融发展指标中，金融市场化与经济增长的相关性十分显著，所以要进一步探索金融市场化的道路，以获得高质量的金融发展和持续快速的经济增长。

艾洪德、徐明圣、郭凯（2004）建立了多元回归模型，运用格兰杰因果关系检验，研究我国区域性金融发展与区域经济增长的关系。研究结果表明：金融发展与经济增长之间存在因果关系，与投资增长之间却不存在因果关系，但后者的结论不稳健；东部和全国的金融发展与经济增长之间存在正相关的关系，而中部和西部二者之间则几乎是负相关的关系，且存在明显的滞后效应，因此过度开放金融竞争和推动金融市场化的改革对欠发达地区的经济增长可能是不利的。

王景武（2005）利用误差修正模型和格兰杰因果关系检验对我国区域金融发展与经济增长关系进行了实证分析，结果也发现东部地区的金融发展与经济增长之间存在正向因果关系，而西部地区金融发展与经济增长之间关系则存在相互抑制关系。由此可见，中国区域金融存在显著的差异。

冉光和、李敬等人（2006）基于我国东部和西部的省级数据，运用面板数据单位根检验、协整检验与误差纠正模型，对东部和西部金融发展与经济增长的长期关系和短期关系进行了比较研究。结果显示东部和西部金融发展与经济增长关系具有明显差异：西部地区金融发展与经济增长之间具有金融发展引导经济增长的单向长期因果关系，而无明显的短期因果关系；东部地区金融发展与经济增长之间具有明显的双向长期因果关系和双向短期因果关系。因此，在不同的区域条件约束下，金融发展与经济增长之间可能并无稳定一致的关系。

杨胜刚、朱红（2007）从分析中部地区经济与金融发展的现状入手，探究中部地区经济增长瓶颈以及金融弱化之间的关系，并运用中部六省的省级数据，通过面板数据单位根检验、协整检验与误差修正模型，对中部地区金融发展与经济增长总量、产业结构优化以及城镇化水平之间的长期关系和短期关系进行了研究。结果显示，中部金融发展与经济增长具有长期的均衡关系，金融发展能够为中部崛起提供有力的支持，但在短期则无明显关系。

吴拥政、陆峰（2010）针对区域金融发展与经济增长的关系设定分层线性组织模型研究省级区域或省级与地级区域金融发展与经济增长的关系。初步的模型估计检验结果都显示金融生态的社会经济综合竞争力方面的影响是统计显著的；另外，时空关联性整合意义的信息为多区域尺度金融发展与经济增长关系的研究提供了数据支持。

综上所述，金融发展与经济增长之间的关系是相对的，无论是从全国层面还是从区域层面进行实证分析，得出的结论都是在相应层面上具有实际意义，但区域层面的实证研究对当地的经济发展更具有指导意义。

二　金融发展与经济增长相互作用的机制分析

（一）金融发展对经济增长的影响

纵观当今世界，我们发现经济增长总是伴随着一定程度的金融发展：经济发展水平高的国家，总是拥有完善的金融体系、发达的金融市场、繁多的金融产品；而经济发展水平低的国家，其金融发展水平也比较低。这是因为经济的活力主要来源于资源配置的高效率，金融在资源配置中发挥着核心作用，是搞活经济的关键环节。

理论研究和大量的实证研究表明，金融发展与经济增长之间存在着积极和紧密的联系，但是也有许多研究文献表明这种影响的程度和方向在不同区域的表现是不一样的。例如，我国东部地区金融发展对经济增长的影响要比中、西部地区强，这是因为中国特别是中西部地区金融市场化程度还不高，金融部门还不能充分发挥其为经济配置资源、促进交易的功能。金融发展对经济增长的影响作用也体现为正反两个方面：一方面，金融发展减少信息与交易成本，促进资金融通，提高储蓄率以及投资转化率，优化资源配置进而推动经济增长；另一方面，在特定情况下过度的金融发展会积累大量风险，反而抑制经济增长。多数文献表明，我国东部地区金融发展对经济增长有促进作用，而中、西部地区的金融发展对经济增长反而可能有抑制作用。还有一些研究发现金融发展可能对经济增长没有显著影响，也就是说，金融发展可能不是经济增长的原因，只是经济增长的内生结果。本章仅就金融发展对经济增长的积极影响进行研究。

帕加诺（Pagano，1993）利用内生增长模型——AK 模型，建立金融发展对经济增长作用机制的分析框架。我们对该模型进行了简化：假设一个没有政府的封闭经济，人口规模不变，整个经济体系只生产一种商品，或被投资或被消费，如果该商品被用于投资，每期的折旧率为 δ。这时，我们可以构造一个连续时间框架下的宏观经济模型，在模型中，总产出是总资本存量的线性函数：

$$y_t = Ak_t \qquad\qquad (2-1)$$

其中，y_t 表示 t 时期的产出，k_t 表示 t 时期的资本投入数量，A 表示资本的边际生产率。

方程（2-1）两边对时间 t 取微分，得：

$$\frac{dy_t}{dt} = A\frac{dk_t}{dt} \tag{2-2}$$

方程（2-2）两边同时除以 y_t，我们得到经济增长率 g_y 的表达式：

$$g_y = \frac{dy_t/dt}{y_t} = A\frac{dk_t/dt}{y_t}$$

由假设，知 t 时期的总投资水平 I_t 为：

$$I_t = k_{t+1} - (1-\delta)k_t$$

所以

$$g_y = A\frac{I_t}{y_t} - \delta \tag{2-3}$$

在一个没有政府的封闭经济中，金融市场的均衡条件是：总储蓄率 S_t 等于总投资率 I_t，即储蓄完全转化为投资。但由于金融市场的主要作用就是促进储蓄向投资的转化，所以在加入了金融部门的内生增长模型中，要放弃原有模型中总储蓄 S 等于总投资 I 的均衡条件，认为储蓄漏出是合理的，即金融市场非均衡。假定储蓄-投资转化率为 φ，则有：

$$\frac{I_t}{y_t} = \frac{\varphi S_t}{y_t} = \varphi s \tag{2-4}$$

其中，s 表示储蓄率。将方程（2-4）代入方程（2-3）得：

$$g_y = A\varphi s - \delta \tag{2-5}$$

从方程（2-5）可以看出，金融发展从以下三个方面影响经济增长。

1. 资本产出效应——通过提高资本的边际生产率 A 促进经济增长

金融发展有利于促进金融中介以及金融市场的发展和完善，一方面降低信息与交易费用，使投资者能够利用充分透明的信息做出投资决策，实现对金融资源的合理配置，从而使资金在整个社会重新组合和分配，流向资本边际生产率最高的企业和项目中去，使得那些最具潜力的企业能够得到足够的资金进行技术革新和产品生产，从而提高投资的生产效率和资金的使用效率，推动经济增长；另一方面，金融体系在外部对企业和投资项目进行监督，有利于企业改善经营、提高效率，进而提高资本产出效率，促进有效资本形成。

金融发展可以通过多种渠道提高资本的边际生产率。

（1）金融通过促进创新和技术进步提高生产率

①金融体系通过降低交易成本、提高专业化水平来促进技术进步。亚当·斯密认为专业化是促进生产率提高的最主要因素，"当人们全部的注意力只集中于某个单一目标时，就比将注意力分散于大量事情上更能够发现容易的、便捷的方式去达到目标"。专业化水平越高，需要的交易规模也越大。每个交易过程因为搜寻、鉴定、估价等都是有成本的，金融体系通过向社会提供交易媒介、建立支付与结算系统，降低了产品和服务的交换成本，促进了分工与专业化，从而促进了更加专业化，推动技术创新，提高生产率。

②金融体系通过风险管理功能促进创新和技术进步。在竞争激烈的市场经济中，企业只有通过不断创新才能获得或者巩固自己的市场地位。创新的预期报酬是创新者作为行业中的佼佼者而占有的利润，金融体系能够准确地披露这些预期利润的现值，有助于创新活动，从而提高劳动生产率。创新不仅需要大量的研发资金，而且需要承担巨大的风险。金融体系可以将资金分散地投资于大量技术创新企业，实现投资风险的分散化，同时通过风险分散把某一家企业承担的创新风险让整个社会共同承担，从而促进资金流向那些推动经济增长的创新项目中去。而新技术的应用阶段，虽然预期回报巨大，风险也小于技术创新阶段，但投资周期长、流动性低，投资的未来收益不确定性仍然较大，投资者一般不愿意进行新技术应用投资。金融市场和金融机构的存在与发展增强了资产的流动性，降低了持有长期资产的流动性风险。投资者可以随时在二级市场买卖自己的证券资产，降低流动性风险，公司和企业可以永久获得从原始投资者那里得到的资本，而金融体系也可以通过二级市场金融资产的交易提供资产组合管理和信贷期权等，规避或降低投资风险，并引导金融资源向创新项目和收益率高的项目集中，提高了资本的边际生产率，促进了技术进步和经济增长。

③金融中介可以代替投资者去评估项目、公司、经理人和市场情况，利用自身的信息优势获取信息，更好地评估和甄别各种投资项目，将资金使用到生产率、资金收益率高和具有创新性的项目上去。银行信贷部门一般都会对公司经营状况、管理人员资历和投资项目的价值进行考察和评估，以决定是否向企业提供贷款。股票市场通过严格的信息披露机制保证股东和公众能及时了解上市公司的经营状况和财务状况。这些金融安排保证金融资源流向具有先进生产技术的企业和有价值的投资项目，而且金融中介和市场通过选择有潜力的企业提供融资，可以加速产品和技术创新，促进经济增长。

（2）金融通过促进资源合理配置提高生产率

①资源合理配置是推动生产率提高的重要外部因素。资源的优化配置需要在有效的市场中去实现，高度发达的金融市场能够连接所有者和管理者的利益，搭建生产、流通、分配和消费各个环节贯通的桥梁，为资本集中、转移和重组提供便利，也改变着生产、经营部门的融资比重。社会资源的优化配置便是在众多生产、经营部门的融资比重变化中实现的。金融的发展促进了资本的社会化，降低了企业外部融资的成本，提高了企业外部融资的比重，促进了资源的优化配置。同时通过金融市场配置资源，资金将向效益好、有前景的产业和企业集中，可以实现资源的优化配置，企业在竞争中优胜劣汰，社会生产率水平也因此得到提高。

②金融体系通过对企业和投资项目进行监督，提高资源配置效率。对于单个投资者来说，很难独自完成对项目或者公司的监督，而金融体系不但提供了这一功能，还大大降低了监督成本，提高了资源的配置效率。例如，金融机构将大量单个储蓄投资者持有的闲散资金集中起来贷给资金需求者，并在随后的资金使用过程中跟踪监管。这样就不需要所有储蓄投资者去监督管理，而只需要金融机构对借款人进行"代理监督"，节约了总体监督的成本。证券市场上公开交易的股票也可以及时有效地反映该公司的信息，使得股东将其管理权补偿和股价联系起来。这种合理的金融安排确保管理人员追求企业利润最大化而不是自身利益最大化，促进管理者与股东利益保持一致，防范代理人成本问题，从而提高企业的资源配置效率，使资本流向收益率高的投资。

（3）金融通过促进人力资本积累提高生产率

资本边际生产率中的资本既可以是物质资本，也可以是人力资本。舒尔茨（Schultz）指出"一切有用的知识和技能都是资本的形式"，这里的资本就是人力资本。资本对产出的贡献既可以来源于资本的直接作用，也可以来源于资本积累间接导致的知识溢出。

①金融发展提高劳动就业率，促进人力资本积累。金融发展可以使总劳动力中的就业人数增加，提高劳动力就业率。一方面，金融部门直接吸纳了大量就业量；另一方面，金融通过直接融资和间接融资促进产业部门资本投入量的增加以吸纳更多的就业人数，带动产业结构的变迁。产业结构在很大程度上决定了劳动力的构成，主导产业之所以比其他产业更具有吸引力，是因为它们更能体现技术创新与进步，能够实现更高的收益率和外部效应，吸

引更大规模的资本形成和更高水平的就业。人力资本由知识、技能的积累构成。技术进步与人力资本结合使人力资本得到积累，技术含量高的物质资本要求与其匹配的人力资本也高。只有人力资本和物质资本相匹配，才能更好地提高资本边际生产率，促进经济增长。

②金融体系促使企业提高其生产方式的技术密集程度，引起对技能劳动力需求的上升，由于短期内技能型劳动力的供给刚性，技能劳动力的相对工资会上升，引起更多的劳动者做出接受教育的选择，提高整个国民的教育水平，促进人力资本积累。

③金融体系可以为家庭提供融资，使那些希望提高技能的劳动者有能力接受教育和培训，促进人力资本积累。

2. 投资效应——通过提高储蓄－投资转化率 φ 促进经济增长

金融发展的投资效应集中体现在金融体系的储蓄向投资转化的效率上。功能良好的金融体系能够向社会提供高质量的金融服务，大规模地将社会储蓄转化为投资，促进资本形成，提高投资效率和质量。金融发展可以通过多种渠道提高储蓄－投资转化率：

（1）金融体系把储蓄转化成投资的过程中，因为金融部门经营成本和利润等金融交易成本的存在，吸收的储蓄不能完全转化成投资。随着金融发展，金融市场竞争日趋激烈，金融部门经营效率不断提高，金融创新层出不穷，促使金融交易成本下降，储蓄－投资转化率上升，经济增长率提高。

（2）金融体系比较发达的地区，金融机构运作有效，金融压抑程度相对较弱，能够形成以市场为导向的多元化的储蓄向投资转化的渠道，给予资金供给者和需求者多种选择。因此，金融部门能够在储蓄增加的同时，使贷款利率维持在一个较低水平上，促使储蓄最大限度地转化为投资，增加资本总投入量。同时，资本市场的高度发达和高效率会使投资者在利益的驱动下自发地将储蓄投向资本市场，提高投资水平的同时有效地改善投资质量。

金融是促进消费增长的"助推器"，通过发展消费信贷，推进各层次群体融资和投资，可以活跃市场，更加公平、公正地促进国民收入、社会资源的分配和再分配，推动城乡居民消费增长，达到消费、投资协调拉动经济增长的目的。另外，金融业发展不仅可以直接增加第三产业产值，而且可以带动信息、物流、商贸等服务业的发展，提升服务业的整体水平，从而更好地实现第一、第二、第三产业协同带动经济增长。

3. 储蓄效应——通过提高储蓄率 s 促进经济增长

金融发展的储蓄效应是指由于储蓄率的提高增加了可用资本量，为生产规模的扩大提供了资本积累，进而为经济发展提供资本支持。影响储蓄率的因素有很多，主要包括该地区居民可支配收入水平、实际利率以及居民储蓄倾向等多方面，但主要取决于该地区金融体系的储蓄动员能力，从大的方面说就是该地区的金融发展水平。如果区域内存在大量的金融中介机构并拥有发达的金融市场，就可以降低储蓄动员的交易成本和信息成本，使储蓄者可以更放心地暂时放弃货币的使用权，将储户手中小额资金集中起来，向企业提供大额信贷，从而满足大规模投资的需要。金融部门通过储蓄动员创造出种类繁多的金融产品，这些工具使普通投资者有机会持有分散化的证券，提高资产流动性。而金融部门不断推出的高收益率、低风险的金融产品和理财工具以及资产组合管理也能够提高居民的储蓄愿望和储蓄率。

（二）经济增长对金融发展的影响

经济增长是金融发展的物质基础。雄厚的经济实力不仅提供了一个良好的市场条件和社会生活环境，也是巨大资金需求和供给的前提。一般来讲，一个国家经济发展水平直接影响着居民的收入，而居民的收入状况决定了消费需求的总体水平。如果居民的收入状况普遍很低，人们的购买能力极其有限，无力支付固定的进入费或交易费，或者有能力支付也因为交易量太小、每单位交易所负担的交易成本太高而得不偿失，从而没有对金融产品和服务的需求。只有当经济发展到一定阶段后，居民才能支付得起金融服务的"固定进入费"，金融市场才得以形成，但这时的人们只是购买一些简单、低级的金融产品和服务，金融机构没有动力去投资开发复杂、具有高附加值的产品。随着经济的不断发展，居民的收入状况普遍提高，购买能力普遍增强，产生了对高级金融产品和服务的需求，金融机构才有动力去进行金融创新，投资开发出一些高附加值的产品，从而得到发展（Greenwood, Jovanovic, 1990；Greenwood, Smith, 1997；Levine, 1993）。

经济增长从需求和供给两个方面影响着该地区的金融发展。一方面，经济增长越快，企业因为技术改造、技术创新、扩大规模等原因产生的融资需求越大，对金融服务的需求也就越大，专业化分工的不断深化也要求更多的交换和更好的交易手段，进而带动了金融的发展；另一方面，经济增长提高了经济效率，而经济效率的提高会不同程度地提高金融市场的投资者和融资者的满意程度，进而提高金融效率，促进金融发展。

三 金融发展与经济增长因果关系的实证分析

（一）计量模型的构建

1. 时间序列的平稳性检验

宏观经济指标和金融数据大多是非平稳的时间序列，传统的计量经济分析方法处理时要求时间序列数据平稳，若采用传统的回归方法对非平稳时间序列数据进行统计分析会产生"伪"回归，因此在进行计量分析和建模前，需要对时间序列进行平稳性的单位根检验。常用的单位根检验方法有 Dickey-Fuller（DF）检验、Augmented Dickey-Fuller（ADF）检验、Phillips and Perron（PP）检验、Kwiatkowski Phillips Schmidt and Shin Test（KPSS）检验、Elliot Rothenberg and Stock Point Optimal Test（ERS）检验以及 Ng and Perron Test（NP）检验。前三种方法出现得比较早，在实际应用中较为常见，本章选择 ADF 单位根检验法。

Dickey 与 Fuller 提出的 DF 单位根检验考察的是一阶滞后的情况，假设进行检测回归式的残差项为白噪声，不允许残差序列存在自相关。如果序列存在高阶滞后的情况，就违背了残差项是白噪声的假设。为解决此问题，Said 与 Dickey 提出修正后的增广 DF 检验方法（即 ADF 检验）来检验含有高阶相关序列的单位根。ADF 检验与 DF 检验的差异在于：ADF 检验方程加入了被解释变量的滞后项，来消除残差项的自相关，但两种检验方法的虚无假设相同。

H_0：序列有单位根。

主要的三种检验模型为：

模型 1 无截距项且无时间趋势项：

$$\Delta z_t = \gamma z_{t-1} + \sum_{i=1}^{p} a_i \Delta z_{t-i} + \varepsilon_t \qquad (2-6)$$

模型 2 有截距项但无时间趋势项：

$$\Delta z_t = \beta + \gamma z_{t-1} + \sum_{i=1}^{p} a_i \Delta z_{t-i} + \varepsilon_t \qquad (2-7)$$

模型 3 有截距项和时间趋势项：

$$\Delta z_t = \beta + \delta t + \gamma z_{t-1} + \sum_{i=1}^{p} a_i \Delta z_{t-i} + \varepsilon_t \qquad (2-8)$$

其中，z_t 为时间序列，ε_t 为误差项，p 为滞后期数，t 为时间趋势项。

零假设 H_0：$\gamma = 0$。若接受零假设，表示存在单位根，时间序列为单整序列，用 $I(1)$ 表示；当一个非平稳时间序列经过 d 次差分后平稳，则称此序列为 d 阶整序列，用 $I(d)$ 表示。

一般来说，如果时间序列 z_t 在 0 均值上下波动，选择模型 1 作为检验方程；如果时间序列具有非零均值，但没有时间趋势，则应选择模型 2 作为检验方程；如果时间序列随时间变化有明显的上升或下降趋势，则应选择模型 3。滞后期数通常用 SC（Schwarz Criterion）或 AIC（Akaike Information Criterion）准则来确定。ADF 检验对滞后期数比较敏感，由于本章采用的是年度数据，因此在水平层面我们采用 1 个滞后期，在一阶差分层面采用 0 个滞后期。

2. 协整关系检验

具有相同阶数的多个非平稳序列，当它们的线性组合是平稳序列时，我们称这一组非平稳序列具有协整关系，这时相应变量之间存在长期稳定的均衡关系，从而可以避免"伪"回归现象。在经济学意义上，若存在协整关系便可以通过其他变量的变化来影响另一个变量水平值的变化；若无协整关系，则不存在通过其他变量来影响另一个变量的基础。

根据时间序列的个数多少，协整关系的常用分析方法又分为两变量 EG 两步检验法和 Johansen 多重协整关系检验法。EG 两步检验法是基于回归残差的单方程协整检验，忽略其假定的前提条件可能导致错误的结论，具有一定的局限性；而 Johansen 多重协整关系检验法以向量自回归模型（VAR）为基础，不需要了解模型的结构、变量的内生性和外生性以及协整向量的个数。本章采用 Johansen 协整关系检验法。

首先建立一个 VAR（p）模型：

$$z_t = \varphi_1 z_{t-1} + \cdots + \varphi_p z_{t-p} + Hx_t + \varepsilon_t \qquad (2-9)$$

其中，$z_{1t}, z_{2t}, \cdots, z_{kt}$ 都是非平稳的 $I(1)$ 变量；x_t 是一个确定的 d 维外生向量，代表趋势项、常数项等确定性项；ε_t 为扰动项。

将式（2-9）差分得：

$$\Delta z_t = \Pi z_{t-1} + \sum_{i=1}^{p-1} \Gamma_i \Delta z_{t-i} + Hx_t + \varepsilon_t \qquad (2-10)$$

其中，$\Pi = \sum_{i=1}^{p} \varphi_i - I$；$\Gamma_i = -\sum_{j=i+1}^{p} \varphi_j$。

差分式中的 Δz_t 是由平稳性变量构成的向量。只要 Πz_{t-1} 是平稳性变量，矩阵 Π 的秩 r 满足 $0 < r < k$，同时，$z_{1,t-1}, z_{2,t-1}, \cdots, z_{k,t-1}$ 之间具有协整关系，则 Δz_t 是平稳过程。

3. 格兰杰因果关系检验

在经济变量中有些变量显著相关，但它们未必都是有意义的。判断一个变量的变化是否是另一个变量变化的原因，是经济分析中常见的问题，克莱夫·格兰杰（Clive Granger）开创的格兰杰因果关系检验可用来分析经济变量之间的因果关系。他把因果关系定义为"依赖于使用过去某些时点上所有信息的最佳最小二乘预测的方差"，所以对时间序列 X_t 和 Y_t 来说，它们之间的格兰杰因果关系定义为：若在包含 $X_1, X_2, \cdots, X_{t-1}$ 和 $Y_1, Y_2, \cdots, Y_{t-1}$ 的条件下，对 Y_t 的预测效果要优于单独由 $Y_1, Y_2, \cdots, Y_{t-1}$ 对 Y_t 进行的预测效果，即变量 X 的过去信息有助于解释变量 Y 的将来变化，则认为 X 是 Y 的格兰杰原因。

根据定义，格兰杰因果关系检验法如下：

$$X_t = \alpha_0 + \sum_{i=1}^{p} a_i X_{t-i} + \sum_{i=1}^{p} b_i Y_{t-i} + u_{1t} \qquad (2-11)$$

$$Y_t = \beta_0 + \sum_{i=1}^{p} c_i X_{t-i} + \sum_{i=1}^{p} d_i Y_{t-i} + u_{2t} \qquad (2-12)$$

利用 F 统计检验量分别检验以上两式的零假设：

$$H_0 : b_1 = b_2 = \cdots = b_p = 0$$
$$H'_0 : c_1 = c_2 = \cdots = c_p = 0$$

如果无法拒绝零假设 H_0 及 H'_0，则表示 X_t 和 Y_t 两者间不存在因果关系；若拒绝零假设 H'_0 而不能拒绝零假设 H_0，则表示 Y_t 是引起 X_t 变化的原因，即存在由 Y_t 到 X_t 的单向因果关系；若拒绝零假设 H_0 而不能拒绝 H'_0，则表示 X_t 是引起 Y_t 变化的原因，即存在由 X_t 到 Y_t 的单向因果关系；如果同时拒绝两个零假设，则表示 X_t 与 Y_t 互为因果关系。

进行格兰杰因果关系检验的一个前提条件是时间序列必须具有平稳性，否则可能会出现"伪"回归问题。因此在进行格兰杰因果关系检验之前，首先应对各指标时间序列的平稳性进行单位根检验。

（二）指标选择与数据说明

由于影响经济增长的因素有很多，为了分析金融发展与经济增长间的互动关系，需要综合考虑金融部门和实体经济部门因素，包括经济增长、金融发展和要素投入（资本和劳动力）以及对外贸易变量。因此，我们选择多变量向量自回归模型（VAR），以经济增长、金融发展、资本存量、劳动力投入以及进出口总额作为系统变量，采用 1992～2010 年的年度时间序列数据，在向量自回归的基础上再综合考虑河南金融增长与经济增长之间的因果方向性关系。这 19 组样本观察数据均来源于历年《河南统计年鉴》。

经济增长指标（rgdp）：用实际人均 GDP 环比增长率来衡量，实际人均 GDP 是对名义人均 GDP 进行平减指数修正的结果。

金融发展指标（fir）：用金融相关比率指标（FIR）来衡量，以河南省金融资产总量/名义 GDP，金融资产总量用金融机构存贷款余额表示，暂不考虑债券余额和股票市值部分。因为分子分母均按当年价格计算，可以消除价格的影响。

资本投入水平指标（gcf）：用"资本形成总额/名义 GDP"来衡量。

劳动力投入水平指标（wage）：用"工资总额/名义 GDP"来衡量。

对外开放程度指标（eo）：用"进出口总额/GDP"来衡量。

由于对数据取对数可以消除其异方差性且不改变时间序列数据的性质和彼此之间的协整关系，因此本章直接对各个变量取对数，得到对数化后的时间序列数据。

在实证分析前，先对金融发展指标和经济增长指标的变动趋势特征进行一个直观的比较。

从图 2 - 8 可以看出，河南省金融发展指标 fir 与经济增长指标 rgdp 基本维持不变，接近一条与横轴平行的直线，这表明河南省金融发展和经济增长都保持着比较稳定的发展速度。两条线大致平行，说明二者保持长期相对稳定的变化趋势。

（三）模型的实证分析与检验

1. 单位根检验

普通时间序列基本都是非平稳的，在对时间序列样本数据进行经济分析之前，要对其平稳性进行分析，确定各变量的非平稳性阶数。

利用 Eviews 6.0 软件，选择 ADF 检验方法对 VAR 模型的所有变量进行水平层面和一阶差分的平稳性检验，检验结果见表 2 - 8。由检验结果可以判断，所有的变量都是单位根过程。可以考虑建立 VAR 模型做协整分析。

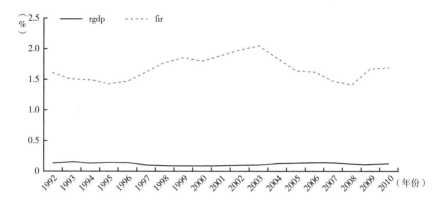

图 2 - 8　河南省金融发展指标与经济增长指标变动趋势

表 2 - 9　各变量 ADF 单位根检验结果

变量	检验类型(c,t,k)	ADF 值	1% 临界值	5% 临界值	10% 临界值	平稳性
rgdp	(c,0,1)	- 2.289920	- 3.886751	- 3.052169	- 2.666593	否
drgdp	(c,0,0)	- 3.420700	- 3.886751	- 3.052169	- 2.666593	是
fir	(c,0,1)	- 2.183389	- 3.886751	- 3.052169	- 2.666593	否
dfir	(0,0,0)	- 2.939309	- 2.708094	- 1.962813	- 1.606129	是
gcf	(c,t,1)	0.248241	- 4.616209	- 3.710482	- 3.297799	否
dgcf	(0,0,0)	- 2.146567	- 2.708094	- 1.962813	- 1.606129	是
wage	(c,0,1)	- 2.409783	- 3.857386	- 3.040391	- 2.660551	否
dwage	(c,0,0)	- 4.030562	- 3.886751	- 3.052169	- 2.666593	是
eo	(c,0,1)	- 1.827130	- 3.886751	- 3.052169	- 2.666593	否
deo	(c,0,0)	- 3.794376	- 3.886751	- 3.052169	- 2.666593	是

注：c 表示常数项，t 表示趋势项，0 是指不包含常数项或趋势项，k 表示滞后阶数，d 表示序列的一阶差分。

2. 协整性检验

变量的单位根检验结果显示，所有变量都是一阶单整序列 I（1），因此，对这些非平稳的经济变量可以通过协整方法进行协整检验分析。在 Eviews 6.0 中，Johansen 协整测试有 5 个选择，帮助决定如何处理确定项。根据单位根测试的结果，我们选择第二个情形，即在水平层面的确定项无线性趋势但有截距项。测试结果表明，在 5 个变量中存在着 3 个协整关系向量，如表 2 - 9 所示。这表明：5 个变量之间存在长期的、稳定的相关关系。

表 2 – 9 Johansen 协整测试 （1 个滞后期）

协整向量个数的原假设	特征值	迹统计量	5% 临界值	P 值
None*	0.982250	170.3720	76.97277	0.0000
At most 1*	0.964028	101.8386	54.07904	0.0000
At most 2*	0.781595	45.31339	35.19275	0.0030
At most 3	0.479168	19.44953	20.26184	0.0644
At most 4	0.388453	8.359969	9.164546	0.0709

注：＊表示在 5% 的显著水平下拒绝原假设。

3. 格兰杰因果关系检验

协整检验只能分析金融发展与经济增长之间是否具有长期的稳定的相关关系，而金融发展是经济增长的"推动力"，还是经济增长的"副产品"，即它们之间是否具有因果关系则必须通过格兰杰因果检验来说明。

格兰杰因果检验中最重要的是滞后时间长度的确定，在实际分析中检验的功效取决于最优滞后期数的确定。如果滞后期数随机确定，会导致检验结果的错误。在分析中我们根据 AIC 最小原则确定最佳滞后期，利用 Eviews 6.0 分析变量之间的因果关系，检测结果如表 2 – 10 所示。检测结果显示，在 5% 的显著水平上，fir 是 rgdp 的格兰杰原因，即金融发展会促进经济增长。在 5% 显著水平上，rgdp 是 fir 的格兰杰原因，即经济增长会拉动金融发展。

表 2 – 10 rgdp 与 fir 格兰杰因果关系检测结果 （5 个滞后期）

原假设	F 统计量	P 值	结论
fir 不是 rgdp 的格兰杰原因	20.2268	0.01617	拒绝
rgdp 不是 fir 的格兰杰原因	9.05050	0.04972	拒绝

（四）结论

1. 河南省金融发展与经济增长之间存在长期稳定的关系

根据协整检验结果，在 5% 的显著水平下，金融发展指标 fir 和经济增长指标 rgdp 之间存在长期稳定的关系。这说明，在过去 19 年中，河南省金融资产增长与 GDP 增长保持了相对稳定的变化趋势，并且二者保持着一种长期稳定的关系，这与图 2 – 8 的结果是吻合的。原因可能是研究期内金融与经济政策比较平稳，金融发展和经济增长都保持了相对稳定的增长速度，使得二者能够保持相对稳定的关系。

2. 河南省金融发展与经济增长两者之间互为因果关系

经济增长会拉动金融发展，而金融发展会促进经济增长。对于各地区来说，金融发展和经济增长之间的因果关系是很重要的，这是因为不同的因果关系方向意味着不同的政策含义。河南省金融发展与经济增长间双向的因果关系表明，在未来中原经济区建设中，必须注意经济与金融的协调发展，以达到金融资产合理配置、经济效益提高、产业结构优化的目的。从根本上说，区域金融业的发展取决于区域经济发展过程中对资金与金融服务的强大需求。所以在经济建设方面，要寻找新的经济增长点，保持河南经济规模的稳步增长，优化产业结构，促进产业升级，大力发展高新技术产业、高端服务业和文化产业。在金融发展方面，要采取优惠政策扶持金融业发展，充分发挥金融机构的主体作用，合理利用资源优势和创新资源，完善金融市场结构，丰富金融市场产品，增强金融市场功能，积极推进中小企业融资平台建设，大力发展风险投资和产业投资基金，使河南金融业保持活力与竞争力。而金融业的发展又提供了大量资本，促进了资源合理配置，推动了经济的增长。

四　金融发展与经济效率因果关系的实证分析

上一节我们已经实证分析了河南省经济增长与金融发展之间的关系，那么金融发展水平与经济效率之间有什么关系呢？本节采用格兰杰因果检验法来验证二者之间的因果关系。

（一）指标选取与数据说明

变量选取按照可操作性和实用性原则，借鉴国内外相关研究成果，选取如下指标。

金融资产规模水平（fir）：用金融相关比率（河南省金融资产总量/名义 GDP）表示，金融资产总量用金融机构存贷款余额表示，这是衡量一个地区金融发展水平的基本指标。因为分子分母均按当年价格计算，可以消除价格的影响。

金融效率水平（lfe）：表示贷款余额占存款余额的比重，用"贷款余额/存款余额"来衡量。该指标描述的是金融机构将储蓄转化为贷款的效率，属于金融中介效率。河南省金融业对经济的影响主要是通过把贷款转化为投资这一传导机制来实现的。

金融发展水平（lfd）：表示贷款余额占地区生产总值的比重，用"贷款余额/GDP"来衡量。

经济增长率（gg）：用地区实际生产总值环比增长率来衡量，实际 GDP 是对名义 GDP 进行平减指数修正的结果。

经济效率（ee）：用"经济增长率/固定资产占名义 GDP 的比重"来表示。资本在我国经济增长中一直发挥着非常重要的作用。Wang 和 Yao[1]（2001）的研究表明，在中国经济增长影响因素中，资本对经济增长的贡献度超过了 50%。所以可以从资本效率视角研究经济效率，而经济增长和资本效率之间关系又可用下面的方程表示：

$$dY/Y = (dY/dK) \times (dK/Y) = ee \times (dK/Y) \qquad (2-13)$$

式中，dY/Y 为经济增长率；ee（dY/K）为资本效率，用增加的产出 – 资本比率来表示，我们用它表示经济效率；dY 是增加的产出；dK 为投资支出或增加的资本；而 dK/Y 为投资支出在总产出中所占的比重，我们用固定资产占名义 GDP 的比重来表示。所以 $ee = dK/Y/dY/Y$ = 经济增长率/固定资产占名义 GDP 的比重。

我们选择多变量向量自回归模型（VAR），以金融相关比率、金融效率水平、金融发展水平、经济增长率、经济效率作为系统变量，采用 1992～2010 年的年度时间序列数据，在向量自回归的基础上综合考虑河南金融发展水平和经济效率之间的因果方向性关系。由于河南省股票市值、债券市值、保费收入与银行信贷相比规模较小，在地区 GDP 中所占的比重也非常小，因此没有考虑这些指标。19 组样本观察数据均来源于历年《河南统计年鉴》。本节仍然对各个变量取对数，得到对数化后的时间序列数据。

（二）模型的实证分析与检验

1. 单位根检验

首先利用 Eviews 6.0 软件对时间序列样本数据进行平稳性分析，确定各变量的非平稳性阶数。选择 ADF 检验方法对 VAR 模型的所有变量进行水平层面和一阶差分的平稳性检验，检验结果如表 2 – 11 所示。由检验结果可以判断，所有的变量都是单位根过程。可以考虑建立 VAR 模型作协整分析。

---

[1] Wang, Yao, *Sources of China's Economic Growth*, 1952 – 1999, World Bank Working Paper, 2001（7），pp. 112 – 123.

表 2 – 11　各变量 ADF 单位根检验结果

变量	检验类型(c,t,k)	ADF 值	1% 临界值	5% 临界值	10% 临界值	平稳性
fir	(c,0,1)	– 2.183389	– 3.886751	– 3.052169	– 2.666593	否
dfir	(0,0,0)	– 2.939309	– 2.708094	– 1.962813	– 1.606129	是
lfe	(c,0,1)	– 1.878509	– 3.886751	– 3.052169	– 2.666593	否
dlfe	(c,0,0)	– 4.196471	– 3.886751	– 3.052169	– 2.666593	是
lfd	(c,0,1)	– 1.668393	– 3.886751	– 3.052169	– 2.666593	否
dlfd	(0,0,0)	– 3.003311	– 2.708094	– 1.962813	– 1.606129	是
gg	(c,0,1)	– 2.289920	– 3.886751	– 3.052169	– 2.666593	否
dgg	(c,0,0)	– 3.420700	– 3.886751	– 3.052169	– 2.666593	是
ee	(c,0,1)	– 1.587256	– 3.886751	– 3.052169	– 2.6666593	否
dee	(c,0,0)	– 4.122707	– 3.886751	3.052169	– 2.666593	是

注：c 表示常数项，t 表示趋势项，0 是指不包含常数项或趋势项，k 表示滞后阶数，d 表示序列的一阶差分。

2. 协整性检验

变量的单位根检验结果显示，所有变量都是一阶单整序列 I（1），因此，对这些非平稳的经济变量可以进行协整检验分析。测试结果表明，在 5 个变量中存在着 3 个协整关系向量，如表 2 – 12 所示。这表明：5 个变量之间存在长期的、稳定的相关关系。

表 2 – 12　Johansen 协整测试（1 个滞后期）

协整向量个数的原假设	特征值	迹统计量	5% 临界值	P 值
None *	0.999178	215.3632	76.97277	0.0000
At most 1 *	0.915449	94.59743	54.07904	0.0000
At most 2 *	0.761360	52.60066	35.19275	0.0003
At most 3 *	0.606415	28.24309	20.26184	0.0032
At most 4 *	0.517561	12.39132	9.164546	0.0118

注：* 表示在 5% 的显著水平下拒绝原假设。

3. 格兰杰因果关系检验

我们对 VAR 模型进行格兰杰因果关系检验，最佳滞后期数为 5，检验结果如表 2 – 13 所示。结果表明，在 5% 的显著水平下，fir 与 gg 互为因果关系，lfe 是 gg 变化的单向格兰杰原因，ee 是 lfe 变化的单向格兰杰原因，fir 与 ee、lfd 与 gg 和 ee 之间均不存在因果关系。此结果证明了河南省金融发展水平与经济增长率之间存在单向的因果关系，而金融发展水平与经济效率间的关系不显著。

表 2 – 13　格兰杰因果关系检测结果（5 个滞后期）

原假设	F 统计量	P 值	结论
fir 不是 gg 的格兰杰原因	20. 2268	0. 0162	拒绝
gg 不是 fir 的格兰杰原因	9. 05050	0. 0497	拒绝
lfe 不是 gg 的格兰杰原因	4. 34290	0. 1283	接受
gg 不是 lfe 的格兰杰原因	11. 3674	0. 0364	拒绝
lfd 不是 gg 的格兰杰原因	1. 45256	0. 4031	接受
gg 不是 lfd 的格兰杰原因	1. 07519	0. 5090	接受
fir 不是 ee 的格兰杰原因	2. 94409	0. 1149	接受
ee 不是 fir 的格兰杰原因	0. 54507	0. 7101	接受
lfe 不是 ee 的格兰杰原因	7. 87323	0. 0600	接受
ee 不是 lfe 的格兰杰原因	11. 3674	0. 0316	拒绝
lfd 不是 ee 的格兰杰原因	4. 90534	0. 1104	接受
ee 不是 lfd 的格兰杰原因	0. 38857	0. 8329	接受

（三）结论

上面的实证研究表明，虽然河南省金融发展促进了经济增长，但这个促进作用是通过投资总量途径而不是效率途径实现的，以信贷规模衡量的金融规模扩张对经济效率的影响不显著，金融发展质量和效率不高，金融资源的优化配置作用有限。造成这种现象的原因有以下几点：①对国有经济的金融支持力度远高于非国有经济。一般来讲，私有企业在生产经营效率方面比国有企业更具有先天的优势。私有企业获得的贷款越多越有助于经济效率的提升。因此，发展多层次资本市场，建立中小企业投融资平台，为非国有企业创造良好的融资环境，引导金融资源流向生产经营效率高的非国有经济，是发挥金融促进经济增长的有效途径之一。②政府干预过多。由于我国特殊的国情，政府对金融资源配置支配能力较强，如果政府通过干预间接金融的信贷决策给国有企业提供贷款支持，将会使经济效率下降。政府的职能主要在于维持公平的市场竞争环境，而不应直接干预金融市场或金融机构的决策。因此，在未来金融发展过程中，减少政府对金融资源配置的过度干预也是发挥金融促进经济增长的有效途径之一。

所以，中原经济区建设过程中应该进一步强化金融发展对经济效率提升的作用，改变现有以高投资谋求高增长的粗放式增长方式，逐步建立金融发展与经济增长互相促进的良性循环体系。

实践篇—机制作用

第三章
"三化"协调发展中的
农业现代化与农村金融

　　2011 年 9 月 28 日国务院出台的《国务院关于支持河南省加快建设中原经济区的指导意见》（国发〔2011〕32 号），开篇即指出，"河南省是人口大省、粮食和农业生产大省、新兴工业大省，解决好工业化、城镇化和农业现代化（简称'三化'）协调发展问题具有典型性和代表性"，"积极探索不以牺牲农业和粮食、生态和环境为代价的'三化'协调发展的路子，是中原经济区建设的核心任务"。因此，从战略定位来看，中原经济区是国家重要的粮食生产和现代农业基地，是全国工业化、城镇化和农业现代化协调发展示范区。

　　所谓"三化"协调发展，就是要以新型工业化促进产业布局不断优化，促进经济结构战略性调整，切实提高经济增长的质量和效益，为城镇化和农业现代化提供重要支持；以城镇化带动城市功能完善、生产要素集聚和农村劳动力加快转移，统筹城乡发展，为工业化和农业现代化注入内在动力；以农业现代化提高农业综合生产能力，巩固农业基础地位，为工业化和城镇化奠定坚实基础，真正使工业化、城镇化、农业现代化相互促进、相互协调，成为良性互动、互为支撑的有机统一体。在"三化"协调发展中，农业现代化是基础，农业现代化更是实现"三化"协调发展的难点。

　　综观各国农业现代化的过程，政府全方位的支持、大力度的财政和完善的农村金融体系是一条重要的国际经验，其中，尤以农村金融体系的构建与完善值得关注。因为在推动农业现代化的进程中，固然需要政府与财政的引导与支持，但是，更需要构建一条向现代农业持续注入资金的长效机制，而这一机制则更多依赖于农村金融发挥作用。

因此，本章将从中原经济区"三化"协调发展的战略定位出发，来构建"三化"协调发展、农业现代化与农村金融的逻辑联系。

第一节　"三化"协调发展中的农业现代化

一　农业现代化理论

（一）关于现代化①

在对农业现代化理论进行梳理之前，有必要明确"现代化"的含义。

追根溯源，"现代化"一词最早产生于18世纪中期，一般认为18世纪的英国工业革命和法国政治革命是现代化进程的起点。但是，现代化研究则是从20世纪50年代开始的。20世纪50年代，美国一批社会学家、经济学家和政治学家相继开展了现代化研究，至20世纪90年代，最终形成了被称为"经典现代化理论"的理论体系。

在经典现代化理论中，不同学派和不同学者对现代化的理解和定义有所不同（见表3-1）。尽管如此，学者们普遍接受现代化的两个基本内涵：①发达国家工业革命以来发生的社科变化；②发展中国家在不同领域追赶世界先进水平的发展过程。一般而言，现代化指18世纪工业革命以来人类社会所发生的深刻变化，它包括从传统经济向现代经济、传统社会向现代社会、传统政治向现代政治、传统文明向现代文明转变的历史过程及其变化；它既发生在先进国家的社会变迁里，也存在于后进国家追赶先进水平的过程中。

经典现代化理论的一个重要内容是关于现代化过程的阐述。欧美工业化国家的现代化，经过启蒙运动、工业革命和政治革命等一系列的深刻变革，实现从农业文明向工业文明的转变；发展中国家的现代化则是一个追赶过程。尽管不同的国家现代化过程的特点不尽相同，但具有一般特性。根据美国哈佛大学亨廷顿教授的归纳，现代化过程具有以下九个特征②。

---

① 参考《中国现代化报告（2001）》《中国现代化报告（2003）》。
② 〔美〕布莱克：《比较现代化》，杨豫译，上海译文出版社，1996。

表3-1 现代化的三层含义

	现代化的含义
基本词义习惯用法	根据辞典里"现代化"的解释来使用它。"现代化"的英文单词是modernization,产生于18世纪70年代,具有两个基本词义:①成为现代的、适合现代需要的;②大约公元1500年以来出现的新特点和新变化。《韦伯斯特词典》注,现代是指从大约1500年前到当前这段历史时间。 根据词典解释,"现代化"有时间尺度和性质尺度两种界定。在时间尺度上,只有时间上限没有下限;在性质尺度上没有领域限制,几乎可以用在人类生活的各个领域。现代化既可以表示一个成为现代的过程,也可以表示现代先进水平的特征
理论含义	美国著名学者本迪克斯认为:"我把现代化理解为社会变迁的一种类型,它起始于英国工业革命和政治性的法国大革命。它存在于几个'先锋社会'的经济和政治进步以及继之而来的后进社会的变迁进程之中。"①德国著名社会学家查普夫积极推荐这种观点
	罗荣渠归纳了不同学者的四种观点②: ①经济上落后国家在经济和技术上赶上世界先进水平的历史进程; ②实质上就是工业化,是经济落后国家实现工业化的进程; ③是自科学革命以来人类急剧变动过程的统称; ④主要是一种心理态度、价值观和生活方式的改变过程。 罗荣渠认为,广义而言,现代化作为一个世界性的历程过程,是指人类社会从工业革命以来所经历的一场急剧变革,它以工业化为推动力,导致从传统农业社会向现代工业社会的全球性的大转变,它使工业主义渗透到经济、政治、文化、思想各个领域,引起深刻的相应变化;狭义而言,现代化是指落后国家迅速赶上先进工业国家水平和适应现代世界环境的发展过程
	何传启认为,现代化指18世纪工业革命以来人类社会所发生的深刻变化,它包括从传统经济向现代经济、传统社会向现代社会、传统政治向现代政治、传统文明向现代文明转变的历史过程及其变化;它既发生在先锋国家的社会变迁里,也存在于后进国家追赶先进水平的过程中。经典现代化是指从传统农业社会向现代工业社会的转变过程及其深刻变化
政策含义	现代化理论的实际应用,即推进现代化的各种战略和政策措施。现代化理论在不同国家和不同领域有不同的政策含义。例如,在经济领域,经典现代化的政策含义是推进工业化、标准化、规模化、农业现代化、工业现代化、科技现代化、管理现代化等;在社会领域,经典现代化的政策含义是推进城市化、社会保障、教育现代化、国防现代化等

注:① 参见查普夫《现代化与社会转型》(第二版),陈黎、陆程宏译,社会科学文献出版社,2000,第135页。

②参见罗荣渠《现代化新论》,北京大学出版社,1993,第8~17页。

第一,现代化是革命的过程。指从传统社会向现代社会的转变,只能与人类起源的变化和从原始社会向文明社会的变化相比拟。

第二,现代化是复杂的过程。它实际上包含着人类思想和行为一切领域的变化。

第三，现代化是系统的过程。一个因素的变化将联系并影响其他各种因素的变化。

第四，现代化是全球的过程。现代化起源于 15 世纪和 16 世纪的欧洲，但现在已经成为全世界的现象。

第五，现代化是长期的过程。现代化所涉及的整个变化，需要时间才能解决。

第六，现代化是有阶段的过程。一切社会进行现代化的过程，有可能区别出不同水平或阶段。

第七，现代化是趋同的过程。传统社会以很多不同的类型存在，而现代社会却基本是相似的。

第八，现代化是不可逆的过程。虽然在现代化过程中某些方面可能出现暂时的挫折和偶然的倒退，但在整体上现代化是一个长期的趋向。

第九，现代化是进步的过程。在转变时期，现代化的代价和痛苦是巨大的；从长远看，现代化增加了人类在文化和物质方面的幸福。

经典现代化理论为人们描述了一个工业化世界，用经典现代化理论解释发达国家 18 世纪工业革命到 20 世纪中叶的发展过程是合适的，用它解释发展中国家追赶世界先进水平的过程也是合适的，但用它解释发达工业国家将来的发展就不合适了。可以肯定地说，工业社会不是人类文明发展的终点，而只是一个驿站。那么，发达工业国家今后的发展过程是什么？于是，现代化理论又有了进一步的发展。

20 世纪 70 年代以来，工业经济走向衰落，知识经济迅速发展，知识社会姗姗来临。这些变化超出了经典现代化理论的范畴。中国学术界对现代化和知识经济等进行了大量理论探索，出版了大量研究专著。1998 年，中国学者何传启研究员提出了"第二次现代化理论"。第二次现代化理论认为，大约到 2100 年以前，人类文明进程可分为工具时代、农业时代、工业时代和知识时代四个时代，每一个时代都包括起步期、发展期、成熟期和过渡期四个阶段；从农业时代向工业时代、农业经济向工业经济、农业社会向工业社会、农业文明向工业文明的转变过程是第一次现代化（即经典现代化）；从工业时代向知识时代、工业经济向知识经济、工业社会向知识社会、工业文明向知识文明的转变过程是第二次现代化；知识时代不是文明进程的终结，将来还会有新的发展。1999 年以来，先后出版了关于第二次现代化理论研究的三套专著：《第二次现代化》《第二次现代化的行动议程》和《第二次现代化前沿》等，多年的理论探索，加深了我们对现代化的理解。

（二）关于农业现代化

从上述对现代化理论的梳理可以发现，所谓农业现代化，它仅仅是经济领域现代化进程中的某一方面，是指在经典现代化理论中，从传统经济向现代经济转变过程中体现在农业方面的一系列相应的变革，即传统农业向现代农业转化的过程和手段。

在这个过程中，农业日益用现代工业、现代科学技术和现代经济管理方法武装起来，使落后的传统农业日益转化为当代世界先进水平的农业。实现了这个转化过程的农业就叫做农业现代化的农业。

就如现代化既是一个过程也是一种手段一样，农业现代化也是一种过程，同时，农业现代化又是一种手段。对农业现代化内涵及特点的认识，应从以下几个方面来分析。

第一，动态性。农业现代化是一个相对性比较强的概念，其内涵随着技术、经济和社会的进步而变化，即不同时期有不同的内涵。从这个意义上讲，农业现代化只有阶段性目标，而没有终极目标，即在不同时期应当选择不同的阶段目标和在不同的国民经济水平层面上有不同的表现形式和特征。根据发达国家现代农业的历史进程，一般可将农业现代化分五个阶段：准备阶段、起步阶段、初步实现阶段、基本阶段及发达阶段。一个国家、地区要推进农业现代化进程，必须分析区域社会经济发展水平，特别是农业发展现状，只有这样才能做出符合实际而又便于操作的决策。

第二，区域性。农业生产具有很强的区域性特点，不同国家的区域性特点不同，即使同一个国家不同区域，同一区域的不同地区，农业生产的条件都存在很大的差异。因此，农业现代化内涵具有区域性特点。

第三，世界性和时代性。经济全球化的逐步推进，使各国农业都融入国际市场竞争中。从这个意义上讲，需要站在全球化的高度来分析农业现代化。

第四，整体性。农业现代化不仅包括农业生产条件的现代化、农业生产技术的现代化和农业生产组织管理的现代化，同时也包括资源配置方式的优化，以及与之相适应的制度安排。因此，在推进农业现代化的过程中，就要在重视"硬件"建设的同时，重视"软件"建设，特别是农业现代化必须与农业产业化、农村工业化相协调，与农村制度改革、农业社会化服务体系建设以及市场经济体制建设相配套。

概括地说，农业现代化是用现代工业装备农业、用现代科学技术改造农业、用现代管理方法管理农业、用现代科学文化知识提高农民素质的过程；是建立高产优质高效农业生产体系，把农业建成具有显著经济效益、社会效益和生态效益的可持续发展的农业的过程；也是大幅度提高农业综合生产能力、不断增加农产品有效供给和农民收入的过程。

具体而言，要正确认识和理解农业现代化，至少需要把握以下要点。

1. 农业机械化是农业现代化的基础

农业现代化可以概括为"四化"，即机械化、化学化、水利化和电气化。将机械化排在农业现代化的首要位置。所谓农业机械化，是指运用先进设备代替手工劳动，在产前、产中、产后各环节中大面积采用机械化作业，从而降低劳动的体力强度，提高劳动效率。理论上讲是这样，但在山区、丘陵地区，由于土地面积较小，限制了机械化的应用，甚至无法利用机械。

2. 生产技术科学化是农业现代化的动力源泉

农业生产技术科学化，其含义是指把先进的科学技术广泛应用于农业，从而提高产品产量、提升产品质量、降低生产成本、保证食品安全。实现农业现代化的过程，其实就是不断将先进的农业生产技术应用于农业生产的过程，不断提高科技对农业贡献率的过程。新技术、新材料、新能源的出现，将使农业现状发生巨大的变化，农业增长方式从粗放经营转变为集约经营，科技将在对传统农业的改造过程中，发挥至关重要的作用。

3. 农业产业化是农业现代化的重要内容

农业产业化是指农业生产单位或生产地区，根据自然条件和社会经济条件的特点，以市场为导向，以农户为基础，以龙头企业或合作经济组织为依托，以经济效益为中心，以系列化服务为手段，通过实现种养加、产供销、农工商"一条龙"综合经营，将农业再生产过程的产前、产中、产后诸环节联结为一个完整的产业系统的过程。可以说，农业产业化的发展过程就是农业现代化的建设过程。一方面，农业产业化促进了农业专业化和规模经营的发展；另一方面，反过来，农业专业化和规模经营又促进了农业先进技术和设备的推广应用，促进了农业现代化的进程。需要指出的是，不同区域采取农业产业化模式时，需要对该模式产生的历史背景、运作机制、绩效等进行评价，盲目引进外界模式往往会导致失败。

4. 农业信息化是农业现代化的重要技术手段

所谓农业信息化,是指利用现代信息技术和信息系统为农业产供销及相关的管理和服务提供有效的信息支持,以提高农业的综合生产力和经营管理效率的过程;就是在农业领域全面地发展和应用现代信息技术,使之渗透农业生产、市场、消费,以及农村社会、经济、技术等各个具体环节,加速传统农业改造,大幅度地提高农业生产效率和农业生产力水平,促进农业持续、稳定、高效发展的过程。农业信息产业化是发展"一优两高"农业的需要,是农民进入市场的需要,是推进农村社会化服务的需要,是农业信息部门转变职能、自我发展的需要,是农村经济发展的必然趋势。它以信息化的方式改造传统农业,把农业发展推进到更高阶段,实现信息时代的农业现代化。

5. 农业现代化与农业劳动者素质的提高正相关

农业现代化必须由高素质的农民这一主体来推进。没有农民自身素质的现代化,要实现农业的现代化是不可能的,因为农业不仅要依靠现代的工业装备及先进的科学技术,而且还要依靠先进的管理手段在农业上的应用。而这些都要由农业生产的主体——农民来实现。反过来,随着农业现代化的进程,必然要求农民素质的提高,以使之同农业现代化的要求相适应,即农业现代化与农民素质是互相影响、互相促进的。

6. 农业发展可持续化是农业现代化的必由之路

从可持续发展的观点看,农业现代化既是人类改造自然和征服自然能力的反映,同时也是人与自然和谐发展程度的反映。农业现代化的一个显著特点就是人工生态系统的产生及普遍存在。这种系统具有双层含义:一方面要求尽可能多地生产满足人类生存、生活的必需品,确保食物安全;另一方面要坚持生态良性循环的指导思想,维持一个良好的农业生态环境,不滥用自然资源,兼顾目前利益和长远利益,合理地利用和保护自然环境,实现资源永续利用。

二 中国农业现代化的实践

(一) 中国现代化进程回顾

新中国成立之初,党和政府就提出现代化建设。1954 年,在第一届全国人民代表大会第一次会议上,毛泽东主席和周恩来总理提出建设强大的现代化的工业、现代化的农业、现代化的交通运输业和现代化的国防,这是党和政府高层第一次明确提出"四个现代化"的内容。但之后,由于诸多原因，中国现代化进程一再被延缓。直到 1978 年 12 月，党的十一届三中全会决定把党的工作重心转移到经济建设上来，提出为把我国建设成为社会主义现代化强国而进行新的长征。由此，中国现代化进程再次起步。

纵观中国推进现代化的进程可以发现，这一进程是围绕着中国经济发展"分步走"的战略而展开的。1987 年，党的十三大确认了中国经济发展分"三步走"的战略（见表 3 - 2），提出了中国要在 21 世纪中叶基本实现现代化的经济发展目标。

表 3 - 2   中国经济发展"三步走"战略

第一步	1981～1990 年实现国民生产总值比 1980 年翻一翻，解决人民的温饱问题
第二步	1991 年到 20 世纪末国民生产总值再增长一倍，人民生活达到小康水平
第三步	到 21 世纪中期，人均国民生产总值达到中等发达国家水平，人民生活比较富裕，基本实现现代化

1992 年 10 月，党的十四大提出，加速广东、福建、海南、环渤海湾地区的开放和开发，力争经过 20 年的努力，使广东及其他有条件的地方成为我国基本实现现代化的地区。

1997 年，党的第十五大论述了 21 世纪第一个 10 年、头 20 年、上半叶的奋斗目标，具体为：第一个 10 年实现国民生产总值比 2000 年翻一番，使人民的小康生活更加宽裕，形成比较完善的社会主义市场经济体制；再经过 10 年的努力，到建党 100 年时，使国民经济更加发展，各项制度更加完善；到 21 世纪中叶新中国成立 100 年时，基本实现现代化，建成富强、民主、文明的社会主义国家。在此，把我国现代化建设"三步走"战略中的第三步目标进一步细化，这也被称为"新三步走"战略。

2002 年，党的第十六大指出，我国已经实现了现代化建设"三步走"战略的第一步、第二步目标，人民生活总体上达到小康水平，提出全面建设小康社会，加快推进社会主义现代化，到 21 世纪中叶基本实现现代化的发展目标。

从邓小平提出的"三步走"战略，及至 21 世纪提出的"新三步走"战略，中国距离基本实现现代化的目标已经越来越近。

（二）中国农业现代化实践

正如理论上农业现代化是现代化理论的重要组成部分，在实践层面，中国的现代化进程每推进一步，农业现代化都会写下浓墨重彩的一笔。

事实上，早在提出"四个现代化"之时，农业的现代化就是其中之一。改革开放之初，这一主张再次得到重申。此后，在若干中央文件和会议上，不时发出推进农业现代化的的号召。尤其在进入 21 世纪以来，随着中国现代化进程的不断推进，推进农业的现代化已经成为迫切需要解决的问题。2002 年，党的十六大就明确提出，统筹城乡经济社会发展，建设现代农业，发展农村经济，增加农民收入，是全面建设小康社会的重大任务。2004 年秋，在党的十六届四中全会上，胡锦涛总书记提出了"两个趋向"的重要论断："纵观一些工业化国家发展的历程，在工业化初始阶段，农业支持工业、为工业提供积累是带有普遍性的趋向；但在工业化达到相当程度以后，工业反哺农业、城市支持农村，实现工业与农业、城市与农村协调发展，也是带有普遍性的趋向。"同年 12 月，中央经济工作会议明确指出，我国现在总体上已到了"以工促农、以城带乡"的发展阶段。经济发展阶段的明确，也进步一明确了促进农业现代化的重要性与迫切性。

2004~2012 年，中央连续九年发布以"三农"（农业、农村、农民）为主题的中央一号文件，强调了"三农"问题在中国的社会主义现代化时期"重中之重"的地位（见表 3-3）。

表 3-3 2004~2012 年中央一号文件

2004 年中央一号文件	《中共中央国务院关于促进农民增加收入若干政策的意见》
2005 年中央一号文件	《中共中央国务院关于进一步加强农村工作提高农业综合生产能力若干政策的意见》
2006 年中央一号文件	《中共中央国务院关于推进社会主义新农村建设的若干意见》
2007 年中央一号文件	《中共中央国务院关于积极发展现代农业扎实推进社会主义新农村建设的若干意见》
2008 年中央一号文件	《中共中央国务院关于切实加强农业基础建设进一步促进农业发展农民增收的若干意见》
2009 年中央一号文件	《中共中央国务院关于 2009 年促进农业稳定发展农民持续增收的若干意见》
2010 年中央一号文件	《中共中央国务院关于加大统筹城乡发展力度进一步夯实农业农村发展基础的若干意见》
2011 年中央一号文件	《中共中央国务院关于加快水利改革发展的决定》
2012 年中央一号文件	《关于加快推进农业科技创新持续增强农产品供给保障能力的若干意见》

2006 年，中央一号文件《中共中央国务院关于推进社会主义新农村建设的若干意见》提出，我国建设社会主义新农村的总体要求是"生产发展、生活宽裕、乡风文明、村容整洁、管理民主"。"生产发展"就是建设现代农业，强化社会主义新农村建设的产业支撑。

2007 年，中央一号文件提出：发展现代农业是社会主义新农村建设的首要任务，是以科学发展观统领农村工作的必然要求。推进现代农业建设，顺应我国经济发展的客观趋势，符合当今世界农业发展的一般规律，是促进农民增加收入的基本途径，是提高农业综合生产能力的重要举措，是建设社会主义新农村的产业基础。

2008 年，十七届三中全会《中共中央关于推进农村改革发展若干重大问题的决定》指出，把建设社会主义新农村作为战略任务，把走中国特色农业现代化道路作为基本方向，把加快形成城乡经济社会发展一体化新格局作为根本要求，努力推动农村经济社会又好又快发展。重申了加快改造传统农业、走中国特色农业现代化道路的任务。

2010 年，党的十七届五中全会《中共中央关于制定国民经济和社会发展第十二个五年规划的建议》提出，在工业化、城镇化深入发展中同步推进农业现代化，是"十二五"时期的一项重大任务。

（三）中国农业现代化取得的进展与障碍

在中央对农业现代化的积极推动下，中国的农业现代化进程取得了长足发展，但也面临许多障碍。据 2012 年国务院发布的《全国现代农业发展规划（2011～2015 年)》，其中对于中国农业发展的形势判断表明以下内容。

1. 发展现代农业的基础更加坚实

一是农业综合生产能力明显增强，粮食连续八年增产，产量连续五年稳定在 5 亿吨以上，棉、油、糖生产稳步发展，"菜篮子"产品供应充足，农产品质量不断提高。二是农业结构不断优化，优势农产品区域布局初步形成。三是物质装备条件显著改善，科技支撑能力稳步提高。经营体制机制不断创新，农业产业化经营水平大幅提高。四是对外开放迈出新步伐，农业"走出去"取得新进展。五是农民收入大幅提高，连续八年增幅超过 6%。经过多年努力，我国农业发展取得了长足进步，农业现代化水平显著提升，为满足国内需求、保持国民经济平稳较快发展做出了突出贡献，为应对各种风险挑战、维护改革发展稳定大局发挥了重要作用。

2. 发展现代农业的条件更加有利

"十二五"时期,加快发展现代农业机遇难得。一是工业化、城镇化的引领推动作用更加明显。工业化快速发展,信息化水平不断提高,为改造传统农业提供了现代生产要素和管理手段;城镇化加速推进,农村劳动力大量转移,为农业实现规模化生产、集约化经营创造了有利时机;城市人口增加和生活水平不断提高,以及扩大内需战略的实施,为扩大农产品消费需求、拓展农业功能提供了更为广阔的空间。二是政策支持更加强化。随着我国综合国力和财政实力不断增强,强农惠农富农政策力度将进一步加大,支持现代农业发展的物质基础更加牢固。三是科技支撑更加有力。科技创新孕育新突破,全球绿色经济、低碳技术正在兴起,生物、信息、新材料、新能源、先进装备制造等高新技术广泛应用于农业领域,现代农业发展的动力更加强劲。四是外部环境更加优化。全党全社会关心农业、关注农村、关爱农民的氛围更加浓厚,形成合力推进现代农业发展的新局面,广大农民的积极性、创造性将得到进一步激发和释放。

3. 发展现代农业的要求更加迫切

国外经验表明,在工业化、城镇化快速推进时期,农业面临着容易被忽视或被削弱的风险,必须加倍重视农业现代化与工业化、城镇化的同步推进和协调发展。当前,我国工业化、城镇化快速发展,但农业现代化明显滞后,面临着一系列严峻挑战。一是自然灾害多发重发、农业基础设施薄弱、抗灾减灾能力低的问题更加凸显;二是农业生产成本不断上升,产业化水平低、比较效益偏低的矛盾较为突出;三是农产品市场需求刚性增长,资源环境约束加剧,保障主要农产品供求平衡难度加大;四是农业劳动力素质有待提高,科技创新和推广应用能力不强,转变农业发展方式的任务极为艰巨;五是农户生产经营规模小,农业社会化服务体系不健全,组织化程度较低,小生产与大市场的矛盾依然明显;六是全球粮食能源化、金融化趋势明显,国际农产品市场投机炒作及传导影响加深,我国现代农业发展面临更多的外部不确定性。

三 农业现代化在"三化"协调发展中的地位

(一) 农业是国民经济的基础

农业是国民经济发展的基础,这是马克思主义经典作家们早已阐述过的一条基本原理,也是一条不以人们主观意志为转移的、带有普遍意义的客观经济规律。尤其是在我国这样一个农业大国中，发展国民经济必须坚持遵循以农业为基础的方针。一般而言，农业的基础性地位主要体现在以下几点。

1. 农业是人类社会的衣食之源、生存之本

我国是人口大国，解决好吃饭问题，才有精力发展其他产业，才能保证社会的稳定。社会不稳定，何谈第二、三产业的发展，何谈现代化建设？中国这样一个人口大国，只有拥有了充足的粮食才能不受制于人，才能在错综复杂的国际关系中谋求自己的繁荣和强大。

2. 农业是工业等其他物质生产部门与一切非物质生产部门存在与发展的必要条件

农业是工业特别是轻工业原料的主要来源；为第二、三产业的发展提供了广阔的市场；是国家建设资金积累的重要来源；是出口物资的重要来源。

3. 农业是支撑整个国民经济不断发展与进步的保证

我国经济发展的历史证明，农业发展顺利，增长速度快，整个国民经济发展的速度就快；反之，农业生产出现倒退，就会给国民经济的发展和人民生活带来严重的损坏。

（二）农业现代化是"三化"协调发展的基础

正如农业是国民经济的基础，农业现代化也是"三化"协调发展的基础。

1. 农业现代化关系国家粮食安全

中国作为人口大国，粮食安全不仅是一个经济问题，也是极其重要的政治问题、社会问题，必须立足于依靠国内来解决粮食的供给。改革开放以来，在中国经济快速发展的过程中，工业化与城镇化的发展虽然带来了现代化进程的不断推进，但农业在国民经济中的占比下降也成为不可避免的趋势。在这一背景下，唯有通过农业的现代化来保持和提高农业供给的规模与总量，进而保障国家粮食安全。

2. 农业现代化关系中国现代化的进程

中国现代化的进程具有典型的区域发展不平衡性。在东南沿海地区，从传统社会向现代社会、传统经济向现代经济转变的经典现代化进程已经较为深入；而在中西部地区，这一进程则处于起步与初步发展阶段。要推进中国整体现代化进程，就需要中西部地区现代化进程的加速发展。但是，在推进中西部地区现代化的进程中，发展的模式却值得关注。因为改革开放30多年来，沿海的工业化迅猛发展，城镇化遍地开花，虽然工业化、城镇化 现了，现代化进程深入了，但带来的直接后果是大量耕地被占用和粮食产量的大幅度下降，农业出现了大幅度的萎缩，大多数沿海省份已经成为粮食调入省。因此，处于现代化进程中后进地区的中部，显然不能再复制沿海地区现代化发展模式，不能再走以牺牲农业为代价的现代化之路。反之，这些后进地区的现代化，应该在"三化"协调发展中来推进现代化，而其中，农业的现代化显然是基础，因为这不仅关系到区域现代化的实现，也关系到中国现代化的整体进程。

第二节 农业现代化与农村金融

在本章的第一节，我们梳理和讨论了现代化、农业现代化的理论及农业现代化在"三化"协调中的地位，正因为农业的现代化是"三化"协调的基础，因此，在推进以"三化"协调发展为中心的中原经济区建设中，首先需要解决的问题就是如何推动农业现代化的实现，进而为"三化"的协调发展奠定坚实的基础。

农业现代化的实现，需要大量物质和资金的投入。然而多年来，中国农业一直处于为工业化积累资本的地位，长期工农"剪刀差"的存在使得农业自身的积累十分有限，而作为农业生产主体的农民，长期的收入也十分有限，如何向现代农业提供可持续的资金投入，就成为农业现代化进程中至关重要的问题。从各国农业现代化的过程来看，在推动农业现代化的进程中，构建一条向现代农业持续注入资金的长效机制是必不可少的，而这一机制则更多地依赖于农村金融发挥作用。

一 农业现代化进程中的农村金融

（一）农村金融与农村经济的关系

1. 农村经济决定农村金融

金融是现代社会经济发展的核心，其诞生的根本目的就是为实体经济服务，是在市场经济的发展过程中不断发展深化的。

（1）农村生产力发展水平与农村商品经济的发育程度决定农村金融活动的规模与发展程度。在美国、欧盟等发达国家和地区，由于经济发展水平较高，农业一般采取大规模的农场经营，科技含量较高，即使是日本，虽然土地经营规模不大，但由于现代生物技术的采用，因此一般农业发展所需的资金较多，靠政策金融提供的资金显然无法满足需求。

（2）农业与农村经济效益的提高从根本上决定着农村金融效益的提高。随着传统农业向现代农业的逐步转变，农业生产经营活动的经济效益也逐步提高。在发达国家，由于农业生产的劳动效率很高，现代科学技术的广泛采用以及农业保险产品的强制性推出，加之国家给予农业大量补贴，因此，农业的经营效益同工业、商业比起来，利润相差无几。

（3）农村金融的业务内容与发展速度取决于农村经济发展对资金的需求状况。农村居民对农业生产进行投资的资金缺口直接决定了农村金融提供资金的规模，以及提供什么样的金融产品来满足农业生产经营者的需求。

2. 农村金融反作用于农村经济

农村金融并不是农村经济的消极产物，它反过来又会影响生产。农村金融作为农村再生产的中间环节，对农村市场经济的发展又有着重要的影响。

（1）农村经济发展对于农村金融需求旺盛。随着农业生产以及农村经济的不断发展，无论是扩大农业生产经营规模，还是在科学技术指导下提高农业生产的效率以提高农业生产的经营效益，抑或是利用当地资源发展农村其他产业的经营活动，都需要大量资金的支持。

（2）农村金融是农村经济运行的中心。通过融通农村货币资金，优化配置农村社会资源。它既关系到农村物质技术基础、生产条件的改善，生产要素投入的增加及其组合利用程度，又关系到现代科学技术的应用、农村资源开发利用和农业生产结构的调整，影响农村经济市场化和现代化的进程。

（3）农村金融是农村经济的神经中枢。通过稳定农村货币流通，保证农村商品流通的正常进行。稳定农村经济，就需要稳定农村货币，这就要求流通中的货币量与商品量相适应，购买力总额与商品供应总额相适应。

（二）农村金融的系统性

1. 作为一个系统的农村金融

所谓系统，就是按一定目的、条件和环境，按一定的关系组成的互相作用的若干要素的有机整体。系统论认为，宇宙中包括人类社会宏观和微观方面，都是若干大小系统。基于系统论基本原理，宏观经济可以看作一个系统，农村经济可以看作宏观经济系统中的一个子系统，而农村金融可以看作农村经济系统的一个子系统（宏观经济系统的二级子系统）。

2. 农村金融是经济系统中的一个子系统

对于庞大的宏观经济系统而言，其包含了众多的组成要素。首先，基于农村的二元经济结构特征，农村经济系统和城市经济系统是宏观经济系统的两个基本的子系统，而在农村经济系统中，农村金融又是其重要的子系统。同时，国家整个金融体系是宏观经济系统的一部分（即部门子系统之一），这里，经济的二元特征所带来的金融二元性导致农村金融与城市金融的分割，农村金融成为整个金融系统的子系统，同样处于宏观经济系统二级子系统的层次之上。由此可以认为，在宏观经济系统中，农村金融处于农村经济子系统与金融子系统的交集之中（见图3-1）。

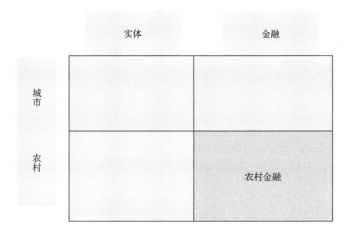

图3-1 农村金融是农村经济系统和金融系统的交集

3. 农村金融本身是一个独立的系统

农村金融作为一个独立的系统，它也是由若干要素组成的有机体。按照不同的层次划分，包括宏观层次的金融监管系统、中观层次的金融机构系统以及微观层次的金融需求主体系统。其中，宏观层次的金融监管系统和中观层次的金融机构系统构成农村金融的供给系统，金融机构系统是农村金融系统的主体，在整个农村金融系统中起着关键的作用（见图3-2）。

同时，金融需求者是分层次的。例如，农户可以分为赤贫户、相当贫困的农户、较贫困户、脆弱的已脱贫农户、非贫困户和富裕户（见图3-3），他们的金融需求肯定是不一致的。

4. 农村金融系统的特性

从系统论的角度出发分析，农村金融系统应具有整体性与相关性、环境适应性与动态性、农村金融产业发展与农村发展的关联性等特征。

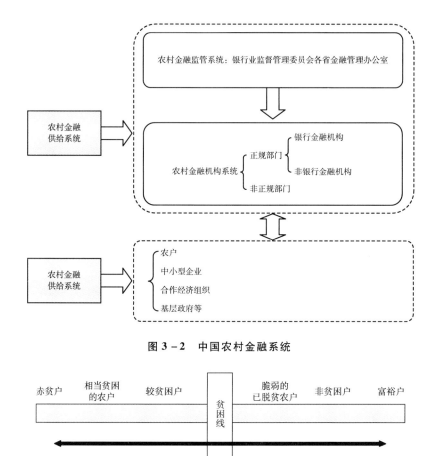

图 3 - 2 中国农村金融系统

图 3 - 3 农户的层次性

（1）农村金融系统的整体性与相关性。整体性是农村金融系统的首要特征。如前所述，系统是由相互依赖的若干部分组成的，各部分之间存在着有机的联系，构成一个综合的整体，以实现一定的功能。因此，农村金融系统各部分也不是简单的组合，而要有统一性和整体性，要充分注意农村金融系统各组成部分或各层次的协调和连接，提高农村金融系统的有序性和整体的运行效果。同时，农村金融系统中相互关联的各部分或部件形成"部件集"，"部件集"中的各部分的特性和行为相互制约和相互影响、相互作用和相互依赖，即具有相关性。农村金融系统中相互关联的各部分，有的相互关系较为强烈，有的相互关系较为软弱；有的相互关系是线性的，有的相互关系则是非线性的；有的相互关系是长久的，有的关系则是暂时的。这种相关性确定了农村金融系统的性质和形态。

（2）农村金融系统的环境适应性与动态性。农村金融系统和包围农村金融系统的环境之间通常有物质、能量和信息的交换，各种环境要素的变化，如政府职能转换和经济工作重心的转移、宏观经济景气状态的变化、宏观调控的收与放、银根的松与紧、农村经济增长的快慢、农村市场开放度的增减、农村金融体系内部的相互竞争与合作态势的变化、区域投资环境的改善与恶化、社会信用状况的波动等，与农村金融系统之间均有互动作用，都会引起农村金融系统特性的改变，相应引起农村金融系统内各部分相互关系和功能的变化。为了保持和恢复农村金融系统原有特性，农村金融系统必须具有对环境的适应能力。为此，作为一种制度安排的农村金融系统，它在形成以后，虽然在一定时期内具有一定的稳定性，但它也具有一定的生命周期特性，随着环境的变化，农村金融系统本身也需要发展，需要在变化了的新的环境下找到新的均衡，具有动态性。

（3）农村金融产业发展与农村发展的关联性。农村金融产业具有较强的扩散效应（见图3－4），并通过其前瞻效应、旁侧效应和回顾效应对农村经济各构成要素的发展产生直接的影响，进而由此形成农村金融产业发展与农村发展的关联性。与农村金融需求相适应的良性运作的农村金融系统，无疑能够促进农村经济各要素的合理配置，协调发展。

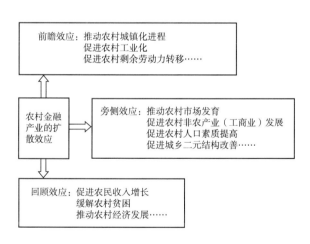

图3－4 农村金融产业的扩散效应

（三）农村金融的地位和作用

1. 农村金融的地位

（1）农村金融在农村再生产过程中处于中介地位。农业生产各种物质资料的购买、农产品的销售及农村其他非农生产经营活动都是通过货币的形式进行的。农村金融作为专门从事农村社会货币资金再分配的信用中介，通过再分配闲置货币资金而实现对生产资料的分配，同时也通过动员这些闲置货币资金而影响消费资料的分配。

（2）农村金融是农村资金的总枢纽。农村中各种类型的生产经营活动所需要的资金与农村金融活动密不可分。将农村闲置货币资金集中起来，代表社会货币资金集中于农村金融机构；贷款的发放和存款的提取，代表农村金融机构对货币资金的再分配；国家对农业的无偿拨款和通过信用方式对农业的补贴支援，也都是通过农村金融机构的支付和贷放而完成的。

2. 农村金融的作用

农村金融的上述地位决定了它在农村经济中发挥着重要作用。

（1）筹集和分配农村资金，支持农村经济建设和农业生产发展。农村经济建设需要大量资金，除农村经济单位、农户自筹之外，可以得到国家财政支持，但数额有限，因此主要还是依靠农村金融的力量。随着农村经济的发展和农民收入的增加，资金的暂时闲置和资金的暂时短缺同时存在，需要农村金融的活动组织和分配资金。

（2）调节货币资金稳定农村经济。稳定农村经济，需要稳定农村货币，这就要求流通中的货币量与商品量相适应，货币购买力总额与商品供应总额相适应。如果流通中的货币量长时间多于可供商品量，就可能出现物价上涨，影响农村经济的稳定和城乡居民的生活。

（3）管理农村资金，提高农村经济效益。农村资金运用情况，直接反映农村经济的经营水平与经济效益。农村金融机构是农村信贷、现金和结算的中心，通过自己的业务活动，能在管理农村资金、提高其经济效益方面发挥重要作用。农村金融机构通过信贷活动，可以了解农村中小企业、农民的农业生产情况，通过发放贷款的贷与不贷、贷多贷少、利息高低和期限长短来调节农村企业、农民的生产经营活动。

二　农业现代化进程中农村金融的作用：来自国外的经验

在各国农业现代化实践中，一个重要的经验就是功能强大、体系完善的农村金融体系在实现农业现代化过程中发挥了至关重要的作用。同时，由于农业具有天然的弱势性和一定程度上的公共品属性，无论是在发达国家还是在发展中国家，政策金融和合作金融都在农村金融中占有极重要的地位，可以说，农村金融实质上就是政策金融与合作金融的孪生体。这一小节就将介绍国外典型的农村金融体系。

（一）美国农村金融

在迈入世界发达农业大国的过程中，美国在高度发达的市场经济基础上逐步形成了完善的农村金融制度。这一制度创建于 20 世纪初。在 20 世纪以前，美国没有专门的农村金融机构，农业信贷资金几乎全部由商业机构和个人提供，其特点是贷款数量少、成本高。20 世纪初，美国农业进入以全面推行机械化的农业现代化时期（1910～1940 年），农机具的使用、经营规模的扩大、电气化等方面的基础设施建设、新农场主的培育等均需要投入大量的资金，客观上对农村金融形成了巨大的需求。基于此，美国建立起新型的农村金融体系。这一金融体系对推动美国农业的现代化发挥了巨大的作用。

美国的农村金融制度包括三个组成部分：一是农村合作金融；二是政策性金融；三是建立了完善的政策性农业保险体系。

1. 合作金融

美国农村合作金融体系由联邦土地银行和联邦土地银行合作社、联邦中期信用银行、生产信用合作社和合作银行三大系统组成，由农业信用管理局（NCUA）领导，并与该局领导下的私营农村商业信贷银行、国家农村政策性信贷银行共同承担美国农村融通资金的任务。

（1）联邦土地银行系统。由 12 个农业信用区的联邦土地银行及其下属的联邦土地银行合作社组成，它主要为农场、农业生产者及与农业有关的借款人提供长期不动产抵押贷款，法定贷款期限为 5～40 年。

（2）联邦中期信用银行系统。12 个信用区建 12 家联邦中期信用银行，它主要充当信用"批发商"，为地方生产信贷协会提供贴现和中期贷款，地方生产信贷协会再贷款给农民，贷款用途主要是农牧生产与经营，期限一般为 1 年，最长不超过 7 年。

（3）合作银行系统。13 家合作银行（12 个信用区各 1 家，华盛顿成立中央合作银行），主要为农业合作社和各种农民协会提供信贷和其他金融服务，贷款用途主要帮助农业合作社扩大农产品销售、促进出口，保证农业生产资料供应和开展与农业有关的其他业务。

美国的合作金融体制具有以下特点：① 三个系统自成体系；② 基层合作金融组织为独立法人，但其主管机关属管理型、服务型机构；③ 虽然各种信用合作机构不以营利为办社宗旨，但对资本权利限制不严格，普遍按股金分红；④ 各系统信用社间和上下间等价交换，极少行政权力干预；⑤ 比较健全的风险保障和补偿机制。

2. 政策性金融

美国联邦政府设立了一系列的政府信贷机构（相当于政策性金融机构），专门为农业和农村经济发展提供融资服务。这些机构包括农民家计局、商品信贷公司、农村电气化管理局和小企业管理局。它们分别承担了向被商业金融排斥的借款人提供借款、管理实施价格和收入支持计划、为农村基础设施提供融资和向被商业金融排斥的小企业提供资金的职能。同时，美国还有政策性农业保险体系，主要提供较完备的农作物保险业务。

（二）德国农村金融

德国是世界上最早建立农村金融制度的国家，同时也是世界上信用合作的发源地，德国的农村金融制度已有 200 多年历史。德国的农村金融的核心就是以合作银行形式为主的合作金融，同时政府也通过设立政策性金融机构来保护和支持农业发展。

1. 单一金字塔式合作金融体系

德国原有独立运行的农村信用合作社系统（为农业提供贷款）和舒尔茨城市信用合作系统（为城市商业和小型工业提供贷款）。两者于 1932 年联合成立德意志中央合作银行（DG 银行），形成目前德国信用合作体系。

这个体系自下而上包含三个层次（见图 3 - 5）：第一个层次是基层合作银行，全国共 2500 家，由农民、城市居民、个体私营企业、合作社企业和其他中小企业入股组成，直接从事信用合作业务；第二个层次是三家地区性合作银行，即 GZB 银行、SGZ 银行和 WSZ 银行，由基层合作银行入股组成；第三个层次是全国合作金融组织的中央协调机关——德意志中央合作银行。

德国合作金融体系的特点：① 统一的合作金融系统；② 多层次性格局；③ 多级法人制，各层次都是独立企业法人；④ 自下而上参股，组成联合体。

2. 农村政策性金融

德国农村的政策性金融主要是提供不动产金融和动产抵押信用。德国政府设立了土地抵押信用协会、土地信用银行、农业中央银行、地租银行等。

（三）日本的农村金融

与美国、德国农业经济的特点不同，以"小农户"为基础的日本，形

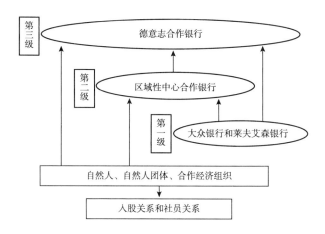

图 3-5 德国合作金融组织体系

成了独具特色的农村金融体系。在日本农业现代化的初期，为了解决城乡差距以及工商业和农业比较利益差异所带来的农业资金的短缺，日本主要通过政策性金融向农业提供资金。20 世纪 40 年代中后期，日本彻底改造了农村金融体系，建立起政策金融与农协系统的合作金融相结合的农村金融体系。

1. **非独立型附属式合作金融体系**

日本的合作金融依附于简称"农协"的农业协同组合体系，是农协的一个子系统，同时又是具有独立融资功能的金融部门。它由基层农协的信用组织、都道府县的信用联合会、中央的中央农林金库和全国信联协会三个层次组成。在基层和中间层次，又有农林渔业三种不同行业的协同组合信用联合会。合作金融主要提供一年以内的短期贷款。

这一体系的特点是：① 合作金融组织寓于农村合作经济组织之中，合作金融系统是农村合作经济系统的一个子系统；② 系统由多个层次构成，各层次均为独立法人，独立从事金融业务；③ 上级组织与下级组织之间既非领导与被领导的关系，又非市场竞争关系，它们具有不同的业务范围。

2. **政策性金融**

针对农业长期资金短缺的问题，日本政府于 1953 年设立了专营长期信贷的农林渔业金融公库，主要负责对农林渔业生产者提供维持和提高生产力的长期资金并采取低息贷款。这对推动日本农业的发展发挥了巨大的作用，为工业化、城市化的顺利进行提供了支撑。1961 年，日本颁布《农业信用担保保险法》，并在全国 47 个都道府县成立"农业信用基金协会"，其主要业务是为农业生产者提供债务担保服务。1966年，成立"农林信用保险协会"，对信用基金协会受理的农业贷款担保办理保险业务，并在必要时提供融资；对借入其他农业现代化贷款的农业经营者提供贷款保险服务等。同时，日本政府逐年增加"农业改良和导入大型农业设施补助""农田基本建设资助"等政府政策性支农支出。

从上述国外典型农村金融体系的构建来看，农村金融为农业发展提供了持续的资金支持。完善的农村金融服务体系，尤其是合作金融体系的构建和政策性金融的支持对于推动农业现代化的进程具有至关重要的作用。因此，在中原经济区"三化"协调发展过程中，农村金融的改革与创新意义重大，必将为中原经济区提供重要的金融发展动力。

第四章
中原经济区农村金融改革
与创新的动力机制

在"三化"协调发展中，农业现代化是基础。要实现农业现代化，可持续的资金的投入十分重要，这就需要不断推动农村金融的改革与创新。在构建"三化"协调发展、农业现代化与农村金融的逻辑联系的基础上，本章将从农村金融的需求特征分析入手，同时对农村金融的供给状况进行研究，最后对中原经济区农村金融发展的总体状况进行评价。

第一节　农村金融需求特征分析

农村金融市场是一个分散的、小额零售的、个性化的市场。就农村金融系统而言，不同的金融需求主体由于其经济行为的不同，因而其对于金融服务的需求也存在不同的特点，可以认为在农村金融市场中存在着不同层次的金融需求。在农村金融市场上，农村工商企业和农户是主要的金融需求主体，其中，农户是现代农业经营的主要方式，也是推动农业现代化进程的主要力量。本章主要围绕农户而展开分析。

一　中国农户经济行为分析

（一）中国农户经济行为的理论阐释

就中国农户经济行为分析而言，无论是从"道义小农"视角，还是从"理性小农"视角来考察，得出的结论都难免过于简单。很显然，中国的绝大多数农户并不能够简单地依据他们是追求利润还是谋求生存来划分。因为基于不同的制度环境，从一个视角看过去，追求利润最大化是理性的行为；

而从另一个视角看来，则追求生存或许是更富于理性的。

中国农户具有更为丰富的内涵，要解读中国的农户，黄宗智教授的"小农命题"将是重要的理论基础。作为农户行为研究的基本理论之一，长期以来，他的"小农命题"被研究中国农村经济与社会问题的学者奉为经典。其理论形成于《华北的小农经济与社会变迁》（2000年），成熟于《长江三角洲小农家庭与乡村发展》（2000年）。

黄宗智"小农命题"的分析是从解读中国小农经济的"过密化"开始的，他指出，由于"过密化"源自一个农户家庭不能解雇多余的劳动力，因而中国的小农经济不会产生大量原本可以从小农家庭农场分离出来的"无产－雇佣"阶层。进一步，既然多余的农村劳动力无法独立成为一个新的阶层，那么他们就必然会继续附着在小农经济之上。这种状况长期决定着中国农村经济的制度结构、演进走向及总体绩效。

存在多余的劳动力无法转移出去，或者说，暂时离开农村小农家庭的劳动力对小农经济仍然心存眷顾，他们有时十分贫困甚至挣扎在生死线上，但就是因为无法割舍几亩田而不能成为真正意义上的雇佣劳动者。这种现象被黄宗智称为"半无产化"。在这种情况下，中国小农家庭的收入构成就包括家庭农场收入和非农雇佣收入。事实上，纵观中国历史就会发现，黄宗智所提出的小农的"半无产化"概括了一个绵亘中国长期历史过程的传统。即使对于今天的中国农户，原有的逻辑仍在继续发展。正像费孝通先生早年所描述的情形，对于小农家庭而言，农业或者农业土地是一种生存保险，更是尊严的依托。因此农户或农民对土地的依赖，并不仅仅是出于经济收入的考虑。经济收益可以寻找替代物，但渗入农业和土地的其他传统、文化、尊严与情感，则难以割舍和替代。基于此可以发现，即使在外出务工收入已经成为农户收入的主要来源的今天，即便在许多地区农户的非农收入已经远远超过了农业收入，也依然改变不了它的补充角色。黄宗智把这种情形形象地概括为中国小农经济的"拐杖逻辑"。

循着这种"拐杖逻辑"可以进一步发现，改革开放以来中国农村的商品化与市场化对小农家庭的影响也不是质变性的。事实表明，副业和农业外就业并未从根本上改变农村的小农经济，而是在很大程度上支持了它。因为非农收入的增加在很大程度上增强了家庭农业经营的持续性和稳定性。由此可见，长期以来，中国农村经济社会的基本结构虽有量的变动，但无明显的质的改变，中国农村社会长期维持着黄宗智意义上的小农格局

（张杰，2005）。

（二）中国农户经济行为的特征

基于上述认识，讨论中国农户的经济行为就不是一个"理性"与否的简单问题，事实上，农民表面的非理性恰恰是现实环境下的理性，解释农户行为特征，应综合考虑历史与现实的各种制约因素。

1978 年，随着中国农村经济体制改革的启动，围绕着土地关系的调整，从 1949 年以后一直存在的集体统一经营的方式被根本打破，实现了农民对土地这种基本生产资料的使用权的占有，由此也形成了中国农村经济的基本经营形式——家庭经营。农户由集体统一经营中的决策执行者向家庭经营中的决策主体的转变，加速了农村社会分化，农村社会的生存模式也由"总体性生存"转变成"个体性生存"（何广文，2004），农户重新成为生产经营活动中的主体，集体生产组织功能被农户取代。此时，农户由集体经济时代的单纯性消费组织（仅仅追求消费者效用最大化）转变为融消费和生产经营于一体的经济组织（同时追求消费者效用最大化与生产者利润最大化），农户作为农业经营的微观主体在农村经济活动中发挥着越来越重要的作用。

在农户家庭承包经营的制度背景下，中国农户经济行为的特征表现如下。

1. 农户是生产与消费胶合的社会经济微观实体

尤其对于小规模农户而言，他们的活动通常集家庭生活、农业生产、非农业生产于一体，在众多约束条件下追求多重目标综合的利益最大化。

一方面农户作为消费者，其需要决策的是如何实现消费者效用的最大化。同时，农户作为生产者，其需要决策的是如何实现生产者利润的最大化。

（1）消费者效用最大化。假设农户的效用函数为 $U = U(x_1, x_2)$，在此仅考虑两种商品 x_1, x_2，价格分别为 p_1, p_2，农户的收入预算为 m，则农户将在收入预算约束条件下追求效用最大化，即：

$$\max U(x_1, x_2)$$
$$\text{s. t. } p_1 x_1 + p_2 x_2 = m$$

均衡条件是 $\dfrac{\partial U(x_1, x_2)/\partial x_1}{\partial U(x_1, x_2)/\partial x_2} = \dfrac{p_1}{p_2}$，即每种商品的边际效用与其价格

成比例。

（2）生产者利润最大化。假设农户的生产函数为 $Y = f(x_1, x_2)$ ，产品价格为 P ，两种投入 x_1 与 x_2 价格分别为 ω_1 和 ω_2 ，总成本为 C ，则农户将在成本约束条件下追求利润最大化，即：

$$\max[\,Pf(x_1, x_2) - (\omega_1 x_1 + \omega_2 x_2)\,]$$
$$s.t.\ \omega_1 x_1 + \omega_2 x_2 = C$$

均衡条件是 $\dfrac{\partial f(x_1, x_2)/\partial x_1}{\partial f(x_1, x_2)/\partial x_2} = \dfrac{\omega_1}{\omega_2}$ ，即产品的边际产出与投入要素价格成比例。

在此，由于农户的收入预算 m 和成本预算 C 的不同，其表现的经济行为也有所不同。

2. 在中国全面转向市场经济体制的宏观大背景下，农户经济保留了传统的小农经济小规模家庭生产经营的组织形式，但逐步改变了传统小农经济自给自足的自然经济属性

市场化程度是中国当代农户经济区别于传统农户经济的主要标志。首先，就农业生产过程看，在选种、育秧、耕田、插秧（播种）、施肥、管理、收割等生产环节中，越来越多的环节农户是依赖市场，依赖社会化服务；农户与外部的市场联系越来越广泛，并逐步形成了一个开放性的市场交换系统。其次，农户生产的产品自食自给的比重越来越低，出售给市场的比例越来越大，自给自足的封闭性格局已被完全打破。最后，中国农户的消费方式也越来越市场化、社会化。生产与消费是相辅相成的，生产的开放性决定了消费的开放性。这突出地表现在中国农户商品性、货币性消费比重已大大超过实物性、自给性消费的比重。

3. 从总体上来讲，中国农户经济行为呈现多样化的特点

（1）随着工业化的发展，尤其乡镇企业在中国农村地区的崛起，从农村产业而言，传统的以种植业、养殖业为主的农村经济结构发生了重大改变，农村产业的非农化趋势日趋明显。

据农业部统计[①]，2008 年 1~7 月，全国乡镇企业累计实现增加值 45702 亿元，同比增长 11.54%，其中工业增加值 32120 亿元，同比增长 11.42%，

---

① 农业部乡镇企业局：《2008 年 1~7 月全国乡镇企业经济运行情况》，2010 年 6 月 6 日。

增幅继续回落，分别比上年回落 1.99 个和 2.03 个百分点；营业收入累计实现 187057 亿元，同比增长 11.43%，增幅比上年回落 2.01 个百分点；实现利润 11680 亿元，同比增长 11.65%，增幅回落 1.95 个百分点；上缴税金 4902 亿元，同比增长 12.37%，增幅回落 1.64 个百分点；出口交货值 19140 亿元，同比增长 15.27%，增幅回落 3.20 个百分点；支付劳动者报酬 9060 亿元，同比增长 11.76%，增幅比上年提升 0.04 个百分点。

（2）农村工业化促进了农业现代化，带来了农业劳动手段的现代化和农业生产的专业化、商品化、社会化、集约化。

据农业部发布的《全国农业机械化发展第十二个五年规划（2011～2015 年）》[1]，在"十一五"时期，全国农作物耕种收综合机械化水平达到 52.3%，较"十五"末提高 16.4 个百分点，年均提高 3.3 个百分点，远高于"十五"期间年均 0.7 个百分点的增速。农业生产方式实现了从人畜力作业为主向机械作业为主的历史性跨越。主要粮食作物生产机械化快速推进。水稻机械种植和收获水平分别达到 20.9% 和 64.5%，较"十五"末分别提高 13.7 个和 31 个百分点，年均提高 2.7 个和 6.2 个百分点；玉米机收水平达到 25.8%，较"十五"末提高 22.7 个百分点，年均提高 4.5 个百分点，进入提速发展阶段。马铃薯、油菜、棉花、花生、茶叶等主要经济作物生产机械化取得突破性进展。畜牧水产养殖业、林果业、设施农业及农产品初加工等机械化全面发展，农业综合生产能力、抗风险能力和市场竞争力极大增强。

而据农业部《全国优势农产品区域布局规划（2008～2015 年）》[2]，经过 2003～2007 年 5 年的发展，我国优势农产品生产日益向优势区域集聚，"大而全、小而全"的生产格局进一步被打破。粮食作物九大优势产业带初步形成，2007 年水稻、小麦、玉米、大豆集中度分别达到 98%、80%、70% 和 59%。经济作物优势区域在全国地位稳步上升，棉花、甘蔗、苹果、柑橘集中度分别达到 99.9%、63%、50.7% 和 54%，分别比 2002 年提高 0.25 个、5.6 个、5.7 个和 4 个百分点。养殖业优势区域加快发展，肉牛和肉羊优势产区地位继续巩固；奶牛优势区域涉及的内蒙古、黑龙江、河北、

---

[1] 农业部农业机械化管理司，http：//www.njhs.moa.gov.cn/sheji/201109/t20110922_2293923.htm。

[2] 农业部网站，http：//www.gov.cn/gzdt/2008-09/12/content_1094227.htm。

山西、北京、天津、上海等 7 省区奶牛存栏量占全国比重达到 50%；东南沿海优势出口水产品养殖带、黄渤海优势出口水产品养殖带、长江中下游优质河蟹养殖区"两带一区"布局趋于稳定，大黄鱼、罗非鱼和鳗鲡集中度均已超过 80%。总体而言，我国优势农产品区域集中度稳步提高，为优化农业生产力布局奠定了良好的基础。

（3）农村工业化缓解了农村人口多、耕地少的尖锐矛盾，同时，也改变了农村的生产和生活方式，增加了农民从事非农产品和自我发展的机会。

根据全国农村固定观察点的调查标准，农户家庭兼业类型分为纯农户、Ⅰ兼业户、Ⅱ兼业户和非农户四类（见表 4-1）。来自全国农村固定观察点的数据表明[1]，随着农村工业化的发展，农户家庭经营类型特征突出表现为农户兼业的普遍化，农户家庭兼业类型由以纯农户为绝对主体的结构转向以纯农业户、Ⅰ兼业户、Ⅱ兼业户和非农户并存的格局。

表 4-1 不同类型兼业户的界定

类型	界定标准
纯农户	是指在家庭全年生产性收入中 80% 以上来自农业，或家庭农村劳动力的绝大部分劳动时间从事农业
农业兼业户（Ⅰ兼业户）	是指以农业为主、兼营他业，在家庭全年生产性纯收入中有 50%～80% 来自农业，或者农村劳动力一半以上的劳动时间从事农业
非农兼业户（Ⅱ兼业户）	与农业兼业户相反，是指以非农业为主、兼营农业，家庭全年生产性纯收入有 50%～80% 来自非农业，或者家庭农村劳动力一半以上的劳动时间从事非农业
非农业户	是指在家庭全年生产性纯收入中有 80% 以上来自非农业，或家庭农村劳动力的绝大部分劳动时间从事非农业

根据 2007 年中国农业发展报告户均数据来看，农户的就业渠道、产业活动、收入来源渠道已经变得复杂而多样。

从农户家庭人员就业渠道来看，农户家庭成员就业已经不再局限于农业生产，外出务工、从事农村工商业经营以及其他行业都成为其就业的选择。根据农村固定观察点的数据，2006 年，被调查农户中有农村劳动力 35856 人，其中，到本乡镇以外就业时间累积超过三个月的劳动力有 8459 人，占劳动力总数的 23.6%，比 2005 年提高 1.4 个百分点[2]。同样，根据国家统

---

① 李延敏：《中国农户借贷行为研究》，人民出版社，2010，第 4 页。
② 根据 2007 年农村固定观察点数据，农业部农村经济研究中心，http//www.rcre.org.cn。

计局的调查，2006 年农村外出就业劳动力增加了 634 万人，乡镇企业就业人员增加了 408 万人，即使考虑就业人口自认增减的因素，从农业和农村中转移出去的农村劳动力也应该超过 2 亿人。

农户种养业以外的产业投工增加和外出就业增加，农户产业活动多样化。从全国的数据来看，农户家庭经营投工、家庭经营外生产投工和外出劳务投工分别占 56.15%、26.12% 和 17.73%，而在 1998 年，农户家庭经营投工占比还在 70% 以上。

农户家庭总收入来源渠道多样，且农户家庭经营收入所占比重不断下降。农户家庭总收入来源包括农户家庭经营收入，从集体得到的收入，从各种类型农村企业经营中得到的收入，外出劳务收入，利息、股息、红利收入等多种来源。其中，农户家庭经营收入所占比重已经下降至 64.4%，而在 1998 年该比重为 71.6%。

4. 农户经济行为从总体上变得复杂而多样，同时不同农户间的经济行为也表现出较大的差别

随着家庭承包经营的实施和经济体制改革的深入进行，中国农村经济取得了巨大发展，农民收入水平有了很大的提高，尤其是东部沿海地区农业实现了经营转型，已经由传统的小农经济向现代农业转移（如山东潍坊的温室大棚蔬菜、烟台地区的水果种植等）。这些地区的农户已经距离恰亚诺夫意义上的"道义小农"较远，农户更着眼于为自己家庭利益的最大化而生产；同时种植业结构的调整，由传统的粮食作物种植向经济作物种植转变，农业生产走向集约化。东南沿海发达地区的农户更倾向于舒尔茨意义上的"理性小农"的特点。但是值得注意的是，虽然在这些地区由于市场化浪潮的影响，农户生产也更趋于理性，而且东部沿海发达的第二、第三产业为农村剩余劳动力的转移创造了条件，但农业生产依然不同程度具有黄宗智所言的农业生产的"过密化"。

相比之下，中国中西部地区的农村经济依然落后，这些地区的市场化程度较低，农村剩余劳动力压力较大，种植结构单一，基本上没有改变中国小规模农业经营的特点。农户在生产过程中更倾向于具有恰亚诺夫意义上的小农特点。同时由于巨大的人口压力和长期的贫困落后，这些地区开始大量输出劳务，一些地区如湖南、湖北、河南等成为著名的劳务输出大省。这就验证了黄宗智的"拐杖逻辑"观点，农民要想维持整个家庭的运作，单靠农业不能维持生计，必须依靠非农收入。这些地区经济的发展明显不同于发达地区农业的特点,农村经济发展地域间的不平衡非常严重。

中国农户经济活动从总体上呈现多样化特征,同时不同农户间的经济行为也变得复杂而多样,因此,相应的,农户的金融需求也表现出一定的复杂性和多样性(见表4-2)。

表4-2　当代中国农户经济与传统中国农户经济的比较

内　容	传统中国农户经济	当代中国农户经济
生产方式	封闭性内循环系统	开放性外循环系统
收入来源构成	农业单一化程度高	多元化
劳动配置方式	家庭内部自然分工	市场化导向的比较优势原则
生产的产品自给程度	高	越来越低
消费结构	单一化	多样化
消费依赖市场程度	低	越来越高

资料来源:参见曹阳《当代中国农村微观经济组织形式研究》,中国社会科学出版社,2007。

二　农户金融需求特点

(一) 农户金融需求研究综述

对农村金融问题研究的一个重要内容就是着眼于需求角度的研究。其中,农户作为农村金融最重要的需求主体,有关农户金融需求的文献十分丰富,研究的方法也大体类似,均是选取典型的或大规模或小规模样本进行专项调查研究,主要得到包括农户信贷需求状况、影响其信贷需求的因素、信贷供给主体服务特点等多方面的有益信息,也有的研究涉及农户储蓄、保险等金融需求内容。

如果追溯,这样的研究从20世纪90年代末期已经广泛开展,有来自官方的调查,如国家统计局进行了6万户农户调查,农业部有2.3万户农户的定点观察,中国人民银行与国家统计局合作进行了2万农户的抽样调查等;也有来自非官方研究机构的调查,如世界银行、亚洲开发银行、中国社会科学院、中国农业大学等。

虽然不同的机构与研究者对农户金融需求进行了广泛的研究,但是从现有文献来看,相同点颇多,研究的结论也较为接近。从研究方法与思路来看,现有文献大多采取了类似的方法与步骤。即:第一步,进行农户调查。具体调查的方式多种多样,有定点观察、座谈走访、问卷调查等,其中,问卷调查方式运用较多，如表 4 - 3 所示。第二步，对调查所获取的农户样本数据进行分析。在此，虽然不同的机构与研究者均是出于不同的研究视角进行的调查，但是所涉及的内容实际上大同小异，大体上均包括了诸如农户基本情况和农户借贷情况（有些也包括了农户储蓄、保险）等内容。对样本的分析大多采取了统计分析的方法，有些也利用了一些计量分析模型，来进一步探究诸如影响农户信贷需求的因素、农户借贷与农户收入之间的关系等问题。第三步，根据分析的结果提出相应的结论。

表 4 - 3　农户问卷调查情况比较

调查机构	样本	抽样县		调查承担者
中国人民银行与国家统计局联合	20040 户	10 省区	东部 4000 户、中部 10040 户、西部 6000 户	国家统计局
国务院发展研究中心	1962 户	29 省区	东部 773 户、中部 483 户、西部 706 户	150 名大学生
亚洲开发银行	1032 户	贵州	好、中、差各 2 县	当地农调队
中国农业大学（何广文主持）	291 户	浙江、宁夏	浙江 126 户、宁夏 165 户	课题组
中国社会科学院（张元红主持）	2000 户	8 省区	江苏、浙江、辽宁、湖北、江西、河北、宁夏、广西	研究人员

对于已有文献，从其研究涉及的主要内容来看，可以综述如下。

1. 关于"农户的借贷意愿及借贷渠道选择"

大多数的研究均显示，农户有借贷的意愿。如中国人民银行农户借贷情况问卷调查分析小组（2009）2 万多户农户大样本的调查显示，46.1% 的农户表示在生产、生活及其他活动过程中需要从银行、信用社或其他私人渠道借款。何广文、李莉莉（2005）分别对贵州铜仁地区 4 县（502 户）、6 县（720 户）的分析也得到相同的结论。这表明农户的贷款需求是普遍存在的。同时，相关的研究也指出，农户自我积累是其获得生产生活所需资金的基础，而对于扩大生产而言，负债经营也必不可少。从农户外源性融资渠道的选择来看，农户更倾向于从农村信用社和亲戚朋友处获得资金。如韩俊等（2007）对 29 省区 1962 户农户进行的调查显示，从农户意愿上，43% 的农户最希望从农村信用社获得贷款，42.8% 的农户最希望从亲友处获得贷款，虽然实际上从农村信用社等正规机构获得贷款的比例并不高。朱守银等

（2003）对安徽亳州和阜阳两地的 217 户农户的调查得出，在调查户发生的 524 笔借款中，来自农村信用社的仅占 16%，而民间借贷占 79%。

2. 关于"农户借贷需求满足程度"

大多数的研究指出，正规金融机构对农户的贷款有一定的覆盖率，但是仍有较多农户没有从银行、农村信用社获得贷款的经历。比如中国人民银行农户借贷情况问卷调查分析小组（2009）的调查显示，2006 年，从信用社、邮政储蓄银行或其他银行得到过贷款的农户占全部样本的 23.3%，这与调查显示的约 55% 的农户需要贷款相比，农户信贷需求满足情况不容乐观。北京大学中国经济研究中心宏观组（2007）关于农村信用社贷款覆盖率方面的调查，韩俊等（2007）对 29 个省区 1962 户农户进行的调查，黎东升、史清华（2003）对湖北监利县 178 户农户的调查等，虽然具体占比有所不同，但结论类似。

与此相比较，也有研究得出了一些不同的研究结论。汪三贵等（2001）在对中国贫困地区 446 户农户的金融需求进行调查后得出，31% 的农户表示调查时已经获得正式贷款，36% 的农户表示有能力得到贷款，只有 10% 的农户有贷款需求但未获得贷款。何广文（2005）在贵州铜仁地区的调查得出，约有 69% 的农户曾经获得农业银行或农村信用社的贷款，在信用社社员群体中获得贷款的比例更高，达到 82%，这一比例远远高于其他研究者所提出的正规金融机构对农户提供信贷的比例。一个可能的解释是，在该地区农村信用社小额贷款业务推广得非常好，农村信用社的社员覆盖率在该区域也很高（在该地区，社员占样本的 77%）。

3. 关于现有贷款产品与农户需求的适用性

大多研究表明，得到或者有可能得到正规贷款的农户，其贷款额度是受到限制的。在何广文、李莉莉（2005）对贵州铜仁地区（4 县）的 502 户农户金融需求分析中，对于被授予的贷款额度，56% 的农户认为很难满足需要。农户期望的贷款额度远远超过实际得到的贷款额度。在对期望贷款额度的调查中，有超过 60% 的农户期望获得的贷款额度在 10000 元以上（农村信用社提供的贷款 90% 以上是低于这一额度的）。韩俊等（2007）对 29 个省区 1962 户农户进行的调查显示，农户所获得的信用社的授信额度平均值为 9817 元，中位数为 5000 元，这说明大部分的授信农户所获得信用额度在小额信贷的范围内。在所有回答"授信额度是否能满足需要"的农户中，近一半的农户认为不能满足。

贷款期限也不能很好地适应农户的信贷需求特点。北京大学中国经济研究中心宏观组（2007）关于借款期限的调查显示，期限为 12 个月及以下的短期借款和未定期限的借款占总借款的绝大多数，达到 92%。与农村信用社贷款大多有规定期限相比，农户"其他"渠道贷款不定期限的占相当大比例。调查发现，亲戚朋友间的借贷很多不约定具体期限，有钱时再还。中国人民银行农户借贷情况问卷调查分析小组（2009）的研究指出，从总样本来看，75% 的借款其期限在一年及一年期以内，这种借款期限的短期化不利于帮助农户形成长期生产能力。

现有贷款产品要求的保证方式主要是抵押或者担保，但农户恰恰缺乏足够的抵押担保能力，由此也造成农户从正规机构申请贷款的难度较大。

4. 农户借贷资金用途的相关研究

农户借款资金的用途很大程度上影响着其贷款来源的途径。一般而言，农户的借贷可以分为生产性借贷和生活性借贷两种，但农户借款的用途越来越分散，呈现多样化特征。例如从中国人民银行农户借贷情况问卷调查分析小组（2009）的研究来看，农户借款用途的分布由大到小的排序为：生活支出（包括看病、红白喜事和建房）、种养业投入（包括购买农资、购买畜禽和购置农机）、其他（包括外出打工、归还其他借款等内容）、孩子学杂费和工商业。这反映了农户作为一个集消费、生产于一体的经济单位的特点，农户的借款用途在生活、生产方面很难根本区分开来。而之所以生活支出占据比较重要地位，一个重要的原因是其中包含了建房，房产是农户所拥有的主要财富，对于大多数农户，建房所需的资金相当一部分是来自外部借贷。韩俊等（2007）对 29 个省区 1962 户农户的调查，王丽萍、霍学喜、邓武红（2006）也有类似的结论。

对于资金的使用，农户似乎没有将用于生产的资金和用于生活的资金加以区分利用的意识，这是一种传统方式。但通过调查可以看出，农户的贷款也具有一定的倾向性，即从农村信用社等正规金融机构申请的贷款主要应用于回报较高的生产性领域，而生活性贷款主要由其他渠道筹得。

5. 关于农户的民间借贷

由于农户从正规渠道获得贷款的难度，民间渠道成为满足农户信贷需求的重要补充。民间借贷主要以亲朋之间的无息、无约定期限借款为主，有息借贷的比例有限，方便、及时是农户通过民间渠道有息借款的重要原因。这样的结论在几乎所有的研究中都能够得到。

6. 影响农户信贷需求因素的相关研究

(1) 从样本数据的统计分析来看，利率因素对农户信贷需求的影响不明显。如何广文、李莉莉（2005）对浙江省 LX 市（126 户）、宁夏 PL 县（165 户）的 291 户农户的调查显示，农村信用社对农户贷款的利率一般为年息 6% ~7%，在关于"农村信用社贷款利率为多高时将不再贷款"的调查中，几乎全部农户都表示可以接受现行的利率，甚至更高的利率。其在贵州铜仁地区的调查也得出了相似的结论。也有研究认为，农户在选择金融机构贷款的过程中，考虑的是贷款的方便程度和安全性，而没有考虑贷款的成本——利率因素，也很少对借款进行成本核算。他们最关心的是能够借到钱，其次才是借贷的成本。也有一些研究显示，降低利率是农户迫切希望农村信用社改善服务的指标。

(2) 从对样本数据的计量分析结果来看，影响农户信贷需求的因素主要来自与农户经济状况相关的要素。一般而言，对农户信贷需求有正向影响的因素包括农户生产经营规模、农户生产性支出、农户生活水平、农户现金支出、农户医疗卫生支出、家庭负债等，如汪三贵等（2001）、周小斌等（2004）、史清华等（2003）的研究。何广文、李莉莉（2005）对浙江、宁夏的样本数据以及对贵州铜仁 4 县的数据分析的结果还指出，农户以前曾经从信用社或银行获得过贷款的经历以及农户对于未来从农村信用社或银行等正规金融机构得到贷款的能力判断都对农户的信贷需求具有正向的影响。

(二) 农户金融需求的特点

现有的研究通过对农户金融需求的直接调查分析，可以刻画出农户金融需求的特点。其主要表现如下。

1. 农户金融需求的层次性

随着农村经济的发展以及农户经济行为的变化，农户金融需求也发生了变化。现阶段城乡经济二元化特征依然存在，同时农村部门中第二、第三产业也在快速增长，农业产业化、组织化程度在不断提高，农村劳动力外出务工、转移增多，这些都决定了农村、农业经济结构以及农户经济行为的变革。农户不同的经济行为带来了不同层次的金融需求，这里不仅包括存贷款服务需求，还包括结算、汇兑、金融咨询、租赁、信托、保险、信用卡等一系列的金融服务要求。在此我们关注的主要是农户的信贷需求。从信贷需求来看，中国农户的信贷需求具有鲜明的多层次性特征。如果我们将农户根据其经济活动内容与规模划分为贫困农户、一般种养业农户和市场型农户，那么不同农户的金融需求可以分为生存性信贷需求、简单再生产信贷需求和扩大再生产信贷需求。对应于不同的金融需求，需要不同的供给方式来满足（见表4-4）。

表4-4 中国农户信贷需求主体的层次性、主要信贷需求特性与满足方式

信贷需求主体层次	主要信贷需求特征	可用于满足信贷需求的一些主要方式和手段*
贫困农户	生存性和简单再生产金融需求，如生活开支、小规模种养业生产贷款需求	民间小额贷款、小额信贷（包括商业性小额信贷）、政府扶贫资金、财政资金、政策金融
一般种养殖业农户	简单再生产与部分扩大再生产金融需求，如小规模种养业生产贷款需求、生活开支	自有资金、民间小额贷款、合作金融机构小额信用贷款、少量商业性信贷
市场型农户	扩大再生产金融需求，如专业化规模化生产和工商业贷款需求	自有资金、商业性信贷

注：*表示未列入商业信用。后者对所有市场主体都发挥作用。
资料来源：原始表格来自冯兴元、何梦笔和何广文，2004。在此基础上做了一些修改加工。

2. 农户信贷需求总量大，单笔贷款额度小

中国农村金融市场的需求总量巨大，农村金融需求包括农户需求、农村中小企业需求和农村建设与开发需求，其中农户需求是主要方面。中国是一个农业大国，农户是生产的基本单位，农户的经营活动呈多样化的特点，除农业生产之外，农户还从事非农活动和就业。在中国农村经济中，农户是投资主体，占农业投资的很大比例。农户投资的来源除自我积累以外就是信贷资金。因此，中国农户对农业信贷的需求规模非常大。这从现有研究的调查结论中也可以获悉。

同时，由于中国农业是一家一户的小生产，农户非农活动和就业的规模也比较小，所以单个农户对信贷资金的需求并不大，主要用于农业产前、产中和产后的投入。非农活动主要是加工业和小商业，所需要的资金规模也比较小。

农户消费需求也是农村信贷的重要组成部分。农户消费信贷主要用于医疗、教育、建房、食品和日用品及农村红白喜事，这部分的需求也呈单笔小、总额大的特征。

3. 农户信贷需求弹性小

这是由农户的生产和生活特征决定的。中国人均耕地少，加上一家一户

的小农耕作，农业商品化程度低，农业生产的一个重要功能是满足家庭对粮食的需求，因此，农产品生产的价格弹性不高，那么农业的投入弹性也就小，对信贷的需求弹性也就低。和中国农村情况类似的印度也是这样，Clive Bell、T. N. Srinivasan 和 Christopher Udry（1997）利用在印度旁遮普邦 1980～1981 年的调查数据研究发现，农村普遍存在实际信贷的需求弹性非常低，农户对信贷的需求量对于利率的反应不明显。

4. 农户信贷用途多样化

农户信贷的用途呈多样化的特点，除了满足农业生产所需要的资金投入以外，农户的消费信贷需求也是非常重要的一个方面。由于资金的流动性和可转移性，家庭资金用于生产和消费的资金严格来说无法区分开来。家庭资金需求既包括生产用途资金，又包括诸如食品、教育、医疗、生活用品、建房以及紧急情况等在内的消费需求。农户对贷款的使用在家庭内部很难区分，以生产资金名义取得的贷款很可能被用于消费，或者贷款替代了原来用于生产的家庭资金，这样，家庭中的生产投入并没有改变，而用于消费的资金则增加了。农户贷款用途多样化对于金融机构的经营是一种挑战，金融机构所提供的用于生产的贷款被用于或被转移到消费上，因此对贷款的审批就不能完全仅仅以所申请项目的可行性为依据了，还应该综合考虑农户的收入来源和经济状况。农户贷款用于多种用途，这是农村信贷资金的一个重要特征，也是农村金融机构在产品开发和设计过程中要考虑的一个重要因素。

5. 农户信贷来源广泛

尽管正规农村金融市场在农村地区很不发达，所提供的服务有限，但是农户资金借贷的来源却是广泛的。正规金融市场只满足了部分农户的需求，或满足了部分农户的资金需求，农户资金借贷中则更多地来自非正规金融。大量研究发现，中国农村非正规借贷在农村金融市场中起着非常重要的作用，满足了农户的很大一部分需求，成为农村金融市场最活跃的部分。

农村非正规借贷的特点是消费类借贷多，亲属和朋友间的无利息借款多，有息借贷多处于地下或半公开状态。同时，在一些发达地区非正规金融呈现一些其他特点，如由以本地区为主，开始向跨村、跨乡甚至跨省借贷转变；大额借贷比重不断增大，无息借贷比重逐渐降低；借款用途由消费性贷款向生产经营性贷款转变，即用于加工业、运输业和养殖业等能短期见效的项目增加，而用于传统粮食种植和婚丧嫁娶之类的生活贷款呈现递减趋势；

借贷手续逐渐规范，纠纷逐渐减少，过去以口头信用约定为主，符合农民文化水平较低的现实，现在随着风险意识的加强，出现了以存单、债券、房地产等抵押、质押的情况；农村民间金融组织化程度明显加强。

6. 农户的信贷需求对现行农村金融产品创新提出了更高的要求

现有研究表明，无论是从贷款的额度、期限或者保证方式，现行农村金融产品均与农户期望有一定距离。农户实际能得到的来自正规金融机构的贷款额度远远低于农户信贷需求的预期，实际借款期限大大短于农户期望的借款期限。因此，从农业生产特点以及农户经营行为的特征出发，对农户的信贷供给，在额度与期限上应该更具灵活性。同时，针对农户缺乏抵押担保品的现状，如何创新信用保证方式应该成为正规金融机构业务创新的核心。对于农户而言，利率并不是其是否要借款的决定性因素，农户可接受的利率水平的范围较广。

三　"三化"协调发展对农村金融需求的进一步影响

(一) 工业化与城镇化对农村金融需求的影响

与农业现代化步伐相伴随，工业化与城镇化的发展必然对农户的经济行为产生影响，进而对农户的金融需求产生影响。

1. 关于工业化

在《新帕尔格雷夫经济学大词典》中，工业化被定义为一种过程，这一过程的基本特征有两点：一是国民收入中制造业活动和第二产业所占的比例提高，二是在制造业和第二产业就业的劳动人口有增加的趋势。工业发展是工业化的显著特征之一，但工业化并不能仅仅狭隘地理解为工业发展。因为工业化是现代化的核心内容，是传统农业社会向现代工业社会转变的过程。在这一过程中，工业发展绝不是孤立进行的，而总是与农业现代化和服务业发展相辅相成的。国家的工业化过程离不开农业和农民的参与。

上述谈到的所谓工业化，多数情况下指的是城市工业化，这已是约定俗成的。但是需要注意的是，在中国的工业化道路上，有一支不可忽视的力量，那就是始于 20 世纪 80 年代农村经济改革中的乡镇企业的崛起，即所谓的农村工业化。中国的乡镇企业是在一个非常独特的环境下发展起来的，即以户籍和土地制度为基础的城乡二元结构，伴随着高速增长的工业生产率。城乡二元结构阻碍了劳动力在城乡间的自由流动，制约了农村富余劳动力由劳动生产率较低的农业部门转移到生产率较高的城市工业部门。而乡镇企业的出现则为农村富余劳动力提供了一个参与工业部门生产的机会，使他们能够分享到由工业生产率的快速提高所带来的劳动收入的提高①。乡镇企业提供了农村劳动力以"离土不离乡"的方式参与工业部门生产的机会，并且向他们发放高于农业收入的工资。著名发展经济学家张培刚指出，农业国家和经济落后国家，要想做到经济起飞和经济发展，就必须全面（包括城市和农村）实行"工业化"。

在"三化"协调发展中，提到的工业化更强调的是"新型工业化"，所谓新型工业化，就是坚持以信息化带动工业化，以工业化促进信息化，就是科技含量高、经济效益好、资源消耗低、环境污染少、人力资源优势得到充分发挥的工业化。这是我国在十六大上提出的新型工业化的道路。

2. 关于城镇化

"城镇化"一词的出现要晚于"城市化"，这是中国学者创造的一个新词。一般而言，城镇化是指农村人口不断向城镇转移，第二、三产业不断向城镇集聚，从而使城镇数量增加、城镇规模扩大的一种历史过程。这一历史过程包括四个方面：第一，城镇化是农村人口和劳动力向城镇转移的过程；第二，城镇化是第二、三产业向城镇集聚发展的过程；第三，城镇化是地域性质和景观转化的过程；第四，城镇化是包括城市文明、城市意识在内的城市生活方式的扩散和传播过程。

城镇化的核心是人口就业结构、经济产业结构的转化过程和城乡空间社区结构的变迁过程。城镇化的本质特征主要体现在三个方面：一是农村人口在空间上的转换；二是非农产业向城镇集聚；三是农业劳动力向非农业劳动力转移。

工业化与城镇化是两个紧密联系的概念。从发展关系考察，农村的城镇化是以工业化为先决条件的。在农村工业化进程中，非农产业在条件许可的情况下，一般都会趋向区位条件相对好的地方发展，因此，农村地区中的小城镇就成为非农产业集中布局的场所。非农产业在小城镇的集聚，就吸引了农村人口向小城镇集中，同时，小城镇也成为农村地区财富的集聚地。这样，小城镇因为有新的发展力量的加入而得以快速发展。小城镇的发展，使其投资环境和生活环境质量大大改善，进而吸引更多的非农产业和农村人口向小城镇集聚。于是，就产生了农村工业化推动农村城镇发展的良性循环。

---

① http://news.sina.com.cn/c/sd/2011-01-10/103921789485.shtml.

3. 工业化与城镇化对农村金融的影响

工业化与城镇化的发展对农村金融的影响首先表现在对农村、农业经济的影响。

其一，在工业化与城镇化的进一步发展下，作为农村工业化典型代表的乡镇企业必将进一步加强结构调整，促进产业结构的优化升级，这将进一步加快农村产业的非农化步伐。

其二，在推动新型工业化发展的过程中，必将带动产城融合，使得更多农村富余劳动力实现就业空间和就业部门的双重转变，从而带动农业生产方式的转变，使得农业劳动手段进一步现代化，农业生产进一步专业化与集约化。

其三，工业化与城镇化的进一步发展，也将会进一步改变农村的生产和生活方式，使得更多农民获得从事非农产业和自我发展的机会，农民从业结构进一步发生改变。

基于上述工业化与城镇化带来的农业、农村经济的变化，农村金融需求也就有了一些新变化。

其一，以乡镇企业为代表的农村中小企业是农村金融需求的重要主体之一。

其二，农户的兼业化使得农户的金融需求呈现多元化特征。尤其是农户从事非农产业与自我发展机会的增加，将会带动农村地区大量小微企业的发展，这些小微企业将成为农村金融的又一重要需求主体。

（二）农业产业化与农民组织化对农村金融需求的影响

要想实现农业现代化，农业的生产经营方式必将发生巨大变化，农业产业化发展的程度也将进一步深化，同时农民的组织化程度也将不断提高。这些变化也将对农村金融需求产生重大影响。

1. 关于农业产业化

农业产业化的概念最早出现在 20 世纪 90 年代初期的山东潍坊。所谓农业产业化（Agriculture Industrialization），是以市场为导向，以经济效益为中心，以主导产业、产品为重点，优化组合各种生产要素，实行区域化布局、专业化生产、规模化建设、系列化加工、社会化服务、企业化管理，形成种养加、产供销、贸工农、农工商、农科教一体化经营体系，使农业走上自我发展、自我积累、自我约束、自我调节的良性发展轨道的现代化经营方式和产业组织形式。

农业产业化经营是继农户承包责任制以后我国农村经营体制的又一重大创新，是传统农业向现代产业演进的重要举措。农业产业化的本质是农业及其相关产业的分工与专业化，其目的是通过深化农业的专业化分工，提供农业的市场化水平。这一制度创新产生于农户家庭分散经营与农业市场化的矛盾中。由于农户家庭小生产几乎包括了农业生产经营的全部内容，其组织化程度低、组织效率差，制约了农民的市场参与水平和竞争能力，从而导致农业的比较收益偏低。通过农业产业化，将农户经营中的许多经济活动（尤其是产前和产后活动）从农户中分离出来，从而有利于提高农户的专业化和规模化水平（温思美等，2000）。

从世界农业发展的趋势来看，农业产业化也成为一种不可逆转的发展趋势，其主要特征表现为：传统大宗农产品生产规模在不断增长的同时，非传统的、针对不同消费需求的差异化农产品规模大幅度上升，而且在农产品总产值中比重逐步上升；农产品生产、销售方式从自发模式转变为订单模式，国际大卖家成为农产品生产和销售的龙头，并且跨国收购农产品加工企业和建立生产基地；农产品逐步呈现深加工化，农产品从初级、田头产品逐步升级为无公害食品、有机食品和功能食品，农产品技术含量、化学残留物指标和安全质量可追溯性的要求越来越高；等等。这些变化使得农业生产、加工、销售更像是大规模工业化生产销售，并且呈现产业化特征和趋势（洪银兴等，2009）。

2. 关于农民组织化

组织是人类社会整合度较高的一类群体。农民组织化中的组织主要是指经济组织，是一种集功能性团体和制度安排于一体的静态实体与动态实体活动过程统一的经济组织。从内涵来讲，可以从四个方面来理解农民组织化（王勇，2009）。

一是农民组织化是传统农民转变为现代农民的过程。传统农民具有生产经营规模狭小、经营分散、经济实力较弱、科技水平滞后等职业特征，而在现代化进程中，农民受生产经营环境、技术、政策和管理理念等因素的影响逐渐走上生产机械化、科学化和社会化的道路，同时，农民在从事生产、经营活动中也有争取与其他阶层同等的权益的要求。农民组织化就是农民由传统走向现代的逐步高级化的过程。

二是农民组织化是一定的组织主体从事农业生产与经营活动的状态。在农民组织化程度较高的国家，农民进入市场是依托一定的组织的，而这种组织又能够增加其成员的收益，农民组织化程度已经成为西方国家农村现代化水平的一个重要标志。

三是农民组织化是在一定原则指导下进行的组织创新。典型的形式之一是龙头企业的带动，在此，企业以追逐赢利最大化为组织原则，采取不同形式的联合方式与农民结成经济利益关系。另一典型方式是以农民合作经济组织为载体的农民的自组织方式，在合作社原则下，通过成员之间的互助合作，为成员提供各类产销和技术服务，维护农民社员的利益，增加农民社员的收入。相对于龙头企业作为外在组织主体而言，农民合作经济组织在组织原则、管理等方面都具有明显的内在性。所以，由农民合作经济组织带领农民闯市场具有比其他主体更为明显的组织意义。

四是农民组织化是农民争取与其他阶层同等待遇的一场经济社会革命。农民在市场上面临的激烈竞争传导到农业经营策略选择的结果是农民愿意为获得更高收益而提高组织化程度。特别是当购买农业生产资料成本在农业总成本中所占比重较高或者农产品销售渠道不畅、总体效益低下时，农民将更加急切地表现出参与合作组织创新网络的偏好。通过与具有互补性、潜在高收益性的市场主体合作，加快农业科技成果应用和农业商品化速度，抓住市场机会而避免被国内外激烈的农业竞争所淘汰。

农业的产业化与农民组织化密切相关，农业产业化的发展要依赖于对农民的组织，同时也推动农民组织化程度的提高。

据农业部相关统计①，到 2011 年底，全国各类农业产业化组织总数达到 28 万个，带动农户 1.1 亿户，农户年户均增收 2400 元，分别比上年增长10%、3% 和 13%。

一是以龙头企业为主体的各类农业产业化组织蓬勃发展，数量不断增加，规模持续扩大，效益稳步提升。到 2011 年底，全国各类龙头企业总数达到 11 万家，其中，国家重点龙头企业达到 1200 多家，省级重点龙头企业达到 9300 多家，中小龙头企业达到 10 万多家。这些企业提供的农产品及加工制品占农产品市场供应量的 1/3，占主要城市"菜篮子"产品供给量的2/3 以上，2011 年龙头企业实现销售收入 5.7 万亿元。龙头企业科技水平、产品质量、出口创汇和净利润也有较大幅度提升。龙头企业在自身发展壮大的同时，主动承担社会责任，通过收购原料、租赁土地、返还利润、吸纳就

---

① http://www.moa.gov.cn/zwllm/zwdt/201112/t20111212_2433959.htm.

业等途径，带动更多农民就业增收。

二是农业产业化示范基地迅速发展。2011 年，农业部总结各地成功经验，在全国粮食大县、畜牧大县和农业产业化发展基础比较好的地方，创建了第一批 76 家国家农业产业化示范基地。这些基地已集聚了 4010 家规模以上龙头企业、604 家省级重点龙头企业和 197 家国家重点龙头企业。到 2011 年底，76 家示范基地可以辐射带动种植面积 1.3 亿亩、畜禽养殖 22.7 亿头（只）、水产养殖面积 372.9 万亩，基地内龙头企业全年的原料采购值达到 4200 亿元，销售收入达到 7000 亿元，基地农产品加工产值与农业产值之比平均达到 2.38∶1。

三是"一村一品"专业村镇建设成效显著。2011 年，农业部在开展全国"一村一品"发展情况统计调查的基础上，组织认定了第一批 322 个全国"一村一品"示范村镇，通过开展宣传推介、组织产销对接等方式，扶持示范村镇发展，增强示范村镇的影响力和带动力。到 2011 年底，全国"一村一品"专业村总数超过 5.3 万个，专业村农民人均纯收入超过 7200 元。

同时来自农业部的统计也显示①，农民专业合作社发展速度明显加快。截至 2011 年 9 月底，全国农民专业合作社达 48.43 万家，实有入社农户 3870 万户，约占全国农户总数的 15.5%。合作社产业分布涉及种植、养殖、农机、林业、植保、技术信息、手工纺织、乡村旅游等农村各个产业，服务内容从生产领域逐步向生产、流通、加工一体化经营发展。

一是不断创新产销衔接模式，成为保障市场供应的主体。全国已有 1.56 万家合作社和超市建立了稳定的产销对接关系，涉及蔬菜、粮油、畜禽产品、干鲜果品、茶叶、水产、食用菌、特色养殖等多类农产品，达成交易额（或意向金额）533 亿元。一些地方还通过组建联合社、联合会，在城市社区开设直销店、连锁店，发展"农社对接"，使合作社产品与城市居民实现了产销直接见面。

二是带动了高新、实用农业技术的应用，成为现代农业科技成果转化与实用技术普及推广的重要平台。越来越多的合作社与科研院校和农业技术推广部门搞联合、结"对子"，把一批新的农业科技成果转化应用到生产实践中。同时，合作社对成员开展社会化服务，实行统一的生产技术、疫病防控。95% 以上的合作社都能够为成员提供各种急需的、有效的农业技术服

---

① http：//www.moa.gov.cn/zwllm/zwdt/201112/t20111212_ 2433957.htm.

务，解决了技术推广到农户的"最后一公里"难题。

三是发挥内部监督机制的功能，成为提升农产品质量安全水平的重要力量。鲜活农产品生产合作社都实现了无公害生产。其中，据农业部统计，1243家合作社的2598种鲜活农产品还通过了"绿色""有机""地理标志"等农产品质量认证。

四是合作形式与合作内容不断丰富和拓展，成为合作社加快发展的新增长点。在生产合作、销售合作的基础上，合作社通过探索内部信用合作，解决了合作社成员短期生产性资金缺乏的矛盾。全国已有1万多家合作社开展了内部信用合作。通过发展联合社（会）、兴办加工营销实体，促进横向联合和纵向联结，实现资源共享、优势互补。湖北、河北、江苏、浙江、江西、海南等8个省已成立了省级联合会。据不完全统计，省市县各级联合社已有1154家。

3. 农业产业化与农民组织化对农村金融需求的影响

农业产业化发展与农民组织化程度的提高对农业经济、农村经济也将产生重大影响，进而对农村金融需求也必将产生影响。

其一，随着农业产业化的发展，农业生产向产前、产后的延伸，将使得传统的农业生产变为农业产业化链条上的一个环节，农业将会转变为"产业链条上的农业"，无论是采取"龙头企业＋农户"的方式，或者是"农民专业合作社＋农户"的方式，作为产业链条上的农户在进入市场时，将具有更强的市场地位。

其二，农业产业化发展与农民组织化程度的提高，也将带来农业生产规模的扩大，以龙头企业或者农民专业合作社为主体的现代农业要求规模化、专业化与集约化生产，在产业化发展的过程中，土地通过各种方式流转后的集中已成为必然的发展趋势。

其三，农业产业化的发展也将带来农业经营主体的多元化，在产业化的链条上，各种类型涉农的产业化龙头企业、农民专业合作社与分散的农户（可以是规模经营的农户或者小规模农户）都将成为农业经营主体。

由此，农村金融需求特征也将呈现新的特点。

其一，产业化发展与组织化程度提高所带来的农户市场地位的提高，将使农户具有比传统农业条件下更强的承贷能力。

其二，农业产业化发展与农民组织化程度的提高将带来农村金融需求总量的大幅增加，同时单个农业经营主体的规模化生产也将带来金融需求的增加。

其三，农村金融需求多元化的特征也将进一步显现，这些需求将包括农业产业化龙头企业的金融需求、农民专业合作社的金融需求、规模化经营的农户的金融需求以及小规模农户的金融需求等。

第二节　农村金融供给格局及其存在的问题

一　农村金融供给格局

中国农村金融组织体系的形成和完善，在很大程度上是伴随着农业和农村经济发展而同步成长的。经过 20 世纪 70 年代末期以来的结构变迁，中国逐步形成了以农村信用社为基础，农业银行和农业发展银行为重要组成部分，其他商业银行和其他金融机构分工协作的农村金融组织体系。此外，还有办理农业保险业务的中国人民保险公司及其分支机构，各级政府及部门组建的一些金融信托投资公司等。通过不断深化农村金融改革，逐步形成了以合作金融为基础，商业金融、政策金融分工协作的农村金融体系，为农业和农村经济的发展提供了有力的支持。

农村金融体系基本框架如图 4-1 所示。

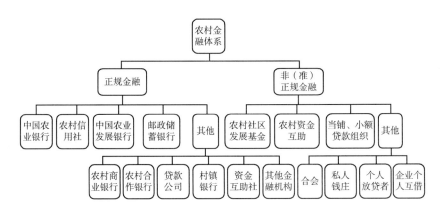

图 4-1　中国农村金融体系的基本框架

中国农村金融组织体系由正规金融机构与非正规金融机构构成。正规金融机构包括银行类金融机构和非银行类金融机构。非正规金融机构包括农村合作基金会、民间私人借贷组织等。中国农业发展银行、中国农业银行、农村信用社三大金融机构共同形成了一种政策金融、商业金融与合作金融分工协作的农村金融格局，构成了中国农村金融组织体系的主体。其中，中国农业发展银行主要承担办理国家规定的农业政策性金融业务，承担政策性收购资金供应与管理工作；中国农业银行是中国最大涉农商业银行；农村信用社作为中国农村金融组织体系在农村基层的组织机构，直接面对农村各种不同的金融需求主体发放农业贷款，对象以农户为主，重点支持农户的种植业、养殖业、农副产品加工和运销业以及农户子女教育和消费支出等，同时支持部分农村集体经济组织。

总之，农村金融组织体系的历史变迁是随着农村经济的不断发展而演进的。随着中国由传统的计划经济体系向市场经济体系转轨，农村金融组织体系为适应市场经济条件下农村经济的发展，逐渐由单一的国家银行系统分化改组成政策金融、商业金融、合作金融三大体系，在广大农村地区形成融资渠道多元化、信用形式多样化的局面。这种分化改组使农村金融体系日益完善，对推动农村经济的发展发挥了重要的作用

二 现有农村金融供给格局存在的问题

虽然中国农村金融体系的基本框架早已建立，并且随着构建可持续农村金融市场的理论共识的形成，农村金融多元市场的格局也逐渐形成，但是资金约束依然是中国农村经济发展的瓶颈之一。当前，在中国农村金融领域存在着诸多的问题，从宏观层次来讲主要表现在正规金融机构的金融服务难以到位，而民间金融在"零监管"情况下无序发展；从微观层面讲主要表现在金融机构自身经营举步维艰，农户长期因"贷款难"困扰其发展。所有这些问题集中体现在农村金融的供给与需求出现严重失衡。

（一）从数量上来看，农村金融供给总量不足，且资金外流情况依然存在

虽然经过多年农村金融体制的改革与发展，中国农村已具备了较完备的农村金融组织体系。一方面是以商业金融——中国农业银行、合作金融——农村信用社[①]、政策性金融——中国农业发展银行三位一体、分工合作的存量正规农村金融组织构架；另一方面是以邮政储蓄银行、村镇银行等为代表的增量正规农村金融组织体系。但是，由于以下原因的存在，农村金融供给仍然严重不足。

---

① 事实上，在2008年之后银监会主导下的农村信用社改革已经明确了股份制的改革方向。

1. 国有商业银行市场化、股份制改革使得县域内机构网点以及业务不断上移，虽然从 2009 年以来中国农业银行将其县域内分支机构改为"三农"事业部建制，但是对农业、农村的信贷投放仍然不足

从机构网点数据来看，1995 年末，农业银行各类机构总计 67092 家，到 2003 年底，农业银行的机构数已降至 36138 家，减少了 3 万余家下设机构，并且这些被压缩的机构多分布在县乡领域，而截至 2011 年底，农业银行境内分支机构共计 23461 个，机构数量进一步压缩。同时，1995～1999 年，中国农业银行对农业的资金投入每年还有所增加，而 1999 年之后至今，农业银行商业化战略逐渐明确，农业类贷款下降十分明显，1999 年末农业银行农业类贷款余额 9127.28 亿元，而 2003 年底这一数字仅为 4569.15 亿元，下降了一半以上（见图 4－2）。

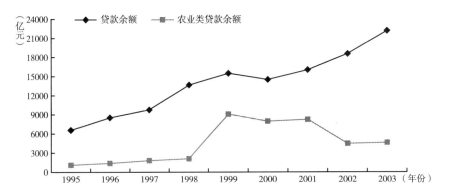

图 4－2　中国农业银行年末贷款余额及农业类贷款历年变化情况

资料来源：根据历年《中国金融统计年鉴》整理。

从最新的数据来看，尽管农业银行近年来致力于县域"三农"事业部的改革，但从其 2010 年和 2011 年年报获得的数据，截至 2010 年末，农行"三农"事业部公司贷款与个人贷款余额合计为 147.55 亿元，占其全部贷款余额的比例为 0.3%；截至 2011 年末，农行县域地区贷款余额 150.53 亿元，仅占其全部贷款余额的 0.31%[①]，贷款投放的比率仍然较低。同时从地区存贷比来看，以中部地区为例[②]，2009～2011 年末的存款余额分别为

---

① 根据中国农业银行 2010 年和 2011 年年报数据计算。
② 根据农业银行年报"财务报表附注"——"地区分布"。中部地区包括山西、湖北、河南、湖南、江西、海南、安徽。

121.49 亿元、142.99 亿元和 158.44 亿元，贷款余额分别为 488.16 亿元、601.2 亿元和 678.6 亿元，存贷比分别为 40.18%、42.04% 和 42.83%（见表 4-5），存贷比虽然有所上升，但是总体来看中部地区是资金净流出地区，而这些地区恰恰是传统农区，这表明在信贷供给不足的同时，农村资金外流问题仍然较为突出。

表 4-5　2009~2011 年中国农业银行中部地区存贷款情况

单位：百万元，%

年　份	存款	贷款	存贷比
2011	1584429	678615	42.83
2010	1429900	601196	42.04
2009	1214938	488156	40.18

资料来源：根据 2009 年、2010 年、2011 年农业银行年报数据整理。

2. 农业发展银行对于改善农户和农村微小企业的资金供给的作用不大

成立于 1994 年的中国农业发展银行，制度设计的初衷在于实现政策性金融功能，弥补农村金融市场"失灵"，资金投向主要为粮棉油储备和农副产品合同收购、农业综合开发、扶贫等政策性贷款和专项贷款，并代理财政支农资金的拨付及监督使用。然而在实际运行过程中，从 1998 年以来一直在专营农副产品收购资金的供应和管理，蜕变为"粮食银行"，根本不直接对农户和农村微型企业发放贷款。虽然随着粮食流通体制的市场化改革，农业发展银行的业务重新回到多元化的轨道中来，但是对于改善农户和农村微型企业的资金供给意义仍然不大。

从 2011 年农业发展银行年报数据来看，2011 年农业发展银行全年累放人民币贷款 13146.5 亿元，年末人民币贷款余额达 18738.4 亿元，比年初增加 2028.5 亿元，增长 12.1%。全年累放粮棉油收储贷款 4326 亿元，支持收储粮食 3007.1 亿斤、棉花 10080.3 万担、油脂 79.5 亿斤。累放糖、肉、化肥等储备贷款 441.9 亿元。累放产业化龙头企业和加工企业贷款 1561.1 亿元，支持企业 4971 个；累放农业科技贷款 62.9 亿元，支持项目 225 个。全年累放中长期贷款 3278.4 亿元，年末贷款余额达 7379.2 亿元，支持新项目 2139 个。全年累计发放农业小企业贷款[①]75.87 亿元，支持农业小企业 1720 户，仅占全年贷款投放的 0.58%。

---

① 指支持种植、养殖、加工、流通等领域内各类农业小企业和农民专业合作社的贷款。

3. 在较多的中西部地区，农村信用社实际上已经现实地成为向农户和农村微型企业提供金融服务的主要正规机构

据中国人民银行《中国农村金融服务报告 2010》，2010 年末，全国农村信用社各项存、贷款余额分别为 8.8 万亿元、5.9 万亿元，比 2002 年末分别增长 3.4 倍、3.2 倍。2010 年末，农村信用社涉农贷款余额和农户贷款余额分别为 3.87 万亿元、2 万亿元，比 2007 年末分别增长 77% 和 68%（见图 4-3）。根据《2012 年第一季度中国货币政策执行报告》，截至 2012 年 3 月末，全国农村信用社各项存、贷款余额分别为 10.9 万亿元和 7.2 万亿元，比上年末分别增加 7224 亿元和 4821 亿元。其中涉农贷款余额 4.9 万亿元，比上年末增加 2423 亿元；农户贷款余额 2.5 万元，比上年末增加 1293 亿元。

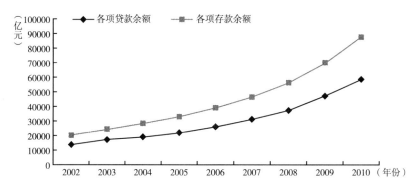

图 4-3　农村信用社 2002~2010 年存贷款变化情况

虽然农村信用社存贷款尤其是涉农与农户贷款均呈显著上升趋势，但是，依靠农村信用社的微弱实力难以支撑农村经济发展的巨大资金需要。姑且不论农村信用社自身经营发展中所面临的诸如管理体制不顺、治理结构不完善等一系列问题，单就农村信用社的资金供给实力而言，也难以满足农村金融需求主体的需要。其一，农村信用社自身吸纳资金的能力有限，1980~2003 年，虽然农村信用社社均存款余额从 49.69 万元增加到 7094.69 万元，其增长速度是相当高的，但从其绝对规模，从其在农村经济增长和农业投入增长中的地位而言，中国的农村信用社社均存款规模是相当小的，与日益提高的农村经济货币化程度的要求是不适应的（何广文，2001a）。同时，农村信用社在吸收存款上遇到的压力越来越大，邮政储蓄银行在农村地区储蓄市场上对农村信用社形成巨大的竞争。其二，农村信用社存差仍然较高，2010 年的数据显示存贷差达到 2.9 万亿元，2012 年 3 月底的数据显示存贷

差达到 3.7 万亿元，农村信用社成为农村资金"非农化"的渠道之一。

4. 邮政储蓄银行、村镇银行等增量机构金融供给有限，且同样资金"非农化"问题严重

据中国人民银行《中国农村金融服务报告2010》，邮政储蓄银行自2007年初成立以来，改变了以往"只存不贷"的格局，开始探索按照商业化原则服务农村的有效形式，确实在一定程度上增加了对农村金融的资金供给。① 探索通过资金市场向农村地区金融机构提供批发性资金。截至 2010 年末，邮储银行与农村金融机构开展支农协议存款余额 185.2 亿元，认购农业发展银行债券余额 451.95 亿元。② 开展银团贷款。截至 2010 年末，涉及农业用途的银团贷款余额 34.1 亿元。③ 发展零售资产业务。2006 年 3 月，开始开办存单小额质押贷款。截至 2010 年末，累计发放小额质押贷款 122.11 万笔 558.54 亿元。2007 年开始试点"好借好还"小额贷款业务，2008 年 6 月，在全国 31 个省（自治区、直辖市）分行和 5 个计划单列市分行全部开办小额贷款业务。截至 2010 年末，邮储银行 4591 个二级分行开办了小额贷款业务，在县及县以下地区累计发放小额贷款 334.27 万笔 1885.03 亿元，占全部小额贷款累计发放金额的 69.43%。

但是值得注意的是，与邮储银行近年来对农村金融的供给相比，目前邮储银行拥有 2.96 万个位于县及县以下农村地区的邮政储蓄网点，其通过吸储造成的资金外流问题并没有根本缓解。截至 2010 年末，全国邮政储蓄银行个人储蓄余额达到 28470.8 亿元。其中，县及县以下网点个人储蓄余额为 18293.56 亿元，占比 64.25%。

村镇银行等新型农村金融机构的建立与发展在客观上增加了农村金融的供给。根据《中国银行业监督管理委员会 2011 年年报》，截至 2011 年底，全国 242 家银行业金融机构共发起设立 786 家新型农村金融机构，其中村镇银行 726 家（已开业 635 家），贷款公司 10 家，农村资金互助社 50 家（已开业 46 家）；473 家分布在中西部地区，占 60.2%，313 家分布在东部地区，占 39.8%。新型农村金融机构累计吸引各类资本 369 亿元，各项贷款余额 1316 亿元，其中小企业贷款余额 620 亿元，农户贷款余额 432 亿元，两者合计占各项贷款余额的 80%。截至 2012 年 3 月末，全国共有小额贷款公司 4878 家，贷款余额 4447 亿元，一季度新增贷款 531 亿元①。但是，从

---

① 资料来源：中国人民银行网站。

量上来看，村镇银行等新型农村金融机构资金供给能力十分有限，根据中国人民银行发布的《2011 年金融机构贷款投向统计报告》，截至 2011 年12 月末，主要金融机构及农村合作金融机构、城市信用社、村镇银行、财务公司本外币农村贷款余额 12.15 万亿元，新型农村金融机构各项贷款占比仅为 1.08%。使用 2012 年一季度数据计算，小额贷款公司各项贷款占主要金融机构及农村合作金融机构、农村信用社等农村贷款余额①的比重仅为 3.45%。

农村正规金融供给不足与资金外流并存的直接后果就是农村民间借贷的盛行。据温铁军等人对中国东、中、西部共 15 个省 24 个市县的一些村庄进行的个案调查，民间借贷在全国的农村具有普遍性，农村民间借贷发生率高达 95%，其中高利借贷的发生率达到 85%（温铁军，2001）。当然，民间借贷之所以在农村金融市场中占据一席之地，除正规金融的供给不足为其留下了生存与发展的空间外，其存在更有其深层次的制度含义。

（二）从结构上来看，农村金融供给方式不能适应农村金融需求的特点

农村金融供给量的不足是无法向农村居民提供有效金融服务的重要原因，但是从更深层次来看，现有农村金融供给方式难以适应农村金融需求的特点是其根本的原因。长期以来，受既有制度安排的制约，向农户提供资金的经济主体是以国有为主的正规金融机构，民间金融的发展长期受到挤压，这种以国有为主的正式的金融制度安排根本难以适应以农户经济为主的小规模融资需求。中国农户数量巨大，2.44 亿个农户（2002 年统计数据）都是现实和潜在的资金需求对象，农村金融需求总量十分巨大。同时单个农户金融需求具有小额度、多层次、多元化的特征，正式的金融制度安排很难适应这些需求特点。

世界银行（1989）的研究认为，在广大的发展中国家的农村金融市场上，正式的金融安排往往无法完全满足非法人部门的要求，它们所需要的金融对正式的金融机构来说可能太小，因为许多贷款或接受一项存款的费用是与交易数额的大小无关的。正式的金融机构在乡村和小城镇开办分支机构的费用，往往与由此引起的业务不相适应。而事实上，在许多国家农村金融市场上，民间非正规金融制度依然存在并不断得到发展。

这里需要指出的是，民间金融的存在有其深层次的制度含义。从理论上

---

① 这一数据来自中国人民银行发布的《2012 年金融机构贷款投向统计报告》。

而言，农村信贷市场的特点可能更适合以非正式的方式（如民间借贷形式）向农村人口提供金融服务。德布拉吉·瑞（Debrtaj Ray，2002）认为，农村信贷市场具有这样一些特点：①信息约束。这是造成农村金融市场不完全的基本因素。在这里，信息的不对称主要表现在两个层次上：其一是缺乏关于如何使用贷款的信息；其二是缺乏关于还贷决策的信息。②分割与互联性。农村金融市场存在分割的趋势，许多借贷关系是个人化的，需要时间才能建立起来。往往是一个农村放贷机构更倾向于向固定的客户群体放贷，而不愿向圈外人放贷。同时，信贷关系往往与其他诸如生产关系、交易关系相联系而发生，即是一种"互联性信贷交易"。因此，在农村信贷市场上，非正式放款者比正式放款者更具有优势，主要表现在以下以点：①客户信息更充分，更了解客户；②可以接受一些正式放款者无法接受的非货币性的贷款抵押，如土地使用权抵押、劳动抵押、农户房屋抵押、田间未收割的青苗抵押、未采摘的林果抵押、活畜抵押等；③往往对一个固定的客户群体放贷，而且向其成员重复放贷；④交易的互联性使信贷交易更容易建立，非正式放贷者与借贷者之间的信贷交易，往往可能是他们在土地、劳动或产出市场上的交易的关联交易，信贷交易的条件取决于在其他市场上的交易条件，信贷风险较小。

事实上，在我国农村金融理论与实践发展过程中，已经有越来越多的人认识到，农村信贷的需求不能够完全由大型金融机构比如商业银行来满足，非正式金融方式对于提供有效率的农村金融服务意义重大。张杰（1995）的研究指出，农业部门金融成长的真正要素存在于本部门的经济流程之中，因此只有内生于经济内部的金融制度安排才是有意义的。而德布拉吉·瑞（2002）也认为，可以通过两个渠道来向农村提供适合其信贷市场特点的金融服务：一是探索将正式部门的资金注入非正式信贷市场中；二是以创新方式在微观层次上设计信贷组织从而充分利用当地的信息。2002年始于农村信用社领域内的农户小额信用贷款业务与农户联保贷款业务可以认为是我国正式部门资金注入非正式信贷市场的一种探索，也是适应微观层次特点的一种制度与技术的创新。时至今日，包括大型国有银行在内的国内大多数金融机构都已经注意到面向农村金融市场、面向小客户需要采取创新性的小额信贷的资金供给方式。当然，这种变化正在发生，并且还需要假以时日才能真正对农村金融供给方式产生根本的影响。

第三节 中原经济区农村金融改革与创新现状评析

一 中原经济区农村金融业发展现状

（一）河南省农村金融改革进展

1. 农村信用社改革稳步推进

立足于全国农村金融改革进展，河南省作为中部农业大省，也历经农村金融的改革进程。在始于 2003 年的农村信用社产权改革中，河南省作为第二批进入试点的省份，改革的步伐不断加快。2007 年，河南省有 106 家农村信用联社通过人民银行和银监会的兑付考核，累计兑付票据资金达 97.28 亿元，兑付机构及金额均居全国第二批 21 个改革试点省前列。资金扶持政策的正向激励作用逐步显现，农村信用社的财务状况明显好转，实现利润增长近九成。截至 2008 年末，全省 145 家农村信用联社已有 138 家联社通过了中央银行专项票据兑付考核，占县级联社的 95%，获得资金 139.51 亿元，占票据总额的 95%。资金的正向积极作用显现。农村信用社历史包袱有效化解，资产质量明显改善，资金实力、赢利能力明显增强，服务"三农"力度加大。2008 年末，农业贷款余额为 1323 亿元，较改革之初增长63.2%。产权改革进展顺利，截至 2008 年末，组建农村合作银行 2 家，组建统一法人机构 138 家。截至 2009 年 9 月末，河南全省农信联社各项存款余额 3306.79 亿元；各项贷款余额 2424.91 亿元，其中，农业贷款余额1686.60 亿元。河南全省 145 家联社，有 128 家实现盈余，盈余金额 34.64 亿元；有 18 家亏损，亏损金额 2.45 亿元；盈亏相抵后实现赢利 32.19 亿元。

截至 2012 年 4 月末，全省农村信用社共有 143 家县级法人机构，其中18 家农村商业银行、1 家农村合作银行、124 家县级联社，5326 个营业网点，8 万多名干部员工。资产总额 6300.36 亿元，各项存款余额 5191.59 亿元，各项贷款余额 3407 亿元，存、贷款市场份额分别占全省银行业金融机构的 18.11% 和 18.57%。自 2005 年以来，全省农村信用社存、贷款规模、市场份额连年位居全省银行业金融机构首位。

2. 新型农村金融机构改革取得进展

在农村金融准入新政的试点中，农村新型金融机构设立取得了突破性进展。截至 2009 年末，已经有 7 家村镇银行正式开业（见表 4 - 6）。按照银监会 2009～2011 年工作安排，到 2012 年，河南省辖内将有 122 家新型农村金融机构建立，其中村镇银行达到 106 家，贷款公司 3 家，农村资金互助社 13 家。2011 年，河南新开设村镇银行 23 家，组建进度居全国第二位。2012 年以来，河南村镇银行的组建步伐日趋加快。其中，中银富登和建设银行已完成在河南 14 个县（市）开设村镇银行的考察选点工作，澳洲联邦银行在豫开设的村镇银行有望达到 10 个，而台湾环宇财务公司更是与河南省政府签订了设立 36 家村镇银行的意向书。目前，河南全省村镇银行的主发起行类型已覆盖所有类型的商业银行，全省 18 个省辖市也已基本实现村镇银行全覆盖①。

表 4 - 6　河南省村镇银行发展情况

名　称	设立时间	资本金	发起人及股东情况
栾川民丰村镇银行	2008 年 6 月 16 日	2000 万元	洛阳市商业银行发起，河南天一通讯技术有限公司等 5 家企业及 22 名自然人出资设立
固始天骄村镇银行	2008 年 8 月 2 日	3000 万元	鄂尔多斯东胜农村商业银行发起，固始县建设投资公司、河南维雪啤酒集团有限公司等 6 家企业和 52 名自然人共同出资筹建
巩义浦发村镇银行	2009 年 9 月 17 日	5000 万元	上海浦东发展银行股份有限公司发起，巩义市国有资产投资管理公司、中孚实业股份有限公司等 10 家企业共同组建
方城凤裕村镇银行	2009 年 9 月 26 日	1000 万元	由莱商银行发起并控股，河南省内法人企业及自然人共同投资
郏县广天村镇银行	2009 年 10 月 28 日	5000 万元	平顶山市商业银行出资 1200 万元发起，6 家企业法人和 11 个自然人出资入股
驻马店西平财富村镇银行	2009 年 12 月 18 日	2000 万元	由驻马店市商业银行作为主要发起人和最大投资人，联合 4 家企业法人股东和自然人共同出资
中牟郑银村镇银行	2009 年 12 月 29 日	5000 万元	郑州银行发起，联合中牟县财政局、弘润华夏大酒店和 27 名个人股东

注：根据公开资料整理。

　　同时，河南省小额贷款公司试点工作也在稳步推进。2009 年 1 月 9 日，河南省政府办公厅下发《关于开展小额贷款公司试点工作的意见》，正式启动小额贷款公司试点工作。2 月 27 日，《河南省小额贷款公司试点管理暂行

---

　　①　资料来源：http：//finance. people. com. cn/GB/70846/18018730. html。

办法》正式通过并对外发布。按照省政府的计划安排，河南省小额贷款公司将分"三步走"："上半年，原则上除济源市成立一家试点公司外，其他17个省辖市各成立两家；年内推广到全省范围，计划是一个县一家"。2009年7月10日，河南省首家主要面向中小企业和"三农"发放小额贷款的专业贷款公司——长垣县银丰小额贷款有限责任公司正式投入运营。长垣银丰由河南省亿隆集团有限公司作为主发起人，联合9个自然人共同发起设立，公司注册资本2000万元人民币。2009年7月28日，许昌县银信小额贷款股份有限公司在许昌市正式开业，它由河南冷王冷藏物流运输公司发起成立，注册资本金4000万元。根据中国人民银行发布的《2012年一季度小额贷款公司数据统计报告》，截至2012年3月底，河南省已成立小额贷款公司188家，小额贷款公司从业人员2548名，实收资本68.71亿元，贷款余额69.90元，贷款余额占全国小额贷款公司总贷款余额的1.57%（见图4-4）。

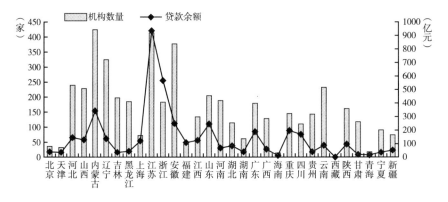

图4-4 2012年3月末小额贷款公司分地区统计机构数量与贷款余额

由此可见，在农村金融改革的进程中，河南省农村金融服务体系正在逐步完善。

（二）河南省农村金融业现状

在上述改革的不断推进过程中，河南省农村金融服务业呈现了一些新的特征。

1. 涉农信贷投放增加较多，有力地支持了农村经济发展

在投向农业贷款和乡镇企业贷款的数量上，2006年农村信用社是四大国有独资银行、城市信用社、股份制商业银行三项贷款总和的15倍，2007年是16.6倍。绝对数量由2006年的1311亿元增加到2007年的1438.6亿元，增长了9.7%。在资金运用上，农村信用社把60%以上的资金投入到农业贷款和乡镇企业贷款中。截至2012年4月末，全省农村信用社涉农贷款余额3072.63亿元，其中农户贷款余额1766.40亿元，占全省银行业金融机构农户贷款总额的90%以上，有力地支持了农村经济的发展。同时，农村信用社大力支持县域骨干企业、重点行业、重点项目，着力支持中小企业发展。截至2012年4月末，支持中小企业76440户，中小企业贷款余额1384.35亿元。其中，小企业贷款余额1106.05亿元。

2. 竞争性的农村金融市场开始形成

从上述对于农村金融改革进展的分析可以看到，在河南省辖内，农村金融领域内不再是农村信用社的"准垄断"供给，随着农村金融准入新政的实施，新型农村金融机构在不断发展，也成为农村金融市场的供给主体。23家村镇银行、188家小额贷款公司虽然在数量上并不占据重要地位，但是其着眼于农村金融服务的特点却表明农村金融的市场主体在不断丰富，竞争性的市场在逐渐形成（见图4-5）。值得注意的是，随着邮政储蓄银行的成立并成为农村金融市场的组成部分，包括从2008开始的农业银行"三农"事业部的建立，都表明农村金融市场已见雏形。

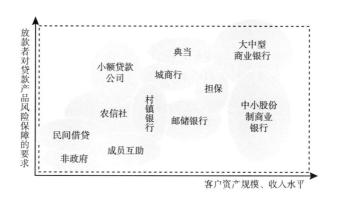

图4-5　竞争性农村金融市场的基本格局

资料来源：中国农业大学农村金融与投资研究中心研究报告。

3. 创新型信贷产品内容适应"三农"发展需要

随着市场竞争的加剧，包括农村信用社在内的农村金融供给主体都认识到，农户以及农村的中小企业具有不同于一般客户的金融需求特征，比如其资金额度较小、期限灵活、具有一定季节性、缺乏合格的抵押担保品等，采取传统银行的信贷方式无法满足其信贷需求。因此，着眼于农户等微型客户的信贷创新产品也不断推出。例如，从 2002 年开始在全国农村信用社领域内推广的农户小额信用贷款业务，已经成为河南省农村信用社的主打产品，在一些地市，更有将这一业务与当地信用环境的构建结合在一起的信用村镇文化建设，这不仅创新了产品，更优化了金融环境。将农户小额信用贷款业务"阳光化"操作，不仅降低了风险、提高了效益，也培养了农户的现代信用意识。而在村镇银行、小额贷款公司的业务活动中，其"小额""灵活""创新"的特点更加突出。邮政储蓄银行从成立之初就明确了要面向农户、小企业等小客户开展业务，其"好借好还"个人信贷业务系列产品（包括小额贷款、个人商务贷款、个人质押贷款）、小企业贷款产品也成为其面向农村地区的主要业务内容。

二 "抑制"与创新：河南省农村金融业存在问题解析

当然，在河南省农村金融业取得重大发展的同时，也有许多值得关注的问题：其最大的问题就体现在一方面创新在推动着农村金融的发展，但同时金融抑制还广泛存在。

（一）河南省农村金融业存在的问题

1. 农村金融供需缺口巨大

由于农村金融组织发展的滞后，农村的金融供给总量提高缓慢，难以满足新农村建设中日益增长的农村金融需求。农村金融供需缺口的存在集中体现在县域金融机构的资金外流。截至 2005 年末，河南省县域金融机构存款余额 3947 亿元，贷款余额 2281 亿元，与 1999 年相比，存款增加了 2282 亿元，而贷款仅增加了 509 亿元。6 年间，县域存款占全省金融机构存款的比重下降了 3 个百分点，而贷款则下降了 15 个百分点，存款大量流入城市。2005 年末，河南省县域金融机构上存资金余额为 1614 亿元，上借资金余额为 573 亿元，仅通过该渠道就净流出资金 1041 亿元。2006 年底，河南省农村人口占全省人口的 67.5%，第一产业增加值占 GDP 的比重为 16.4%，河南省农村居民储蓄存款占城乡居民储蓄存款的比重为 23.6%，而所有金融机构信贷中农业贷款和乡镇企业贷款分别占各项贷款总额的 10.3% 和 1.9%，合计仅为 12.2%，即农村居民提供了全省全部存款的近 1/4，但获得的信贷支持却不足 1/8。同时，金融机构的存差问题也值得关注，这表明了资金的"非农化"趋势。以农村信用社为例，截至 2012 年 4 月末，全省农村信用社各项存款余额 5191.59 亿元，各项贷款余额 3407 亿元，存差为 1784.59 亿元。

另外，根据世界银行 2004 年的研究，中国农村非农产业的资本边际收益率远远高于城市工业，2001 年曾高达 5.2 倍。以上数据说明，河南农村的金融需求还远未得到满足，巨大的金融缺口限制了农村经济的发展，同时也降低了金融资源的使用效率。随着新农村建设的深入开展，农村的金融需求必将快速增长，为农村金融供给提出了更高的要求。

2. 农村金融服务种类单一

在农村金融需求数量上得不到满足的同时，现有农村金融服务的种类又过于单一，阻碍了农村资本的形成。

首先，农村融资渠道单一，正规渠道只有间接融资方式，直接融资方式则主要以非正规甚至是非法的民间金融形式存在，农村企业很少通过发行股票、债券来筹措资金，金融机构之间同业拆借无法进行，农民个人的货币结余也只能选择储蓄存款，没有更多的投资渠道购买证券、保险，从而更多地依赖间接融资。而从信贷业务品种上来看，尽管近年来金融产品也有一些创新，各个机构的信贷业务种类在增加，例如河南省农村信用社推出了针对个人的个人综合消费贷款、助学贷款、金燕快贷通、个人助业贷款、个人汽车贷款等业务，针对公司的仓储抵押循环贷款、个体工商户创业贷款、企业保证贷款等业务，但从业务操作来看，仍更多地强调传统抵押担保方式，适应农户、小企业等小客户特点的业务创新仍然不足。

其次，农村金融的中间业务产品极少，目前只有结算、汇兑、代收代付等少量传统的中间业务，抵押、担保、承兑、贴现、承诺、咨询服务等业务还很少。

最后，农村地区证券、信托、基金等投资银行业务尚属空白。另外，在服务种类无法满足农村金融的同时，现有的服务项目价格又过高，造成了农村金融服务的低效率。2004 年发布的《中国人民银行关于调整金融机构存、贷款利率的通知》把农村信用社贷款利率最高上浮系数调整为基准利率的 2.3 倍。目前河南农村信用社的贷款利率普遍接近上限，过高的利率使众多中小企业和农户望而却步。

3. 农村金融机构的金融资产质量差

农村金融体系的风险整体较高，金融资产质量整体较差。农业银行虽然剥离了大量的不良资产，但其不良贷款率在各大商业银行中仍是最高的。农业发展银行在办理粮棉油收购专项贷款过程中，资金时常被挪用、挤占，贷款回收率低，目前积累了大量的不良贷款。农村信用社的风险问题更加突出。农村信用社几乎承担了历次农村金融改革过程中产生的大部分成本，再加上长期以来产权不清，经营管理混乱，不良贷款率居高不下，大量农村信用社资不抵债，经营十分困难。

2005 年末，河南省县域金融机构不良贷款余额为 824 亿元。尽管经过各方的不懈努力，比如，人民银行通过发行央行票据对全省农村信用社置换其不良资产达 119 亿元，贷款的不良率有了大幅度下降，由 2000 年的 49%降至 2005 年的 36%，但这一比率仍高出全省金融机构贷款不良率 16 个百分点。

4. 农村金融组织的结构不合理

河南农村金融组织虽然表面上具备了农村信用社、农业银行、农业发展银行等合作性金融、商业性金融和政策性金融机构，但在结构上还存在很大的缺陷，各类金融机构都未能在支持农村经济中发挥应有的作用。继工行、中行、建行等商业性金融机构在农村地区的分支迅速撤并以后，作为农村地区唯一国有商业银行的农行也显示出较大的"城市化"倾向，其支农的效果不佳，在县域内的贷款也更多地投向工业领域，对农业的直接支持不足。农业发展银行名义上是政策性银行，但目前的状况是业务过于单一，不能向一般的涉农企业和农户提供贷款。农民和农村地区中小企业接触最多的依然是农村信用社。

而作为农村金融改革主要进展的新型农村金融机构虽有一定发展，但还有较大的发展空间。

（二）河南农村金融业存在上述问题的原因

1. 农村经济落后

经济增长与金融发展是正相关的。一方面，发达的金融系统可以提高经济中储蓄和投资的总水平，增加资本形成的数量，并通过竞争保证资金首先流向投资风险小、回报期短、赢利水平高的产业和地区，提高投资的效率和边际收益，从而提高资本运用的质量，这被称为金融发展对经济增长的"引致增长效应"（Growth-Inducing Effect）。另一方面，经济增长对金融发展也具有巨大的推动作用。首先，经济增长为金融发展提供了需求拉力，作为经济增长的主要内容和表现的投资增长和消费增长，都需要足量和适当的金融服务为其提供支持；其次，经济增长为金融发展提供了供给推力，这主要是伴随经济增长而逐步完善的通信、交通等基础设施系统，以及市场经济观念——尤其是信用观念的深入人心，使金融交易成本大大降低，有力地推动了金融发展。

然而，河南省农村经济还很落后，城乡差别巨大。根据 2011 年《河南统计年鉴》，2010 年末，河南省第一产业占全省国内生产总值的比重为14.11%，高出全国 4 个百分点，人均国内生产总值 24446 元，比全国平均水平低 5546 元（全国人均国内生产总值为 29992 元）。2012 年，农民人均纯收入为 5523.73 元，城镇居民人均可支配收入为 10838.49 元，前者仅相当于后者的 51%。农村地区的金融需求虽然处在上升阶段，但由于农村地区整体经济环境及相关制度的缺乏，农村地区的经济机会与城市地区相比不够明显，无法对金融机构（尤其是商业性金融机构）形成有效吸引。农村与城市之间巨大的基础设施差距也使农村金融机构成长缓慢，同时加剧了农村资金向城市的集中。因为完善的基础设施往往意味着更高的投资回报，并且农村居民所必需的医疗、高等教育、文化娱乐等资源大部分集中于大中城市，农村居民在这些方面的消费也加剧了农村地区的资金流失。目前，河南省的城镇化率还很低，特大城市和小城镇功能都不完善，众多中小城市急需大量资金投入以提升自身实力，迅猛而大规模的城镇化也会对农村金融的发展造成一定的挤压。农村金融发展的滞后又使农村经济的货币化水平难以提高，不利于货币政策的实施，也不利于农村地区乘数效应的实现，这又反过来限制了农村金融的发展，形成了恶性循环。因此，河南农村金融欠发达的根本原因依然是农村经济的欠发达。

2. 农村金融组织管理机制混乱

我国正处于经济体制转轨时期，农村金融也正在从计划金融向市场金融转轨，但我国（尤其是包括河南在内的内陆地区）的农村金融向市场金融转变的步伐太慢，农村金融服务体系的计划经济色彩仍很浓厚，其中影响最为深远的一环就是产权改革缓慢，有效的治理结构尚未建立，组织管理体系混乱，非规范化运行。例如，农信社长期以来产权关系模糊，"三会"形同虚设，政府干预严重，"内部人"控制，内控制度缺失，违规经营也就成了必然的结果。非正规的民间金融虽然产权关系清晰，但长期以来得不到政府的承认，缺乏有效的外部制度约束，出现了管理的真空。河南省作为我国的欠发达地区，亟须建立现代管理机制以提高农村金融组织的服务效率，但是与我国的区域政策相适应，农村金融组织改革的试点及重点也走过了东部、西部、东北，最后才注意中部的过程，致使河南农村金融组织效率长期处于较为落后的水平。

3. 城乡金融体系分割

在金融体制改革过程中，存在严重的城乡改革分割现象，造成了城乡二元金融体系。城乡金融改革的不同步，执行不同的标准，实际上是歧视农村金融政策的延续，人为地割断了城乡金融体系之间的统一，这显然同我国当前统筹城乡发展的政策方向相悖。这种改革的分割恶化了金融发展的城乡差距，并且削弱了城市金融对农村金融的带动作用。以服务城市工商业为主的城市金融产品完全外生于农村经济，在城乡二元结构明显的背景下，当相对发达的城市金融向农村扩展业务时，出现种种不适是必然的，因为农村金融需求具有很多独特的属性。应当注意的是，河南的城市经济发展还很落后，城市建设的很多指标都处于全国平均水平以下，由此决定了河南的城市金融实力整体较弱，从这个角度看，"城市带动农村"的金融发展模式对河南来说也是不现实的。更为严重的是，长期以来，我国在农村地区执行的是比城市更加严格的金融管制，以便农村金融资源向城市单向流动，为工业发展积累资金。金融体系改革不仅没有促成农村金融体系的完善，反而让农村金融体系承担了改革的大部分成本，进一步削弱了农村金融体系的实力与活力。

4. 农村信用环境差

首先，作为传统的农业大省，加上长期计划经济的影响，河南农村地区的普通居民信用意识不强，对市场经济规则不熟悉，当有资金需求（尤其是消费资金需求）时也更倾向于向亲友求助，而这种以血缘和人情为基础的民间金融形式本身就带有极高的风险性，在很大程度上恶化了农村信用环境。

其次，河南省农村地区的小企业大多为高污染、高风险、低效率的"四小"工业，即小煤窑、小造纸厂、小水泥厂和小砖瓦厂，它们占用的大量贷款往往会给农村信用环境造成混乱。

最后，各地政府的地方保护主义进一步恶化了农村信用环境，调查表明，我国"直接或间接行政干预形成的银行不良资产占不良资产总额的80%左右"，而农村地区则是地方保护主义的重灾区。

5. 相关政策措施的缺乏与失当

相关政策措施的缺乏与失当在三个方面的表现最为明显。

第一，缺乏对商业性金融机构服务农村的利益诱导机制。商业银行（包括国有商业银行）的经营是以营利为目标的，在农村投资环境不佳又没有政策诱导的情况下，它们都将重点放在了城市，实行自上而下的资金管理模式，使大量农村资金向城市集中，其在农村的分支机构实际上成了"抽水机"。这些分支机构不仅要向央行缴纳法定存款准备金，还要向上级行缴存二级准备金，改制前的邮政储蓄资金则全部要上存。而且，目前四大国有商业银行内部上存资金利率普遍比一年期存款利率高 1~2 个百分点，基层的分支机构为了规避风险和回避责任，更倾向于将资金上存，缺乏放贷的动力。

第二，对农村工业的政策失当。乡镇企业在解决农村剩余劳动力就业、提供部分公共产品等方面发挥了重要作用，近年来，随着各项优惠政策的取消，乡镇企业的职工人数逐年减少，大量企业停产、倒闭，进而给金融机构造成大量呆账坏账。

第三，政府对农村地区民间金融过多的干预阻碍了农村金融的发展。地方政府对民间金融采取了"一刀切"式的限制，并试图通过建立全新的农村金融组织来取代现有的民间金融形式。然而，现有的民间金融形式在很多方面具有一定的合理性，更重要的是其对于农村经济来说是内生性的，在农村金融体系中发挥着不可替代的作用，不应该也不可能完全取缔。由政府及非官方组织推动的农村金融组织创新带有明显的外生性和强制性，这在很大程度上放大了农村金融发展的成本，削弱了农村金融发展的可持续性。

第四节　农村金融发展与中原经济区农村
经济发展的相关性分析

农村金融的相对滞后，在较人程度上将会对中原经济区农村经济发展带来阻碍。为了便于说明农村金融发展与中原经济区农村经济发展的关系，本节将利用 VAR 模型对两者的相关性进行分析。

一　相关文献综述

在国外的研究中，美国斯坦福大学教授罗纳德·麦金农（Mckin-non）和肖（Shaw）于 1973 年提出了针对发展中国家的金融抑制与金融深化理论，金融深化与经济增长的关系是其中重要的内容。以 Goldsmith、Levine、King 等为首的一大批学者运用计量经济学的方法从不同的角度和层面进行了大量实证研究。Goldsmith（1969）的实证研究表明，金融发展是经济增长的必要条件，但是不能确定金融发展与经济增长的因果关系。King 和 Levine 于 1993 选取了 80 个国家 30 年的数据分析了金融发展水平与资本形成、生产率提高以及经济长期增长之间的关系；帕加罗（Pganao，1993）运用简单的 AK 内生增长模型研究了金融深化对经济增长的影响。也有一些经济学家认为金融发展对经济增长不仅没有发挥作用，反而会对经济增长产生破坏。Lucas（1986）就宣称经济学家夸大了金融因素在经济增长中的作用。Galindo、Micco 和 Ordonezl（2001）发现 20 世纪 70 年代许多拉美国家推行金融自由化，但是结果却导致了 80 年代的金融危机，破坏了经济发展。

具体到中国，特别是农村金融对农村经济发展的影响及其相关性的研究，由于学者们采取的方法、选择的变量对象及时间长度的不同，使得关于农村金融对农村经济发展影响的结果截然不同。林毅夫、姜烨（2006）运用中国分省面板数据进行了实证分析，得出的结论是经济结构的差异性决定了金融结构的差异。庞晓波、赵玉龙（2003）通过 20 多年的实测数据验证了中国金融发展与经济增长弱相关性的结论。王丹、张懿（2006）利用 ECM 误差修正模型实证检验了 1991～2005 年安徽省农村金融发展与农业经济增长间的互动关系，结果表明：虽然安徽省农村金融发展对经济增长在短期内效应并不明显，但是二者具有中期效应和长期均衡效应。乔雅君（2010）对河南省金融发展与经济增长的关系研究表明，河南省的金融发展与经济增长之间存在着长期的均衡关系，但协整方程中负的弹性系数说明河南省金融发展的速度仍相对滞后。彭杰、熊海强（2011）对河南省 1993～2007 年的相关经济数据进行了实证分析，结果表明河南省农村金融发展与经济增长存在高度的正相关关系，农村金融的发展是经济增长的巨大推动力。

二 计量模型及数据说明[①]

（一）向量自回归（VAR）模型

向量自回归（Vector Auto-Regression，VAR）是 Sims 在 1980 年提出的使用模型中的所有当期变量对所有变量的若干滞后变量进行回归，用于相关时间序列系统的预测和随机扰动对变量系统的动态影响的一种非结构化的多方程模型。它不带有任何事先约束条件，将每个变量均视为内生变量，避开

---

① 感谢中国农业大学博士研究生邵一珊对该部分的贡献。

了结构建模方法中需要对系统中每个内生变量关于所有变量滞后值函数的建模问题，它突出的一个核心问题是：让数据自己说话。

一般的模型仅仅是描述因变量对自变量变化的反应，VAR 模型则考虑了模型中各变量间的相互作用。在某些给定条件下，VAR 模型能够用来确定一个基本的经济冲击给其他经济变量带来多大影响，即其他经济变量对该基本经济冲击的响应的大小，所以 VAR 模型被公认为描述变量间动态关系的一种实用的方法。含有 N 个变量滞后 k 期的 VAR 模型表示如下：

$$Y_t = \mu + \Pi_1 Y_{t-1} + \Pi_2 Y_{t-2} + \cdots + \Pi_k Y_{t-k} + u_t, \quad u_t \sim \Pi D(0, \Omega) \qquad (4-1)$$

其中，$Y_t = (y_{1,t}, y_{2,t}, \cdots, y_{N,t})^T$ 为 $N \times 1$ 阶时间序列列向量。μ 为 $N \times 1$ 阶常数列向量。$\Pi_1, \cdots, \Pi_k$ 均为 $N \times N$ 阶参数矩阵，$u_t \sim \Pi D(0, \Omega)$ 是 $N \times 1$ 阶随机误差列向量。

VAR 模型的系数通常是很难解释的，而脉冲响应函数（Impulse Response Function，IRF）可以用于衡量来自随机扰动项的一个标准差冲击对内生变量当前和未来取值的影响。因此，通常需要通过系统的脉冲响应函数来推断 VAR 的内涵。

（二）变量选择及数据说明

1. 农业经济发展（AE）

对于农业经济发展，采用农民人均纯收入来衡量。纯收入是指农村住户当年从各个来源得到的总收入相应扣除所发生的费用后的收入总和，用于再生产投入和当年生活消费支出，也可用于储蓄和各种非义务性支出。农民人均纯收入即按人口平均的纯收入水平，反映的是一个地区农村居民的平均收入水平。

2. 农村金融发展（F）

采用农业贷款与乡镇企业贷款之和来衡量。

本文所使用的数据均来源于《河南统计年鉴》，考虑到物价因素的影响，各指标均通过居民消费价格指数的调整消除了通货膨胀的影响，其时序长度均为 1990～2009 年。同时，为消除数据中存在的异方差，分别对两个变量取自然对数，分别为 LAE、LF（此处 L 表示自然对数），其相应的差分序列为 ΔLAE、ΔLF。

三　实证分析

（一）ADF 单位根检验

在经济领域中，许多时间序列观测值大都呈现强烈的趋势特征，这种趋势特征会产生伪回归现象，所以在对时间序列数据进行分析前，应先对变量的平稳性进行检验。我们采用 ADF 单位根检验方法来检验变量的平稳性，即对变量 z_t 检验 $z_t \sim I(1)$ 的原假设，也就是检验 Δz_t 是否平稳。ADF 单位根检验主要基于如下回归模型：

$$\Delta z_t = \alpha + \beta t + \gamma z_{t-1} + \sum_{i=1}^{p} \theta_i \Delta z_{t-i} + u_t \qquad (4-2)$$

其中 t 是线性时间趋势项，p 是最优滞后项，即选择滞后阶数 p 使模型的残差项为白噪声。显然，检验 z_t 中存在单位根［即 $z_t \sim I(1)$］的假设，等价于检验模型中 $\gamma = 0$ 的原假设。

本文采用 EViews6.0 软件，对 LAE、LF、ΔLAE、ΔLF 的单位根进行 ADF 检验，检验方程的选取根据相应的数据图形来确定，采用 AIC 准则确定最佳滞后阶数，检验结果见表 4-7。

表 4-7　ADF 单位根检验结果

序列	检验形式（c,t,k）	ADF 检验统计量	AIC	备注
LAE	（c,0,4）	-0.7070	-3.5975	不平稳
LF	（c,0,4）	-2.4737	-3.0775	不平稳
ΔLAE	（c,0,4）	-3.6555**	-3.6768	平稳
ΔLF	（c,0,3）	-2.9826*	-2.7602	平稳

注：①*、**、*** 分别表示在1%、5%、10%的水平上显著；②检验形式（c, t, k）分别表示单位根检验方程包括常数项、时间趋势和滞后阶数，0是指不包括相应的项；③Δ 表示一阶差分算子。

由表 4-7 的结果可以看出，农业经济发展 LAE 和农村金融发展 LF 序列均存在单位根，是非平稳序列，一阶差分后新序列都变为平稳序列。由此可知，序列 LAE 和 LF 均为一阶单整序列。

（二）　协整关系检验与误差修正模型

虽然两个时间序列 LAE 和 LF 是非平稳的，但是它们之间可能存在某种平稳的线性组合，这种线性组合反映了变量间的长期稳定关系，即协整关系。协整分析涉及的是一组变量，它们各自都是不平稳的，但它们一起漂移。协整的意义就在于它揭示了一种长期稳定的均衡关系。

常用的协整检验方法有 EG 二阶段分析法和 Johansen 协整检验法两种。EG 二阶段分析法主要适用于双变量的协整分析，而 Johansen 协整检验法是一种以 VAR 模型为基础的进行多变量协整检验的方法。本文采用 EG 二阶段分析法，其基本思路如下：具有同阶单整性的两个时间序列变量，若它们的线性组合是平稳的，则可以认为这两个变量之间存在协整关系。

由 ADF 单位根检验已知序列 LAE 与 LF 均为一阶单整序列，因此可以对这两个序列进行协整检验，即先运用最小二乘估计序列 LAE 与 LF 的长期线性均衡关系，得：

$$\widehat{LAE} = 2.505 + 0.716LF$$
$$(0.255)(0.048)$$
$$R^2 = 0.925, F = 222.103, DW = 0.450$$

$$(4-3)$$

再对残差 e_t 做单位根检验，得：

$$\hat{e}_t = 0.632e_{t-1} + 0.591\Delta e_{t-1}$$
$$(0.144) \quad (0.200)$$

$$(4-4)$$

t 值为 4.383，大于 1% 显著性水平的临界值 2.552，所以可以认为残差项不存在单位根，是平稳序列，也就是说序列 LAE 与 LF 之间具有协整关系。根据协整理论，我们发现河南农业经济发展与农村金融发展之间存在着长期稳定的关系，但这并不表明短期内不会暂时偏离均衡，协整只是意味着短期失衡不会长久持续下去。Granger 表述定理给出如下的结论：协整表明变量之间存在长期均衡关系，更进一步，其短期非均衡关系可以表示为误差修正模型（*ECM*）：

$$\Delta \widehat{LAE} = -0.137ECM_{t-1} + 0.888\Delta LAE_{t-1} + 0.032LF_{t-1}$$
$$(0.110) \qquad (0.175) \qquad (0.119)$$
$$ECM_{t-1} = -2.505 + LAE_{t-1} - 0.716LF_{t-1}$$
$$(1.56E-13)(5.50E-14)(3.95E-14)$$

$$(4-5)$$

式中：ΔLAE_t 代表河南农业经济发展的短期波动，ΔLF_t 为农村金融发展的短期波动，ECM_{t-1} 代表的则是农业经济发展与农村金融发展之间长期均衡的调整。

从反映河南农业经济发展与农业金融发展均衡关系的模型（4-3）可以看出，从长期看，农村金融发展对农业经济发展的弹性为 0.716，即农村金融发展每增长 1%，农业经济将增长 0.716%，表明农村金融发展对农业经济发展的拉动作用显著；而从误差修正模型（4-5）可以看出，ECM_{t-1} 系数为 -0.137，小于零，符合反馈修正机制，即河南农业经济发展的实际值与长期或均衡值的差距约有 14% 得到纠正或清除。从（4-5）式还可以看出，农村金融发展对河南农业经济发展的短期弹性为 0.032，短期弹性小于长期弹性，即短期的作用并不大。其原因可能在于农村金融发展的效果显现需要一定的时间过程。另一方面，农村金融发展对河南农业经济发展的长期影响比短期影响大得多，隐含的政策意义在于制定长远的农村金融发展战略而不是短期策略成为必然的政策选择。

（三）基于向量误差修正模型的 Granger 因果关系检验

Granger 首先提出因果关系的计量经济学定义：如果 Y 能用于估计另一个变量 X，就认为 Y 可以 Granger 引起 X。若变量 X 和 Y 均为平稳序列，则直接建立 VAR 模型来检验因果关系；若两者均非平稳但存在协整关系，则要使用向量误差修正 VEC（Vector Error Correction）模型来检验两者的因果关系；若两者均非平稳且不存在协整关系，则在差分的基础上建立 VAR 模型来检验两者的因果关系，但由于差分消除了变量长期意义上的信息，因此只可以检验短期的因果关系。

由以上协整检验的结果，我们发现河南农村金融发展与农业经济发展之间存在着长期稳定的均衡关系，因此本文利用 VEC 模型，从统计的意义上来确定两者之间的 Granger 因果关系。

根据 Engle 和 Granger 推导出的定理，如果包含在向量自回归（VAR）模型中的变量存在协整关系，则我们可以建立包括误差修正项在内的 VEC 模型，并根据 VEC 模型来判断变量之间的因果关系。

包含双变量的 VEC 模型的一般形式为：

$$\Delta LAE_t = c_1 + \sum_{i=1}^{p} \alpha_{2i} \Delta LF_{t-i} + \sum_{i=1}^{p} \beta_{2i} \Delta LAE_{t-i} + \gamma_1 ECM_{t-1} + \mu_{1i} \qquad (4-6)$$

$$\Delta LF_t = c_2 + \sum_{i=1}^{p} \alpha_{2i} \Delta LF_{t-i} + \sum_{i=1}^{p} \beta_{2i} \Delta LAE_{t-i} + \gamma_2 ECM_{t-1} + \mu_{2i} \qquad (4-7)$$

由于向量误差修正模型（VEC）的滞后期是无约束 VAR 模型一阶差分变量的滞后期，因此首先要确定 VAR 的结构。为了保持合理的自由度使模型参数具有较强的解释力，同时又消除误差项的自相关，先选择最大滞后阶数为 4，然后依次降阶来选择最优滞后阶；由于序列 LAE 与 LF 都具有显著的确定性趋势，故设定 VAR 带截距，基于 AIC 和 SC 最小的原则，选择滞后阶为 3；进一步验证 VAR 的残差，分别用 Q 统计量和 JB 统计量检验残差序列有无自相关和正态性，用 White 检验和 ARCH 统计量检验是否存在异方差。残差检验的结果表明，在 5% 置信水平上，两个残差序列服从独立的正态分布且不存在异方差，由此确定 VEC 的最优滞后期为 2。由 LAE 与 LF 构造的向量误差修正模型为：

$$\Delta \widehat{LAE} = 0.09 + 0.05\Delta LF_{t-1} - 0.31\Delta LF_{t-2} + 0.21\Delta LAE_{t-1} \\ - 0.11\Delta LAE_{t-2} - 0.03ECM_{t-1} \tag{4-8}$$

$$\Delta \widehat{LF} = 0.10 + 0.44\Delta LF_{t-1} - 0.01\Delta LF_{t-2} + 0.50\Delta LAE_{t-1} \\ - 0.26\Delta LAE_{t-2} - 0.62ECM_{t-1} \tag{4-9}$$

基于上述 VEC 估计结果，我们可以对河南农业经济发展与农村金融发展之间的因果关系进行判断：如果（4-6）式中拒绝 $H_0 : \gamma_1 = \alpha_{11} = \alpha_{12} = \cdots = \alpha_{1p} = 0$，即 ΔLF 所有滞后项和 ECM_{t-1} 的回归系数不同时为零，则农村金融发展是农业经济增长的 Granger 原因；同理，如果（4-7）式中拒绝 $H_0 : \gamma_2 = \beta_{11} = \beta_{12} = \cdots = \beta_{1p} = 0$，即 ΔLAE 所有滞后项和 ECM_{t-1} 的回归系数不同时为零，则农业经济发展是农村金融发展的 Granger 原因。本文运用 Wald 检验来检验联合假设：

$$H_0 : \gamma_1 = \alpha_{11} = \alpha_{12} = \cdots = \alpha_{1p} = 0, \gamma_2 = \beta_{11} = \beta_{12} = \cdots = \beta_{1p} = 0$$

对河南农村金融发展与农业经济发展关系的 Granger 因果检验，可得到如下结论（见表4-8）：

表4-8　Granger 因果检验结果

原假设	F 统计量	显著性水平	备注
LF 不是 LAE 的 Granger 原因	2.071	0.162	接受原假设
LAE 不是 LF 的 Granger 原因	4.267	0.038	拒绝原假设

就本文所选取的变量及样本期间而言，河南农村金融的发展不会引起农业经济发展的变化，而农业经济发展的变化却会引起农村金融的发展。

（四）脉冲响应函数分析

脉冲响应函数能够描述一个内生变量对来自另一内生变量的一个单位误差冲击所产生的响应，即随机误差项上一个标准差大小的信息冲击对内生变量的当期值和未来值所带来的影响，可提供系统受冲击所产生响应的正负方向、调整时滞、稳定过程等信息。因此本文进一步用脉冲响应函数来分析农业经济发展与农村金融发展的动态关系。图4-6和图4-7是基于 VEC 模型的脉冲响应函数曲线，横轴代表响应函数的追踪期，本文设为 10 年；纵轴代表内生变量对冲击的响应程度。

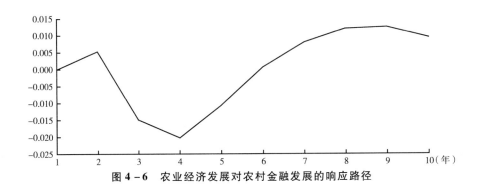

图 4 - 6　农业经济发展对农村金融发展的响应路径

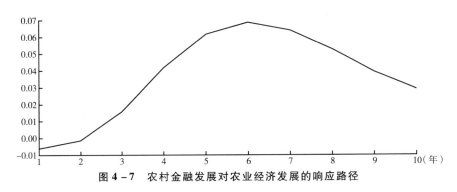

图 4 - 7　农村金融发展对农业经济发展的响应路径

　　首先，考察农业经济发展对农村金融发展的响应路径。从图 4 - 6 中可以看出，农业经济发展对农村金融发展的一个标准差扰动的响应，在前 6 年中处于一个波动的过程，一开始产生正向响应，并在第 2 年达到最大值，从第 3 年开始下降，大约在第 6 年为 0，并开始形成对农村金融发展的持续正向响应，而且此后呈现稳定正向响应的迹象。这说明，虽然短期内农业经济发展对农村金融发展的响应处于波动微调的时期且为负响应，但从长期来看，农村金融发展对农业经济发展的正向拉动影响时限更长，也更稳定。这一结论进一步支持了协整及 Granger 因果检验的实证结果，也说明农业经济发展与农村金融发展之间存在密切的长期关系。其经济意义在于再次强调了政府在制定农村金融发展政策上应采取长期政策而非短期政策，这样才能促进实际经济的产出。

　　其次，从图 4 - 7 可以看出，农村金融发展对农业经济发展的一个标准差扰动的响应，在前两年产生负向响应。然后转为正向响应。这就是说，农业经济的发展在短期内不利于农村金融发展，但随着时间的推移，农业经济发展将促进农村金融发展。其原因可能在于，在农业经济由传统方式向现代农业转型的过程中，传统种养殖业经营下的金融需求在减少，而新型现代农业经营方式下的金融需求还未被发现或者还没有成为农村金融机构关注的焦点，因此，农业经济在短期内对农村金融的作用不显著。同时，针对上节对河南省农村金融供给状况的分析可以发现，农村金融机构由于市场定位不明或者信贷方式创新的不足等原因，可能会对农业经济主体产生金融排斥，由此也会形成这种结果。

第五节　对中原经济区农村金融发展的总体性评价

通过上述分析，对中原经济区农村金融发展可以做出总体性评价：

农村金融需求呈现多元化、层次性的特点，同时特别要注意，随着工业化与城镇化、农业产业化与农民组织化程度的不断提高，农村金融需求将会呈现一些新的特征，需求层面上的各种变化都将成为农村金融改革与创新的着力点。

第一，以乡镇企业为代表的农村中小企业是农村金融需求的重要主体之一。

第二，农户的兼业化使得农户的金融需求呈现多元化特征。尤其是农户从事非农产业与自我发展机会的增加，将会带动农村地区大量小微企业的发展，这些小微企业将成为农村金融的又一重要需求主体。

第三，产业化发展与组织化程度提高所带来的农户市场地位的提高，将使得农户具有比传统农业条件下更强的承贷能力。

第四，农业产业化发展与农民组织化程度的提高将带来农村金融需求总量的大幅增加，同时单个农业经营主体的规模化生产也将带来金融需求的增加。

第五，农村金融需求多元化的特征也将进一步显现，这些需求包括农业产业化龙头企业的金融需求、农民专业合作社的金融需求、规模化经营的农户的金融需求以及小规模农户的金融需求等。

从农村金融的发展来看，纵向数据显示中原经济区农村金融供给呈现逐年增长态势，但无论是统计分析还是计量分析的结果均表明，农村金融改革与创新的空间仍然较大。农村金融供需缺口巨大、农村金融服务种类单一、农村金融机构的金融资产质量差、农村金融组织的结构不合理等问题是抑制中原经济区农村经济发展的主要问题，需要进一步加大改革与创新力度。

第五章
适应中原经济区发展的
农村金融体系动力源培育

第一节　农村金融发展推动中原经济区
发展方略一：机构多元化

如果说 2005 年人民银行"只贷不存"小额贷款机构的局部试点，叩响了农村金融市场的大门，那么从 2006 年 12 月 20 日以来，伴随银监会《关于调整放宽农村地区银行业金融机构准入政策更好支持社会主义新农村建设的若干意见》（银监发〔2006〕90 号）的下发以及随后 6 个相关指导性文件的颁布，使农村金融市场的大门进一步敞开。至 2007 年 10 月 13 日，银监会决定扩大调整放宽农村地区银行业金融机构准入政策试点范围，将试点省份从 6 个省（区）扩大到全部 31 个省（自治区、直辖市），中国农村金融市场开放的步伐已势不可当。上述一系列政策的实施，为农村金融市场引入了新型机构，同时原来封闭的、近乎垄断的农村金融市场环境也在发生着根本变化，"市场开放"这一制度背景特征将不可避免地成为进一步分析与探讨农村金融发展的重要关键词。2008 年 1 月 30 日，《中共中央国务院关于切实加强农业基础建设进一步促进农业发展农民增收的若干意见》正式公布。这是近五年来第 5 个关于"三农"问题的中央一号文件，也是改革开放以来第 10 个以"三农"问题为主题的中央一号文件。在其中关于加快农村金融体制改革和创新的部分中，"市场开放"这一关键词也得到了突出体现。农村金融的市场开放也如中国经济的市场开放一样，势如破竹般展开。在培育适应中原经济区发展的农村金融体系动力源的过程中，构建多元化农村金融机构体系无疑是重要的路径。

一　农村金融市场开放与中国经济整体开放的背景分析

改革开放是 20 世纪 80 年代初以来我国经济体制改革与发展的主题，与此进程一脉相承，金融市场化、金融机构多元化、金融服务多元化成为中国金融业发展的主题，该主题展现的实际上是开放的内涵。加入 WTO 以后，为履行承诺，中国金融市场对外开放的步伐加快。对外开放，需要以对内开放为基础和前提。追溯中国农村金融改革与发展的路径会发现，中国农村金融改革的方式与进程同中国整体经济体制改革是一脉相承的，虽然改革的步履蹒跚，但是渐进式的方式是一致的，市场逐步放开的原则更是一致的。

二　农村金融市场开放符合中国农村金融发展的内在要求

从农村金融发展的内在逻辑来看，在从 1979 年以来 30 多年农村金融的改革与创新过程中，农村金融的基本制度框架已经建立，围绕这一基本框架的改革，包括农业银行商业化路径的选择、农业发展银行职能的进一步定位，以及农村信用社产权模式、管理体制的改革等，已很难推动农村金融的进一步深化，就如经典经济学中的边际效用递减规律一样，农村金融的存量改革绩效也呈现递减态势。因此，通过开放市场引入新型机构成为深化改革的必然选择。而这也符合中国经济整体改革的制度逻辑。

因此，近年来中央的各项关于农村金融改革的政策，无不显示了市场开放这一导向，中国农村金融发展所面临的制度环境已经悄然发生变化。在 2004 ~ 2009 年中央一号文件中，多种所有制的社区金融机构、小额信贷组织、农户资金互助组织等原本属于非正规领域内的金融机构（活动）有了一定政策依据（见表 5 - 1）。而从 2006 年农村金融领域的实践来看，包括"只贷不存"小额信贷公司的成立与发展、邮政储蓄机构小额质押贷款业务试点、农户资金互助活动、社区基金活动的发展等，一批新型机构已经亮相农村金融市场。2006 年底，银监发〔2006〕90 号文件的发布，进一步调整和放宽了农村地区银行业金融机构的准入门槛，目标直接指向促进农村地区形成投资多元、种类多样、覆盖全面、治理灵活、服务高效的银行业金融服务体系，各种渠道的资本被明确鼓励进入农村金融市场，这从根本上打破了原有农村金融市场以国家投资为主①的资本构成，农村金融市场大门正式开放。2007 年 10 月，这一政策开始适用于全国所有省（自治区、直辖市）。由此，农村金融市场开放已走上"华山一条路"。

表 5 - 1　2004~2009 年中央一号文件中有关农村金融改革的条文释义

年度	要点	具体条文	笔者注
2004	改革和创新农村金融体制	鼓励有条件的地方，在严格监管、有效防范金融风险的前提下，通过吸引社会资本和外资，积极兴办直接为"三农"服务的多种所有制的金融组织	机构多元化、放开多元资本进入
2005	推进农村金融改革和创新	培育竞争性的农村金融市场，有关部门要抓紧制定农村新办多种所有制金融机构的准入条件和监管办法，在有效防范金融风险的前提下，尽快启动试点工作。有条件的地方，可以探索建立更加贴近农民和农村需要，由自然人或企业发起的小额信贷组织	竞争性市场构建、"只贷不存"小额信贷机构试点
2006	加快推进农村金融改革	在保证资本金充足、严格金融监管和建立合理有效的退出机制的前提下，鼓励在县域内设立多种所有制的社区金融机构，允许私有资本、外资等参股。大力培育由自然人、企业法人或社团法人发起的小额贷款组织，有关部门要抓紧制定管理办法。引导农户发展资金互助组织。规范民间借贷	落实到具体，从政策角度推动各种形式的非正规金融机构（活动）发展
2007	统筹推进农村其他改革	引导邮政储蓄等资金返还农村，大力发展农村小额贷款，在贫困地区先行开展发育农村多种所有制金融组织的试点	启动农村金融市场开放试点
2008	加快农村金融体制改革和创新	加快推进调整放宽农村地区银行业金融机构准入政策试点工作……邮政储蓄银行要通过多种方式积极扩大涉农业务范围。积极培育小额信贷组织，鼓励发展信用贷款和联保贷款	进一步加快市场准入试点，多种机构被引入农村金融市场
2009	增强农村金融服务能力	抓紧制定鼓励县域内银行业金融机构新吸收的存款主要用于当地发放贷款的实施办法……加快发展多种形式新型农村金融组织和以服务农村为主的地区性中小银行……大力发展小额信贷和微型金融服务，农村微小型金融组织可通过多种方式从金融机构融入资金……抓紧出台……农民专业合作社开展信用合作试点的具体办法	关注农村金融服务"三农"机制的构建，强调组织机构创新与业务创新等多方面政策

---

① 在原有的农村金融制度结构中，无论是代表商业性金融的中国农业银行，还是代表政策性金融的农业发展银行，其资本构成主要是国有资本。代表合作性金融的农村信用社虽然从名义上看是来自农户社员的合作性金融组织，但从其长期的发展与变迁过程不难看出其具有典型的"准国有"性质，大量的央行再贷款对其发展起到了至关重要的作用，国家资本是其存在的重要支撑。

据银监会相关资料，截至 2007 年 10 月，6 个试点省（区）共核准 23 家新型农村金融机构开业。其中，村镇银行 11 家，贷款公司 4 家，农村资金互助社 8 家。另外，还有 8 家机构已提出申请，其中 3 家已获筹建。三类新型机构共筹集各类资本 12726.65 万元。其中，银行资本 6480.21 万元，占比 50.9%；产业资本 1953.89 万元，占比 15.4%；个人资本 4292.55 万元，占比 33.7%。新型农村金融机构资产总额 32446.16 万元，存款余额 19344.87 万元，贷款余额 11953.48 万元，累计发放贷款 22008.43 万元，初步起到了将社会资金引向农村地区、支持当地社会经济发展的重要作用。

2008 年中央一号文件，把"加快推进调整放宽农村地区银行业金融机构准入政策试点工作"作为关于加快农村金融体制改革和创新内容的第一个要点提出，这也昭显了政策层面对于市场开放的肯定态度。同时，一些早已存在但在农村金融市场中未能发挥积极作用的机构，如邮政储蓄银行、小额信贷组织等如何在农村金融市场中发挥作用也被进一步明确。这也表明在市场开放背景下，政府向农村金融市场整合各类资源的导向十分明显。

三　市场开放的方式方法

确立了开放的方向，如何开放是下一个需要面对的问题。银监发〔2006〕90 号文件是目前农村金融市场开放的主要政策依据。根据该文件，各类资本进入农村金融市场的途径主要有以下两种：一是鼓励对现有农村金融机构进行改革与重组，二是可以设立村镇银行、农村资金互助组织和贷款公司等新型农村金融机构。

然而，从近两年来的实践看，相对于新型机构的蓬勃涌现，对现有农村金融机构的改革与重组，还没有引起足够重视。怎样将增量改革与存量改革结合起来，是亟待研究的问题。

（一）市场开放条件下存量机构的改革与创新有待深化

1. 存量改革不容忽视

新型农村金融机构的发展，打破了农村信用社在农村金融领域内近乎垄断的地位，无疑对于激活农村金融市场、完善农村金融体系和改进农村金融服务会产生积极影响，但是，新型机构的资本金与原有存量机构相比都较少，资金实力相对有限，其业务也主要着眼于较小额度的信贷服务，解决的主要是农村地区较低层次水平上的金融需求问题。而农村金融市场的需求包含了多个层次，有农业产业化发展之后的农业企业的资金需求，有兼业经营的农工商户，有较大规模的种养殖户，也有传统的农业经营者，还有部分需要政府补贴农业综合开发、扶贫等资金需求，针对不同的需求，需要不同的资金供给主体，单一的机构都难以从根本上解决农村金融的问题。因此，在推进新机构的增量改革的过程中，存量的改革也需要同步进行。尤其需要关注的是，在将来很长一段时期内，农村信用社作为农村金融供给主力军的地位不可能改变，农村信用社的进一步改革与创新关系着农村金融整体改革的成败。

2. "维护和保持县级联社的独立法人地位"的存量改革方略符合农村金融业发展的现实

2008 年中央一号文件，提出了存量改革的战略方针，特别强调了"维护和保持县级联社的独立法人地位"。笔者认为，这既符合农村信用社多年改革的制度逻辑，同时也是在市场开放条件下的必然选择。

第一，农村信用社的地方性金融机构性质已成为共识。2003 年开始推进的多种产权模式的改革和管理体制改革基本完成以后，完善治理结构和内部经营机制，成为进一步深化改革的现实选择。

第二，金融组织模式的变动不宜频繁进行。

第三，中国农村金融需求的分散性、小规模性，需要与之接近的小规模金融机构提供服务。因此，"维护和保持县级联社的独立法人地位"是市场选择的必然。

（二）现有新机构的设立机制本身仍需修正

至少有以下三个方面需要关注。

一是无论是村镇银行还是贷款公司，虽然其资本金的要求较低，但是其设立对现有境内银行业机构的参与过分依赖，其要求最大股东或唯一股东必须是银行业金融机构的条件无疑限制了村镇银行、贷款公司的投资者来源，仍然在一定程度上对市场形成了垄断。

二是新机构面临"本土化"问题。从已成立的村镇银行及贷款公司的发起人构成不难发现，他们几乎全部来自城市商业银行、城市信用社、农村信用社等地方性、区域性银行等金融机构，其运营和管理也基本由发起行负责。之所以如此，一个很大的原因是村镇银行和贷款公司成了这些机构地域扩展的方式。但是，跨地域发展必然面临"本土化"的问题，这一点对于为农村金融市场提供服务的机构尤其重要。多年农村金融的理论与实践表明，成功向农村人口提供金融服务，必须依靠广泛的人缘、地缘优势，依靠那些熟悉农村情况的人来选择合格的贷款客户，有效控制风险。因此，对于村镇银行、贷款公司等"异域来客"而言，如何实现机构的"本土化"十分重要。

三是草根金融正规化成本过高。贷款公司与资金互助社事实上都起源于非正规金融领域，是草根金融的正规化发展。草根金融长期存在于非正规金融领域内，形成了一套适应非正规金融的运行规律。与原有在非正规领域内低成本的运营不同，作为正规的金融机构，无论是村镇银行、贷款公司或者资金互助社，都要求一定的硬件、运营、技术支持与培训，成本都很高，因此有规模才能有效益。而脱胎于草根金融的贷款公司，尤其是资金互助社，其规模通常较小。从已成立的农村资金互助社来看，其资本金都在几十万元，少的甚至仅有十余万元。例如，青海的乐都县雨润镇兴乐农村资金互助社，截至2011年6月11日，其收支情况是：①利息收入34600元；②支出工资4.5万元、电话费1000元、水电费1500元、存款利息5000元、取暖费2000元、公杂费1万元、印刷费1.1万元、营业费2078元、网点安全防卫费9万元、出差费3000元、招待费3000元、租赁费3000元、提取贷款准备金4000元，合计18.0578万元，亏损14.5978万元。由此可以看出，如何在提供有效的金融服务的同时降低运营成本就成为一个难题。

因此，在2008年中央一号文件中，把"加快推进调整放宽农村地区银行业金融机构准入政策试点工作"提到了很重要的位置。当然在推进试点的过程中，更需要对市场开放的政策做出合理的修正。

四　市场开放下政府需要发挥弥补"市场失灵"的作用

市场开放，首先强调的是市场，强调培育市场，强调培育开放的市场。作为农村金融市场，由于其具有准公共物品性质，因此，"市场失灵"必然存在，政府在市场的培育与开放过程中必然要发挥积极的作用。这实际上强调的是，政府需要为市场的开放提供相应的配套措施与机制保障。

第一，要强化政策金融机制。政策性金融不仅仅是政策性信贷，还包括政策性保险、政策性担保机制等。中央一号文件指出："推进农村担保方式创新，扩大有效抵押品范围，探索建立政府支持、企业和银行多方参与的农村信贷担保机制。"

第二，要强化培育财政资金和信贷资金、政策性金融和商业金融形成合力的机制。比如通过"加快落实县域内银行业金融机构将一定比例新增存款投放当地的政策"，来实现财政与信贷的合力。"加强财税、货币政策的协调和支持，引导各类金融机构到农村开展业务"。2008 年中央一号文件特别强调了这一点。

第三，完善的监管手段和监管机制，保证监管的独立性和监管的有效性。尤其要"制定符合农村信贷业务特点的监管制度"。对于吸收公众存款的银行类机构应实行严格的审慎监管，但是对社区性的资金互助组织、利用自有资金发放贷款的"只贷不存"机构，则可以实施一种非审慎的监管。

第四，建立农业保险机制。之所以金融机构不愿意向农户提供贷款，根源就在于风险较高，要转移与分散其风险，就需要一整套保险机制的建立。

另外，包括存款保险制度的建立、良好金融生态环境的培育等都必不可少。

五 中原经济区农村金融机构多元化路径选择

（一）加快推动农村信用社产权管理体制改革

自 2006 年底银监会发布农村金融改革的新政以来，村镇银行等三类新型农村金融机构迅速成为各界关注的焦点。相比之下，关于农村信用社改革与发展的话题似乎逐渐淡出了人们的视野。然而实际上，在农村金融新政所构建的多元化农村金融市场框架下，如何进一步通过改革与创新促进农村信用社发展更加值得关注。因为即使新型农村金融机构的引入对于农村金融发展具有多重积极意义，然而不可否认的是，农村信用社作为农村金融"主力军"的地位将在相当长时间内是无法撼动的，其改革与发展将直接关系到农村金融整体发展。

2008 年 2 月，在银监会召开的全国农村中小金融机构监管会议上，银监会相关负责人对外正式表态，将对农村信用社产权和省联社管理体制进一步改革，农村信用社"二次改革"即将启动。2008 年 7 月，银监会分管农村金融的副主席赴浙江、宁夏等地调研时明确，农村信用社改革要坚持股份制的改革方向，产权改革和管理体制改革将成为下一步改革的核心和重点。至此，从政策视角而言，农村信用社"二次改革"的路径逐渐清晰，与 2003 年改革提出的三种产权模式不同，此次改革确定了农村信用社股份化的改革方向。那么，在此政策背景下，农村信用社做大做强、走出县域已经成为发展的必然趋势。

1. 股份制改革方向的明确必然推动农村信用社做大做强、走出县域，而做大做强后的农村信用社可能会与支农惠农的政策性目标进一步脱离，但这与构建多元化竞争性农村金融市场的逻辑并不矛盾

长期以来，农村信用社披着"合作金融"的外衣，但实际上大多数机构既不是单纯的合作制，也不是单纯的股份制，股权分散导致"实际上的所有者缺位"，同时，由于对发展目标的争论一直没有定论，致使其长期徘徊在"政策性"与"商业化"定位之间，而这些严重制约了农村信用社的改革与发展进程。在此次关于农村信用社"二次改革"的方案中，股份化改革路径的确定，无疑给农村信用社以明确的发展方向，在明确的发展方向指引下，必将有利于其市场主体地位的确定，这显然与长期以来我国围绕构建多元化竞争性农村金融市场的改革逻辑是一致的。当然，在农村信用社股份制改革之后，尤其在做大做强之后，政策性的支农惠农义务就难以兼顾，这就需要配套政策的支持。

2. 在股份制改革方向指引下，农村信用社做大做强乃至走出县域固然十分必要，但是，从城乡日趋一体化的金融市场而言，农村信用社在县域内对金融资源配置所占据的比较优势十分突出，县域金融仍是其发展的根基所在

从农村信用社自身成长来看，只要农村信用社本身存在这样的需求并且条件允许，做大做强甚至走出县域范围拓展业务都是必要的，因为作为独立市场主体而言，只要在符合金融监管的基本框架之下，如何选择自己的发展模式都是无可厚非的。然而，从目前乃至将来较长一段时间来看，绝大多数农村信用社并不具备与城市大型银行机构竞争的实力，反而只在县域内具有大机构不具有的人缘、地缘上的比较优势，因此，立足县域仍是其发展的根基所在。

3. 在明确了农村信用社股份化改革路径的前提下，着力于推动以下问题的解决

第一，农村信用社改革要达到什么目的？什么才算是农村信用社改革成功到位？基本的政策要点在于改变农村信用社的激励模式，硬化预算约束机制，逐步确立其市场主体地位，完善其治理结构。从农村信用社已有的改革与制度变迁来看，农村信用社的改革主要来自行政的激励，对改革的行政激励的原始来源就是政府在农村金融领域所负有的责任，但是对农村信用社简单的补贴政策（包括优惠的资金支持、对亏损的最终"埋单"等）却进一步强化了其面临的软预算约束机制，使得农村信用社难以成为独立的市场主体，并在农村金融市场上真正发挥作用。因此，需要探索的是如何建立对农村信用社的经济激励机制。其实，近年来的改革中已经对此有所体现，改革的经济激励已经初步显现，但是在各地区的表现却很不一致。在经济较发达

地区，能够观察到这种经济激励的作用。面对逐渐形成的竞争市场，农村信用社独立的市场主体地位已初步确立，在市场约束下，经营者的利益与机构利益达成一致，改革的积极性与成效都十分显著。而在欠发达地区，农村信用社的"准垄断"地位还没有根本改善，软预算约束问题还相当严重，构建有效的激励模式还有待进一步探索。

第二，股份制并不是万能的，产权制度的变革固然重要，但是如果依然像历次改革那样只是拘泥于形式与数量的调整、管理权利的再分配，则农村信用社的根本问题仍然很难解决。在股份制改革路径之下，机制的完善、治理结构作用的有效发挥应是关注的焦点。在完善农村信用社法人治理结构的同时，建立农村信用社的市场约束机制。

第三，做大做强并不意味着一定要做大法人。在整合农村信用社金融资源时，要避免组织制度变革中的"一刀切"现象。应充分考虑地区发展的差异性，以有利于农村金融市场竞争的强化和提高金融服务效率为优先目标，确实选择适应当地金融市场与机构长期发展的组织形式。

第四，此次改革无疑又是一次以政府推动为主的改革历程，虽然政府推动的强制性制度变迁有一定优势，但是就农村信用社长远可持续发展而言，利益导向下的能够激发农村信用社自身创新意识的诱致性制度变迁更有利于其长远发展，因此，在政府的改革框架之下，如何引导农村信用社自主创新意识，避免行政上的股权向上集中和机构合并，是改革在推进过程中不可忽视的问题。

第五，如何兼顾支农惠农的政策性目标，不应是农村信用社的问题，而应从政府在农村金融市场上的作用这一视角来设计相应的制度框架。作为独立市场主体的农村信用社，或者其他的金融机构，实现利润最大化才是其最终的目标，而引导资金进入弱质性的农业、农村地区，则是政府需要的，可以通过一系列配套措施，诸如在税收、法律等方面的制度安排来兼顾。

（二）积极引导新型农村金融机构组建

针对农村金融市场体系构建的增量改革，其政策重点在于促进农村其他金融机构和非正规金融的有序合理发展，实现金融机构的多元化，最大限度地满足农村的金融需求。

1. 村镇银行等三类新型农村金融机构的制度安排

2006 年 12 月 20 日，中国银行业监督管理委员会颁布《关于调整放宽农村地区银行业金融机构准入政策，更好支持社会主义新农村建设的若干意见》（银监发〔2006〕90号），由此确立了农村金融市场准入新政，也拉开了新型农村金融机构发展的帷幕。2007年1月20日，银监会进一步出台《村镇银行管理暂行规定》《贷款公司管理暂行规定》《农村资金互助社管理暂行规定》以及村镇银行、贷款公司、农村资金互助社组建审批工作指引，为新型农村金融机构的组建与发展奠定了制度基础。根据上述相关文件，村镇银行等机构的制度安排见表5-2。

表5-2 新设农村银行业金融机构相关规定

新设农村金融机构类型	所处地域	出资人	持股比例	最低注册资本（万元）
村镇银行	县市	境内外银行业金融机构	≥20%	300
	乡镇	单个自然人股东及关联方 单一非银行金融机构 单一非金融机构企业法人及其关联方	≤10%	100
农村资金互助社	乡镇	由乡（镇）、行政村农民和农村小企业自愿入股组成	单个农民或单个农村小企业的持股比例≤10%	30
	行政村			10
专营贷款的全资子公司	—	由境内商业银行和农村合作银行设立	—	50

村镇银行最低资本金要求，在县市范围内为300万元，乡镇为100万元。股权设置，最大股东或唯一股东必须是银行业金融机构；最大银行业金融机构股东持股比例不得低于村镇银行股本总额的20%；单个自然人股东及关联方持股比例不得超过村镇银行股本总额的10%；单一非银行金融机构或单一非金融机构企业法人及其关联方持股比例不得超过村镇银行股本总额的10%；任何单位或个人持有村镇银行股本总额5%以上的，应当事前报经银监分局或所在城市银监局审批，入股村镇银行股东的必备条件见表5-3。

2012年5月26日，银监会发布《关于鼓励和引导民间资本进入银行业的实施意见》，支持民营企业参与村镇银行发起设立或增资扩股，村镇银行主发起行的最低持股比例由20%降低为15%。

表 5 - 3　入股村镇银行股东必备条件

境内金融机构	境外金融机构	境内非金融机构企业法人	境内自然人
商业银行资本充足率均不低于8%，且主要审慎监管指标符合监管要求；其他金融机构主要合规和审慎监管指标符合监管要求	银行业金融机构资本充足率应达到其注册地银行业资本充足平均水平且不低于8%，非银行金融机构资本总额不低于加权风险资产总额的10%	在工商行政管理部门登记注册，具有法人资格	有完全民事行为能力
	最近1年年末总资产原则上不少于10亿美元	有良好的社会声誉、诚信记录和纳税记录	有良好的社会声誉和诚信记录
财务状况良好，最近2个会计年度连续赢利	财务稳健，资信良好，最近2个会计年度连续赢利	财务状况良好，入股前上一年度赢利	
入股资金来源真实合法	入股资金来源真实合法	年终分配后，净资产达到全部资产的10%以上	入股资金来源合法，不得以借贷资金入股，不得以他人委托资金入股
公司治理良好，内部控制健全有效	公司治理良好，内部控制健全有效	入股资金来源合法，不得以借贷资金入股，不得以他人委托资金入股	
银监会规定的其他审慎性条件	注册地国家（地区）金融机构监督管理制度完善	有较强的经营管理能力和资金实力	银监会规定的其他审慎性条件
	该项投资符合注册地国家（地区）法律、法规的规定以及监管要求	银监会规定的其他审慎性条件	
	注册地国家（地区）经济状况良好		
	银监会规定的其他审慎性条件		

注：境内金融机构出资设立或入股村镇银行须事先报经银行业监督管理机构及有关部门批准。拟入股的企业法人属于原企业改制的，原企业经营业绩及经营年限可以延续作为新企业的经营业绩和经营年限计算。

2. 小额贷款公司的制度安排

2008年5月4日，银监会发布《关于小额贷款公司试点的指导意见》（银监发〔2008〕23号），为农村小额信贷发展进一步"松绑"。之所以称为"进一步"，是因为关于小额贷款公司的相关试点工作早已开始。2005年5月，中国人民银行在川、黔、晋、陕、蒙五省区启动所谓"只贷不存"小额信贷机构试点，其后在试点地区相继成立了7家"只贷不存"小额贷款公司（见表5-4）。2006年12月，银监会启动农村金融改革新政，根据银监发〔2006〕90号文，小额贷款公司作为引入的三类新型农村金融机构之一，进入银监会试点框架。然而，在人民银行与银监会分别进行的试点中，虽然都称其为"小额贷款公司"，但从其设定的制度框架来看，却存在较大区别，同时由于人行的试点并未得到银监会的认可，因此实际上并未在金融监管部门获得合法金融身份。伴随《关于小额贷款公司试点的指导意见》出台，关于小额贷款公司的试点有了进一步规范的政策依据，这也是在对小额贷款公司发展艰难探索之后的全面"开闸"。

表5-4 中国人民银行"只贷不存"小额信贷试点成立的小额贷款公司情况

公司地点	公司名称	成立时间	注册资本	股东	平均年利率	单笔贷款规模限制
山西平遥	晋源泰	2005-12-27	1600万元	韩士恭等四人	20.05%	10万元①
	日升隆		1700万元	王治信等三人	16.398%	
四川广元	全力	2006-04-10	2000万元	赵琼等三人	17.51%	40万元
贵州铜川	华地②	2006-08-15	3000万元	益兴科技（60%）、贵州华地投资公司（40%）	—	60万元
陕西户县	信昌	2006-09-18	2000万元	陕西省榆林市信昌典当有限公司	18.6%	
	大洋汇鑫		2000万元	西安市含光物业总公司	18.6%	
内蒙古东胜	融丰	2006-10-12	5000万元	中国扶贫基金会（20%）和乔玉华、王林祥（各40%）	—	250万元

注：①针对自然人最高10万元，要求5万元以下农户贷款比例不能少于70%。
②除贵州华地是股份公司外，其他都为有限责任公司。

伴随银监会《关于小额贷款公司试点的指导意见》发布，各省份对于小额贷款公司试点参与的热情也在高涨。其中，浙江省作为我国经济较发达且民间金融十分活跃的省份最为突出。2008年7月15日，浙江省政府办公厅发布《关于开展小额贷款公司试点工作的实施意见》，其后浙江省工商局发布《浙江省小额贷款公司试点登记管理暂行办法》，这是全国首部小额贷款公司登记管理办法。该办法明确规定，小额贷款公司是指在浙江省境内依法设立的不吸收公众存款、经营小额贷款业务的内资有限责任公司或内资股份有限公司。该办法首次通过制度的形式正式承认了民间贷款机构的合法地位，详细规定了申请成立小额贷款公司所需要具备的各项要件，同时明确了工商部门规范小额贷款公司经营行为的各项职能。首批试点将在每个县（市、区）设立 1 家小额贷款公司；列入省级综合配套改革试点的杭州市、温州市、台州市、嘉兴市各增加 5 家名额，义乌市增加 1 家名额。有关试点工作从 2008 年 7 月开始，8 月对上报材料进行初审，9～10 月小额贷款公司经审核、依法登记注册后，即可以正式开展小额贷款业务。在这之后，各省份纷纷出台相应的管理办法。

3. 化解新型机构发展中的困境，推动新型机构组建与发展

一是建立良好的金融生态环境，为村镇银行等新型金融机构发展奠定坚实的基础。新型金融机构内外的运行环境对其发展起着非常重要的作用，例如，为村镇银行搭建友好的支付结算平台，为小额贷款公司提供信贷征信查询服务等。同时，由于金融市场的迅速发展，国家隐性担保已不足以支撑农村金融体系的风险，因此，建立存款保险制度、农业保险机制是必要的，而政府应该为商业保险机构、村镇银行、农户和中小企业提供交流平台，发挥协调和适度控制作用。

二是降低门槛，扩大融资渠道。对于村镇银行的发展而言，银监会虽然对主发起人的持股比例已经做出调整，由最初最低持股 20% 下降至 15%，但是对于"只有现有银行机构作为主发起人"的限制，客观上就把其他非银行金融机构、企业法人机构等排斥在外，造成事实上村镇银行在发起阶段就面临较高的门槛。当然，这样的制度安排是考虑到风险的可控性，但是也造成了主发起人不足的问题。如果有良好的政策和监管措施配套实施，现阶段即使不能对一般企业法人放开，可以考虑赋予其他有条件的非银行金融机构，如信托公司等作为主发起人的资格。同时，鉴于村镇银行缺乏社会认同，吸储能力较弱，政策上要有所倾斜，比如通过市场机制从邮储银行等机构拆借，并鼓励村镇银行通过发行债券、票据等渠道进行融资。而对于小额贷款公司而言，同样面临着扩大融资渠道的问题，现行政策允许小额贷款公司可以向不超过两个债权人介入不超过其资本金 50% 的资金，但是这也远远满足不了需要。

三是监管部门和政府扶持发展，引导建立严密的风险防控机制。监管部门和地方政府要综合运用财税杠杆和货币政策工具，定向实行税收减免和费用补贴，引导村镇银行和小额贷款公司延伸和发展针对农村和农户的金融服务。

四是推动村镇银行等新型金融机构产品及服务的创新。对于县域内的客户，如果没有创新，新型金融机构很难在这个不属于传统信贷市场的领域内获得发展。因此，政府要积极引导和推动新型农村金融机构加大创新力度，如加强与政府以及农民双边的联系，主动了解当地农业的发展情况，区分不同的客户对象，并据此研发对应的金融产品。

（三）引导包括邮储银行等在内的其他金融机构建立小额信贷机构

农村金融机构多元化、市场化改革的路径既是中国整体经济、金融改革的逻辑必然，同时从市场角度来看，也是市场发展的结果。随着中国传统信贷市场逐渐饱和，以小客户为主要需求主体的小额信贷市场逐渐成为各类机构关注的业务重点之一，小额信贷市场是中国信贷市场的"蓝海"（何广文等，2011）。

1. 小额信贷市场是中国信贷市场的"蓝海"

评价一个市场是否是"蓝海"，一是要看其需求空间是否巨大；二是看这个市场是否需要创新性地进入。

（1）小额信贷需求主体来源广泛，群体巨大。小额信贷需求主体，既包括农户、农村中小企业、微型企业，也包括城市领域的中小企业、微型企业、城市下岗失业再就业人员等。一是中国有 2.49 亿农户，不到 50% 的城市化率，本身就是一个巨大的市场；二是城镇登记失业人口较多，国有企业、集体企业改革过程中产生了下岗失业人员，高校毕业生等待就业的群体数量越来越大；三是中小企业数已达到 4000 万户以上（国家发展改革委中小企业司，2008），并且，中小企业特别是小企业群体，是一个迅速发展的群体。

（2）小额信贷市场供给不足，满足率较低。一是中小金融机构，例如农村信用社及其转型的农村商业银行、农村合作银行、城市商业银行等，虽然具有机构布局上开展小额信贷的优势，但是资金实力有限，小额信贷市场的覆盖率较低；二是小额信贷市场是一个被主流金融排斥的市场，大型商业银行一般着眼于大项目、大客户，排斥小项目、小客户；三是在贷款操作方式上，很多大型商业银行片面追求抵押，不适应小额信贷客户的需求，还有贷款额度大额化、业务模式工商化，在客户选择的时候，排斥农村、排斥农户、排斥小客户；四是大型商业银行机构布局不利于满足小额信贷近距离服务的要求，大型商业银行机构一般萎缩在城市，存在机构设置上的城市化倾向，与农户、农村中小企业、微型企业距离较远，难以提供服务。

（3）在农户贷款覆盖面窄、农村资金总量供给不足的情况下，农村资金却严重外流。在较多的传统农区、欠发达地区县域，金融机构存差较大，有不少传统农区县域，全辖金融机构存贷比仅 30%～40%，金融机构从农村抽走资金的现象仍然较为严重。金融机构资金充裕而在农村贷不出去。

（4）传统信贷模式难以向小额信贷的需求主体提供有效服务，大型商业银行需要创新性地进入。

2. 大型机构建立小额信贷机构的路径

（1）组建微小信贷专业部门，或者是逐渐实现客户群体的下移。一是农业发展银行的小企业贷款模式。在 2005 年银监会《银行开展小企业贷款业务指导意见》（银监发〔2005〕54 号）出台以后，农业发展银行于 2006 年出台了《中国农业发展银行农业小企业贷款试点办法》，并从 2007 年 4 月开始，农业发展银行陆续开展了农业小企业贷款业务，对农业和农村经济发展影响比较大，具有广泛代表性的农、林、牧、副、渔业从事种植、养殖、加工和流通的小企业及种植养殖加工一体化的农业小企业提供了贷款服务。2010 年末，农业小企业贷款余额达到 85.89 亿元。二是农业银行的"三农"金融事业部模式。为有效服务农户、农村小企业，从 2007 年开始，农行开始在全国 8 个省市进行服务"三农"试点，2008 年推行"三农"金融事业部制改革试点，2009 年 5 月底，中国农业银行还正式下发《农户小额贷款管理办法（试行）》，从农户需求特点出发，设计了与农户贷款需求特点相适应的制度安排，降低贷款成本，最大限度地简化各种手续，规范办贷流程，提高办贷效率，并将单一农户授信额度界定为 3000 元～5 万元，大大提高了农业银行农户小额贷款的可获得性，并构建了"网点＋ATM＋'三农'金融服务站＋电子银行"模式，建立了多层次、广覆盖的金融服务渠道体系。三是邮政储蓄银行的北京大兴模式。2009 年，中国邮政储蓄银行北京分行大兴区成立了"三农"信贷专营机构，支持区内龙头企业种植、养殖等产业链发展以及涉农重点建设项目。通过采取主动上门宣传、调查，集中上报、集中审批、集中放款的方式，大大缩短了贷款审批时限，小额信用贷款采取"三户联保、合作社担保和村镇干部增信保证"的创新组合模式，在有效控制贷款风险的同时，极大地解决了农民贷款抵押担保难的问题。

（2）投资兴办村镇银行、贷款公司，由村镇银行、贷款公司去发放小额贷款，或者去投资参股、兼并、收购欠发达地区的农村金融机构。如农业银行投资村镇银行，强化"三农"金融服务。2008～2010 年，中国农业银行先后成立了湖北汉川农银村镇银行、内蒙古克什克腾农银村镇银行、陕西延安安塞农银村镇银行、安徽绩溪农银村镇银行。

（3）构建向小额信贷机构提供批发贷款的机制。虽然在中国还没有专业的批发机构存在，但在中国小额信贷的实践中，类似的机构事实上已经存在，最具代表性的机构如国家开发银行、农业银行等，正积极地涉足小额信贷行业的各个方面。

（4）对小型金融机构提供能力建设支持，特别是 IT 技术、完善治理结构、财务辅导和业务培训等支持，增强它们提供小额贷款的能力。

第二节　农村金融发展推动中原经济区发展方略二：金融本土化

一　金融本土化的理论逻辑[①]

（一）农村金融发展理论演变

促进农村金融发展，进而推动中原经济区发展，不仅需要构建机构，更需要有服务于农村地区广大农户与农村中小企业的服务机制。传统农业融资理论认为，农村居民，特别是贫困阶层没有储蓄能力，农村面临的是资金不足问题，同时由于农业的产业特性（收入的不确定性、投资的长期性、低收益性等），它也难以成为以利润为目标的商业银行的融资对象。因此，为增加农业生产和缓解农村贫困，有必要从农村外部注入政策性资金，并建立非营利性的专门金融机构来进行资金分配（张元红等，2002）。然而，国内外的实践和大量的研究表明，以政府贴息方式向农村人口提供金融服务的政策并不成功，其成本昂贵且在农户这一层面的效果甚微。而且，这种政策最终使得利率补贴的利益主要由富人攫取，而穷人很难从中受益（Adams，1984；Jacob Yaron，1992、2003）。因此，政府补贴信贷被认为是解决农村发展资金约束问题的一次不太理想的尝试（Gilberto M. Lanto & Ryu Fukui，2003）。

随着各国经济向市场经济体制转轨的发生，20 世纪 80 年代以来，农村

---

① 李莉莉：《正规金融机构小额信贷运行机制及其绩效评价》，中国农业大学博士学位论文，2005。

金融市场理论逐渐占据了主导地位。该理论重视市场机制的作用，认为农村居民以及贫困阶层是有储蓄能力的，没有必要由外部向农村注入资金，低利率不仅妨碍人们向金融机构存款，抑制了金融发展，而且农村金融机构资金的高度依赖政府是导致其贷款回收率低的重要原因（张元红等，2002）。根据农村金融市场理论，对农村金融进行市场化改革成为农村金融发展的关键，减少贴息贷款的发放和加强对贴息贷款的管理，在农村金融领域实行市场化的利率，改革现有高度依赖政府的农村金融机构，引入诸如小额信贷产品等金融与制度的创新等，其政策影响广泛而深远。

但是进入 20 世纪 90 年代，前东欧国家经济转制中出现了许多问题，拉美与东南亚金融危机频发，这些都昭示了市场机制并非万能，而在培育有效率的市场的过程中，仍需要一些社会性的、非市场的要素去支持它。斯蒂格利茨的不完全竞争市场理论为这种认识提供了一定的理论支持。尤其在农村金融领域，农业的产业弱质性及其正的外部性更加显著，农村金融市场的"不完全竞争特性"尤其突出。斯蒂格利茨的理论框架为：农村金融市场不是一个完全竞争的市场，尤其是放款一方（金融机构）对于借款人的情况根本无法充分掌握（不完全信息），如果完全依靠市场机制就无法培育出一个社会所需要的金融市场（Stiglitz/Weiss，1981；Stiglitz，1989；张元红等，2002）。因此，政府应当在农村金融市场中承担一定的作用。需要指出的是，不完全竞争市场理论给我们的启示不是完全不需要政府的干预，而是思考政府应该采取何种方式干预以更好地促进农村金融市场的发展。

（二）农村金融服务机制的创新——金融本土化

随着农村金融发展理论的演进，中国农村金融的实践也在不断向前发展，构建商业化可持续发展的农村金融市场的理论共识早已达成，机构多元化的步伐也从 2005 年以来不断迈进，但是在机构建立的同时，我们不得不反思的是，服务于农村客户的信贷服务机制并没有根本建立。事实上，世界银行专家雅荣等（2002）早已提出，如果将以传统农业融资理论为基础的农村金融发展思路叫做"旧的方法"的话，那么，我们将需要在对农村金融理论与实践进行反思和充分研究农村信贷市场特点的基础上，对农村金融发展的目标、信用工具和机构重新考虑和审视，引入"新的方法"（见表5-5）。

基于"旧的方法"的种种不足：① 政府过多介入。政府对农村金融市场的过多介入主要体现在，一方面将农村金融的供给责任简单地赋予正规金

表 5 - 5　农村金融新、旧方法的特征对比

对此内容	旧方法	新方法
主要目标	经济增长和提高收入(通常是通过优惠贷款支持现代技术的方式来实现) 消除贫困	经济增长和提高收入 消除贫困
前提条件	经济的加速发展需要对商品和金融市场进行控制(如限制食品价格和利率) 小农和农村企业付不起商业利息 小农和农村企业不储蓄 取得优惠贷款是经济增长和消除贫困的必要条件	经济的加速发展要求完全竞争的商品和金融市场(如通过灵活的价格) 小农和农村企业能够支付商业或市场利息 小农和农村企业能够并愿意储蓄 使用无补贴的金融服务是经济增长和消除贫困的必要条件
政府的作用	直接干预和控制农业和农业信贷	创造一个合理的政策环境,使政府对农业及农业信贷的直接干预和控制最小化
政府干预机制	实行偏向城市发展的政策,比如高估汇率、控制农产品价格、保护以农产品为投入的工业、限制民间非正式金融发展等	引进和实行维护农村金融市场发展的政策,比如通过市场决定汇率、取消金融管制、鼓励竞争等
对农村金融的 直接干预	实行存、贷利率的法定上限 建立国有的农村金融机构,正规的农村金融服务主要由这些机构来承担 主要为农业进行融资服务 主要提供农业贷款,缺乏多种金融服务方式 国有农村金融机构享有特殊利益和优惠资金;对农村金融机构的客户提供贴息贷款 为农村金融机构弥补贷款损失及经营亏损 支持管理比较差的作物保险和信贷担保项目	取消利率限制;鼓励市场决定利率 通过多种金融机构提供金融服务 为所有的农村企业提供金融服务 通过提供支付正利率的储蓄工具,鼓励农民储蓄 重组国有农村金融机构,完善其管理制度以扩大客户群;关闭经营不善及无法挽救的机构 积极支持创新:为符合监管要求、能够提供有效金融服务的新机构或现有的信用社、非政府组织和其他农村金融机构提供帮助 支持机构建设:帮助培训员工,开发管理信息系统,调查研究和信息交流等 对农村金融机构提供有限的补贴,减少并逐渐取消这类补助 引入充分定价的和良好管理的作物保险项目及信贷担保项目

　　资料来源:参见〔以〕雅荣等《农村金融问题、设计和最佳做法》,中国农村金融研讨会阅读材料,2002 年 9 月 18~19 日。

融机构身上,并且通过对正规金融机构的控制实施一系列多变的信贷政策;另一方面实行强制的低利率政策,压制非正式金融的发展。② 由于政府对

金融机构过多的控制，使得金融机构面临预算软约束，金融机构内部交易成本居高不下，经营中缺乏制度创新与技术创新的意识，缺乏向农户提供有效金融服务的激励。③ 低利率造成金融机构难以可持续经营，同时由低利率所引起的信用需求过剩会导致正式或非正式的信用定量配给制。因为个人关系、回报政府的能力、有力的保障等，定量配给制更有利于大的、富有的借款者，而对小的、贫穷的借款者不利。这与政府采取低利率的目标是背离的。④ 贷款偿还不容乐观。"新的方法"着眼于以构建商业化可持续发展的农村金融体系，向借款人提供及时、可靠、方便的金融服务以及为广泛的经济活动提供融资为根本的目标。

中国的农村金融体系还具有明显的传统农业信贷模式的许多特点，这是中国农村金融发展实践中面临诸多困境的根源性问题，农村金融发展"新的方法"给了我们许多值得深思的启示。德布拉吉·瑞（2002）认为，鉴于农村信贷市场的一些特点（如信息约束、分割、互联性交易等），可以从两方面均衡农村金融的供给与需求。其一，一个明显的结论是在向小型借贷人的放贷和回收贷款方面，非正式放贷人比正式放贷机构要更为有效一些，因此可以通过向非正式放贷人增加正式信贷的方法向农村人口提供金融服务；其二，是以创新性方式在微观层面上设计信贷组织从而充分利用当地的信息。这里，起源于孟加拉的小额信贷给我们提供了一个可资借鉴的成功范例。

小额信贷利用其特有的制度安排——核心的理念就是金融的本土化，可以解决信贷决策、低成本监督信贷偿还能力、促进储蓄增长及此过程中的信息不对称问题。中国始于 2002 年在全国农村信用社领域内全面开展的农户小额信用贷款和农户联保贷款就充分利用了这一机制。

什么是金融本土化？它反映的是金融供给方式上的创新。传统的信贷供给方式更强调依赖借款人的财务报表、资产抵押等"硬信息"来做出信贷决策，信息搜集的成本往往由借款人承担，金融机构（金融供给者）的工作则主要集中在对借款者提供的硬信息的甄别与分析上。但是，要为那些没有完善财务报表、缺乏传统抵押物的客户提供金融服务，传统的方式显然不适应。那么，如何解决金融机构与借款人之间的信息不对称呢？事实上，建立在血缘、地缘关系基础上的金融合作，比如把分支机构直接建到社区，或是建立以社区为基础、接近客户、贴近需求的微小型金融组织，或者在信贷决策时引入社区居民的参与，甚至实现社区居民的自我管理等方式，更容易克服大型商业银行在与农户的信贷博弈中所面临的因信息不对称而带来的道德风险，这种将金融机构或者金融服务机制根植于当地社区的经营理念，就是金融本土化的核心思想。

二　金融本土化的路径

（一）金融本土化的经验：来自小额信贷的启发①

小额信贷（Microfinance），也被译为微型金融，最初被认为是一种有效的扶贫方式，作为一种扶贫的制度安排被人们所认识。随着它的发展，小额信贷所包含的金融功能发挥了越来越重要的作用。现在一般在理解小额信贷的内涵时，更强调它是一种制度创新、一种业务创新，是向被正规金融体系排除在外的小型企业、微小企业、个体工商户、农户等中低收入阶层提供信贷服务的制度安排、信贷技术及相应的信贷产品。

从小额信贷最初的设计来看，作为对传统非正规信贷方式改造和发展的结果，小额信贷运行机制可以表述为：通过利用社会担保和连带责任，以及客户自愿结合而成的信贷小组，使小额信贷自动瞄准贫困人口，保证还款和贷款的透明度，筛选不良的贷款户，增强还款动力（郭沛，1999）。小额信贷的特点就体现在它通过独特的运行机制——通过强化金融机构与借款者之间的金融合作，或者金融机构利用借款者之间的金融合作（这实际上就是金融本土化的过程），较好地解决了信贷过程中的逆向选择和道德风险，并且有效地减少了赖账的发生。从经典的孟加拉乡村银行（GB）小额信贷模式来看，金融本土化的实施主要通过小额信贷在以下两种运行机制中体现：一是小组贷款方式，通过小组成员的自我筛选以及小组成员的相互监督，来解决信贷过程中的逆向选择和道德风险问题；二是"检验性贷款"和后续放款承诺，以小额度放款为起点，金融机构对借款人提供后续放款承诺，形成贷款中的动态激励。

1. 小组贷款（Group Lending）

即由目标群体自愿组成一个小组，向小组发放贷款，小组中的成员要对其他成员的违约承担一定的担保责任。在 GB 模式中，借款者通常结合成 5 人小组。贷款首先发放给其中 2 人，然后再发放给另外 2 人，

---

① 李莉莉：《正规金融机构小额信贷运行机制及其绩效评价》，中国农业大学博士学位论文，2005。

最后是第 5 人。如果有人违约，那么小组中的所有人都不能再获得贷款。

小组贷款在解决逆向选择和道德风险问题方面的有效作用主要是通过如下机制实现的。首先，在小组贷款中，出于对预期收益和损失的考虑，博弈的结果是同样类型的借款者会集聚在一起，并且贷款合约可以实现一种歧视性的价格（利率），这样可以有效地解决逆向选择问题（Ghatak，1999）；其次，在小组贷款下，同一小组中的同伴监督可以约束个人从事风险性大的项目，从而有助于解决道德风险问题（Besley & Stephen，1995；Stiglitz，1990）。为了详细地描述上述小组贷款发生作用的机制，可以以下面的模型加以说明①。

假设将信贷市场上的借款者分为两种类型：安全型和风险型，两者都以获得的贷款从事一定的项目。对于安全型借款者而言，其项目成功的概率与成功后的收益分别为 p_s 和 R_s；对于风险型借款者而言，其项目成功的概率与成功后的收益分别为 p_r 和 R_r。在此，$p_s > p_r$，$R_s < R_r$。为简单起见，假设两种项目的期望收益相同，即 $\bar{R} \equiv p_s R_s = p_r R_r$。另外，在不从事这种项目时，两种人都可以获得固定工资收入 m。

通常情况下，对于银行来说，虽然知道信贷市场上存在上述两种类型的借款者，但是由于难以分辨申请贷款者的类型，因此只能制定统一的利率，在统一的贷款价格下，导致的结果就是会出现类似于在旧车市场上的"柠檬效应"（乔治·阿克洛夫，1970）。这一效应可以从下面的分析中看到。

接着上述对借款者的假设。在此对银行来说，假设当借款者项目成功时，银行正常收回的贷款收益相等，为 R_b，再设 $\bar{p}$ 为两种类型借款者项目成功的平均概率，ρ 为银行贷款成本，那么，银行为了使收支平衡，须使 $R_b \bar{p} = \rho$。

显然，由于 $\bar{R} - R_b p_s < \bar{R} - R_b p_r$，安全借款者的期望收益要比风险借款者低。为此，当 $\bar{R} - R_b p_s < m$ 时，安全借款者的期望收益甚至比不从事项目的工资收入还低，将退出借款市场。最终，市场将均衡在 $R_b p_r = \rho$，即只有风险借款者留下来。这是一个典型的逆向选择过程。

在此，如果通过小组贷款，却可以解决这一问题。

---

① 胡金炎、张乐：《非正规金融与小额信贷：一个理论述评》，《金融研究》2004 年第 7 期。

假设有一个由两个人组成的贷款小组，两人独立从事项目活动，如果失败，支付为 0，如果成功，将要支付利息 R^*，并且，一方要为另一方的失败承担担保责任 c^*。

当一个安全借款者与一个风险借款者结成小组时，安全借款者的期望收益为：

$$\overline{R} - p_s[R^* + (1 - p_r)c^*]$$

当两个安全借款者结成小组时，每个安全借款者的期望收益为：

$$\overline{R} - p_s[R^* + (1 - p_s)c^*]$$

由 $p_r < p_s$ 推出 $\overline{R} - p_s[R^* + (1 - p_r)c^*] < \overline{R} - p_s[R^* + (1 - p_s)c^*]$，即安全借款者与风险借款者结成小组时，安全借款者的期望收益小于两个安全借款者结成小组时的期望收益，因此，安全借款者是不愿意与风险借款者结成小组的。

这样，最终的贷款小组一定是同质的，即只有相同类型的借款者才会组织在一起。

同时，在贷款小组同质时，事实上的价格歧视可以实现。

安全小组的期望收益是：

$$\overline{R} - p_s[R^* + (1 - p_s)c^*]$$

风险小组的期望收益是：

$$\overline{R} - p_r[R^* + (1 - p_r)c^*]$$

只要 R^* 和 c^* 的取值合适，安全团体的期望收益就可以提高。这种政策可以使正规金融机构由于无法充分了解借款人信息而导致的逆向选择问题得到解决。同时，由于借款者所组成的小组是同质的，银行可以节省对借款者逐个审查所需要的成本，节省了交易费用。

并且，在正规金融的信贷中，银行由于无法完全控制借款者行为而面临着道德风险问题，小组贷款同时也有利于道德风险问题的解决。

再假设个人效用函数为 $U(x)$，从事安全项目和风险项目的预期效用分别是 $p_s U(R_s - r)$ 和 $p_r U(R_r - r)$。如果所有的人都从事安全项目，银行利率将是 $r = \rho/p_s$；同样，如果所有的人都从事风险项目，银行的利率将

是 $r = \rho/p_r$。

如果银行认为所有的人都从事安全项目，将利率定在 $r = \rho/p_s$，那么个人就会有从事风险项目的激励。因为，从事安全项目的期望效用是 $E[U_{ss}] = p_s U(R_s - \rho/p_s)$，而从事风险项目的期望效用是 $E[U_{sr}] = p_r U(R_r - \rho/p_s)$，这里，$E[U_{ss}] < E[U_{sr}]$。

但在同质的小组贷款中，这个问题可以解决。

由于双方博弈的结果，贷款小组只可能同时从事安全或风险项目。

从事安全项目的期望收益是：

$$p_s^2 U(R_s - R^*) + p_s(1 - p_s)U(R_s - R^* - c^*)$$

从事风险项目的期望收益是：

$$p_r^2 U(R_r - R^*) + p_r(1 - p_r)U(R_r - R^* - c^*)$$

只要设定足够的联合偿付责任 c^*，就可以使小组只从事安全项目。

2. "检验性贷款" 和后续放款承诺

"检验性贷款" 是指在放款的过程中，从提供小额度贷款开始，在及时归还小规模贷款的前提下，才开始发放数额较大的贷款。如果小额度贷款不能及时偿还，进一步的信用渠道就将被切断。这种小额度贷款可以被看作用来直接测试借贷人内在诚实性的方式，而测试性贷款的存在可以作为借贷人还贷的激励。同时，"检验性贷款" 是与后续放款承诺相联系的，在通过"检验"之后，可以进一步建立更大规模的信用关系。这种逐步增加贷款额度的连续放款方式可以形成贷款中的动态激励机制，当借款者预料在未来可以获得贷款甚至更大规模贷款时，将会增加其还贷的激励。在小额信贷实践中，相对于传统贷款方式而言，小额信贷的还贷率较高，其中上述机制发挥了重要的作用。

为了说明未来贷款可得性的预期对于本期贷款偿还的影响，我们借鉴德布拉吉·瑞（2002）分析赖账与信贷配给的一个模型，分析连续贷款对于贷款偿还的激励作用。在此，一个基本的论点是：一个借贷者在考虑是否要在当前期赖账时，他将会对未来收益及损失的价值进行估计。

我们假设有一个借款者，他可能会有意赖账，这也就意味着不再对其放款，但是他总可以寻找第二个最优的替代贷款来源，而且从下一期开始可以保证获得利润 A。

假设在每一期，借贷者想象未来 N 期的情况，并将他现在的决定对未来 N 期收益和损失的影响考虑在内。假设 $f(L)$ 表示每笔大小为 L 的贷款所带来的产出价值，并且当 L 上升时，$f(L)$ 的值也增加。

对于利率 i 和某个贷款规模 L，当且仅当

$$f(L) - L(1 + i) \geq A \qquad (5-1)$$

时，借款者会贷款。事实上，这也代表了对放贷人利率选择的约束，将 (5-1) 式称为参与约束。

那么，如果借款者没有选择赖账，则他从整个未来计算的时间范围 N 期中的收益为：

$$N[f(L) - L(1 + i)] \qquad (5-2)$$

如果借款者选择赖账，则 N 期总收益为[①]：

$$f(L) + (N-1)A \qquad (5-3)$$

为了使赖账不会发生，则 (5-2) 式的值必须大于 (5-3) 式的值，即：

$$N[f(L) - L(1 + i)] \geq f(L) + (N-1)A$$

将上述表达式变换一下，可以看到

$$f(L) - [N/(N-1)]L(1 + i) \geq A \qquad (5-4)$$

在此，(5-4) 式与 (5-1) 式的参与约束十分类似，只有 $N/(N-1)$ 一项不同，它乘以了成本直线。由于 $N/(N-1) \geq 1$，(5-4) 式比 (5-1) 式的约束更强。

再考察 N 的值，当 N 越小时，赖账发生的可能性就越大（极端的情况是当 $N-1$ 时，这时借贷者根本不考虑他当前行为的未来后果，借贷者将总会赖账）；当 N 越大时，赖账发生的可能性就越小。连续放款的机制就是在使得 N 的值不断延长，形成还款激励。

这里需要指出的是，动态激励机制发挥作用的程度与所在地区人口的流动性有关系。在人口流动性较小的地区，这种机制的作用发挥得较好，人口

---

① 因为当前期选择了赖账，则在当期 $L(1 + i)$ 不用归还，所以当期将获得 $f(L)$，其后每期只能获得 A。

流动性较小，意味着贷款者不太可能在有不良的信用记录的情况之下一走了之（Besley，1995）。

从国际经典小额信贷的原理来看，金融本土化的实践离不开制度与业务的创新，金融本土化实施的过程就是不同经济主体金融合作的过程，金融机构要充分利用或者参与这种合作机制，才能真正实现为农户、农村中小企业提供有效的金融服务。

（二）促进中原经济区农村金融本土化发展的路径思考

如何实现金融本土化发展，对于推动农村金融发展具有重要意义。具体而言，要实现中原经济区农村金融本土化发展，主要的思路有两个。

1. 推动本土化金融机构快速发展

从理论上而言，只有本土化的机构才更愿意也更有优势服务于本地居民与企业。因为这类机构以服务地方为宗旨，与地方经济和政府有着天然的血脉联系，是荣衰与共的利益共同体。无论宏观经济形势如何变幻，本土化机构始终是地方经济发展的主流先锋。而从农村金融需求主体的特点来看，也只有本土化的机构才更便于利用地缘、人缘的优势，通过不同形式的金融合作来解决金融机构与借款人之间的信息不对称问题。因此，促进中原经济区农村金融本土化发展，首先要推动本土化金融机构的快速发展。

本土化的金融机构不仅包括作为农村金融主力军的农村信用社，也涵盖了那些植根于农村社区的资金互助活动（包括政府推动下的社区发展基金）等。农村信用社的发展问题前述已经讨论，在此不再赘述，仅针对资金互助组织展开分析。

一般而言，资金互助组织是指通过资金在一定成员群体内的动员和流转，为成员提供一个低成本融资的渠道，并以此促进居民的消费和投资。资金互助组织广泛存在于发展中国家，我国目前的农户资金互助合作组织，实际上分为两种情况。第一种是在 2007 年银监会《农村资金互助社管理暂行规定》出台后，按照银监会的新规则组建的正式金融组织。根据银监会的界定，农村资金互助社是指经银行业监督管理机构批准，由乡（镇）、行政村农民和农村小企业自愿入股组成，为社员提供存款、贷款、结算等业务的社区互助性银行业金融机构。如 2007 年 3 月 9 日按照新规定转型而成立的吉林省梨树县闫家村百信农村资金互助社，以及后来产生的甘肃省景泰县龙湾村石林农村资金互助社、岷县洮珠村岷鑫农村资金互助社、乐都县雨润镇新乐农村资金互助社等。第二种是在农村正规金融供给不足的约束条件下，农村自发创新的农村资金互助社，这是一种非正规金融组织，还没有纳入政府有关监管系列，但这些组织中有些已经取得法人资格，或者在民政部门登记，或者在工商部门注册，成为正式组织。如河南省濮阳市农村贷款互助合作社等。

在中国各地不断被复制和推广的资金互助合作社，其组织的基本形式和原理大同小异①，即基于一定社区（村）、一定经济区域的全部或部分村民和小企业，按照一定规则出资，组成仅限于成员间不断借贷的信贷基金，满足成员的小额信贷资金需求（见图5-1）。这是一种典型的本土化金融组织。促进本土化金融机构发展，也需要积极推动农户资金互助活动的发展。

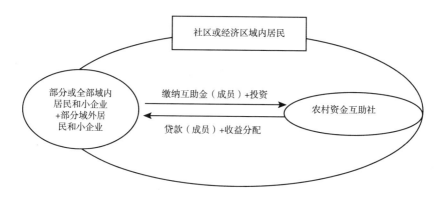

图5-1　农户资金互助合作组织的运作

针对中原经济区农村金融的实践，发展这类组织需要关注②。

第一，不急于将非正规化的互助组织提升为正规化组织。河南属于欠发达的传统农区，农户资金互助组织的发展及创新应有别于发达地区。当然，河南地区内部，各地的经济发展水平也有较大差异，因地制宜、合理确定创新模式是关键。目前，河南农户资金互助组织均属于非正规化的组织，这种类型的组织运作成本较小，在欠发达地区较为适宜。若强制转化为正规组织，可能会由于社会经济条件的不适应而适得其反。民间自发产生的资金互

---

① 包括上述银监会新政后正规金融领域内的农村资金互助社，因为也是脱胎于民间自发的农户资金互助活动，因此其基本原理与此类似。
② 李莉莉：《农户资金互助模式与机制研究》，河南省教育厅自然科学研究项目（项目批准编号为2007790003）。

助组织，在较小规模的情况下之所以也有生存能力，就在于其非正规性，在于它的组织运作成本低、业务成本低、人员成本低、经营风险低，利用业余时间开展活动。同时，组织运作成本和业务成本以外的其他成本，如政府管理成本、税收等是不存在的，它们可能难以承担银监会新规定中的正规化的成本。

第二，互助组织的目标应该是建立"小而精"的微型农村金融机构。资金互助组织自身发展定位中要妥善处理好"做大做强"与"做小做精"的关系。大的金融机构固然能够提升资金实力，增强抵抗风险的能力，但会增加各种成本，不利于与低收入的农户开展业务，渐渐偏离了资金互助社填补农村金融服务空白的目的，走上农村信用社和农业银行发展的老路；小的金融组织经营灵活，监管有力，经营成本低，能够满足小范围内农民的资金需求。中国不缺大银行，缺少的是能够为弱势群体提供金融服务的小银行。所以，互助社的目标应该是建立"小而精"的微型农村金融机构。

发展农村资金互助，切忌贪大求洋，要注意发展建立在地缘、血缘关系基础上的微小型农村资金互助组织。那些建立在地缘、血缘关系和村落小农经济基础上的农村资金互助组织，社员之间的信任和信息对称是其开展资金融通的基础，农村资金互助组织的最有效边界就是村落的边界。突破了村落的地缘和血缘边界，信息不对称就会产生，借贷风险也会大幅增加。

第三，"合作社 + 资金互助"是现阶段发展的主导模式。通过以合作社为平台，一方面在农民内部延长产业链，另一方面从外部引入信用、保险和财政支持，从而尽最大可能地降低风险，增强市场竞争力。例如梨树县太平合作社集工业合作、生产合作、消费合作和金融保险合作于一体，其运作的机制为农民合作社 – 信用社 – 保险公司 – 财政支持。根据调查，信用社通过合作社开展"股权信贷"，使过去"农民 – 信用社"的信贷关系，变成"农民 – 合作组织 – 信用社"的股权信贷关系，把农村信用社和农民的利益连在了一起，互相牵动，互相促进。

同时，对于新型农村金融机构而言，新机构的本土化发展也十分重要。分析已成立的村镇银行及贷款公司的发起人构成不难发现，他们几乎全部来自城市商业银行、城市信用社、农村信用社等地方性、区域性银行等金融机构，其运营和管理也基本由发起行负责。地方性、区域性银行金融机构如此积极地参与组建村镇银行和贷款公司，一个不容忽视的原因，就在于为了追求业务地域范围的扩大。但是，其跨地域开展业务，同时又面临一个新问题，就是如何实现机构的"本土化"。这一点对于为农村金融市场提供服务的机构尤其重要。因为与大的机构客户相比，农村的金融需求呈现微型化、多元化的特征，而且农户不具有向银行提供完善的财务信息的条件。尤其是中国的农民，他们还缺乏合格的抵押担保品。因此，那种被大银行普遍采用的依据财务报表和数据来决定发放贷款的方式无法适应农村金融的需求。多年农村金融的理论与实践表明，成功向农村人口提供金融服务，必须依靠广泛的人缘、地缘优势，依靠那些熟悉农村情况的人来选择合格的贷款客户，有效控制风险。因此，对于村镇银行、贷款公司等"异域来客"而言，实现机构的本土化十分重要，对此，可以通过信贷人员的本地化招聘，或者建立社区参与机制，如在小额信贷发放中设立项目执行小组、在推广农户小额信用贷款中村支两委对农户信用评级的参与等方式来实现。

2. 推动金融机构的业务创新

作为农村金融需求的主体，农户、农村中小企业等小客户具有自身的特点，传统的信贷业务方式难以满足其资金的需求，因此需要加强金融机构的业务创新。

（1）大力推广农户小额信用贷款和农户联保贷款。这是自 2002 年以来全国农村信用社在金融本土化思路下首次进行的业务创新，虽然各地实施的效果各异，但其在解决农户"贷款难"方面发挥了重要的作用。各金融机构要加强与信用协会或信用合作社等信用共同体的合作，运用联保、担保基金和风险保证金等联合增信方式，积极探索发展满足信用共同体成员金融需求的联合信用贷款。通过规范信用共同体内部的资信公开、信用评估、贷款催收等程序，完善内在激励约束机制，调动成员自我管理的积极性，促进金融机构有效降低信息采集、贷前调查、资信评估和贷后管理等成本，在有效控制和防范信贷风险的基础上扩大信用贷款发放。各农村合作金融机构、邮政储蓄银行和新型农村金融机构可以利用多种方式建立和完善农户资信评价体系，积极发放不需要抵押担保的小额信用贷款和农户联保贷款，扩大农户贷款覆盖面，提高贷款满足率。其他的金融机构也可以通过批发或转贷方式间接参与小额信用贷款业务。通过对守信用、按时归还贷款的借款人实施贷款利率优惠、扩大贷款额度等激励措施，促进农民和涉农企业提高信用意识。

（2）创新贷款担保方式，扩大有效担保品范围。根据中原经济区农业发展情况和农村经济特点，依照相关法律，进一步扩大农户和农村企业申请贷款可用于担保的财产范围，积极规范和完善涉农担保贷款业务操作流程，建立健全涉农贷款担保财产的评估、管理、处置机制。按照因地制宜、灵活多样的原则，探索发展大型农用生产设备、林权、水域、滩涂使用权等抵押贷款，规范发展应收账款、股权、仓单、存单等权利质押贷款。原则上，凡不违反现行法律规定、财产权益归属清晰、风险能够有效控制、可用于贷款担保的各类动产或不动产，都可以用于贷款担保。

（3）探索发展基于订单与保单的金融工具，提高农村信贷资源的配置效率，分散农业信贷风险。根据农业资金需求的季节性特点，围绕形成订单农业的合理定价机制、信用履约机制和有效执行机制，建立和完善农业订单贷款管理制度。积极推动和发展"公司＋农户""公司＋中介组织＋农户""公司＋专业市场＋农户"等促进农业产业化经营的信贷模式，充分发挥农业产业化经营的辐射拉动作用，推进优质高效特色农业加快发展。同时，金融机构要加强与农村信贷担保机构、相关中介组织和保险公司的合作，以订单和保单等为标的资产，探索开发"信贷＋保险"金融服务新产品。鼓励和支持有条件的农村种养大户和有资质的农业生产企业通过投资"信贷＋保险"和信托理财产品，有效防范和分散涉农信贷风险。

（4）在银行间市场探索发行涉农中小企业集合债券，拓宽涉农中小企业的融资渠道。鼓励产品有发展前景、业务经营好、资信优良的涉农中小企业，采用"分别负债、统一担保、集合发行"的方式，在银行间市场探索发行涉农中小企业集合债券。各金融机构应利用信息、技术优势和在银行间市场的销售渠道，为农业产业化龙头企业发行短期融资券和涉农中小企业发行集合债券提供增信和承销服务。

第六章
多层次资本市场发展微观动力
与中原经济区建设

资本市场发展作为资金融通、优化资源配置的重要方式，对于企业而言，可以在短时间内通过资本市场筹措到所需资金，而对于整个国民经济来讲，通过资本市场的优化资源配置功能，可以提高整个国家的经济实力。在我国资本市场改革不断深化的进程中，构建多层次资本市场体系，是经济发展的客观要求，也是资本市场可持续发展的重要保证。《国务院关于支持河南省加快建设中原经济区的指导意见》指出，"支持完善金融机构、金融市场和金融产品，形成多层次资本市场体系"，这给中原经济区多层次资本市场的发展带来新的契机。

第一节　多层次资本市场的理论内涵

多层次资本市场并不是一个理论上固有的概念，国外关于资本市场理论的研究多集中于资本市场效率和定价。在中国，多层次资本市场更倾向于一个制度设计上的概念。多层次资本市场的内涵和外延到底该如何界定，经济学家持有不同的解释。

一　多层次资本市场的界定

在发展经济学中，资本形成是一个国家经济增长和经济发展的核心问题之一。资本形成的实现在时间上依次包括两个环节：一是资本的积聚过程，即储蓄过程；二是储蓄的使用过程，即投资过程。在储蓄与投资之间，有一个转化机制问题。在市场经济中，由于储蓄主体和投资主体是高度分离的，除了很小的一部分储蓄是由储蓄主体将自身的储蓄资源直接用于投资（即直接转化）外，绝大部分储蓄向投资的转化是通过财政、金融媒介等间接转化机制来实现的。在储蓄向投资转化的金融机制中，资本市场发挥着至关重要的作用。

但资本市场的内涵和外延到底该如何界定，金融市场、资本市场的相互关系如何廓清，经济学家持有着不同的解释。同时，需要说明的是所谓"多层次资本市场"（Multi-layer Capital Market）的概念并不是国外或者经济学上固有的概念，而是中国的特色。比如美国的OTC（场外交易）仍然是一种股票市场，而中国的场外交易，除了"股票"市场以外，还有大量的非标准化的股权交易，甚至是产权交易，对交易所市场起着重要的补充作用。研究中国的资本市场，不可能跳过产权交易。因此，在促进中原经济区发展过程中也绕不开产权交易这一层次的资本市场构建。

（一）经济学原理中的资本市场

在不同文献和语境中，资本市场具有不同的含义。在经济学原理的相关文献中，资本市场与货币市场、金融市场通常不加区别，是一个与产品市场、劳动力市场相对应的概念，指的是与经济的"实体面"（the Real World）相对应的"货币面"（the Money World）。在经济增长理论中，资本市场是与劳动力市场、技术市场、土地市场并称的生产要素市场，又是与产品市场、劳动力市场并列的三个主要的总量市场之一。在这些特定市场中，商品的产量与价格是体现产品市场运行状况的指标；就业水平和劳动价格（工资）是衡量劳动市场作用的指标；可利用的资金量及其价格（利率）是表现资本市场活跃程度的指标。

在经济学原理的相关著作中，经济学家在使用资本市场概念时，往往是将整个货币金融活动纳入资本市场范畴中。例如斯蒂格利茨在他的《经济学》中认为，资本市场通常是指"取得和转让资金的市场，包括所有涉及借贷的机构"。在这里，资本市场是一种资金交易的市场，它不仅包括信贷市场、股票市场、债券市场和外汇市场，而且甚至还包括期限在一年以内的货币市场。迈克尔·帕金在其《微观经济学》中指出，物品和劳务是用四种经济资源生产出来的：劳动、资本、土地和企业家才能。劳动力市场、资本市场、土地市场统称为资源市场。

综上所述，资本市场通过动员储蓄、分散风险来影响资本积累、技术进步和投资行为，进而影响经济增长。

（二）金融学理论中的资本市场

在大量的金融学论著中，金融市场是外延最大的一个概念。金融市场是资金供求双方运用金融工具进行各种金融交易活动的总和，它基本等同于经济学原理中的资本市场。依据金融交易的期限，金融市场可划分为货币市场和资本市场两个部分。货币市场是交易期限在一年以内的短期金融交易市场，其功能在于满足交易者的资金流动性需求；资本市场是交易期限在一年以上的长期金融交易市场，主要满足工商企业的中长期投资需求和政府弥补财政赤字的资金需要，包括期限在一年以上的证券市场以及一年期以上的银行信贷市场。两者共同构成金融市场。

资本市场作为长期金融资产的交易场所，它具有使资金从没有生产性投资机会的人（储蓄者）那里流向有这种机会的人（投资者）手中的基本功能。而这一基本功能的实现来自复杂得多的资本市场要素和金融工具的组合及其一系列运行机制。资本市场是长期金融资产的交易场所，市场上的交易除极少部分能够直接实现（直接融资）外，形形色色的参与者对交易期限、风险及收益的偏好通常是不吻合的，大量的交易是通过种类繁多的金融工具实现的，金融中介机构的活动最终将融资需求变为适合公众偏好的各种金融工具，进而完成资金从储蓄向投资的转移。

在金融学理论中，广义的资本市场指一年以上的中长期资金交易关系的总和，包括股票市场、债券市场、基金市场、中长期信贷市场和衍生品市场；而狭义的资本市场仅指不包括中长期信贷市场的证券市场。金融学理论中的资本市场作为一个有着确定内涵的、相对于货币市场的概念，其重要功能表现为：①为长期资金需求方提供融资渠道，以便其进行资本支出和投资，同时为长期资金供给方提供收益；②将储蓄转化为投资，为经济的增长提供动力；③优化公司的治理结构，提高公司的经营效益；④通过二级市场交易为长期资金提供"价格"基准，优化资金的配置，提高资金的使用效率。而本章所研究的多层次资本市场则是指经济学意义上的资本市场，或者指金融学原理中的金融市场。

（三）资本市场的层次结构

一般而言，层次是指一个系统内部存在不同等级的范畴。资本市场的层次结构，是指资本市场所包含的各组成部分（或市场形式）的内在次序、逻辑范围和层次关联关系。国内外学者从不同角度讨论了资本市场的层次性，如上市标准、服务对象、交易规则、地域结构等，但是从资本市场的内涵来说，资本市场层次性的含义在于资金流通和风险分散的程度不同。具体而言，多层次资本市场体系是指针对不同规模与发展程度的企业，用以满足这些企业各自的市场融资、投资需求和风险分散的需要建立起来的资本市场交易体系。或者说多层次资本市场是指能够为满足不同投融资市场主体的资本要求而建立起来的有层次性的配置资本性资源的市场。由于不同规模的企业在不同发展阶段的风险有所不同，利用资本市场的制度和信息的成本有所不同，资本市场应是分层的。分层的资本市场其实是将融资中的风险分散配置的一种机制。看似"垂直"的资本市场分层结构，其实是不同规模企业不同发展阶段的融资阶梯，它可以适应不同信息不对称状况的企业和不同信息成本的投资者的各自需要。具体而言，是指资本市场在自身各组成部分分工与协作的基础上，根据企业在不同发展阶段的融资需求和融资特点，针对各种市场主体（包括投资主体和融资主体）不同的、特定的需求而提供的具有不同内在逻辑次序、不同服务对象和不同内在特点的市场形式。

资本市场发展演变的结果必然表现为市场形态的层次性和多样性，以及层次间的相互包容关系，其发展演化就是层次的展开，它是通过市场之间在整体上的区别及层次性表现出来的。资本市场的层次性决定了资本市场必然表现为非单一的市场形式。

要正确理解资本市场的层次结构，就必须注意以下三个方面的问题。

第一，资本市场发展演变的结果必然表现为市场形态的多样性（层次性）及其相互包容关系，其发展演变就是层次的展开。新创企业的发展通常要经过种子期、初创期、幼稚期、产业化和市场化等五个不同的发展阶段，在发展的不同阶段，对投资的需求不尽相同，这就决定了仅仅采取一个规则、一个层次的市场只能满足创业投资在某一个特定阶段的资金需求。因此，应根据创业投资在各阶段的特点建立不同层次的资本市场，从而形成多层次的资本市场体系。

第二，资本市场各层次之间不是相互割裂的，而是具有协调性和配套性。资本市场各层次间的协调性，是指各市场层次之间在相关质的规定方面具有一致、相互衔接、相互协调性，以达到统一与和谐；而资本市场层次间的配套性，是指各市场层次相互依存、相互补充而共同构成一个完整的有机整体。

第三，资本市场的层次结构具有动态性，即各市场层次间的关系具有变化、发展的趋势和可能。资本市场层次体系的层次、结构划分及标准构成虽具有相对的稳定性，但不会一成不变，它会随着经济、技术和政策等的发展变化而变化。

根据企业金融成长理论，企业在不同的发展阶段具有不同的信息特质、投资风险和收益。由于资金来源、投资期限、流动性偏好以及信息获取等方面的差异，投资者对于收益和风险具有不同的组合偏好。不同风险－收益偏好的投资者青睐不同发展阶段的企业，这种资金供需双方的多元化组合必然使证券市场发展呈现层次化的特点，从而使资本实现收益和风险的流动配置。证券市场的分层结构就是这样一种将融资中巨大的识别风险进行分散配置的制度安排。

从风险－收益的组合特征来看，交易所市场的参与者具有较低的风险承受力。交易所市场上的风险主要源自投资者与企业之间的信息不对称。为了保护投资者利益、降低风险，交易所市场必须设计出一套机制来降低信息成本。在其他条件下相同的情况下，证券交易所市场比其他层次的证券市场更依赖市场和法律制度的完善。一般讲，市场和法律制度越完善，信息成本越低。由此，证券交易所市场往往制定了非常严格的信息披露制度和上市条件。信息披露的透明化、标准化是制定信息披露制度的两个重要原则。信息的透明化有利于减少信息的隐匿，而信息披露的标准化则有助于减少投资者对信息的解读成本。苛刻的上市条件可以视为证券交易所市场克服信息不对称的一种制度安排。在信息不对称的情形下，劣质企业也可以发出与优质企业一样的"好"信息，两种类型的企业在均衡状态下的市场价值是一样的，对市场参与资格的审核可以在一定程度上拒绝劣质企业进入证券交易所市场。因此，能够进入证券交易所进行融资的企业必然是那些能够提供硬信息的大企业，而那些信息不透明、无法通过财务报表等传递信息的中小企业必然被拒之门外。

在场外交易市场、创业板市场则为偏好风险的投资者提供了投资的场所。这些市场的上市标准相对宽松，其门槛远远低于证券交易所市场。由于在该市场上进行融资的主体往往是那些处于发展初期阶段、规模较小的中小企业，或者业绩欠佳、无法达到证券交易所市场上市标准的大企业，因此市场的投资风险相对较高。

区域性资本市场则通过类似关系型贷款的制度安排在一定程度上克服了投资者与企业之间的信息不对称。区域性资本市场服务于本地区的企业，投资者也大多来自同一地区。地缘性为投资者了解被投资者的经营信息提供了便利条件，如可以通过实地访察、联系企业的供货商和消费者等渠道进一步证实和了解企业所公开的信息。投资者与企业及其业主的近"距离"也有利于投资者获得各种非公开的软信息，有助于提高决策的效率。

上述市场组织尚无法完全解决筹资企业的信息不对称问题，那些不确定性大的高风险企业如新兴的中小企业（特别是高科技企业）、处于财务困境的各类企业及具有敏感信息不便公开披露的企业往往由于严重的信息不对称而很难从正式的金融市场获得融资，非正式金融市场则为这类企业提供了一条新的融资渠道。非正式金融的形式很多，有民间借贷、各种基金会、私人钱庄等。尽管各种形式的非正式金融都有自己特定的信息获取方式与合约实施机制，但都具有一个共同的特征：贷方依靠资金供求双方的人缘、地缘关系或其他商业关系获取有关融资企业的信息，从而使得非正式金融在向信息不透明的中小企业提供融资中具有信息优势。与正式金融市场相比，非正式金融市场的投资对象面临着较大的不确定性，投资风险也较大，因此，非正式金融市场所要求的投资收益率也远高于一般的金融投资。尽管非正式金融市场的融资成本较高，但相当多的研究文献仍然表明，在中小企业的融资结构中，来自正式金融市场的融资所占比重很小，而内源融资和非正式金融则是中小企业创立和成长阶段最主要的资金来源。上述分析表明，资金供需双方的多样化组合形成了证券市场的分层结构。按非正式金融市场、区域性资本市场、场外交易市场、创业板市场、证券交易所市场的顺序，投资者所承担的风险呈现越来越小的趋势，信息披露越趋透明和标准化（即从软信息到硬信息）。

多层次资本市场是社会经济发展到一定阶段的内在要求。成熟资本市场不仅有证券交易所市场，而且还有场外交易、柜台交易、直接的产权转让等市场，证券交易所市场又包括主板市场和创业板市场的证券集中竞价交易、大宗交易、非流通股转让等若干平台，各层次资本市场相互依存、有序衔接。成熟资本市场体系的高效运作和科学设计可以优化交易、定价、筹资和投资等机制，促进储蓄源源不断地转化为投资，推动经济的持续发展。对我国而言，在经济和金融运行中，出现了债务性资金相对过剩和资本性资金相对短缺、中小企业融资困难、产业结构不合理以及金融风险防范机制缺乏等现象，要解决这些难题，大力发展资本市场、建立一个与经济发展和金融结构相适应的多层次资本市场是当务之急。

（四）多层次资本市场的组织形式

多层次资本市场体系是指针对质量、规模、风险程度不同的企业，为满足多样化市场主体的资本要求而建立起来的分层次的市场体系。根据不同的分类标准，资本市场的层次具有不同的表现形式。一是基于交易规则划分的层次——场内市场和场外市场；二是基于企业规模划分的层次——主板市场、创业板市场和三板市场；三是基于区域范围划分的层次——全国性资本市场和区域性资本市场。

多层次资本市场又称为资本市场的分层化，是资本市场向纵深发展的必然结果。资本市场的分层化是指根据金融工具风险收益特征和投资者风险偏好程度的不同，将资本市场细分为多个具有递进和互补关系的子市场。通常有三个维度来细分资本市场：①从证券交易组织形式看，资本市场可以分为集中交易市场（证券交易所）和场外交易市场（Over The Counter，OTC）。集中交易市场是集中、公开、规范交易的有组织、有固定地点的有形市场；场外交易市场是通过证券营业柜台或电子交易网络完成证券交易的分散的、无固定场所的无形市场。随着 IT 技术的发展，集中交易与分散交易的界限趋于模糊，集中交易市场与场外交易市场的区别更多地体现为市场组织形式、报价方式和交易品种的不同。②从辐射空间来看，资本市场可以分为全球性市场、全国性市场和区域性市场。空间分层的原因在于信息在空间分布上的不对称，而信息不对称是产生风险的重要因素。我国幅员辽阔，有必要在空间上分层展开。③从交易品种来看，资本市场可以分为证券市场和产权市场。证券市场是标准化有价证券交易的市场。证券市场本身又可以细分为股票市场、债券市场、基金市场、商品期货市场、金融衍生产品市场等子市场。产权市场是产权交易或转让的市场。所谓产权，是受法律保护的排他的占有权、支配权、使用权和经营权的总和。产权既是一个经济学范畴，又是一个法学范畴。所谓产权交易，就是两个以上产权主体之间发生的财产所有权、财产使用权、财产收益权及处置权的全部或部分的转移行为。产权市场就是实现产权整体交易、部分交易或分割交易的市场。

我们同时使用上述三个维度来细分资本市场。文中所称"多层次资本市场"是指"主板－二板（创业板）－三板（OTC）－产权市场（区域和地方）"组成的资本市场体系，不特别区分股票市场和债券市场等证券子市场，以集中精力分析多层次资本市场的制度安排和内在机制。多层次资本市场的组织结构和形式如图 6－1 所示。

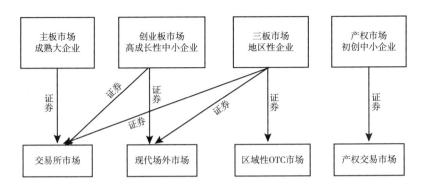

图 6 - 1　资本市场的层次结构与其市场组织形式

资本市场的层次结构通常可以分为四个层次：第一层次的资本市场，是指为处于市场化阶段和产业化阶段后期的企业进行融资和产权交易服务的资本市场，其服务对象通常有规模较大、企业业绩稳定、市场风险较小等特点，其市场形态通常采用有形的证券交易所形式。第二层次的资本市场，是指为处于幼稚期后期和产业化阶段前期的企业进行融资和产权交易服务的资本市场，其服务对象在企业规模、经营业绩等方面通常低于第一层次的资本市场，而市场风险和成长性通常高于第一层次的资本市场。在市场组织形式上，第二层次的资本市场既可以采取有形的交易所形式，也可以采取无形的现代场外市场形式，即电子自动报价交易。第三层次的资本市场，是指为处于初创阶段和幼稚阶段前期的企业进行融资以及提供产权交易服务的资本市场，其服务对象在企业规模、经营业绩稳定性等方面通常低于第二层次的资本市场，而市场风险通常高于第二层次的资本市场。第三层次的资本市场通常采取区域性证券交易所或分散的场外柜台交易形式（OTC），并具有明显的区域性特征。第四层次的资本市场，是指为处于初创阶段前期和种子阶段的企业提供包括证券化的标准化产权以及非证券化的实物型产权在内的产权交易服务的产权交易市场，其服务对象在企业规模、经营业绩稳定性方面通常低于第三层次的资本市场，而市场风险通常高于第三层次的资本市场。第四层次的资本市场的组织形式通常包括区域性技术产权交易所和一般性产权交易所。资本市场各层次之间不是相互割裂的，而是具有配套性——不同层次的市场有不同的进入门槛、不同的规模要求、不同的效益要求。越往上，受众面越小，门槛也高；越往下，受众面越宽，门槛越低。一家拟进入资本市场的企业，一般应从最底层开始，在具备条件后再逐级而上；另一方面，已进入了高层次资本市场的上市公司由于其业绩的变化，也有下降的空间，即下降到低一层次的资本市场。各层次之间是可升可降、互动式的关系。

二　多层次资本市场研究综述

对于发展中国家，特别是我国产生于特定历史条件下的资本市场来说，基于金融功能观点的金融体系改革理论（Bodie&Merton，1993）和二元金融理论（McKinnon，1999），以及资本市场效率论等都给国内学界开展对多层次资本市场的研究提供了理论基础，形成了相当多的研究成果。这些研究大都是围绕多层次资本市场体系的内涵以及建设的意义和作用、多层次资本市场体系建设的国际经验以及我国多层次资本市场体系构建思路等几方面展开的。

美国金融学家罗伯特·默顿和兹维·博迪于1993年提出了基于功能观点的资本市场结构改革理论。该理论认为金融功能相对于金融机构和金融组织形式而言，具有更大的相对稳定性。传统观点将现存的机构和组织结构作为既定的，资本市场结构的调整一般是在这个既定的前提下进行的。而功能观点认为，应该把研究视角定位在资本市场的基本功能之上，然后根据不同的经济功能建立能最好地实现这些功能的机构与组织。功能观点认为，任何资本市场体系的主要功能都是在一个不确定的环境中帮助在不同地区或国家之间在不同的时间内配置和使用经济资源。具体说来，可以将资本市场体系的功能分为六个方面：第一，清算和支付功能。金融体系能提供便利商品、劳务和资产交易的清算支付手段。第二，融通资金和股权细分功能。金融体系一方面通过提供各种机制，汇聚资金投向大规模不可分割的投资项目；另一方面通过各种金融工具细分企业股权来帮助不同投资者得到相应的投资机会。第三，经济资源时空转移功能。资本市场体系能够提供促使经济资源跨时间、地域和产业转移的方法和机制。第四，风险管理功能。资本市场体系能够提供应付不测和控制风险的手段和途径。第五，信息提供功能。资本市场体系通过提供价格数量等信号，能够帮助协调不同经济部门的决策。第六，激励解决功能。资本市场体系在一定程度上能够解决在金融交易双方拥有不对称信息及委托代理行为中的激励问题。通过资本市场降低道德风险和逆向选择的不利影响。资本市场作为金融体系的重要组成部分，其金融风险和收益能够弥补其他金融市场的不足。按照功能的观点，其发展完善也应该以充分发挥上述功能为目标。

吴晓求提出了"主板市场－中小企业板市场－产权交易市场"模式。刘纪鹏提出了"两大、一小和七个场外"模式。"两大"是上海证券交易所以内资大盘蓝筹股为主，香港联交所以境内企业在海外筹集资金的外资大盘蓝筹股为主；"一小"是深圳证券交易所为中小企业上市发展提供平台；"七个场外"就是在全国建立七个区域性场外交易市场来进行股权转让。王道云等人认为，我国多层次资本市场体系的构建应该包括四个层次：第一层次是一元化主板市场，以上交所为基地，将深圳主板并入上海，形成真正的全国规模的大交易所；第二层次是创业板市场和区域性交易市场，是为高新技术企业服务的风险投资场所；第三次层次是产权交易市场，以有限责任公司或股份合作制企业为服务对象，以不宜进行股权量化的大宗产权交易为主；第四层次是柜台转让市场，证券公司以其自有或租用的业务设施，为非上市股份公司提供股份转让服务。周放生提出了"'金字塔'式的多层次资本市场"模式，认为我国资本市场就像一座"金字塔"，由柜台交易、二板、主板三个市场组成的自下而上递进式协调互动的多层次体系。徐安军提出了"主板市场－创业板市场－区域性柜台交易市场－区域性技术产权市场"模式。巴曙松认为，我国资本市场应当包括证券交易所市场、场外交易市场即 OTC 市场、三板市场、产权交易市场和代办股份转让市场等几个层次。王国刚则认为，多层次是指资本市场应由交易所市场、场外市场、区域性市场、无形市场等多个层次的市场构成。

尽管学术界和实务界对构建多层次资本市场这一总目标已达成共识，但对于多层次资本市场体系的构建模式和理论基础，各层次的功能选择、市场定位、制度安排、相互关系等尚需进一步探讨。国内相关研究较偏重于国内资本的配置而忽略外国资本在一国资本市场中的影响。而国际上成熟的资本市场，在吸引外资、借助他国经济成果推进本国经济发展和国际化方面有着成功的经验。在优化配置本国资源的基础上，如何维护本国经济相对优势地位，最大限度地利用他国资源来发展本国经济，已成为世界各国政策实施和制度设计的重点。

对于多层次资本市场体系的内涵以及建设的意义，邹德文等（2006）构建了"资本市场层次结构与企业股权融资选择模型"，由模型得出企业的股权融资选择受资产规模的约束，并对应于不同层次的资本市场。史永东、赵永刚（2006）分别从投资者需求和企业生命周期理论等角度论证了建设多层次资本市场的理论基础。张军（2004）引入交易成本理论，分析由多层次资本市场体系的建立所引致的资本市场各参与主体交易费用的变化，从而论证建立多层次资本市场体系的必要性和紧迫性。赵雪芹（2004）从高新技术企业与风险投资业的兴起出发，强调了多层次资本市场促进新经济发展的制度优势，并认为政府提供必要的政策扶持以及良好外部环境有利于推动多层次资本市场的最终形成。王敏玉、史元（2004）提出分层次的证券市场结构适应企业不同成长阶段的融资需求，能促进资本市场及整个经济快速发展。徐洪才（2004）将企业生命周期细分为六个阶段，每一阶段对于融资需求的差异需要资本市场划分出不同的层次与之对应。

在多层次资本市场体系建设的国际经验方面，范祚军、洪菲（2004）和尹萃等（2005）对主要由纽约证券交易所、NASDAQ、区域性市场以及场外市场等构成的美国多层次资本市场体系做了详细说明。柳季、马骥（2005）通过对 NASDAQ 发展历史的研究，指出 NASDAQ 的核心竞争力以及对我国多层次资本市场构建的启示作用。邹德文等（2006）分别列举了美、英、日等发达国家与新加坡、韩国等亚洲新兴工业化国家或地区的多层次资本市场体系的层次结构和制度建设情况。史永东、赵永刚（2006）对美国、韩国以及我国台湾地区多层次资本市场的发展历程和市场结构进行阐述，继而分析上述多层次资本市场的运作模式、上市标准、监管制度和交易制度对于我国多层次资本市场建设的启示。

对于我国多层次资本市场体系的发展状况，资本市场结构的单一性是众多学者达成共识的一个观点。其中，韩德宗（2005）指出，有效运行的多层次资本市场体系可以缩小交易费用发生的范围，而我国资本市场层次结构单一的制度缺陷则使投融资主体承担了高额交易费用。周放生（2003）深入分析了我国单一资本市场结构的危害，指出单一市场结构是造成资本市场运作效率低下、投机性突出、监督成本增加等诸多问题的体制性原因。

由以上可以看出，国内研究尚未深入分析多层次资本市场体系生成与演进的推动力量以及创新动力机制问题。十六届三中全会做出的《中共中央关于完善社会主义市场经济体制若干问题的决定》，在发展多层次资本市场体系方面实现重大理论突破，强调要"扩大直接融资，建立多层次的资本市场体系，完善资本市场结构"。"十二五"规划纲要提出"继续鼓励金融创新，显著提高直接融资比重"；"深化股票发审制度市场化改革，规范发展主板和中小板市场，推进创业板市场建设，扩大代办股份转让系统试点，加快发展场外交易市场，探索建立国际板市场"等。纲要为未来资本市场的发展完成了"顶层设计",也开启了资本市场的转型期。随着整个经济、社会体系对资本市场认识的不断深化,在政府主导、各职能部门大力配合下,我国资本市场的深度和广度不断加大。

三 多层次资本市场制度演进

(一)制度创新要素:投资者、企业与政府的演进

多层次资本市场体系所具备的制度功能优势使之成为资本市场结构优化的产物。在多层次资本市场体系的生成与演进过程中,投资者与企业在自身发展中逐渐产生了对于资本供求达到高水平上均衡的要求,成为多层次资本市场体系最主要的制度需求主体。同时,政府有关行为、网络通信科技等技术条件的发展以及社会信用状况等因素也在不断影响着多层次资本市场体系生成与演进的进程。可以认为,各制度创新要素之间的博弈决定了多层次资本市场体系生成与演进的时间选择、效率和进度。

推动资本市场发展的主要因素是企业融资需求的变化和投资者需求的差异性,两者不同的组合即构成了资本市场的不同层次。从资金供给方来说,由于风险偏好的不同,投资者也具有不同的层次。从资金需求方来说,处于不同发展阶段的不同规模、不同风险状况的企业对股权融资的需求也不尽相同。对于大规模、稳健型、成熟性强的公司,由于其发展历史相对较长、业绩稳定、经营稳健,可能吸引大批投资者。但对于中小企业,特别是处于创业阶段的中小型科技企业,由于其规模小、产品不够成熟、风险性大,很难通过主板市场进行融资。因此,要构建多层次的资本市场体系,满足多样化的投融资需求,以充分发挥资本市场支持经济发展的功能。

1. 投资者投资需求的多元化发展

作为理性经济人,投资者往往根据自身对于风险的偏好来选择投资品种,加上投资者本身禀赋的差异、获取及处理信息的能力不同,造成了投资选择的异质性。根据冯·诺伊曼-摩根斯坦效用函数,将投资者分为风险偏好者(Risk Lover)、风险中立者(Risk Neutral)和风险规避者(Risk Averse)三种类型。一般而言,风险偏好者多比较富裕且有敏锐的市场观察力,能够承受较大的投资风险和较高的信息搜寻成本,并期望得到高收益。于是在资本市场,他们有实力与动力向处于初创期的企业提供启动资金,并在资本增值后选择最佳渠道退出,进入下一轮的投资选择。相反,风险规避者倾向于在集中的资本市场寻找投资机会,因为那里信息透明度往往较高且

信息易于识别，可使他们以较少的交易成本获取稳定收益。

随着金融创新浪潮的出现，可供投资者选择的证券品种不断增多，大大拓宽了投资选择的范围。同时，人们持有财富量的增加也造成资本市场投资者规模的日益扩大，投资程度理性化增强，投资者逐渐向中介化、机构化方向转化，由此形成了机构投资者、风险投资基金等新型投资主体。这些具有专家理财性质的中介投资者采用投资组合分散化的方法有效管理风险，使其风险承受能力得到增强，一部分投资者从风险规避者向风险偏好者转化。在多元化的投资需求驱动下，不同层次的投资者逐渐感知到层次结构不断创新与优化的资本市场带给他们的潜在利益，即从各个层次资本市场中所能够获取的潜在投资收益。那么，把隐性收益显性化的冲动使得投资者具有成为多层次资本市场体系制度创新主体的动力。投资者通过对收益－成本函数的权衡，决定是否作为行动主体来推进多层次资本市场体系的制度创新。

资本市场上存在各种各样的投资者。从投资者形态来看，有机构投资者和个人投资者之分；从投资者掌握信息的不同来看，有知情交易者（Informed Trader）和噪声交易者（Noise Trader）之分；从对风险的偏好程度来看，有风险偏好型、风险厌恶型和风险中性之分。投资者的异质性首先体现为风险偏好程度的不同，其次体现为信息和先验知识（Prior Belief）方面的差异。

（1）投资者在信息和先验知识方面的异质性创造了资本市场的流动性。正是由于为数众多的投资者之间存在明显的异质性，买方（需求）和卖方（供给）才能迅速达成交易。

（2）投资者在风险偏好程度方面的异质性必然要求金融市场的异质性（分层化）。金融市场的异质性表现为风险－收益的不同匹配。风险和收益存在四种组合：高风险高收益、高风险低收益、低风险高收益、低风险低收益。对丁高风险低收益的金融市场，由于理性投资者的回避而消亡；对于低风险高收益的金融市场，由于进入者众多而演变为低风险低收益的金融市场。因此，只有高风险高收益的金融市场和低风险低收益的金融市场能够长期存在。或者说，在金融市场上，风险和收益一定是对称的、匹配的。

多层次资本市场的核心特征就是风险－收益的连续分布。因此，投资者的异质性为资本市场分层化提供了买方（需求）基础。

2. 企业融资需求的多样化演进

企业的资本结构因各自的规模、性质、行业特点不同而各有差异，这种差异随着社会生产力的发展、产业分工的深化和细化有着复杂化的趋势，造成了千差万别的权益融资需求。具体到单个企业，随着在企业生命周期中所处的阶段的变化，对融资的结构、数量和性质的要求也是不一样的。在传统的、以重工业为主的经济社会，具备一定规模经济优势的大中型企业是经济发展的主导，也形成了围绕在这些企业周围、主要为其权益融资服务，并以此得到迅速发展的、传统的、结构较单一的资本市场。由于中小企业经营通常存在较大的不确定性，以及企业信息的不完全性和非透明性，其经营业绩较小并缺乏稳定，往往成为传统资本市场"理性歧视"的对象。随着社会的发展，高科技产业逐渐成为一国社会经济发展的重要因素，中小企业以其更加灵活的机制、对知识要素的迅速掌握与创新能力成为高新技术产业化的微观载体。因此，相对于已经成熟的传统企业，成长型中小企业在新兴行业中的资源优势得到了发挥。中小企业在外部收益的驱动下，对于传统融资制度创新的需求愈加强烈，开始寻求与其自身融资特性相适应的权益性融资市场，这无疑激励着资本市场开始向多层次方向发展。在激烈的市场竞争中，一部分中小企业经历了由低到高层层试错的过程，最终成为成熟的大企业，并符合较高层次资本市场的上市要求。与此同时，也有部分在竞争中被淘汰的上市企业股票，转向低层次的资本市场继续交易。

（1）同一企业在企业生命周期的不同阶段，对融资方式和融资数量的需求各不相同。一般而言，大企业并不存在融资问题，而中小企业则存在"麦克米伦缺口"（Macmillan Gap），缺乏长期融资来源。根据企业融资结构理论，中小企业在成长过程中，具有强烈的股权融资需求。考虑到中小企业在规模、成长性和竞争环境方面的不同，它们在股权融资方面对资本市场的层次结构的要求也各不相同。

（2）从企业的组织形式来看，企业在成长初期多数采取独资和合伙的形式，所有者和管理者合二为一，基本不存在委托代理问题。随着企业的成长和外源性融资的实施（股权融资和债务融资），股权结构日益分散，出现了所有者和管理者（所有权和控制权）的分离，委托代理问题出现并恶化，导致了多种利益冲突：股东与管理者之间的冲突、股东与债权人之间的冲突、内部投资人与外部投资人之间的冲突等。此时，需要相应层次资本市场的配套制度进行化解，比如持股限售制度、信息披露制度、独立董事制度、公司控股权市场等。

（3）从企业成长路径来看，企业规模从小到大，经营从一元化到多元化，主业转换的全过程涉及股权回购、分拆上市、资产证券化、兼并收购或被兼并收购、转板、退市等资本运作，需要不同层次资本市场的支持和服务。

（4）多层次资本市场为风险投资（Veniure CaPital，VC）提供了退出机制。按照风险投资业的划分，企业的成长分为种子期、创建期、发展期、扩张期和成熟期。与之相应，风险资本分为以下几种：第一，种子期资金。当创业者提出创业构想，同时拟进行深入研究并将其商品化时所需的资金，称为种子资金。此类投资主要用于新技术、新产品的开发研究，使商业构想能够转化为商品，风险很高。第二，创建期资金。这一阶段，创业公司在新技术、新产品基础上开始了初步运行，并准备设厂进行生产。此时所需资金额较大，风险较高。第三，发展期资金。此时产品已被市场接受并有订单，开始建立营销网络，但仍未达到盈亏平衡，需要投入相当多的资金供其运转。这个阶段所需金额很大，但风险程度已降低许多。企业早期发展所需资金多属此类。第四，扩张期资金。处于该阶段的企业，产品发展较成熟，市场的需求量大，已达到盈亏平衡，但为了后续的发展，还需要外部资金的支持。此类资金金额很大，但风险程度不高。第五，成熟期资金。处于成熟期的企业，已展现其发展潜力，此时所需资金极大，非风险投资所能提供，因此，此时最理想的资金供给方式是企业上市。在企业上市前，为增加企业的价值，可能还需要一笔资金对企业进行改造，此时风险程度最低。现在越来越多的风险投资青睐投资于这一阶段。可见，在企业（尤其是成长型中小企业）成长的不同阶段，通常有风险投资的介入。畅通的退出机制使风险投资能够顺利收回资金进入下一轮投资周期，形成风险投资支持企业成长的良性循环。因此，融资者（企业）的异质性为资本市场分层化提供了卖方（供给）基础。

从企业所处的生命周期来看，它们所需要的资金数量也不同。如对于高新技术型企业，它们在发展初期需要有创业板市场的支持，企业上了规模以后就可以在债券市场上融资，等到风险资本退出时，需要在股票上退出，这些都是传统融资方式与单一的资本市场结构所不能满足的。而且不同成长周期的企业，所蕴涵的风险差异较大，需要有不同风险层次的市场与之配套。

3. 政府行为的内生参与性质

出于维护金融体系稳定或实施产业发展战略的目的，政府一般采用宏观金融调控与金融监管两种形式对本国的金融体系进行干预。在多层次资本市场体系演进过程中，政府成为演进秩序的内生参与者，对金融发展的管制水平、对创业企业与风险投资的政策支持力度，以及对资本市场法律和监管措施的理念、方式、力度都会对多层次资本市场的制度创新产生影响。第一，政府通过权衡金融混业与分业经营的制度收益与风险，决定相应的管理体制，这造成了银行参与资本市场业务的扩展与收缩，从而在一定程度上改变了资本市场的参与主体，并影响参与主体的行为模式，进而影响多层次资本市场的演进路径。比如，政府对于金融分业体制的选择使得万能银行模式部分地被风险投资中介所取代，以延续金融机构对于融资企业的服务功能，这导致资本市场参与者范围的扩大。第二，鉴于高新技术企业对一国经济结构优化升级的带动作用，政府往往对风险较大的高新技术创业企业以及风险投资家采取减免税等支持性政策，或者直接参与风险投资活动，这不仅对民间风险投资资金起到导向作用，也改变了风险投资者与创业企业的收益函数，使资本市场投融资方作为行动主体启动多层次资本市场制度创新的能力大大增强。第三，资本市场法律与监管制度对其运行产生直接影响，并改变市场主体参与金融交易活动的能力与模式，最终影响资本市场的规模与结构。一国资本市场的相关法律制度安排对于多层次资本市场自身以及市场参与主体发展的适应程度，是多层次资本市场演进速度、规模及水平的基础条件。此外，资本市场监管模式影响了企业的融资成本大小，如对资本市场在负债、公开承销规则等方面严格的管制会导致过高的管制成本。

4. 其他因素影响

除政府行为外，信息、网络技术的发展以及社会信用状况也会影响多层次资本市场体系的演进进程。首先，信息网络技术的有效更新能够改善证券市场微观结构，改进资本需求者与资本供给者之间的交易方式，提高交易效率，降低交易成本，继而增大了市场参与主体的收益，使他们对于多层次资本市场体系制度创新做出较为积极的反应。同时信息技术创新本身作为科技创新的一种，在一定程度上扩大了创业企业的投资范围，改善了其创业条件。其次，在不对称信息的情况下，一国的社会信用水平对于多层次资本市场体系的制度创新有着深刻的影响。良好的信用关系或信用制度能够有效降低资本市场的交易成本，为交易提供一种无形保证。对于投资者而言，高效的信息披露制度为投资者获取真实、准确、及时的信息奠定了基础，提高了投资者对资本市场的信心。而对于融资者而言，资本市场公信力增强使其以较低的交易成本获取充分权益资本，成为其提高利润率的重要保障条件。可见，一国的社会信用状况良好可以扩大投融资者等资本市场微观主体的有效收益边界，增加其预期收益，提高其作为多层次资本市场体系制度创新主体的能力。

（二）多层次资本市场生成与演进的动力机制

多层次资本市场体系生成与演进的进程对应多层次资本市场体系的制度非均衡向制度均衡转化的过程，而投资者与权益融资企业对于多层次资本市场体系制度创新利润的追逐则是制度非均衡向制度均衡转化的内在动力源泉。随着超额收益不断地向零逼近，多层次资本市场体系逐渐处于相对稳定的发展状态。随着社会经济发展水平、国家经济政策、法律及信用水平等条件的变化以及由此引起的投资者与权益融资企业基本情况的变化，会造成收益的重新调整，并最终引发新一轮的多层次资本市场体系制度创新进程。可以认为，多层次资本市场体系是一个不断发展的动态稳定体系，其演进经历着"不稳定－稳定－新的不稳定"的螺旋式上升过程，与这一过程相对应的是资本市场效率的不断提高与功能的不断完善。

1. 多层次资本市场体系各市场层次的相互关系与市场整合

资本市场在一系列层次结构创新过程中，逐渐形成了两个或两个以上具有不同内在逻辑次序与不同服务对象的市场层次，即形成了初始意义上的多层次资本市场。在具备了一定规模与层次结构之后，各层次市场出于对利润的追求以及自身发展的需要，与其他层次展开了以降低交易成本为目的的激烈竞争，由此提升了多层次资本市场体系的演进效率。同时，不同层次的资本市场之间互为补充，通过层次之间的资本循环把各层次功能有效地链接起来，提高了资本向优质企业流动的比例和效率，形成了有效的多层次资本市场评估体系。

2. 市场层次竞争对于多层次资本市场体系制度创新的促进

多层次资本市场体系中不同的市场层次虽然在功能上相互补充，作为体系中的一分子共同促进体系的协调与发展，但是就单个的市场层次而言，又构成了若干个针对不同服务客体、具有不同服务标准和性质、相对独立的经济体，这决定了每个层次的资本市场必然以自身的利润最大化为发展目标，与其他层次市场展开竞争，以争取更多的上市资源，进而取得更好的发展。

一般而言，企业和投资者是根据所付出的上市成本、信息披露与甄别成本，以及所获收益的比较来做出进入资本市场相应层次的决策。事实上，还存在着另一个决策时的重要考虑因素：市场微观结构的影响。市场微观结构是指证券交易价格的发现形成过程和运作机制，主要是指资本市场参与者所遵循的交易制度结构。由各个层次的资本市场分别提供一定的市场组织和交易形式，投资者和企业把各个层次资本市场微观结构的交易执行效率和交易成本进行比较。如果某层次市场的流动性越强、稳定性越大、透明程度越大以及市场越有效，那么该层次市场就能够以较低的交易成本提供交易服务，易受到市场参与主体的青睐。由此可见，市场交易制度是各层次资本市场相互竞争的主要因素，进一步，如何有效降低交易成本是提升市场核心竞争力的关键所在。因此在一定程度上说，市场交易成本的结构特征变化决定着各个层次资本市场的演进路径。

此外，表现在产品、服务竞争等方面的资本市场层次竞争也不同程度地影响了多层次资本的发展趋势。首先，投资者交易需求的多元化要求引起资本市场不断优化金融产品结构。例如，随着金融创新与机构投资者的发展，保险基金、养老基金、投资基金等机构投资者交易技术及策略的更新使其对于投资产品避险性、套利性的要求增加，交易所纷纷采用与期货、期权交易所合并的方式来增加金融衍生产品的供给。其次，除了产品结构创新外，资本市场还将交易、结算和信息资讯等证券价值链功能进行整合以提高其服务能力。总之，资本市场层次之间竞争性的存在，不仅改变了各市场层次的演进路径和发展趋势，而且使投融资者享受到交易制度改进与产品、服务质量提高的成果。进而在多层次资本市场体系的制度创新中，市场参与主体获取一定的制度收益只需要付出相对少的成本，由此提高了多层次资本市场体系的演进速度与效率。

3. 市场层次的互补发展与功能整合

按照市场参与主体的风险承受能力及规模大小等因素排列，处于最低层次的资本市场的服务对象主要是一部分富裕家族或个人、风险投资基金等天使投资者，以及处于创业阶段的企业。随着创业企业的发展，正的现金流收入不断增多，利润随之增长，企业规模逐渐扩大，同时在本层次资本市场中因为筛选、监督成本太大造成资本供给不足，不能完全满足其权益融资需求。当它从更高层次的资本市场上融资而获取的利润弥补了上市交易成本之后仍有正的余额时，企业即选择退出最低层次的资本市场。在其下一轮发展中，融资企业仍然依据自身的成本－收益决策选择退出或留在相应层次的资本市场，随着其逐渐上行，上市成本、信息披露成本也越来越大。同样，投资者根据对交易成本与收益的权衡，选择相应的资本市场层次，一般而言，风险承受能力越强的投资者可以选择的资本市场层次越多,如保险基金、养老基金、风险投资基金等机构投资者,具有较大风险偏好的投资者倾向投资于较低层次的资本市场,以期获取更大的收益。

由此,形成了一个各层次互补发展的多层次资本市场体系,随着层次的递进,入市条件逐渐严格,企业素质逐步提高,进而成为上一级资本市场的上市公司。或者通过优胜劣汰,在退市机制作用下由上一级资本市场降入下一级资本市场。投资者根据各自的投资需求,以较低的信息甄别成本在不同层次资本市场中实现最优投资决策。如上所述,在多层次资本市场体系中,每一层次市场与其他层次之间的竞争是决定该层次市场演进路径的重要因素,资本市场交易成本不断降低、交易效率不断提高是市场演进的发展趋势,竞争提升了多层次资本市场体系演进的效率。同时,市场层次之间的互补性把具备一定程度竞争效率的各个市场层次有机地整合起来,构成一个动态发展的多层次资本市场体系。在这一体系中,每一层次的资本市场都充满活力和创新精神,各个层次之间又相互补充、相互衔接、和谐发展,资本供给与资本需求达到了较高水平的动态平衡,多层次资本市场体系的制度功能得以有效发挥。

综上所述,资本市场作为筹资者和投资者交易的载体,投资者与筹资者的多样化需求决定了资本市场应该是一个多层次的体系,其层次性是由社会经济水平决定的。多层次的资本市场能够对不同风险特征的筹资者和不同风险偏好的投资者进行分层分类管理,以充分满足经济与社会发展对资本市场产生的巨大内在需求,并最大限度地提高资源配置效率,有利于中国经济的成功转型和可持续发展。

四　多层次资本市场功能分析

资本市场的基本功能是优化资源配置。检验其效率的标准有两条:一是一国所有企业是否面对均等的融资机会;二是能否以尽可能低的成本最大限度地将居民储蓄转化为长期投资。多层次资本市场体系从本质上而言,是针对不同的投融资主体,提供具有不同内在逻辑与特点的层次化资本市场制度安排,通过各级市场层次的相互协调、相互配套,形成无缝隙的、既动态发展又兼具一定稳定性的完整体系。并且,通过其强大的整合效应,在有效发挥资本市场融通资金、资源配置、风险定价的基本职能基础上,根据经济发展变化不断衍生出适应性的新功能,使资本市场发展更好地契合于经济增长。具体来说，多层次资本市场的功能如下。

1. 对交易费用的节约

根据制度经济学的理论，一种制度或组织的产生是由于它在某种情况下，可以节约一定的交易费用。多层次资本市场体系作为一种金融制度安排，其主要功能是能够降低资本市场上的交易费用。与其他交易活动一样，资本市场存在着许多交易费用，包括寻找交易对象、收集信息、谈判、签约和维护交易契约的费用等。这些交易费用的存在使得完全分散的自由交易市场往往难以达到帕累托最优的资本配置。而在完善的多层次资本市场体系，经过充分细分且没有缝隙的市场为资本需求者与资本供给者提供了完备的交易平台，资本供给者与资本需求者的交易选择空间得到有效界定，因交易的不确定性而产生的风险成本以及交易者搜寻信息的费用大为降低。

2. 对融资制度创新的促进

通过资本市场的证券交易活动，可以实现从储蓄到投资的转化。在一国资本形成的过程中，多层次的资本市场体系结构是推动储蓄－投资的金融转化机制创新的有效载体。面对社会生产力发展带来的产业分工的深化和细化，以及储蓄者金融投资的需求与结构日益多样化，一方面，资本市场各层次之间分工明细、定位明确，把有着同样风险偏好及特征函数的资本供求双方吸引到相应层次的市场，并以适宜的制度安排提供交易服务，利用市场化的方式对资本供求差异给予有效弥合，这使得资金动员能力得到较大幅度的提高；另一方面，多层次资本市场体系的不同层次之间具有相互协调、相互竞争、相互补充的关系，随着信息、资金在各市场层次交易主体之间的传递和转移，为各种证券提供了合理定价，从而引导资本配置逐步优化。对于大多数中小企业而言，较低层次的资本市场，如私人权益资本市场的存在与发展加强了对中小企业经营的制度约束，这种有效的监督制衡机制的建立有助于其法人治理结构的实施，进一步提高了资本的利用效率。

3. 对高新技术产业化的推动

工业经济向知识经济跨越的关键在于高新技术企业的发展。而高新技术企业的发展要求实现高新技术与风险资本的有机融合。我国每年科技成果转化率远低于发达国家的水平，其原因之一就在于创新企业在成长过程中缺乏资金支持。目前我国中小型科技企业大多以债务性融资为主。由于这些企业本身所具备的高风险性与商业银行安全性要求的矛盾，加上长期以来，对非公有制企业的金融歧视，使得这种融资方式很难奏效。而在权益融资市场上，由于我国可以满足不同发展水平企业融资需求的多层次资本市场还没有形成，因此，这些科技企业的发展要求便无法满足。

高新技术产业从种子期、创业期到成长期，再到扩展期、成熟期呈现复杂的、长期的链条式生命周期，其中资本支持是维持该链条顺利延伸的基本条件。从发达国家的经验看，大多数科技企业，尤其是成长中的科技企业的融资方式都是依次从场外市场到二板市场再到主板市场。通过交易，增加了资本的流动性，反过来又吸引更多的投资者进入市场交易，形成良性循环。另外，风险投资的活力在于资金的循环流动，其核心机制就是退出机制。然而，我国现阶段的资本市场，由于缺乏合理的投资回收渠道，合理的高收益无法变现，风险资本难以流动，这严重阻碍了风险资本与高科技企业高效率的结合。只有建立了合理的多层次资本市场，才能使风险资本在市场上能有效退出以实现风险收益，从而提高风险资本与科技企业更大规模、更高效率的融合，进而促进高新技术成果的产业化。高科技企业在初创期由于研发的不确定性蕴涵着巨大的风险，从银行获取债权融资的机会极少，而多层次的资本市场体系中由低到高的递进式制度安排与高新技术产业的成长路线存在着一一对应的契合关系，高科技企业得以在股权融资支持下突破瓶颈约束，建立起有效的风险分担与规范运作机制。同时，高新技术企业在由初创至成熟的发展历程中，创业资本必须在进入与退出的反复循环中为各个发展阶段的企业提供不间断的持续资本支持，而多层次资本市场体系正是为创业资本提供了市场化的退出机制，促使创业投资增值后能够快速退出，并为企业吸引更多的创业资本进入打下基础，从而形成资本市场与创业投资、高新技术产业的良性互动机制。

4. 提高资本市场的运作效率

资本市场上交易证券价格的变化，引导资金向提供高回报的证券流动，推动生产要素重新配置和组合，实现产业结构调整优化。资本市场效率，一般是指资本市场实现金融资源优化配置功能的程度。具体可从两大方面着手进行分析：一是资本市场以相对较低的交易成本为资金需求者提供较强金融资源的能力，二是表现为市场的资金需求者使用金融资源向社会提供有效产出的能力。高效率的资本市场，应是将社会有限的金融资源配置给效益最好的企业、行业及区域，创造最大产出，实现社会福利最大化的市场。从价格发现和资源配置的角度看，单一层次和单一品种的资本市场的功能非常有限，不能满足融资者和投资者的需求，实际上有可能将大量的融资者和投资者"挤出"资本市场。多层次的资本市场可以满足资金供求双方的多样化需求，实现资本供求均衡，进而提高资源配置效率，有利于促进资源优化配置，优化资本结构。此外，资本市场的高度流动性和信息获取及传递的充分性为资产重组提供了最便捷的场所。资产重组主观上是企业为生存和发展而进行的自我调整行为，客观上是一种存量资产流动重组的机制。通过证券的流通实现优质企业对劣质企业的重组，规模小的企业可以重组规模经济的大企业，同时还可以拓展企业的经营方向。

（1）资本市场的分层化将不同风险－收益特征的金融工具集中在不同市场进行交易，为具有不同风险偏好的投资者提供了多样化选择，提高了各个层次资本市场的风险揭示能力。

（2）各个层次资本市场的发行、上市、交易、信息披露等制度各不相同，投资者的交易成本和资金需求者的融资成本、信息披露成本与金融工具的风险－收益特征严格匹配，提高了资本市场的效率。

（3）不同层次资本市场的互补与竞争，有利于化解资本市场的风险，提高资本市场的效率。

资本市场的分层化，使基础证券之间、基础证券与衍生证券之间的风险对冲，从而能够分散资本市场的非系统性风险。不同层次资本市场之间存在升降板制度（转板、退市），有利于资本市场对上市公司的优胜劣汰。不同层次资本市场之间存在一定程度的资源竞争，有利于资本市场效率的提高。

5. 推动监管体制和资本市场制度建设的创新

多层次资本市场的建设需要合理界定中央统一监管和地方政府监管的职能。而从市场监管的角度看，如能对企业多层次的融资需求做出合理的、多层次的市场体系安排，监管部门相应就能针对不同市场上企业的特点实行不同的监管制度，这样也有利于市场的协调发展。单一层次的证券市场的融资和资源配置功能总体上非常有限，将不同风险偏好的企业集中在一个较高标准的主板市场上市，而缺乏其他可供选择的直接融资渠道，那么这种单一市场不仅不能满足各个层次的融资者和投资者的需求，而且还会导致资本市场金融资源的错位配置，助长投机行为。从理论上说，资本市场只有通过面向需求的最大可能的细分来最大限度地满足多样化的市场主体对资本的供给与需求，才能高效率地实现供求均衡，才可能全面、协调和可持续发展。

6. 多层次资本市场能满足不同发展水平企业的融资需求

企业在资产规模、技术水平、市场条件、发展要求等方面不尽相同，同时，每个企业在成长的不同时期对外部资本的数量和性质也有不同需求，而且规模不同的企业适合的融资方式也不同。处于成熟期和成长期的企业往往倾向于债权融资，常常选择银行贷款和银团贷款，并在企业债券市场和主板市场上融资；而处于幼稚期、初创期和种子期的企业通常倾向于股权融资，选择金融机构贷款和风险投资基金，并在创业板市场和场外市场上融资。首先，企业做强做大，需要资本市场的支持。尽管从理论上说，没有资本市场的支持，依靠逐步自我积累，企业也能由小到大，但这是一个缓慢的过程。资本集中主要通过资本市场得以实现，难以通过银行贷款等方式解决。对于已进入市场化阶段、相对成熟的企业来说，可以通过在主板市场发行股票及发行信用级别较高的企业债券，迅速完成资本集中，做强做大。其次，中小企业的壮大和平等发展需要多层次资本市场的支持。

哪些企业的成长性好，金融资源利用率相对较高，资本就应该流向哪里。然而实际情况是，资本市场层次的单一，造成了能参与直接融资的企业无一例外都是大型或超大型企业。一方面，主板市场的准入门槛确实很高；另一方面，从事推荐上市和主承销业务的中介机构只有尽量选择规模较大的企业作为推荐上市对象，它们才有可能获得更多的金融服务收入。目前，我国有很多中小企业存在资金缺乏、融资困难的问题，这在很大程度上约束限制了这些企业的发展，而这些企业正是中国经济增长中最为活跃的因素。为这些活跃的市场群体提供有力的金融支持，就是为中国经济可持续发展提供新的动力。而上市标准较低、手续费用较少的中小企业板、创业板市场和场外交易市场无疑能为处于不同发展时期的中小企业提供多样化的融资渠道。

7. 多层次资本市场可以满足不同投资者的需求

在资本市场，通过提供不同风险－收益组合的工具以及股权细分，能够使投资者进行不同金额的投资，达到分散、转移和降低风险，增加收益的目的。资本市场不仅是融资的场所，也是投资的渠道。资本市场的投资者是一个多层次、多样化的群体，他们在资金数额、信息处理能力、投资心理、投资取向、资金期限等方面不尽相同。其中，既有各种各样的机构投资者，也有不尽相同的个人投资者。更为重要的是，不同类型的投资者对证券市场的风险承受力是不同的，有的风险偏好较强，有的风险偏好较弱，因而他们都会选择与自己的风险偏好相吻合的投资场所和投资品种进行投资。投资者偏好和证券市场的匹配状态如下：风险偏好者——主板市场、创业板市场、场外市场及区域性证券交易所和产权交易机构的衍生产品；风险中立者——主板市场各种投资品种；风险规避者——主板市场的基金等相对安全的投资品种。在这种条件下，如若仅存在单一的全国性资本市场，势必使相当多的投资者的金融投资需求不能得到满足。多层次资本市场建立了具有不同风险收益特征的金融产品交易场所，满足不同类型投资者对风险收益的偏好。同时，信息披露更加充分，加大投资者的选择权，减少信息搜寻的成本。而且各层次市场的信息披露和惩罚力度的加大，在一定程度上加大了操纵者的操纵成本，抑制操纵的发生，实现对投资者的保护。

8. 有助于企业做大做强和规模经济的发展

产业组织结构优化的目标应该是"寡头主导，大、中、小共生"的动态竞争演进型产业组织。这就要求我们必须促进大企业、企业集团的快速发展，而多层次资本市场的建立是加快龙头企业发展的助推器。首先，有利于大型龙头企业获得资金支持。现代企业离不开大量的资金投入。我国资本市场也为大型企业集团化发展提供了巨大的资金支持。在现代市场经济条件下，借助于资本市场，通过资本市场在新股发行上市等方面向特定企业倾斜，使有效益、竞争力强、市场成长性好的企业得到资本支持而成长壮大；而效益差、成长性差的企业无法得到资本支持而受到抑制或者被自然淘汰。其次，有利于促进大型企业现代企业制度建立，提高上市公司质量。多层次的资本市场的建立可以在不同层次的市场之间建立进退机制。正是这种激励和约束机制的存在，既能激发企业为争取到高一层次的市场上市而奋发进取的意识，又能迫使那些业绩差的企业为避免退入低一层次的市场而努力提高自身质量。因此，多层次资本市场制度将为主板市场源源不断地提供优质的上市公司。

9. 多层次资本市场有利于防范和化解我国的金融风险

从融资结构上分析，目前中国的金融市场上，间接融资占据主导地位，间接融资中商业银行则是主导性的，银行贷款偏重国有大中型企业。我国金融资产过度集中于银行，积聚了大量的金融风险，成为商业银行改革的障碍，并阻碍中央银行货币政策的传导，制约着利率市场化和汇率体制改革。可见，资本市场层次的单一性所造成的这种不合理金融结构，蕴涵着较大的金融风险，严重制约着我国经济的进一步健康发展。

直接融资有利于分散融资风险，能有效地避免风险向金融系统集中。从国外经验看，在间接融资为主的金融体系中，一旦经济实体发生严重问题，就会导致大量银行坏账，金融体系的脆弱性往往将经济拖入长期不振的境地。由于我国资本市场尚不发达，间接融资在总融资额中所占比例很高，这种间接融资与直接融资结构严重畸形的状况对金融稳定和防范风险极为不利。结构合理的多层次资本市场能够带动直接融资和间接融资结构的调整，对于改变过多依赖以银行贷款主导的间接融资的融资结构具有积极的作用。我国国民经济庞大的规模和丰富的层次决定了我国企业直接融资问题的解决不可能仅仅依靠主板市场，而必须依赖于多层次的资本市场来完成。多层次资本市场体系建设必然能够推动融资结构的调整和创新。多层次资本市场体系的建立可以为企业提供更多的融资渠道，摆脱对间接融资的依赖。而且，随着多层次资本市场体系的建立和完善，直接融资比重的提高，会逐步形成风险程度存在明显差异的子市场，风险承担主体呈现多样化，有利于实现金融市场的稳定，分散和化解金融风险。

10. 多层次资本市场能有效促进上市公司质量的提高

多层次资本市场适应企业不同发展阶段的要求，为企业成长提供了一个优良的成长环境。从场外市场到二板市场，再到主板市场，入市条件逐步严格。企业素质也呈阶梯式走势，这实际上提供了一个市场甄选机制。一方面，对于挂牌交易的企业通过在下一级市场的培育和检验，将会有优秀企业脱颖而出进入上一级市场交易；另一方面，对于长期经营不善、已不符合某一层次挂牌标准的企业，则通过退出机制，退到下一级交易市场交易。这样便形成一种优胜劣汰的机制，既有利于保证挂牌公司的质量与其所在市场层次相对应，又能促进上市公司努力改善经营管理水平，提高上市公司质量。同时，多层次资本市场具有较强的防范风险的能力。以创新企业为例，这些企业一般都具有高风险－高收益的特点。在进入市场之前这些风险既难以明晰，又难以量化。在进入市场的过程中，通过不同层次的市场机制，可以逐步展现这些风险及其对应的企业资产价值，能够避免由上市公司风险特征加大、风险揭示能力下降而造成的市场风险。因此，多层次资本市场分散了风险结构，与创新企业直接进入主板市场相比，具有较高的回避风险与抗风险的能力。多层次资本市场本身的结构特点还向投资者发出了不同的风险系数的信号，这可以使不同投资者根据自己的风险偏好，在不同层次的资本市场上选择自己的投资组合，使投资者的风险也能够得到有效控制，从投资者的角度也降低了市场风险。

11. 多层次资本市场能促进欠发达地区的资本形成能力

多层次资本市场的发展有利于改变金融领域的二元结构，推动落后地区的金融发展。对于大国经济而言，由于土地、资本、劳动力、技术以及制度供给等要素禀赋在空间区域分布上的非对称性和非均衡发展，导致经济发展的区域化差异和区域经济发展的不平衡性。而经济发展的区域化差异必然导致金融资源在空间配置上的非均衡性，从而使得金融运行具有区域性特点，这必然要求作为金融体系重要组成部分的资本市场在空间分布上具有区域化的特征。

我国是一个大国，地区发展水平极不平衡，企业众多，资本市场绝不能仅仅由一两个全国性的资本市场构成，必须形成一个全国性市场与地区性市场相结合、场内市场与场外市场相结合的多层次的资本市场体系，才能适应不同地区、不同规模、不同成长阶段的企业直接融资的需要。因而，通过建立和发展与全国统一资本市场相对应的、为某一区域尤其是欠发达地区经济社会发展服务的区域性资本市场，使其发挥能动力量在区域内形成资金洼地，再加以必要的政策和法律鼓励，就可以吸引流向发达地区的资金向不发达地区回流，加速不发达地区的开发，使其与发达地区差距缩小，从而实现我国经济的可持续发展。

与国际资本市场相比，我国资本市场的结构还不完善，直接融资比重偏低，资源配置效率低下。建立我国多层次的资本市场体系，是资本市场制度改革的大势所趋，也是市场经济发展的客观需要。资本市场作为资金融通、优化资源配置的重要场所，对于企业而言，可以在短时间内通过资本市场筹措到所需资金，而对于整个国民经济来讲，通过资本市场的优化资源配置功能，可以提高整个国家的经济实力和竞争力。大力发展多层次资本市场，已成为各级政府和社会各界的共识。充分利用资本市场，可以筹集更多发展资金，破解中小企业融资难题，能够规范和加强企业管理，提升上市公司的质量，可以提高直接融资比例，从而防范和化解金融风险，还能充分发挥资本市场的放大效应、倍增效应和"四两拨千斤"效应，通过资本市场来做大做强区域性经济。此外，利用资本市场，还能积极推动企业"走出去"，面向全球整合产业资源，抢占产业链的高端，提高产品附加值，并做大企业品牌。随着社会生产力发展、产业分工深化以及人们生活水平提高带来的持有财富量增加，投资者的投资需求与企业的权益融资需求呈现多元化、复杂化的发展态势，如何以较低交易成本使资本供求在各个层次和水平上达到契合，推动资本循环顺利进行，是一项亟待解决的难题。从国际经验来看，多层次资本市场体系的发展为破解这一难题提供了有效的思路。在这一背景下，我国多层次资本市场体系的建设问题日益引起管理层重视。2003 年，中央《关于完善社会主义市场经济体制若干问题的决定》提出要"建立多层次的证券市场体系"，自此，我国资本市场层次结构的单一性以及由此造成的市场退出机制不完善、资本市场信息不对称导致交易成本过高、中小科技企业缺乏权益融资支持下的成长路径等问题在学术界引起广泛关注。中外资本市场发展的实践都已经证明，仅靠证券交易所场内市场是无法完全实现资本市场使命的。单一层次的资本市场必然会带来限制市场的广度和深度、加大金融风险、破坏市场"三公"法则等一系列不良后果。因此，构建多层次协调发展的资本市场体系已成为建立完善社会主义市场经济体制的当务之急。

第二节　中原经济区资本市场发展现状分析

本节拟围绕河南经济增长率、外商直接投资、金融机构发展、A 股上市融资情况、保险业务以及郑州商品期货交易情况进行分析。探讨中原经济区多层次资本市场发展现状，助力中原经济区发展。

一　河南省经济发展指标

由图 6 - 2 可知，河南省 GDP 增长率变动幅度不大，经济增长总体平稳。改革开放以来，GDP 增长率均为正，2008 年的金融危机使 GDP 增长率有所降低，但到 2010 年底，经济逐步恢复，GDP 又开始保持增长态势。

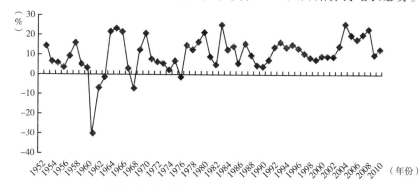

图 6 - 2　河南省 1952~2010 年 GDP 增长率

资料来源：锐思金融研究数据库，www.resset.cn。

在建设中原经济区的过程中，外商投资对经济的发展会起到一定的推动作用，因此进一步分析河南省外商投资情况，可为中原经济区的发展提供一些经验证据。图6-3反映了河南省1994~2010年外商投资情况，可以看出外商投资总量仍然偏小。

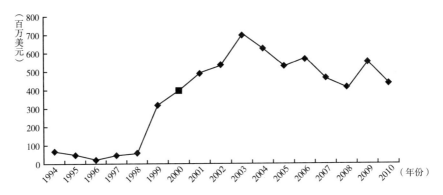

图6-3 河南省1994~2010年外商直接投资额

资料来源：锐思金融研究数据库，www.resset.cn。

表6-1列示了改革开放以来河南省历年金融机构和保险业的指标，可以看出，特别是2005年以来，金融机构各项存款余额呈现大幅度增加的态势。到2010年底，各项存款余额达到23148.83亿元，各项贷款余额达到15871.32亿元，城乡居民储蓄存款年底余额达到12883.70亿元。各项存贷款总量和城乡居民储蓄存款总量的增加说明河南省经济发展存在很大空间，如何刺激消费，如何增加投资者的投资，使资金能够被充分运用，助力"三化"协调发展是一个迫切需要解决的问题。

表6-1 河南省历年金融机构和保险业主要指标

单位：亿元

年份	各项存款余额	企业存款	各项贷款余额	城乡居民储蓄存款余额	保险公司保费收入	保险公司赔款及给付
1978	45.71	12.26	99.99	9.81	—	—
1979	52.00	14.15	108.14	12.97	—	—
1980	57.77	17.51	125.01	19.44	—	—
1981	68.45	19.10	146.42	26.90	—	—
1982	74.08	21.96	153.73	32.83	—	—
1983	88.10	26.47	174.83	45.59	—	—

年份	各项存款余额	企业存款	各项贷款余额	城乡居民储蓄存款余额	保险公司保费收入	保险公司赔款及给付
1984	136.84	53.38	229.88	64.35	—	—
1985	146.42	59.13	284.91	84.23	—	—
1986	184.66	69.64	350.21	115.03	—	—
1987	231.71	85.54	392.32	167.88	—	—
1988	270.67	92.01	447.99	209.33	—	—
1989	329.01	88.79	511.90	276.34	—	—
1990	593.96	120.86	773.04	376.12	6.57	3.18
1991	754.03	149.68	945.90	484.84	8.47	4.49
1992	936.04	204.60	1127.26	595.39	13.65	5.46
1993	1143.66	275.80	1366.98	766.57	18.48	7.55
1994	1602.95	381.45	1704.82	1085.80	21.03	11.89
1995	2131.69	524.66	2170.17	1456.35	25.57	11.47
1996	2707.65	700.86	2665.41	1855.28	26.87	15.23
1997	3271.76	861.43	3320.89	2243.00	34.84	16.02
1998	3772.51	907.25	3878.53	2657.23	44.92	17.78
1999	4198.10	990.69	4179.51	2940.08	47.89	15.83
2000	4753.41	1207.41	4356.94	3182.08	55.77	17.30
2001	5530.16	1398.27	4885.73	3634.50	69.57	21.85
2002	6451.59	1566.27	5553.58	4202.57	126.22	22.68
2003	7618.03	1827.48	6422.66	4919.09	162.98	27.53
2004	8631.79	1988.23	7092.31	5607.30	202.05	33.84
2005	10003.96	2138.70	7434.53	6488.55	213.55	38.16
2006	11492.55	2584.95	8567.33	7367.37	252.31	50.98
2007	12576.42	3012.85	9545.48	7812.24	323.56	100.88
2008	15255.42	3432.57	10368.05	9515.82	518.92	128.77
2009	19175.06	4845.22	13437.43	11207.40	565.39	148.23
2010	23148.83	5688.32	15871.32	12883.70	793.28	153.91

表6-2是河南省上市公司在证券市场上市融资情况，上市公司的数目由2009年的66家上升到2010年的81家。如何解决中小企业"融资难"的问题在河南省显得尤为突出，随着创业板市场的推出，在一定程度上为中小企业融资提供了可行的平台。河南省近几年加大力度，扶持了一批高科技企业在创业板上市。

表 6 - 2　河南省上市企业融资概况

指标	2009 年	2010 年
年末河南上市公司数量（家）	66	81
年末发行股票（只）	68	83
发行 A 股	41	52
新发行	3	11
发行境外股票	27	31
新发行	3	4
截至年末募集资金总额（亿元）	577.46	751.10
本年首次发行、再融资募集资金（亿元）	57.64	173.64
A 股	50.06	142.27
年末 A 股上市公司流通股市价总值（亿元）	2503.00	3296.88
股票成交量（亿元）	26054.00	24290.27
投资者开户数（万户）	316.00	359.66
机构	0.32	4.96
个人	315.68	354.70
证券营业部个数（个）	123	138
外省证券公司设在河南省营业部	89	101

资料来源：2011 年《河南统计年鉴》。

表 6 - 3 进一步显示了河南省 2006 ～ 2010 年财产保险、人身保险等情况，可以看出，河南保险业务发展迅速，保险费收入从 2006 年的 2523106 万元涨到 2010 年的 7932838 万元，保险业发展有着广阔的前景。

表 6 - 3　河南省保险业务情况

单位：万元

项　　　目	2006 年	2007 年	2008 年	2009 年	2010 年
保费收入	2523106	3235621	5189239	5653914	7932838
财产保险	476181	647687	778537	977354	1347210
机动车辆险	399160	538271	631479	817024	1193388
企业财产险	41440	52030	57058	54314	66260
家庭财产险	3810	1916	2452	2242	2034
人身保险	2046925	2587934	4410702	4676560	6585628
寿险	1854461	2386260	4110140	4344466	6183363
健康险	133789	132658	223564	249136	310332
意外伤害险	58675	69015	76997	82958	91933

续表

项 目	2006 年	2007 年	2008 年	2009 年	2010 年
赔款及给付	509782	1008777	1287669	1482335	1539086
财产保险	231549	338994	451263	521312	707189
机动车辆险	189390	289728	382449	431539	586623
企业财产险	23945	28708	23876	29468	52660
家庭财产险	396	536	627	687	813
人身保险	278233	669783	836406	961023	831897
寿险	197318	600394	745623	862212	686418
健康险	60553	44116	65145	73159	115751
意外伤害险	20362	25273	25639	25651	29728

资料来源：2011 年《河南统计年鉴》。

表 6 - 4 展示了河南省各市国债发行情况，可以看到全省国债由 2000 年的 485000 万元发展到 2010 年的 618676 万元。随着国家逐步放开对地方政府发债的限制，国债资金将对河南经济社会发展起到较大的推动作用。

表 6 - 4 河南省各市国债发行情况

单位：万元

年 份	2000	2001	2002	2003	2004	2005	2006	2007	2008	2009	2010
郑 州	160330	126160	135264	224993	206636	190559	182749	162122	165302	260249	140710
开 封	23266	9500	10504	37050	13973	18625	27500	16700	11917	25413	31839
洛 阳	79250	70300	54341	38227	89702	68155	75090	58420	53215	69539	55497
平顶山	21000	11150	16462	17582	14178	13410	19250	14140	13363	17609	24190
安 阳	30500	12100	8690	13265	12260	16682	17830	16130	11677	19723	13050
鹤 壁	2880	1950	2202	2780	7927	3360	10290	8150	2619	4587	10755
新 乡	30737	18800	13078	15875	18342	24089	29550	18060	11750	23661	45620
焦 作	25021	12800	9850	9925	10306	11699	16850	17180	11700	22824	31401
濮 阳	35300	37820	24566	17095	50250	35975	55380	23460	28492	62422	43013
许 昌	14600	9100	8741	8660	12519	10770	12620	11040	4927	11236	10737
漯 河	3296	1550	1665	2940	5505	6080	10170	8760	7766	11846	8191
三门峡	11710	9900	8560	7555	14262	9690	10460	9255	6314	11447	18821
南 阳	8000	12870	7924	7422	11686	17220	21990	19320	11486	20616	25086
商 丘	6515	3100	2829	3851	5700	4505	8290	10600	7166	12629	22454
信 阳	8275	9250	8932	11688	13515	9900	14650	12400	7757	16395	37562
周口市	8800	7050	5197	4720	6783	5575	9970	11200	8477	14225	28285
驻马店	11600	8250	6754	13600	16955	9125	10170	10270	10197	21248	59963
济 源	3920	4050	3341	2750	4131	5550	5860	5580	4003	4029	9502
全 省	485000	365700	328900	439978	514630	460969	538669	432787	378128	629698	618676

表6-5是郑州商品期货交易所的交易情况统计，主要包括白糖、菜子油、棉花、小麦、早籼稻、红小豆、花生仁等商品期货。郑州商品期货交易所作为全国三大期货交易所之一，其在农产品定价、促进流通、完善交易机制等方面发挥了重要作用，对河南经济的发展功不可没，在建设中原经济区的过程中，郑州商品期货交易所将发挥越来越重要的作用。

表6-5　郑州商品期货交易所1999~2011年商品期货交易情况统计

品　种	最小值	最大值	均值	标准差
PTA	1142.32	518395600	75771789	106002186.7
白　糖	1193.33	3359115200	358802858.7	616376508.1
菜子油	980.2	85573900	17566831.06	22706507.67
棉　花	173.36	2059314900	175750172.5	388818429.4
强筋小麦	427.5	151274800	17855026.53	26043483.4
一号棉花	279.89	156710500	24585312.01	34935369.77
早籼稻	200900	126627500	10972196.55	24677238.89

资料来源：锐思金融研究数据库，www.resset.cn。

二　多层次资本市场对中原经济区建设的推动作用分析

我国的区域经济发展不平衡是比较突出的，东部的上海、广东、浙江、江苏等地已经基本完成工业化，正向信息化社会迈进，而西部的甘肃、贵州等地还没有进入工业化社会。在市场经济条件下，作为理性经济人的投资主体为追求自身利益的最大化，必然将资金投向能获得高收益的地区或部门，所以作为稀缺资源的资本也随着经济的发展正以越来越快的速度向东部地区集聚，而占有我国更广阔领域的中西部地区由于缺乏资本要素，其发展非常缓慢甚至处于停滞状态。要缩小区域经济发展的差距，促进区域经济的协调、均衡发展就必然要调整区域产业结构，实现产业结构的升级与转换，改变经济区域内普遍存在的经济结构性矛盾。然而，调整和转换产业结构，改善现存经济结构需要大量的资本投入。

作为全国统一的主板市场，主要针对符合条件的大中型企业进行融资，能够在这个市场上市的中西部企业只是很小一部分，所占的市场份额也极为有限。在此条件下，全国统一的资本市场根本起不到支持落后地区企业发展的目的。从我国区域经济发展的复杂性和不平衡性来看，在中西部地区建立为本地区服务的区域性资本市场不但有利于调动各地区的积极性，而且还可以优化地区的经济结构，鼓励各地区产业升级，无异于为广大的中西部地区建立了一个可持续发展的新的支撑点，可以协调和平衡区域之间经济发展的不平衡。具体来说，多层次资本市场对中原经济区的发展具有以下作用。

1. 可以较好地解决中原经济区发展中中小企业的资金需求

规模扩张、多元化、多层次是资本市场发展的三条主线。作为一个幅员辽阔、人口众多的发展中国家，中国东部地区、中部地区和西部地区彼此间的经济发展水平差异很大。可以说，目前按较高标准设立的单一层次全国性资本市场体系中，针对中小企业的金融服务处于真空状态，建立有利于中小企业发展壮大和区域经济均衡发展的多层次资本市场是实现我国经济可持续发展急需解决的重要问题。

2. 有助于积极推进农业现代化

推进农业现代化必须有相应的长期建设资金的稳定持续投入，这种资金投入单靠政府投入和间接融资是远远不够的，必须大力发展直接融资。推进农业现代化，需要河南省优先安排并重点支持重大控制性水利工程、低洼易涝地治理、病险水库（水闸）除险加固和大中型灌区建设，加大大型灌排泵站更新改造力度，增强抗御水旱灾害能力；需要河南省建设国家级现代农业示范区和国家级农业科技园区；需要扶持重点龙头农业企业，创建农业产业化示范基地，培育知名品牌，推进农产品精深加工，不断提高农业产业化经营水平；需要河南省建设、培育大型农产品批发市场和综合交易市场。而多层次资本市场的建立，可以帮助更多的农业企业融资，带动农业产业发展，从而筹措到经济快速增长所需要的长期经济建设资金。同时，在河南省构建多层次资本市场有助于土地承包经营权的流转，有助于农业保险和农村金融改革的试点和发展。

3. 有助于加快新型工业化进程，构建现代产业体系

多层次的资本市场可以为河南省顺利完成工业结构转换创造有利条件，并解决工业转型过程中的一些瓶颈问题。

（1）新型工业化进程需要筹措巨额长期资金。工业转型和产业结构调整，必须有相应的长期建设资金的稳定持续投入。这种资金投入，单靠间接融资是远远不够的，必须大力发展直接融资。

（2）企业改革与发展需要借助多层次资本市场。可以利用多层次资本市场促进河南企业建立现代企业制度和自我约束机制。发达的多层次资本市场可以为河南省企业上市、并购重组搭建一个超越空间限制的广阔的运作平台。

（3）经济结构转换和产业结构调整需要借助多层次资本市场。产业结构调整归根结底是不同种类企业的市场进出问题。通过多层次资本市场，使有效益、有竞争力、市场成长性好的企业得到资本的支持而成长壮大，使竞争力差、成长性差的企业无法得到资本支持而受到抑制或者被淘汰。这种市场作用最终将带来产业结构优化的结果，因为投资者以自利为前提的投资活动必然会刺激市场资源向处于优势产业中的企业倾斜。经济结构调整是以促进产业结构的合理化、改善企业的市场适应性和竞争力、提高新技术的创新能力为目标的，可以通过利用多层次资本市场，实现企业产业结构、技术结构、产权结构的升级和优化。

（4）技术创新需要借助多层次资本市场。在经济发展的不同阶段，驱动经济增长的动力是不同的。在经济发展的初级阶段，驱动经济增长的动力是要素，其竞争优势主要来自廉价劳动力和自然资源，企业间的竞争主要是价格竞争；在经济发展的中级阶段，驱动经济增长的动力是投资，竞争优势的主要来源是生产的效率，企业间的竞争主要依靠资本的投入和生产的效率；在经济发展的高级阶段，驱动经济增长的动力是创新，竞争的优势主要来自创新产品在全球的竞争能力。多层次资本市场能够使经济中存在强有力的、支持创新的制度和激励机制。目前河南省的经济增长正处于由资本驱动向创新驱动过渡的阶段，以技术进步推动产业升级是经济结构调整的重要内容。但是，技术创新与商业化本身的风险很高，加之创新型企业规模普遍较小、发展前景不明、信用积累和担保资产缺乏，很难取得银行贷款。为解决这一难题，可以让多层次资本市场与创新活动结成广泛的互动关系，促进河南省企业的快速发展。

4. 有助于以新型城镇化引领的"三化"协调推进

新型城镇化是以城乡统筹、城乡一体、产城互动、节约集约、生态宜居、和谐发展为基本特征的城镇化，是大中小城市、小城镇、新型农村社区协调发展、互促共进的城镇化。从河南省实际看，农村人口多、农业比重大、保粮任务重、"三农"问题突出是制约"三化"协调的最大症结，人多地少是制约"三化"发展的最现实问题，城镇化水平低是经济社会发展诸多矛盾最突出的聚焦点，这一状况对城镇化模式转变形成倒逼压力，要求我们必须创新城镇化发展思路和路径。

实施新型城镇化是一个人口集聚的过程，是诸多因素共生演化发展的过程，是推进人口集聚、产业、生态环境、基础设施、政府服务等全面协调发展的过程，在这个过程中需要利用市场机制进行多渠道融资。因此在河南省建立多层次资本市场有利于深化城镇投融资体制改革，动员各方力量多渠道、多形式筹集建设资金，实现城镇建设投入与产出的良性循环，从而实现以新型城镇化引领的新型工业化、新型城镇化、新型农业现代化协调推进。

5. 可以带动金融服务等第三产业的发展

多层次资本市场不仅是一个融资场所或融资工具，更重要的，它是经济总量的组成部分，并在 GDP 构成中占有相当的比例和贡献。多层次资本市场的繁荣和壮大可以带动投资银行、会计师事务所、律师事务所、资信评估公司、投资咨询业等中介业的发展。未来资本市场发展主要表现为规模扩张和结构优化两个方面，主要包括以下几点：通过细分市场体系，发展市场层次，实现证券产品类别的量的扩张；通过创设新的市场机制，发展衍生品市场，实现资本市场质的提升。而这些又与资本市场制度创新、产品创新和市场创新等密不可分。此外，金融产业结构调整也需要借助多层次资本市场。金融是经济发展的支柱产业，但也是受经济周期波动影响最大的行业之一。在其周期性发展过程中，结构调整是一种常态。无论是金融企业上市、再融资，金融机构之间的兼并、重组，还是不良资产的出售，都离不开资本市场。

6. 有利于中原经济区产业组织优化

科技产业化是实现我国产业升级、产业结构调整的关键因素，在科技产业化的过程中，科技投入是最为关键的因素，因而建立多层次资本市场体系是推动科技产业化的决定因素。科技创新和资本市场的结合对于促进我国科技成果转化、实现产业结构调整从而促进经济增长具有十分重要的意义。

目前河南省产业组织具有"散""全""低"的特征，而推进中原经济区资本市场的多层次发展，对于加快本地区经济体制改革进程、拓展企业融资渠道、优化产业组织结构、提升产业竞争力具有十分重要的作用。整体上看，目前河南省的产业组织还不尽合理，产业组织还处于低层次的无序的竞争状态，影响了河南省产业竞争力的提升。同时，目前资本市场层次单一，难以满足企业的融资需求。完善的产业组织结构需要健全、完善的市场制度，尤其是多层次的资本市场体系。

河南省产业组织结构不合理具体表现在以下四个方面：一是企业规模结构不合理，缺乏有效的协同机制，大、中、小企业往往自我封闭、各自为政，缺乏形成重点突出、层次递进、协调配合的新的产业组织形式的客观条件；二是过低的进入壁垒与过高的退出障碍并存，从而造成产业进入过度与退出受阻态势的生成，其结果既浪费了资源，又阻碍了市场对产业组织的整合过程；三是企业"大而全、中而全、小而全、小而散"，内部无专业化分工，更谈不上每个生产阶段都实现规模经济；四是企业重复建设现象严重，专业化协作水平不高。

在美国，高科技产业发展的背后有一个强大的推动机制，这个机制，就是资本市场的发现机制。这对于正在向"创新大国"转型和寻求产业结构升级的中国经济，具有现实的借鉴作用。从美国近几十年的高科技产业发展轨迹可以看出，资本市场在其中扮演着重要的角色，其中风险投资对技术创新企业的快速发展起到了关键作用。据统计，在美国，风险投资公司数量众多，州政府也成立有半官方性质的风险投资公司，美国风险资本对高新技术产业的投入是欧洲的 3 倍，而且差距有继续扩大的趋势。以硅谷和华尔街为代表，美国建立了金融资本与技术资本的相互结合机制，即以科技产业、风险投资和资本市场相互联动的一整套发现和筛选机制，这个机制被称作"硅谷模式"。实际上指的就是从风险投资到资本市场的一个体系，是一个把科技创新者和科技投资者撮合到一起的机制。依靠这套机制，美国引领了数次世界性的科技潮流，包括 20 世纪 70 年代的计算机、80 年代的生物技术，一直到 90 年代的网络浪潮。

美国高科技产业的发展给了我们一个启示：这套以科技产业、风险投资和资本市场相互联动的机制具有强大的制度优势。资本市场是自主创新的重要机制保障。实现自主创新，必须疏通融资渠道，建立完善科技产业、风险投资和资本市场相互联动的体系。真正长期和可持续的创新能力是要靠一整套机制去保证的，而在这一整套机制中，资本市场是最主要的环节之一。因此要想实现中原经济区自主创新战略，其中关键的环节是应当建立一个功能完备、高效的金融支持体系，以利于企业不断提高技术创新能力和市场竞争能力。

第七章
国内外多层次资本市场构建的比较研究

借鉴国内外资本市场发展的经验，可以使中原经济区多层次资本市场建设提高效率、少走弯路。本章首先介绍传统发达资本主义国家及金砖国家资本市场建设的经验，其次对中国部分经济发达地区多层次资本市场建设的经验进行总结，并归纳出国内外资本市场建设的经验对中原经济区资本市场建设的借鉴意义。

第一节　国外多层次资本市场的发展模式比较分析

本节主要对美国、英国、日本、韩国、中国香港、中国台湾，以及金砖国家的资本市场发展的过程和机制进行介绍和比较。

一　美国多层次资本市场发展

美国拥有全球最发达和规模最大的资本市场体系，为世界各国进行相应的制度设计提供了有价值的市场模式和经验借鉴。在美国，资本市场分层在金融工具风险特征、交易组织形式、地理空间三个维度上同时展开，形成了由五个层次构成的金字塔结构的多层次资本市场体系，包括主板市场（纽约证券交易所和美国证券交易所）、创业板市场（纳斯达克市场）、场外交易市场（OTCBB和粉单市场）、区域性证券交易所及私募股票交易市场（见图7-1）。

第一层次：主板市场。位于多层次资本市场金字塔的最顶端，主要包括纽约证券交易所（NYSE）和美国证券交易所（AMEX），该市场对上市公司的要求比较高，主要表现为交易国家级的上市公司的股票、债券，在

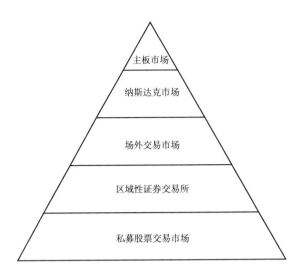

图 7 - 1 美国的金字塔形资本市场体系

该市场所属交易所上市的企业一般是知名度高的大企业，公司的成熟性好，有良好的业绩记录和完善的公司治理机制，公司有较长的历史存续性和较好的业绩回报，其主要目标是发展成为全球性的蓝筹股市场。美国证券交易所也是全国性的交易所，但在该交易所上市的企业较纽约证券交易所略逊一筹，在该交易所挂牌交易的企业发展到一定程度可以转到纽约证券交易所上市。从投资者的角度看，主板市场的投资人一般都是风险规避或风险中立者。

第二层次：以纳斯达克（NASDAQ）为核心的二板市场。NASDAQ 是全美证券交易商协会自动报价系统（National Association of Securities Dealers Automated Quotations）的英文缩写，但目前已成为纳斯达克股票市场的代名词。信息和服务业的兴起催生了纳斯达克。纳斯达克始建于 1971 年，是一个完全采用电子交易、面向成长型企业、为新兴产业提供竞争舞台、自我监管、面向全球的股票市场。纳斯达克市场内部可进一步分为三个层次，即纳斯达克全球精选市场、纳斯达克全球市场（即原来的"纳斯达克全国市场"）以及纳斯达克资本市场（即原来的纳斯达克小型股市场），进一步优化了市场结构，吸引了不同层次的企业上市。其中，全球精选市场是纳斯达克市场中上市标准最高的一个层次，它的建立与纽约证券交易所的蓝筹股市场形成了竞争。纳斯达克市场虽然设立较晚，历史较短，但发展速度很快，其交易金额仅次于纽约证券交易所，是全球第二大交易市场，而在上市公司数量、成交量、市场表现、流动性比率等方面已经超过了纽约证券交易所。纳斯达克市场的建立，大大促进了美国高科技产业的发展，保证了技术创新与资本市场的良性互动，保持了美国经济强国的地位。也因其不限国别、行业、经营历史等宽松特性，受到全球拟在资本市场筹资的高新企业的广泛欢迎。纳斯达克市场对上市公司的要求与纽约证券交易所截然不同，它主要注重公司的成长性和长期赢利性，在纳斯达克上市的公司普遍具有高科技、高风险、高回报、规模小的特征。

第二层次：场外交易市场。为初具规模、需要发展资金，却又达不到主板和纳斯达克上市条件的高科技公司提供的上市交易渠道，包括场外柜台交易系统（OTCBB）和粉单市场（Pink Sheet Exchange）。其中，OTCBB 是全美证券交易商协会管理的一个电子报价系统，该系统可以方便投资者报价，有利于交易信息的广泛传播。OTCBB 因门槛较低、上市程序简单，被称为 NASDAQ 的预备市场或 NASDAQ 摘牌公司的后备市场。粉单市场原名 National Quotation Bureau，简称 NQB（全国报价局），于 1913 年成立，为一家私人企业，因最初把报价印刷在粉红色的单子上而得名。1997 年，NQB 更换新经营团队，以电子揭示看板的新技术提供客户柜台买卖中心的交易信息，方便证券经纪商获取市场信息，将分散在全国的做市商联系起来。2000 年 6 月，NQB 改名为 Pink Sheets LLC（Liability Limited Company）。如今的粉单交易市场，已纳入纳斯达克最底层的一级报价系统，是美国柜台交易（OTC）的初级报价形式。广义的美国 OTC 市场包括 NASDAQ、OTCBB 和粉单市场，按其上市报价要求高低依次为 NASDAQ、OTCBB、粉单市场。粉单市场的功能就是为那些选择不在美国证券交易所或 NASDAQ 挂牌上市，或者不满足挂牌上市条件的股票提供交易流通的报价服务。在粉单市场报价的是那些"未上市证券"（Unlisted Securities），具体为：①由于已经不再满足上市标准而从 NASDAQ 股票市场或者从交易所退市的证券；②为避免成为"报告公司"而从 OTCBB 退到粉单市场的证券；③其他至少有一家做市商愿意为其报价的证券。在美国证券交易实务中，粉单市场里交易的股票，大多是因公司本身无法定期提出财务报告或重大事项报告而被强制下市或下柜的。因此，投资人通常称这种公司为"空头"或"空壳"公司，该类股票为"垃圾股票"。粉单市场中的挂牌公司不必向美国证券交易委员会（SEC）和全美证券交易商协会（NASD）披露财务信息和任何报告，比 OTCBB 市场受到的监管更少、证券信誉等级更低。值得一提的是，公司在粉单市场交易是不需要交费的。

第四层次：区域性证券交易所。基本上没有上市功能，已成为纽约证券交易所和纳斯达克的区域交易中心。全国各地的区域性证券交易所共有11家，主要分布于全国各大工商业和金融中心城市，它们成为区域性企业的上市交易场所，可谓美国的三板市场（OTC市场）。目前，美国资本市场已经淡化了全国性交易所与区域性交易所的划分，从整体上看，美国的主要市场都是全国性市场，并都在积极向全球化市场的方向推进。

第五层次：私募股票交易市场。这是专门为合格机构投资者交易私募股份的市场，可以大大增强私募证券的流动性。全美证券交易商协会还运营了一个Portal系统。该系统为私募证券提供交易平台，参与交易的是有资格的机构投资者。机构投资者和经纪商可通过终端和Portal系统相连，进行私募股票的交易。在全球范围内，美国是多层次资本市场最为健全，且机制和功能发挥最为完善的代表。其发达程度在市场规模、交易方式、横向多元化及纵向多层次化方面都能体现出来。美国多层次资本市场体系的划分见表7-1。

表7-1 美国多层次资本市场体系的划分

层次	包括的市场	管理及上市标准	典型上市公司
第一层次	纽约证券交易所（NYSE）	管理最严格，上市标准高	全世界最大的公司
	美国证券交易所（AMEX）	相对于纽约证券交易所，上市标准较低	营业操作和纽约证券交易所大致一样，是一个中小企业上市的场所
	纽交所群岛交易所（NYSE Arca）		
第二层次	全美证券交易商协会自动报价系统（NASDAQ）	按上市公司大小分为全国板和小板，采用投资银行做市商代理制	面向的企业虽然多是科技类且有高成长潜力的公司，但任何类型的公司均可以在此上市
第三层次	场外柜台交易系统（OTCBB）	全美证券交易商协会直接监管的市场，与NASDAQ具有完全相同的交易手段和方式，它对企业的上市要求比较宽松，并且上市的时间和费用相对较低	主要满足成长性的中小企业的上市融资需求
	粉红单市场（Pink Sheet Exchange）	由私人设立的全国报价局提供，为上市公司证券提供交易报价服务	挂牌公司证券的信用等级较低

层次	包括的市场	管理及上市标准	典型上市公司
第四层次	区域性证券交易所:波士顿股票交易所、辛辛那提股票交易所、中西部(芝加哥)股票交易所、太平洋(旧金山)股票交易所和费城股票交易所	超过95%的区域性交易所的交易是同时在区域性交易所和一个全国性交易所上市。	
	未经注册的交易所	由美国证券监督管理委员会依法豁免办理注册的小型地方证券交易所,主要交易地方性中小企业证券	
第五层次	私募股票交易市场	是专门为合格机构投资者交易私募股份的市场,机构投资者和经纪商可以通过终端和 Portal 系统相连,进行私募股票的交易	
	地方性柜台交易市场	美国大约有 10000 余家小型公司,其根据《美国证券法》D 条例中的发行注册豁免条款发行股份,并且通过当地的经纪人进行柜台交易	

美国多层次资本市场有如下特征。

1. 美国资本市场体系庞大、条块结合、功能完备、层次多样

既有统一、集中的全国性市场,又有区域性、小型的地方交易市场,使得不同规模、不同需求的企业都可以利用资本市场进行股权融资,这无疑有力地推动了美国经济的创新与增长。全国性集中市场主要是为大型企业融资服务的,二板市场的服务对象主要是中小型企业和高科技企业。二板市场的上市标准要比集中市场低,同时还设计出几套不同的标准,由不同规模的企业自己选择适宜的标准进行上市融资。新兴市场(三板市场)则基本取消了上市的规模、赢利等条件,把市场监管的重点从企业上市控制转移到以充分信息披露为核心,以管理从业券商为主要手段,以会员制为主要形式,以券商自律为基础的监管模式。多个证券交易所或证券交易系统同时存在,有利于资本市场的竞争和资本市场效率的提高。

2. 各板之间建立操作简便的升降级机制

美国多层次资本市场的成功之处不仅仅在于可以满足不同企业和投资者的投融资需要,还有一点是各个板块之间打通了双向升降通道。从交易所或 NASDAQ 摘牌的股票可以进入次一级的 OTCBB 市场,反之,当公司满足高一级市场的要求时也能转场进入高一级市场进行交易。按照 NASDAQ 规定,公司股票连续 30 日交易价格低于 1 美元,警告后 3 个月内未能使该公司股票升至 1 美元以上则将其摘牌，退至 OTCBB 报价交易。OTCBB 摘牌的公司将退至 Pink Sheet Exchange 报价交易。在 OTCBB 挂牌的公司只要净资产达到 400 万美元，或年税后利润超过 75 万美元，或市值达到 5000 万美元并且股东在 300 人以上，若每股股价到 4 美元，便可升入 NASDAQ 小型资本市场。如果净资产达到 1000 万美元以上，还可直接升入 NASDAQ 全国市场。

正因为这一点，一直以来很多美国的中小企业都采取反向收购 (Reverse Merger) 的方式在 OTCBB 市场借壳上市，等运营一段时间，企业的经营业绩及股票价格达到相关标准后再升级到主板市场。因为 OTCBB 市场基本没有初始挂牌标准，与直接在 NYSE、AMEX 及 NASDAQ 相比，不仅成本小、所花时间短，而且能保证 100% 上市。资料显示，仅 2002 年通过 OTCBB 借壳上市，再申请转入 NASDAQ、AMEX、NYSE 挂牌交易的公司数量是同期直接在此三个市场申请 IPO 上市的公司数量的 2 倍。

3. 内部分层

即在同一市场内针对不同类别或层次的上市企业制定不同的上市条件。采取此做法最为典型的就是纳斯达克市场。NASDAQ 在上市标准的设置上灵活多样，不仅对某些指标设定有替代标准，还针对不同类别或层次的上市企业制定不同的上市条件，有利于支持不同成长阶段企业的发展。

NASDAQ 把市场分为三个层次，一个全国市场（National Market），一个小型资本市场（Small-Cap Market），2006 年又新分出一个意在与纽约证券交易所所竞争的蓝筹高科技板块 Global Select Market。除此之外，全国市场还对拟上市的美国企业提供了三套可供选择的上市标准。这三套标准各有侧重：上市标准 1 是针对有赢利的经营型公司制定的；上市标准 2 和上市标准 3 对于公司的经营年限和已有赢利都不做要求，非常适合那些刚成立不久和潜在赢利能力还没有充分显现出来的企业，其中最大的受益者就是美国的高新技术产业。从 1990 年到 1997 年，NASDAQ 在一级市场共筹资近 1000 亿美元，在 8 年时间内共为美国的高新技术产业注入近 750 亿美元。

设置替代条件的做法，增强了上市标准的灵活性，使那些仅仅由于个别指标不符合要求，但在其他方面又能弥补不足的中小企业增加了上市融资的机会。实践证明，NASDAQ 市场上市标准设置上的多层次、多样化，在单一市场内形成两个或两个以上因发展程度不同而相对独立的市场板块，有利于吸引不同条件的中小企业上市，支持不同成长阶段的中小企业发展，这种做法值得借鉴。

二　英国多层次资本市场发展

英国多层次资本市场分为全国性主板市场、全国性二板市场、全国性三板市场（未上市证券市场）和区域性市场四个板块。

全国性主板市场为英国金融服务局批准正式上市的国内外公司提供交易服务，主板中还包括一个"交易行情单列式的技术板市场"。伦敦证券交易所已有200多年历史，是英国全国性的集中市场，作为世界四大证券交易所之一，不仅是欧洲债券及外汇交易领域的全球领先者，还受理超过2/3的国际股票承销业务，是吸收欧洲资金的主要渠道，也是世界上国际化的金融中心。

全国性二板市场AIM（Alternative Investment Market）是伦敦证券交易所于1995年为英国本地及海外高成长性公司所提供的一个全国性市场，AIM有别于美国NASDAQ，虽附属于伦敦交易所，但其运行相对独立，属于正式的市场。AIM是世界级的快速成长性公司的初级市场，AIM由于该板块监管制度灵活、门槛及上市成本较低、入市审批灵活等特点，正成为中国公司海外上市的热门选择。

全国性三板市场OFEX（Off-Exchange）是未上市证券市场，创立于1995年，是JP Jenkins公司为更初级的中小企业提供融资服务的未上市公司股票交易市场。在OFEX挂牌交易的公司，通过市场的培育可以按照相应的规则进入主板或AIM交易。JP Jenkins公司作为一个家族性公司是伦敦证券交易所登记在册的、具有良好经营记录与信誉的做市商，2002年以后，由于该市场日益发展壮大，已正式纳入英国证监会的监管范围之中，由英国证监会直接监管。

区域性市场主要交易地方企业股票，同时也可以买卖伦敦证券交易所的挂牌股票。除集中的伦敦证券交易所外，还包括伯明翰、曼彻斯特、利物浦、格拉斯哥、都柏林等地方性交易市场。

英国多层次资本市场体系条块结合，有集中也有分散，这样一个结构完整、功能完备的市场体系，有力地支撑、维护了英国在国际金融市场中的地位，使伦敦金融中心能够持久不衰。

三　日本多层次资本市场发展

日本多层次资本市场包括交易所市场和店头市场两大层次。其中，交易所市场分为三个层次：主板市场、二板市场和新市场，见图7-2。

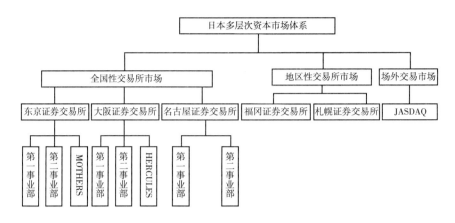

图7-2 日本多层次资本市场体系

第一层次：主板市场，指第一部市场。东京证券交易所、大阪证券交易所和名古屋证券交易所分别细分为第一事业部和第二事业部两个层次，日本多层次资本市场的主板市场主要由这三个证券交易所的第一事业部市场构成。这三个市场具有全国中心市场的性质，在此上市的都是著名的大公司，具有较高的上市标准，主要为大型成熟企业服务。第一事业部和第二事业部的上市公司在品质上有高低之分，但可以平滑转板与下市。第二部市场的上市条件比第一部市场略低，原则上新股票先在第二部市场交易，一年后如果满足第一部市场上市条件才进入第一部市场进行交易。同时在第一部市场上市的股票如果其条件降至一定水平以下，且在一年宽限期内仍未满足第一部市场的条件，就要被重新指定在第二部市场交易。在交易制度上，东京证券交易所建立了适合于散户交易的投资者指令驱动交易系统、适合于机构投资人交易的证券商报价驱动交易电脑系统和仅适用于控制权转让的场外协议交易系统三种制度，它所体现的制度层次性值得借鉴。

第二层次：二板市场，指第二部市场。主要由东京证券交易所、大阪证券交易所和名古屋证券交易所的第二部市场构成。上市标准低于第一部市场，为具有一定规模和经营年限的中小企业和创业企业服务。

第三层次：新市场。近年来，日本业界普遍认识到多层次资本市场合理构建的重要性，开始积极建设主板以外的其他市场，除了建立福冈和札幌等地区性交易所外，还分别建立了东京证券交易所的MOTHERS板（高增长新兴股票市场）、大阪证券交易所的创业板——大力神市场（HERCULES）。在这两个市场交易的公司规模不大，但很有发展前途，上市标准低于第二部市场，为处于初创期的中小企业和创业企业服务。2009年1月，由东京证券交易所与伦敦证券交易所集团合资建立了针对全球创业企业的TOKYOAIM市场。TOKYOAIM以伦敦的AIM市场为参照，旨在吸引日本公司和其他境外公司。

店头市场（即柜台交易市场OTC）以吸引中小公司挂牌为主，也吸纳一些被交易所摘牌的公司，是风险性企业筹资的最大市场。1991年，日本建立了日本证券商自动报价系统（JASDAQ），旨在提高店头市场的效率。店头市场目前分为两个层次。

第一层次：第一款登记标准市场，为登记股票和管理股票服务。所谓登记股票，是指发行公司符合日本证券业协会订立的标准，申请并通过该协会的审核，加入店头市场交易的证券。管理股票是指下市股票，或未符合上柜标准、经协会允许在店头市场受更多限制得以进行交易的股票。

第二层次：第二款登记标准市场，为特则股票服务。特则股票是指未上市、未上柜的公司，但经券商推荐有发展前景的新兴事业股票。该市场与交易所设立的新市场上市标准类似，因此两者之间存在着一定程度的竞争。

四　中国香港多层次资本市场发展

香港作为国际金融中心的重要标志之一是其资本市场的蓬勃发展，香港资本市场由股票市场和债券市场构成。进入20世纪90年代以后，香港股票市场和债券市场的规模和集资额不断扩大，已发展成为亚洲最主要的债券市场之一。香港政府对经济发展长期执行"积极不干预"政策，对外高度开放，没有外汇管制且税费较低，国际资本和国际性金融机构在香港高度集中，机构投资者占据市场主导地位，配套法律法规与国际接轨。

20世纪90年代以来，内地积极参与香港资本市场运作，内地与香港经济联系的加深又强化了香港作为内地融资中心的作用，香港因有地利之便及后续增发较易的优势而成为内地企业海外上市之首选，进一步推动了香港资本市场深入发展。此外，香港与内地股票市场基本同步交易，表明全球资本市场一体化正成为一种趋势。香港证券市场结构见图7－3。

香港主板市场是香港联合交易所，场外交易市场有香港企业资产及股权交易所。1999年诞生的香港创业板是香港主板市场以外的另一个独立的股票市场，该板块主要吸纳具有增长潜力但未符合主板上市条件的企业挂牌，但因为缺乏优质高成长性公司，致使机构投资者不愿涉足，变相限制了创业

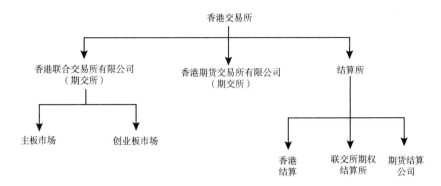

图 7 - 3　香港证券市场结构

板公司筹资及寻觅新投资者的机会，成长至一定规模的公司都转往主板。港交所在 2008 年修订了上市规则，把香港创业板重新定位为"第二板及跃升主板的踏脚石"，简化由创业板转往主板上市的程序，令香港创业板沦为"跳板"。随着深交所创业板的推出和沪交所国际板的即将推出，香港创业板也将扩大与国内资本市场的合作，更多分享到中国内地高速经济增长的益处。

五　中国台湾多层次资本市场发展

与香港同被誉为"亚洲四小龙"之一的台湾，在地理位置上具有得天独厚的优势。台湾资本市场规模虽然不算太大，但是在全球市场上具有不容忽视的重要地位。从台湾资本市场的发展历程来看，先出现店头市场，后有集中交易市场。在集中交易市场产生后，店头市场曾萎缩并被禁止。此后，店头市场又呈现发展的必要，继而根据"法律"规定重生，还出现了非公开的私人股权交易市场——盘商市场。

目前，台湾资本市场分为台湾证券交易所（即集中交易市场）、证券柜台买卖中心（即店头市场）、兴柜市场和盘商市场（即地下做市商市场）四个层次。台湾证券市场结构见图 7 - 4。

1. 台湾证券交易所

自 1962 年正式开业以来，台湾证券交易所一直是台湾地区唯一的集中交易场所，采取典型的竞价制度和电子交易，不允许场外交易，台交所具有较强的推动资本市场的造市能力。交易品种除公司股票之外，还有存托凭证、受益凭证、认购权证、政府债券、公司债券等多个种类。

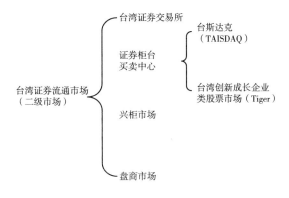

图 7 - 4　台湾证券市场结构

2. 证券柜台买卖中心

证券柜台买卖中心的交易模式以竞价制度为主，做市商制度为辅，是上市公司的"预备市场"，包括一类股票市场和 2000 年 4 月推出的二类股票市场（即台湾创新成长企业类股票市场）。交易品种有股票、公债、金融债、公司债等多种债券，以及可转债、认股权证、衍生产品等交易品种。

3. 兴柜市场

兴柜市场属于新开发的股票市场，由证券柜台买卖中心代管，目的是取代以"盘商"为中介的未上市上柜股票的交易，将未上市上柜股票纳入制度化管理，为投资者提供一个合法、安全、透明的交易市场。

4. 盘商市场

盘商市场是非公开的股权交易市场，以盘商为中介进行。虽然流通性低、交易成本高，筹资效果不免受到限制，但是盘商市场的确是中小企业从资本市场筹集资金的一个重要来源。

台湾资本市场具有交易活跃、流动性佳、高周转率、高本益比及筹资容易等优点，自 1991 年实施 QFII 制度后，外资大举进入，台湾资本市场国际化及自由化程度日渐成熟。但近年来，台湾出现资金外流、专业人才外流等严峻情形。因此，台湾地区需加强与周边地区，尤其是与中国大陆的经贸合作，改革配套法规，形成和巩固台湾作为"区域金融中心"的地位。

六　韩国证券市场

韩国证券市场是由债券市场发展起来的。1956 年 2 月，大韩证券交易所在汉城成立，标志着韩国证券业开始启动，不过当时，该交易所的交易活

动以政府债券交易为主，股票交易很少。此后，随着经济的发展，韩国资本
市场也得到了较快的发展。1993 年，韩国对大韩证券交易所进行了重组，
使之成为政府所有的非营利公司，并更名为"韩国证券交易所"。此后，韩
国政府颁布了一系列政策措施来促进证券市场的发展。1987 年的股灾严重
影响了韩国证券市场，韩国决意建立自己的股指期货市场，1990 年 1 月，
韩国证券交易所编制了由 200 个大企业股票组成的 KOSPI200 指数。随后，
韩国证券交易所正式开始了 KOSPI200 指数期货交易，次年 6 月又推出了
KOSPI200 指数期权交易。1996 年 7 月 1 日，旨在为风险企业募集资金的创
业板市场（KOSDAQ）建立。2000 年 3 月又创建了韩国第三市场
（KOTCBB）。此后，为了进一步整合资源，韩国政府对证券市场采取了一系
列的整合措施。2005 年 1 月 19 日，韩国证券期货交易所成立，标志着整合
的最终完成。

　　韩国证券市场结构见图 7-5，韩国证券市场主要分为以下三个层次。

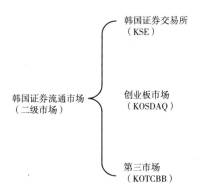

图 7-5　韩国证券市场结构

　　第一层次：韩国证券交易所。1999 年市值最高时曾达到 350 万亿韩元，
约合 3000 亿美元。2002 年，韩国证券交易所已有 850 多家企业上市。目前
该所的交易规模和市价总值已进入世界 10 强之内。

　　第二层次：韩国的创业板市场，又称科斯达克（KOSDAQ）。该市场是
为高新技术产业，特别是中小型企业提供直接融资的市场。自成立以来，科
斯达克累计为企业筹集资金约 200 亿美元。1998～2003 年，韩国有 735 家
企业进行首次发行，其中 683 家选择科斯达克，约占全部发行企业总数的
93%。截至 2004 年 6 月 24 日，其上市公司总数在全球创业板市场中居第 3

位，仅次于美国 NASDAQ 市场和日本 JASDAQ 市场，其股票市值为 300 亿美元，在全球创业板市场中居第 5 位。而且，科斯达克被公认为流动性较好的市场之一，2003 年股票交易额达 260 亿美元，在全球创业板市场中居第 2 位。科斯达克是韩国高科技企业成长的摇篮，对韩国经济增长起了重要的推动作用。在科斯达克的示范、激励机制下，韩国的信息技术等高科技产业得到迅速发展，信息产业类企业对 GDP 的贡献由 1998 年的 9% 提高到 2003 年的 15% 左右。2000 年、2002 年、2003 年韩国经济增长率分别为 9.3%、6.3% 和 3.1%，全面摆脱亚洲金融危机影响并全面走向复苏，其中科斯达克的贡献功不可没。

2005 年 1 月，韩国证券交易所（KSE）与韩国期货交易所（KOFES）、韩国创业板市场（KOSDAQ）合并，成立韩国证券期货交易所（KRX），有 1600 多家企业上市。

第三层次。第三市场（KOTCBB）。第三市场是为达不到韩国证券交易所和科斯达克上市标准以及从这两个市场退市的股票提供交易的场所。韩国 OTC 市场成立于 1987 年，旨在为中小规模的非上市公司提供交易的场所。至 1995 年 6 月，共有 321 家公司在 OTC 市场注册，股本金总值达 37330 亿韩元。为了活跃 OTC 市场的交易，韩国 KDSA 在 2000 年 3 月创建了 KOTCBB，制定了韩国证券交易所、科斯达克和第三市场之间的升降互动关系标准。

七 金砖国家多层次资本市场发展

金砖五国（BRICS）是在金砖四国概念的基础上演化而来的。"金砖四国"这个概念由美国高盛投资银行首席经济学家吉姆·奥尼尔于 2001 年首次提出，他把巴西（Brazil）、俄罗斯（Russia）、印度（India）和中国（China）这四个国家联系了起来。由四国的英文名称首字母组成的 BRICS，因发音与砖块（Bricks）相似，故称为"金砖四国"。近年来，由于南非（South Africa）的经济发展强劲，于 2010 年 12 月正式获邀加入"金砖国家"合作机制，"金砖国家"扩容成为"金砖五国"。"金砖五国"作为全球经济的加速器，各国的资本市场日益成为国际资金关注的热点。

1. 巴西资本市场

巴西是南美最大的国家，也是世界能源和资源大国。巴西近几年来彻底摆脱了金融危机的影响，经济发展平稳，出口增长迅速，通货膨胀得到控制。市场潜力巨大，正在成为全球资本竞相追逐的一个投资热土。

巴西作为世界第八大经济体，拥有南美最大的资本市场。为确保市场的规范、透明以及公正地运行，巴西政府近年来减少了审批、管制和行政干预，允许外资自由进出巴西市场并降低其交易成本，相关交易机制、配套法规都逐渐和国际接轨，既吸引大量的国际投资者直接参与巴西市场，也吸引本国海外上市企业回归本土市场，从而提高了巴西资本市场的国际化程度和竞争力。巴西建立了包括股票市场、债券市场、基金市场和衍生品市场的较发达的资本市场体系，其中股票市场根据公司治理水平，分为 Level1、Level2 和新市场 NovoMercado 三个层次，公司治理标准和治理指数的推出，对促进巴西资本市场健康发展起到了重要作用。巴西资本市场的组织和机构设置较为完善，金融机构协会推动了债券市场的迅速发展。巴西证券交易委员会负有监管和发展的双重责任，推动了资本市场的市场化改革。巴西有 2 家证券交易所：里约热内卢证券交易所和圣保罗证券交易所。圣保罗证券交易所引入仲裁机制，对低成本、高效率地解决证券交易纠纷起到了重要作用。巴西资本市场起步较早，在新兴市场中名列前茅，目前已成为巴西企业长期融资的主要来源。

2. 俄罗斯资本市场

俄罗斯资本市场已有 180 多年的历史，1998 年的金融危机造成了俄罗斯金融体系的全面瘫痪，国民经济支付结算链条中断，股市、汇市、债市近乎崩溃。经过 10 多年的金融整顿及改革的深化，俄罗斯金融业恢复了生机，资本市场稳步扩容。

俄罗斯是转轨国家的典型代表，对于转轨经济而言，制度变迁必须在相对较短的时期内完成，政府必须在经济体制变迁过程中创造有利环境，俄罗斯的经济转轨走的是一条激进式道路。从 1990 年底梅纳捷普联合公司第一次发行股票，20 世纪 90 年代中期出现基金市场，1997 年市场开放、外资大举进入，到 1998 年在金融危机中遭受崩溃性打击，随后着重制定和修订相关法规，为资本市场的长足发展提供了保证。转轨国家资本市场制度的建立是政府"设计"和"移植"的结果，因此俄罗斯资本市场的发展兼具转轨和新兴市场的双重特征。

俄罗斯最活跃的交易所有莫斯科银行间货币交易所（MICEX）和俄罗斯交易所（RTS）2 家。1992 年成立的 MICEX 是全球 20 家最大的交易所之一，涵盖交易和清算的全能型联合交易系统，是集货币、股票、回购和衍生品于一体的交易市场。其中，股票市场按不同的上市标准包含 A1 级、A2 级和 B 级三个层次，在 MICEX 上市的股票交易额占到了全国股票市场交易额的 80% 以上。俄罗斯国债交易一直在 MICEX 系统中集中进行。1996 年开展美元期货交易，目前，MICEX 已成为俄罗斯及东欧最大的综合性衍生品交易所。

1995 年成立的 RTS 是仅次于 MICEX 的俄罗斯第二大资本市场，也是公认的股票和债券定价中心，内设股票、债券、票据和衍生品等子市场。RTS 设有一板市场 RTS1、二板市场 RTS2 和 RTS3 三个层次，RTS3 只能交易未上市公司股票，是俄罗斯最大的场外交易市场。

俄罗斯资本市场包括股票市场、债券市场、基金市场和衍生品市场，依托交易所构造交易品种丰富的多层次体系，推动俄罗斯市场经济的快速发展。

3. 印度资本市场

印度与中国同位于亚洲、同属于发展中国家、同样是历史文明古国，也是世界上两个人口最多的国家，在二次世界大战后差不多同时获得国家独立，两国经济大致处在同一起跑线上。印度自 1991 年经济改革以来，其国内生产总值一直呈现稳步增长态势，资本市场的发展也是热火朝天，目前已成为市值过万亿美元的全球第三大新兴市场。

印度资本市场已有 100 多年的历史，但快速发展和国际化却是最近 10 多年的事情。近些年，印度政府主动稳固市场架构、优化市场制度以及强化上市公司治理，采用市场机制调节资本市场，市场效率和透明度较高。市场机制为印度私营企业的发展提供了很好的基础，多层次资本市场体系创造了一批堪与欧美大公司竞争、从事最尖端的知识型产业的企业。印度健全的经济制度与市场结构保证了资本市场长期的发展潜力。印度资本市场的土板有孟买股票交易所和国家股票交易所 2 家，区域性市场共有 21 家，且已全部实现联网。印度注意借鉴美国和英国的经验，并结合印度国情，稳步推进资本市场的国际化。风险投资高速发展，资本市场在支持中小企业融资和提升产业结构方面发挥了积极作用。债券市场和衍生品市场也非常发达，与股票市场相互补充，形成多层次资本市场体系。金融体制基础较完善，银行业与资本市场对经济发展起到"双轮驱动"作用。另外，印度政府一直重视证券市场监管，1992 年成立的印度证券交易委员会（SEBI）对资本市场进行了严厉和卓有成效的监管。印度资本市场的经验和教训对中国资本市场发展有着特别的借鉴意义。

4. 南非资本市场

非洲面积约占世界陆地总面积的 20.2%，为世界第二大洲。有着"非洲经济发展火车头"之誉的南非，是一个中等收入的新兴市场，自然资源丰富，拥有完善的金融、法律、通信、能源和交通体系，南非是非洲的金融中心，证券交易所的规模在全球居第 17 位。约翰内斯堡证券交易所（Johannesburg Stock Exchange，JSE）成立于 1887 年，由金融服务委员会（FSB）管理，其主要职责是促进融资和将现金资源配置到生产力水平更高的经济活动中去，JSE 依据 2004 年的《证券服务法》获得交易所执照，政府鼓励海外公司到 JSE 上市。经过将近 25 年的发展，上市公司已发展到目前的 500 家左右，上市公司行业也趋于多元化。约翰内斯堡交易所是南非唯一的也是非洲最大的证券交易所，市场流动性最好，长期以来一直享有规章完备和监管得力的盛誉，在市场诚信建设和投资者保护等方面获得普遍认可。约翰内斯堡证券交易所在发展南非经济的同时促进就业和创造财富。目前，该交易所设有主板、非洲板和副板三个层次，从交易品种方面共有股票市场、利率市场、衍生工具市场和农产品市场四种选择。非洲的债券市场相对发达，南非债券交易所（BESA）是根据金融管理委员会的执照经营的独立金融交易所，是世界上流动性最高的新兴债券市场之一。

此外，国外市场经济发达国家目前都建立了多层次的资本市场体系。如瑞典有主板市场和 NGM 成长市场；加拿大有阿乐伯塔证券交易所、多伦多证券交易所、温哥华证券交易所、蒙特利尔证券交易所。这些证券交易所或证券交易系统，有的从事主板市场业务，有的从事创业板市场业务。同时，在庞大的场内交易市场之外，还具有大量相对成熟的场外交易市场。

第二节　国外多层次资本市场建设经验小结

纵观国际资本市场的发展变革，发达国家基本建立了与风险相适应的多层次资本市场运作体系。认真地总结和学习国外资本市场建设的经验，可以为我国多层次资本市场的发展提供借鉴意义。

一　国外多层次资本市场建设经验

由上节介绍可见，美国、英国、日本以及中国香港和中国台湾地区多层次的分级市场结构体系已经发展到了一定的程度，分层的资本市场是企业获得规模经济必不可少的条件。

（1）当中小企业因规模及发展限制还不可能迈入高一层次证券市场的门槛时，低一层次证券市场为它们的融资活动提供了渠道。同时，低一级市场对在市场交易的企业还起着比较、选择和推荐的作用，只有那些经营业绩突出、证券表现不凡的企业方有可能被推荐到高一层次的证券市场。因此，分层次的证券市场结构不仅适应了企业不同成长阶段的融资需要，而且保证了公司质量，从而奠定了资本市场健康发展的制度基础。

（2）每一等级的市场都有自己的发展重点和发展目标，都与特定规模、特定发展阶段的企业融资需求相适应。证券市场的分层结构可以适应不同规模企业的不同融资成本和风险。由于存在上市门槛（严格的上市要求和相应昂贵的上市费用），中小企业不可能一步迈进高层次证券市场，有潜力的企业只有先在底层证券市场中筹措创业资本，接受"层层"关照和挑选"试错"，在企业成长壮大后再迈进更高一层次的市场，直至申请全国市场挂牌。

（3）资本市场的分层结构可以适应不同规模企业的不同融资成本和风险。全国性集中市场主要是为大型企业融资服务的。二板市场的上市标准要比集中市场低，同时还设计出几套不同的标准，由企业选择适宜自己的标准进行上市融资。这种"流动机制"，使好的企业可以从下一级市场升到上一级市场上市交易，差的企业则可以"降低"。实践证明，这种机制更有利于资本市场效率的发挥。

（4）创业板市场的建立对中小企业尤其是高新技术企业的迅速成长具有极大的促进作用。美国的 NASDAQ 市场是高新技术企业的"摇篮"，大批知名公司在创业初期均利用其筹措资本，实现超常规发展。该市场在促进成长型新兴高新技术企业发展升级的同时，也为现有资本市场注入活力，推动了资本市场全面快速发展。

（5）地方性证券交易市场对区域经济发展起着重要作用。地方性证券交易市场为地方中小企业开辟了直接融资的渠道，以更为灵活的政策为之服务，同时增加了地方居民和其他投资人的投资选择。

（6）要想在我国建立一个能满足不同规模、不同类型企业股权融资要求的"多层次"资本市场，就必须大力发展以做市商制度为主要运行框架的 OTC 市场，否则无法从根本上解决国内企业尤其是中小企业股权融资问题。

二 国外多层次资本市场发展对我国的借鉴

作为一项金融制度安排，多层次资本体系的生成与演进必然遵循一定的发展规律，具有自身的内在逻辑，且我国资本市场是在特有的转轨经济中制度创新的产物，与海外大多数国家在市场经济体制中发展起来的资本市场相比，创建机制存在较大差异。抛开基本国情，仅简单地从功能和框架上移植国外多层次资本市场的制度安排，可能导致制度不相容的一系列问题，导致创建的失败。

鉴于国情和市场发展程度的差别，我国不能生搬硬套，必须立足我国国情进行创新研究和大胆实践，促进我国多层次资本市场的创新和健康发展。与西方国家资本市场几百年的发展历程相比，我国资本市场的发展历程略显短暂，仅仅经历了 20 多年，而我国资本市场的发展、成熟与完善必然是一个长期的、循序渐进的过程。因此，在发展和完善我国多层次资本市场体系建设中，借鉴全球多层次资本市场体系建设的经验和教训是十分必要的。

第一，应该明确多层次资本市场体系的发展与完善，其动力源自不同类型企业的不同融资需求，企业融资的市场需求是资本市场体系发展的决定力量。西方国家多层次资本市场的发展与企业和市场的演进一样，在很大程度上是自发出现和形成的。对于中国来说，资本市场的发展主要还是依靠行政力量的推动，在很大程度上是一种强制性的制度变迁过程。因此，资本市场的发展存在一系列问题在所难免。虽然政府的引导是必要的，但是不能忽视企业和市场的需求，必须重视资本市场发展及其体系完善的微观市场基础。

第二，发达国家的资本市场体系几乎都是从场外交易发展起来的，都遵循了从分散到集中、从场外到场内、从低层次到高层次的发展规律。缺少了发展充分及相对成熟的、低层次的场外市场，高层次的场内市场就没有了发展的源泉及退出的渠道，其发展必然会受到很大的制约。高层次的资本市场与低层次的资本市场是相互联系、相互影响的，二者之间的天然联系不能割裂。我国以上交所、深交所为代表的主板市场的发展相对较快，基础性的场外市场的发展却受限。因此，多层次资本市场体系的构建和完善，既要适应不同规模、不同发展阶段的企业融资需求，也要兼顾不同层次市场的发展重点和目标，促使不同层次的市场相互促进。

第三，多层次资本市场的建立是一个复杂的体系，需要完善的监督和监管系统。资本市场的发展及多层次体系的完善，离不开一定的市场环境、企业发展环境和制度环境，而健全的法律体系则是保证多层次资本市场良性运作的重要条件。从英、美资本市场的情况可以看出，全国性主板市场主要是为大型企业融资服务的。二板市场的上市标准要比集中市场低，同时还设计出几套不同的标准，由不同规模的企业自己选择适宜自己的标准进行上市融资。三板市场则基本上取消了上市的规模、赢利等条件，把市场监管的重点从企业上市控制转移到以充分信息披露为核心，以管理从业券商为主要手段，以会员制为主要形式，以券商自律为基础的监管模式。这是英、美成熟资本市场一个重要的发展变化，值得我们新兴市场关注与学习。

多层次资本市场体系的建立和完善，既是经济发展到一定阶段的必然产物，也对经济和社会的发展起着重要的推动和激励作用。资本市场的发展既不能超越自身经济发展阶段，也不能盲目一味地模仿发达国家的做法。我们要立足中国国情进行创新和实践，针对结构缺陷和制约因素采取有效措施，构建和完善我国多层次资本市场体系，促进我国经济的健康、可持续发展。

第三节 国内经济区资本市场发展的分析与比较

中国呈现地区经济发展的不平衡性，在资本市场的发展方面也存在巨大的差异。认真比较各地区资本市场发展的经验及教训，对中原经济区资本市场的发展有着重要的借鉴意义。中国资本市场体系见图7-6。

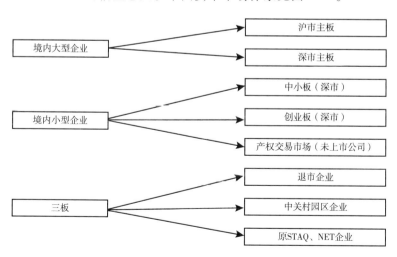

图7-6 中国资本市场体系

一　长三角以上海为中心形成的资本市场

上海建设国际金融中心最大的优势在于自身是一个能量极大的经济中心，而且长江三角洲是中国最大的经济圈，上海拥有长三角乃至长江流域巨大的经济腹地和金融腹地，以及亚洲一流的制造业基地和较高的人均经济水平等综合经济优势，上海证券交易所是我国大中型企业上市融资的主要市场，其对国际资本市场尤其是亚太地区资本市场的影响日益加大。

目前，长三角地区已形成以上海产权交易所为龙头的长江流域产权交易共同市场，成员为长江流域省市的产权交易机构。近年来，地方产权交易市场的发展十分迅猛。产权市场是多层次资本市场的重要组成部分，作为企业资本运营的平台，产权市场是实现生产要素加快流动、资源有效合理配置的重要手段。长江三角洲的产权市场呈现良好的发展势头，形成上海产权交易所、浙江（杭州）产权交易市场和江苏（南京）产权交易市场三足鼎立的格局，成交活跃，但目前市场尚处于相互分割状况。

虽然长三角地区资本市场较为发达，但同时也需要在发展思路和战略上进行布局和谋划。继续发挥货币、证券、期货、黄金等全国性金融市场的作用，促进金融衍生品、保险再保险、离岸金融、企业债券等市场和业务发展。

二　泛珠三角区域资本市场

泛珠三角地区的概念（即知名的"9＋2"经济地区概念）是2003年7月在国内正式提出的。泛珠三角地区包含我国华南、东南和西南的9个省份及2个特别行政区，它们是福建、广东、广西、贵州、海南、湖南、江西、四川、云南，以及香港和澳门特别行政区。该地区覆盖了中国1/5的国土面积和1/3的人口。2004年6月，泛珠三角区域"9＋2"政府共同签署《泛珠三角区域合作框架协议》，泛珠三角的发展开始进入快车道。

泛珠三角区域内拥有国际金融中心和区域金融中心，香港是亚太地区知名的国际金融中心，香港交易所是亚太地区乃至全球最重要的证券市场之一，也是内地企业在国际资本市场最主要的直接融资平台。深圳证券交易所是内地仅有的两家证券交易所之一，该所2004年开设中小企业板，2009年开设创业板，为泛珠三角区域发展利用资本市场合作提供了新的融资平台。香港交易所的主板、创业板和深圳证券交易所的主板、中小企业板和创业板的互补性也很强，能够满足不同规模、不同类型企业的融资需求。在产权市场建设方面，2009 年 6 月，泛珠三角区域 9 省份省级产权交易所的代表联合签署了《泛珠三角区域产权交易机构合作框架协议》，标志着我国继北方、长江流域、黄河流域和西部四个产权共同市场后，华南地区产权交易的共同市场开始形成。

三　环渤海地区资本市场

"环渤海经济圈"狭义上是指辽东半岛、山东半岛、环渤海滨海经济带，同时延伸辐射到山西、辽宁、山东以及内蒙古中东部，分别约占全国国土面积的 13.31% 和总人口的 22.2%。区域内包括北京、天津、沈阳、大连、太原、济南、青岛、保定、石家庄等多座城市。

1. 北京资本市场发展

北京虽然没有证券交易所，但是作为全国的政治经济中心，北京的资本市场发展仍然有着得天独厚的条件，北京资本市场的发展有以下几个突出特点。

一是上市公司众多。截至 2010 年 10 月底，北京地区 A 股上市公司有 161 家，居全国第 4 位，北京在上海、深圳两个证券交易所上市的公司所取得的总市值占全国 A 股市场总市值的 40% 以上。自创业板正式启动以来，北京在创业板上市方面开局良好，并持续保持全国领先地位。截至 2010 年 9 月底，在创业板开板一年时间内，北京创业板上市企业数量达到 22 家。

二是各种要素市场较为齐全。截至目前，在京注册成立的要素市场达到 29 家，其中包括中国技术交易所、中国林业产权交易所等。2010 年北京金融资产交易所、北京国际矿业权交易所、北京石油交易所正式运营。目前正着手开展首都药品市场发展规划研究，着力打造一批中字头的要素市场。截至 2010 年 9 月底，中关村代办股份转让系统挂牌企业共 74 家，参与试点企业 112 家，中国证监会统一监管下的场外市场组建工作正在积极推进中。此外，股权市场较为发达，北京市出台了《关于促进股权投资基金业发展的意见》，出台"1 + N + 3 框架"，VC、PE 等私人股权投资十分活跃。

2. 天津资本市场发展

随着国务院对《天津滨海新区综合配套改革试验总体方案》的批复，全国首个 OTC 市场（全国性非上市公众公司股权交易市场）落户天津，天津以此为依托开展的多层次资本市场建设就主要以三板市场为中心，包括 OTC 和产权交易。除积极在天津滨海新区设立全国性非上市公众公司股权交易市场外，天津滨海新区金融改革创新的重点内容还包括拓宽直接融资渠道、改善社会资金结构、提高社会资金使用效率、开展金融业综合经营试点、增强金融企业服务功能、创新和完善金融机构体制、改革外汇管理制度、优化金融环境等。

四 我国资本市场体系的结构特点和借鉴意义

和国外资本市场体系相比较，我国资本市场体系的显著特点是市场结构不完善。我国资本市场是伴随着经济体制改革的进程逐步发展起来的，发展思路上还存在一些深层次问题和结构性矛盾，主要是：重间接融资，轻直接融资；在资本市场上"重股市，轻债市，重国债，轻企债"。这种发展思路导致了整个社会资金分配运用的结构畸形和低效率，影响了市场风险的有效分散和金融资源的合理配置。

具体表现为以下两点：① 主板市场。包括上海证券交易所和深圳证券交易所。沪深证券交易所在组织体系、上市标准、交易方式和监管结构方面几乎是一致的，主要为成熟的国有大中型企业提供上市服务。2004 年 6 月，为中小企业特别是高新技术企业服务的中小企业板市场推出，它附属于深交所之下，基本上延续了主板的规则，除能接受流通盘在 5000 万股以下的中小企业上市这点不同以外，其他上市的条件和运行规则几乎与主板一样，所以上市的"门槛"还是很高的。② 场外交易市场。包括代办股份转让系统和地方产权交易市场。总的来说，我国的场外市场主要由各个政府部门主办，市场定位不明确，分布不合理，缺乏统一规则且结构层次单一，还有待进一步发展。

十六届三中全会审议通过的《中共中央关于完善社会主义市场经济体制若干问题的决定》对多层次资本市场地位的确立，意味着限制资本市场体系健全发展的政策已做出重大调整。从现实条件来看，目前我国发展多层次资本市场的条件已经基本成熟，适时推出可谓水到渠成。当然，发展多层次资本市场也是一项系统工程，需要在发展过程中积极推进制度建设和体制创新，其中尤为迫切的是采取切实有效的措施，建立严格的、市场化的退出机制。只有这样，才能更好地满足多样化的市场主体对资本的供给和需求，高效率地实现资本市场供求平衡，发挥多层次资本市场的功能效果。

完善我国产业组织结构，促进产业组织合理化，需要健全、完善的市场制度，尤其是多层次的资本市场体系。但我国的资本市场高度垄断，层次结构单一，极大地抑制了企业，特别是中小企业在发展过程中对融资和股权交易的需求。因此，推进我国资本市场的多层次发展，对加快我国经济体制改革进程、拓展不同规模企业融资渠道、优化产业组织结构、提升产业竞争力具有十分重要的作用。

以长三角和珠三角为代表的中国最发达区域在资本市场的建设方面走在了全国的前面，上交所和深交所作为现有的两个全国性证券交易所，其主板市场的作用毋庸置疑，从总量与规模上看，沪深市场依然是未来我国多层次市场体系的主要组成部分。同时，在近期各级政府的发展规划中也可以看出两者的定位日益清晰，上交所的定位在于"主板"加"国际板"，而深交所的定位则是"主板"加"创业板"。

随着天津滨海新区的深入开发和中央配套政策的实施，OTC（场外交易市场）已成功落户天津，这样，天津的全国性非上市公众公司股权交易市场与北京的股权代办系统相互配合，全国性的三板市场中心已经在环渤海地区初显雏形。同时，天津和北京的以产权交易为主的要素市场也较为发达，走在了全国的前面。

三板市场（场外交易市场）目前主要指代办股份转让系统和地方产权交易市场等场外交易市场体系。代办股份转让系统的特点是股份连续性交易、具有 IPO 的功能、设置一定的挂牌交易标准等。地方产权交易市场是由原体改委及财政、国资系统组建的产权交易所和由科委系统组建的技术产权交易所两大部分组成，以做市商或会员代理制交易为特征，进行产权、股权转让，以及资产并购、重组等。国资系统组建的产权交易所如以上海产权交易所为龙头组织了长江流域产权交易共同市场，成员为长江流域省市的产权交易机构。以天津产权交易所为龙头组织了北方产权交易共同市场，成员为长江以北地区及京津地区的产权交易机构。科委系统自 1999 年 12 月在上海成立我国第一家技术产权交易所以来，在全国各地已成立技术产权交易机构40 多家，这些交易机构全部都是由当地政府部门牵头发起设立的。近两年来，地方产权交易市场的发展十分迅猛，其主要原因是地方中小企业的发展缺少金融服务的支持，更没有资本市场的支撑。因此，我国三板市场体系的建设应采取"条块结合"模式，既有统一、集中的场外交易市场，又有区域性的权益性市场。

区域性资本市场除作为中小企业筹集资金的渠道外，还能依据效率原则较为灵活地在经济区域内配置有限的经济资源。在条件成熟的经济区域金融中心城市培育和发展区域性资本市场，从而形成多层次、开放性的资本市场网络，这是我国资本市场发展的必然趋向。河南省的资本市场发展与先进省份和区域相比已经落后，但是凭借中原经济区建设的东风和后发优势，河南省资本市场的建设大有可为。一方面，要吸收借鉴西方发达国家资本市场的建设经验，以市场引导为主，政府和政策引导为辅，建设资本市场要立足于满足企业发展和经济进步的要求，以"三化"协调发展为指引，服务并落脚于"三化"协调发展；另一方面，要积极学习借鉴和利用全国性资本市场来发展河南省资本市场，并使河南省资本市场融入全国性资本市场之中。

第八章
中原经济区多层次资本
市场动力机制构建

通过前面的现状分析和国外成功资本市场及国内其他地区多层次资本市场的比较和借鉴，本章提出中原经济区构建多层次资本市场的定位，分析多层次资本市场与中原经济区产业组织优化的关系，并有针对性地提出切实可行的发展路径。

第一节 多层次资本市场运作及转板机制

国内外资本市场发展的经验证明，规模扩张、多元化、多层次化是资本市场发展的三条主线。根据金融工具的风险特征和投资者风险偏好程度不同，将资本市场细分为多个具有递进和互补关系的子市场，构建多层次市场体系，是一国资本市场在具备一定规模的基础上进一步向纵深发展、逐步走向成熟的必由之路。

多层次资本市场运作

（一）企业类型与多层次资本市场的适应性

1. 主板市场与大型企业发展

为处于市场化阶段的大型企业提供融资服务和股权交易的主板市场，在资本市场的层次体系中，其投资风险最小，上市融资成本最低，投资者分布最广，因而对上市企业的经营业绩、经营稳定性等方面的要求最高。只有处于市场化阶段的成熟大企业才能够达到主板市场的上市要求，并进而利用主板市场进行融资和资源配置。一方面，只有当企业发展成熟时，它才有可能到主板市场上市；另一方面，企业在主板市场上市后，可以利用主板市场的各种功能来进一步做大做强。大企业的发展与主板市场是相辅相成的，各种类型的大企业的上市，可以壮大主板市场的规模，改善主板市场的上市公司结构，进一步提升其市场功能。主板市场可以为上市大企业的发展提供数量巨大的低成本资金支持，从而为其进一步壮大奠定基础。

2. 创业板市场与高成长性中小企业的发展

大力发展高新技术产业，运用高新技术改造传统产业，促进产业结构升级和生产方式的根本转变，对促进我国国民经济的发展意义重大。我国高新技术产业的发展还处于初期阶段，绝大多数科技企业处于企业发展过程中的早期阶段，在企业规模上还表现为中小企业。由于主板市场在企业规模、经营业绩等方面要求较高，对于高成长性的中小企业（一般指中小科技企业）而言，通常难以达到上市要求。因此，建立和完善适合中小科技企业发展的创业板市场具有十分重要的意义。首先，创业板市场可以为风险投资提供最有效的退出机制；其次，创业板市场可以通过股权流通和转让，实现资源的优化配置；最后，通过在创业板市场上的增资配股，中小科技企业可以直接进行权益性资本融资。

3. 三板市场与一般性中小企业的发展

由于中小企业中绝大多数是一般性的中小企业，它们无法达到创业板的上市要求，因此必须发展更低层次的区域性 OTC 交易市场（场外交易市场，又称柜台交易市场或三板市场）。一般而言，由于当地的投资者对本地企业会有比较深入的了解，三板市场可以较好地克服信息不对称问题。因此，场外交易市场的建立和发展对当地中小企业的发展具有十分重要的意义，具体表现在以下三个方面。

第一，由于三板市场挂牌条件较低，客观上使其获得了中小企业的青睐。另外，三板市场作为第三层次市场，其有别于主板市场和创业板市场的功能定位，也决定了它应当以中小企业为主要的服务对象，这不仅是市场细分的需要，更是场外交易市场能够独立于主板市场和创业板市场并得以发展和繁荣的基础。

第二，广泛吸引投资，推动重组兼并。中小企业进入资本市场的同时，必须相应地争取广泛的投资者参与这个市场。场外交易市场作为资本市场的一个重要组成部分，在适当分流部分居民储蓄、提高社会存量资源的使用效率等方面可以发挥积极作用。另外，企业的广泛来源决定了区域性资本市场挂牌公司资源的丰富多样，这将使区域性资本市场的并购重组充满魅力。

第三，为主板市场和创业板市场提供退市通道。没有退出机制的市场不是完善的市场。场外交易市场承担起为主板市场和创业板市场提供退市通道的功能，完善市场的循环系统。场外交易市场不仅有接纳退市公司的退市转板功能，而且具有再利用的功能，即再融资和转市场的功能。在以中小企业为主体的场外市场上，有条件的中小企业通过收购、兼并、重组等形式，可以有效地利用退市企业的各种资源，从而获得更大的发展空间。

4. 区域性产权市场与初创期中小企业的发展

产权的转让和流动对中小企业的发展具有十分重要的意义。对于处于种子期发展阶段的初创企业以及众多的未改制企业来说，资产规模有限，仅仅依靠自身的资本集聚是难以快速发展的。区域性产权市场将会为其融资提供一个便利的平台，从而解决这类企业的直接融资问题。除了通过并购实现资本的迅速集中进而实现跨越式发展外，产权交易还可以实现企业之间资源的优化配置。在现代市场经济条件下，资产流动是资本运动的客观要求，资本的运动既面向市场又依靠市场，资本离开了流动就创造不出价值。在市场价格信号的引导下，社会资源通过流动从收益低的企业和行业流向收益高的企业和行业，最终实现资源的优化配置。从现实经济运动来看，资产流动不仅有助于启动沉淀资产，引导闲置资产转化为新的生产力，提高存量资产的利用潜能，而且有助于调整产业布局，优化增量资产的投向和结构，即通过产权转让和资本的重组分配，将产业结构调整与资源配置效率有机地结合起来，提高整个社会的资源配置效率。表8-1显示了我国多层次资本市场的总体框架。

表8-1　我国多层次资本市场的总体框架

市场范围	名称	建立的基础	提供融资服务的对象
全国性资本市场	主板市场——上海证券交易所	现上海证券交易所、深圳证券交易所A、B股合并	已步入产业化阶段后期和市场化阶段的大型或特大型股份制企业
	创业板市场——深圳证券交易所	现深圳证券交易所中小企业板块的独立和扩容再造	处于产业化初期的中小型企业
	三板市场——全国性场外交易市场	利用代办股份转让系统的基础设施	处于初创阶段中后期或幼稚阶段前中期的中小企业

市场范围	名称	建立的基础	提供融资服务的对象
区域性资本市场	区域性证券交易所	区域内地理条件优越、股票交易方便、基础设施先进、高科技企业发展快的城市设立	本区域处于研发阶段和初创阶段早期的中小企业
	地方产权交易机构	现有的产权交易所和技术产权交易所	转型期国有企业及区域性的初创中小企业

（二）区域性资本市场设计

1. 地方性产权交易市场的设计

地方性产权交易市场是指按照一定的交易规则和程序，区域性的初创中小企业集中进行产权（股权）交易活动的场所。产权交易主要涉及企业合并、出售、拍卖、股权转让、破产等产权的变动、交易和转让。

我国地域宽广，幅员辽阔，各地区之间的经济发展较不平衡，各地中小型企业众多。场外交易市场作为最低层次的资本市场，从其基本框架看，应该采取由一个全国性市场与多个区域性市场相互连通和支撑的双层递进式的市场体系结构。双层递进式的市场结构是由全国性场外交易市场的中心交易平台与若干个区域性场外柜台交易市场两个市场层次组成，相互连通，并与场内交易市场相衔接的场外交易市场体系。

在功能定位上，鉴于我国正处在经济转轨时期，国有企业改革和国有资产管理经营的任务非常艰巨，因此，承担国有企业改革与国有资产交易任务的非证券化的实物产权交易市场的培育与完善在目前非常重要，地方性产权交易市场在今后很长一段时间里仍会作为国有实物资产转让的平台。目前，产权交易市场是由原体改委及国资委系统组建的产权交易所和由科委系统组建的技术产权交易所两大部分组成。在多层次资本市场体系中，地方性产权交易市场的构建思路主要是对现有的产权交易机构进行清理和整合。

目前我国产权市场要按照市场经济的要求对产权市场进行整顿，包括规范其组织体制、完善其治理结构、统一其信息披露标准等，在此基础上构建产权市场的网络体系。此外，地方性产权交易市场还应具有以下特点：第一，高度的灵活性和包容性。它可以为具有发展潜力而尚不具备在区域证券交易所上市条件的中小企业的股权提供交易的渠道，也可以为经营困难、股价下跌、被区域证券交易所终止交易（即退市）的股票提供交易及变现的机会。第二，明确的区域性。在地方性产权交易机构中，允许交易的产权和登记的交易券商只限于本地区，以保证信息的充分交流和限制市场风险的扩散。

2. 交易制度的选择——做市商制度

与目前已有的主板市场及创业板市场、全国性场外交易市场相比，在地方产权交易市场上市的公司主要是该地区处于研发阶段和初创阶段早期的中小企业，这些企业规模一般较小，风险也比较高，投资者和证券公司参与的积极性会受到较大影响。特别是在市场低迷的情况下，做市商的参与就更为必要了，通过做市商的设立，运用其专业知识提供合理的报价，并在监管要求的范围内人为地进行股票的买卖交易以活跃市场，这都可以提高投资者对成长性中小企业的投资热情，同时，券商的参与热情也会大大提高。此外，在做市商制度下，每只股票都有若干个做市商提供价格，如果某一做市商报价与其他竞争对手差别较大，则交易量将受到影响，最终会被淘汰出局。竞争的结果将使股票价格趋于一致，因此，做市商制度具有价格发现功能，有助于提高上市公司知名度。其运作原理是：系统内有一个连续更新的数据库，显示所有做市商的买卖报价，每一位登记的做市商有义务维持所登记股票的买卖报价，每一种股票有不止一个做市商，他们之间相互竞争，通过缩小买卖报价价差来吸引交易者。

3. 区域性产权交易市场的监管问题

作为区域性产权交易市场，政府对其监管可考虑由中央证券监督管理委员会的外派机构进行，其监管职能的设置应立足于保护公众投资者利益，而证券监管机构规范发展市场的职能应该限于宏观层面，将微观层面发展市场的职能剥离出来，交给产权交易市场行使。证券市场是一个利益博弈的场所，公众投资者处于弱势地位，证券监管部门必须站在公正的立场上保护公众投资者的利益，矫正失去公平的市场。作为自律监管机构以及证券市场一线监管的主体，证券交易市场具有政府监管部门无法比拟的低信息成本和应变灵活性。因此，在以政府监管机构为监管核心的同时，也要提高产权交易市场的积极性，充分发挥自律管理的作用。区域性产权交易市场的监管职能应体现在以下方面：批准公司的上市申请；制定监管上市公司及其管理层的有关规则；完善上市公司的信息披露要求并监督上市公司严格执行；制定交易规则并注意发现和控制非正常性风险；保护投资者的权益；制定自律管理规范并加强对券商的管理。

二 转板机制

转板机制是在多层次资本市场环境下，体现市场各层次之间流动性的制度设计，建立多层次资本市场转板机制的意义如下：首先，保障市场各层次之间转换通道的畅通，提高市场活络性和竞争力，提升公司治理水平。其次，对资本市场整体建设而言，完善转板机制可以在不同层次市场间形成良好的流动机制，流动性是资本市场的生命力所在，包括同一市场同一层次上的流动性以及不同层次之间资本的流动性。最后，就节省融资成本和监管成本而言，改变以往先从原市场退市，再到新市场上市的做法，转板机制的建立使得满足目标市场上市条件的企业可以直接通过转板来完成从原市场到新市场的过渡。创业板市场与主板市场、三板市场、产权市场共同构成的"升降转市机制"，有利于增强企业经营的约束机制和激励机制，促进科技中小企业更好地发展。

资本市场体现出不同资本供给与需求多层次的特征，不同层次的市场服务于不同的企业，满足不同的资金供给与需求。由主板市场、创业板市场和场外交易市场构成的多层次资本市场体系日趋完善，成为一个"无缝隙"的市场体系，可以满足不同层次资金的供给和需求。我国多层次资本市场与产业组织结构互动机制见图 8-1。

主板市场主要为成熟的国有大中型企业服务，上市门槛最高，主板公司终止上市后，必须退入代办股份转让系统。而中小企业板服务于高成长性的中小企业，上市条件和运行规则几乎与主板一样，门槛偏高。创业板则倾向于创新型的中小企业，上市条件较主板要低，但作为高风险市场，对上市公司信息披露要求较主板要高，提高了退市效率和市场运作效率。三板市场则为那些尚未达到上市条件的企业提供了股权转让和融资渠道，包括场外交易市场和地方产权交易市场，场外市场主要由各个政府部门主办，各自为政和低层次重复，缺乏统一规则且结构层次单一，还有待进一步完善。

在区域性资本市场进行筹资的企业中，如果达到了在沪深证券交易所上市条件的，可以由企业申请、券商推荐，经证券监督管理机构核准后可以转到沪深证券交易所交易。从沪深证券交易所退出的企业股票，也可以在区域

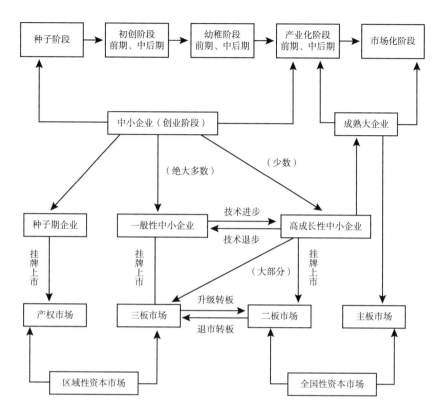

图8-1 我国多层次资本市场与产业组织结构互动机制

性资本市场交易。区域性资本市场与沪深两个全国性资本市场也是相互统一的。各个层次的市场之间，功能分工明确，具有明显的递进性，由此形成一个体系健全的"梯级市场"。从上升阶梯来看，企业经过产权交易发展壮大并经过股份制改造，在达到一定的条件后可以转入三板柜台市场。经过场外市场"培育"一段时间后，在有关条件满足创业板市场规定的前提下，企业可以申请转入创业板市场。同样，经过创业板市场"培育"一段时间后，在相关条件满足主板市场规定的前提下，企业可以申请转入主板市场。由此，产权市场、三板市场、创业板市场与主板市场呈现上市条件逐步严格，企业素质、规模逐步提高的上升走势。从下降阶梯来看，已进入主板市场或创业板市场的上市公司，当经营业绩和财务状况下滑，造成上市条件不再满足主板市场要求时，可退出到区域场外市场。已进入创业板市场的上市公司，当经营状况下降或其他条件不能满足创业板市场的上市要求时，也可退入区域性资本市场，由此打破了上市公司的"终身制"。

根据不同层次市场的上市条件和市场规则的区别，促使上市公司"能升能降""能上能下"，充分实现市场的"优胜劣汰"功能。目前，我国已初步建立了一个由一板（含主板、中小企业板和即将推出的国际板）、二板（即创业板）、三板（含场外交易市场和地方产权交易市场）组成的多层次资本市场体系，各个不同层次的资本市场对应不同层次的企业，各有一个不同的筛选机制，使企业有可能递进上市或递退下市，从而形成一个完整的层次结构，体现逻辑的层次性和统一性。双向转板机制既有利于保证上市公司质量和完善市场退出机制，促进我国资本市场的良性循环，又有助于适应多样化的投融资需求，最大限度地实现市场的资本供求均衡。

根据"升板自愿、降板强制"的转板原则，即升级转板在满足条件后应由企业自主决定，只要该企业申请，上一级市场原则上不应拒绝。但降级退市则在一定时限内强制执行。从上升阶梯看，越往上一层次门槛越高，经过三板市场"培育"一段时间后，在有关条件满足创业板规定的前提下，企业可申请转入创业板市场。同样，经过创业板市场"培育"一段时间后，在有关条件满足主板规定的前提下，企业可申请转入主板市场。三板、创业板和主板呈现入市条件逐步严格、企业素质逐步提高的层次结构。从下降阶梯看，越往下一层次风险越大，已进入主板市场的上市公司，当经营状况下降或其他条件不能满足主板要求时，可退至三板市场。已进入创业板市场的上市公司，当经营状况下降或其他条件不能满足创业板要求时，也可退至三板市场。三板市场作为独立的交易体系，是最基础的市场，充当中小企业到创业板和主板上市的"孵化器"角色，同时，还要发挥市场的"淘汰"功能，充当退市场所。根据各层次的上市门槛和市场定位的差异，促使上市公司"能升能降""能上能下"，充分实现市场的"优胜劣汰"功能。另外，双向转板机制的设计应综合考虑转板效率的提高和转板费用的降低。沪深主板之间根据转板自由的原则可以实现相互转板，并打破逐层转换的思维禁锢，允许市场各"阶梯层次"之间的跨越式转板。

双向转板机制既能够激发企业为争取到高层次市场上市而奋发进取的意识，又能够迫使业绩差的企业为避免退市而努力提高自身质量，还有助于分散企业在不同发展阶段所带来的风险，从而有利于提高资本市场的整体素质，实现资本市场的健康发展。

三　多层次资本市场体系的创新策略选择

总体上来看，我国多层次资本市场体系的制度变迁决定于我国金融改革的制度变迁取向，是一种强制性制度变迁。在资本市场成立之初，我国法律、监管等制度基础环境不完善，民营经济发展边缘化，理性投资者数量远小于投机者，相比之下，政府垄断着大量的资源，成为多层次资本市场体系制度变迁的主要启动力量。这种由政府主导的制度变迁导致了行政力量取代市场机制对稀缺的金融资源进行非合理化配置，损耗了制度创新的效率。同时，随着我国民营经济与机构投资者的加速发展，政府提供的多层次资本市场体系的制度供给与现实制度需求之间存在一定缺口，使多层次资本市场体系的演进始终处于较低水平。从美国多层次资本市场体系的成功经验以及我国现实状况来看，在多层次资本市场体系的演进过程中，政府发挥作用的主要层次在于对法律、监管等制度基础环境的塑造，以及对投融资主体的政策性制度支持。因此，应在强化政府对于多层次资本市场演进的制度环境的培育的基础上，逐步将多层次资本市场体系的制度创新主导力量由政府向市场转变，使投融资方等市场微观主体在制度创新收益的感召下，作为主要力量推动多层次资本市场体系的制度变迁，而政府作为多层次资本市场体系生成与演进的政策引导者和内生参与者，通过对市场演进方向的微调来保证最优演进路径的实现。

（一）多层次资本市场法律和监管制度创新

1. 立足《证券法》，完善多层次资本市场法律体系

从法律建设方面来看，《证券法》《公司法》《证券投资基金法》构成了我国资本市场基本法律制度，虽然对于资本市场及其参与主体的规范发展起到了一定的推动作用，但是由于缺乏与证券交易、投资咨询、信息管理等方面的实施细则，导致法律法规的可操作性不强。且对于证券投资者权益保护的相关法律条文分散于不同的法律法规和规章制度中，暴露出互相冲突、难以衔接等问题。另外，2006年实施的《证券法》虽然为较低层次资本市场的设立以及多种交易方式的存在创造了一定条件，但针对场外市场的法律性质、交易制度、功能定位和上市标准的明确法律规定尚未出台，不利于多层次资本市场体系的长远发展。鉴于此，应加强资本市场法律制度创新，在现有法律框架的基础上，制定《证券交易法》《证券投资者权益保护法》等资本市场相关法律法规，完善多层次资本市场法律体系。同时，将代办股份

转让系统、产权市场明确纳入《证券法》的调整范围，并尽快出台场外市场交易的相关规定，创造代办股份转让系统和产权市场向场外市场转化的良好制度环境，建立完善的法律、监管体系，以制度基础环境的改善促进多层次资本市场体系的生成与演进。

2. 创新监管机制，构建多层次监管体系

从监管制度方面来看，我国资本市场实行以政府为主导的监管体制，中国证监会是全国性的资本市场监管机构，负责资本市场相关政策方针的制定，对资本市场实施统一、集中的管理，证券交易所和证券交易协会等自律性组织则对市场参与主体的上市或交易行为进行监督。然而，事实上，转轨经济中资本市场制度变迁的强制性使政府作为既得利益阶层，强化了对于传统的计划经济管理模式的路径依赖，从而以行政手段作为对资本市场的一贯监管方式，导致我国资本市场显现"政策市"的特征。相比之下，证券交易所、证券业协会等自律性组织受发展不完善等因素的制约，并没有发挥应有的对于资本市场参与主体的监督管理作用。因此，应推进我国资本市场的监管制度创新，转变以行政手段为主导的监管模式，注重证券监管的前瞻性研究，建立动态实时监管机制，保持监管的连续与稳定。同时，不断推进证券交易所、证券公司、证券中介机构和证券业协会等自律性组织对于资本市场进行监督管理的进程，建立政府监管制度与自律监管制度的协调机制，构建多层次的资本市场监管体系，并使得这一监管体系始终与我国多层次资本市场体系的生成与演进进程相适应。

考虑到我国创业板市场进入门槛较低、主要服务于民营企业和高科技企业的特点，应建立严格的信息披露制度，降低因上市公司与投资者信息不对称而产生的风险。中国证监会和深圳证券交易所必须在使市场力量尽可能发挥作用的前提下，对机构投资者内幕交易和市场操纵行为采取必要的风险控制措施，以降低创业板市场的运行风险。此外，对于场外市场而言，首先应将代办股份转让系统和产权市场纳入统一的多层次资本市场监管体系，进而针对场外市场的运行特点，采取以证券业协会和市场组织机构的自律管理为主、中国证监会的政府监管为辅的监管模式，在保持市场发展效率的基础上，以充分、实时的交易信息披露机制保障中小投资者的合法权益。

（二）多层次资本市场交易制度创新

在指令驱动交易制度的基础上引入做市商制度，建立报价驱动和指令驱动制度功能整合的市场，以满足不同层次资本市场主体的交易需求。目前我国资本市场实行的是客户委托交易所主机直接撮合成交的单一指令驱动机制，这种交易制度虽然具有费用低、操作简单和监管难度小的优点，但是容易在大宗交易中引起证券价格强烈波动，不利于流动性相对较差的场外市场的进一步发展。比较而言，做市商制度通过对证券的自营买卖在尽可能短的时间内将交易活动集中，为市场提供较好的流动性，确保交易活动的连续。同时，做市商得以在有效估计证券需求状况和价格趋势的基础上形成买卖报价，有利于反映证券的真实价格。此外，做市商制度要求做市商利用掌握信息的优势，对各种信息来源、质量及市场效应做出及时披露，有利于保持市场透明度，制约机构投资者的价格操纵行为。

因此，应在我国指令驱动交易制度的基础上引入做市商制度。其中，对于主板市场和创业板市场，促进报价驱动机制和指令驱动机制的有机结合与统一，实现两种交易制度比较优势的充分融合，保证市场高效、稳定运行。对于场外市场，采取以做市商制度为主、指令驱动交易制度为辅的交易制度，保证市场充分的流动性，降低投资者的交易风险，推进市场进一步发展。鉴于现阶段我国券商的自律意识不强、实力有限、难以承担做市义务等缺陷，应有选择地加大对做市商的培育力度，选择资金雄厚、经验丰富、抗风险能力强且有强烈做市要求的券商作为做市商，为其融资融券提供合法通畅的渠道，提高其提供做市服务的能力。

此外，针对我国资本市场中承销券商承担保荐人职能的制度特点，宜将做市商制度与保荐人制度有机结合起来，要求券商对推荐上市的企业承担完全的保荐责任，并作为造市者维持该企业股票行市，既通过发行人与保荐人的连带作用机制切实强化市场约束机制，规范上市公司行为，又保持股票的流动性和价格稳定，为投资者提供良好的投资环境。

（三）机构投资者制度创新

1. 逐步消除机构投资者发展的制度性障碍

一般而言，较低层次的资本市场交易成本相对较高，而机构投资者在资金、信息、管理等方面较之于个人投资者有着专业化和规模经济的优势，使其在信息收集与处理、投资管理决策等方面的科学化、理性化程度较强，有助于降低资本市场的信息成本与交易成本，促进多层次资本市场体系协调发展。近年来，我国资本市场中由投资基金、社保基金、企业年金、保险公司、券商和 QFII 等构成的机构投资者发展步伐加快，并随着保险基金直接入市、商业银行设立基金管理公司、企业年金入市等一系列政策法规的出台，资本市场的投资者结构逐渐从以散户投资者为主体向以机构投资者为主体转变。不过，目前证券投资基金在我国机构投资者中的规模和比例过大，机构投资者比例不均衡、数量少等问题依然存在，机构投资者之间制衡机制缺乏，充分多元化的机构投资者格局尚未形成，这在一定程度上影响了资本市场信息的均匀分布与合理流动，也不利于机构投资者在整体上形成合理一致的诉求力量，从而降低了投资者作为制度创新主体的可行性程度。因此，要消除机构投资者发展的制度性障碍，为机构投资者快速发展提供适宜的制度基础条件，使机构投资者在总体实力增强的前提下有能力作为行动主体推进多层次资本市场体系的制度创新。大力发展机构投资者，推动资本市场投资者结构多元化，促进机构投资者与多层次资本市场互动发展。鉴于我国目前的现实情况，要有步骤地推进基金准入制度的市场化改革。兼顾基金业规范发展与适度竞争原则，探索由审核制向注册制的转变路径。修订《商业银行法》和《保险法》，对银行系基金运作、保险资金运用重新进行更科学合理的制度设计。修改《证券投资基金法》，明确私募基金的法律地位，并对其设立、销售渠道、信息披露及基金各当事人权利义务关系做出框架性制度安排。

2. 成立创业投资基金，引导创业投资事业发展

政府应从政策层面引导和扶持我国创业投资事业的发展，以适宜形式成立创业投资基金，发挥对中小型科技企业的信用与资质发现以及培育功能。从我国实际情况来看，政府资金在创业投资中占据着主导地位，导致创业投资企业在产权虚置和所有者缺位的状态下功能异化，甚至利用政府力量进行投机性创业投资活动。要消除政府直接出资设立国有独资或国有控股的创业投资公司的固有弊端，一个切实可行的做法是通过选择高水平的专业化投资中介平台间接为中小科技型企业发展提供创业资金，并以此为条件发挥带动社会资金广泛加入的示范效应，从而实现创业投资政府扶持机制由政府直接出资从事创业投资向政府间接引导民间资金从事创业投资的转变。

（四）上市公司制度创新

推进上市公司制度创新，严格市场标准，消除上市公司质量隐患，为多层次资本市场体系生成与演进塑造良好的微观基础。整体而言，上市公司作为资本市场融资主体，对于资本市场制度创新能动性作用的发挥不仅受到外部制度环境的影响，也与上市公司整体质量和运营效率息息相关。目前，我国主板市场的上市公司绝大多数为国有企业，转轨经济中国家利用对金融资源的垄断为国有上市公司的发展提供权益资本支持，致使其把资本市场当作"圈钱"的场所。同时，国有产权虚置、所有者缺位导致国有上市公司"内部人控制"严重，公司经营者利用政府隐性担保转嫁经营管理风险。然而，与资本市场的巨额资金支持相对应的却是国有上市公司的低效率运营，这不仅使得资本市场的整体上市资源质量低下，也极大地损害了中小投资者的利益。为此，要从以下几方面入手，创造良好的制度环境，促进上市公司产权结构、法人治理结构的逐步完善，夯实多层次资本市场发展的微观基础。第一，以证券发行上市核准制度的完善为基础，逐步向注册制过渡，取消资本市场的所有制限制，严格按照市场化上市标准选择上市公司，以期建立一个不同产权形式的优质企业公平上市的机制，不断推进上市公司股权多元化发展。第二，以2006年实施的《公司法》《证券法》为依据，推进上市公司股东大会、董事会和监事会等组织制度的创新与完善，形成权责分明、有效制衡、科学决策、协调运作的法人治理结构。制定独立董事制度设立的可操作性法律法规，完善独立董事制度。立足于2006年《公司法》放宽公司回购股份用于股权激励的限制，继续推进法律制度创新，有针对性地实施股票期权制，协调管理层利益与股东利益的激励兼容问题，完善上市公司激励机制。

第二节　多层次资本市场与中原经济区产业组织优化

技术创新是高知识、高技术的经济活动，从研发到成果转化的过程中，需要大量的资金投入。如果企业在创新活动的过程中得不到相应的资金支持，则很可能因此导致企业创新活动以失败告终。企业在技术创新过程中面临诸多不利因素，要想发展技术创新企业，不断提高企业的技术创新能力，最重要的是拓宽技术创新企业的融资渠道，解决技术创新企业融资问题。

一　直接融资对技术创新企业特殊融资需求的适应性

不同经济发展阶段和技术特点的产业要求不同的金融制度与其相匹配，

在农业社会里，融资模式需求单一，不需要资本市场，有钱庄、票号等原始的金融组织就可以满足农业社会对金融的需求。随着现代工业的到来，那种与农业社会相匹配的原始金融制度满足不了现代工业对资本的需求，这就导致了商业银行的出现，同时资本市场的雏形也开始显现。在当今的信息经济时代和未来的生物科技时代，技术创新已经成为经济增长的主要推动力量，技术创新对资本规模和投融资模式的要求与农业、工业社会有所不同，传统的投融资模式已经不适应技术创新产业的产生和发展的需要，因此客观上需要一种新的金融制度与之适应。

（一）技术创新企业特殊的融资特点

（1）由于技术研发具有时间长、高资本投入的特征，所以技术创新企业在技术研发阶段资金需求规模大、期限长、资金流动性较差。

（2）由于技术在向成果转化的过程中，创新技术的不确定性、市场接受程度的不确定性和财务预算的不确定性使技术创新企业面临技术风险、市场风险和财务风险，因此投资技术创新企业具有很大的投资风险，资本活动具有高风险性特征。

（3）技术创新企业通常是新技术产业化的结果。新技术的产业化通常需要经历技术研发、实验、商品化、产业化等阶段。与新技术产业化的步骤相适应，技术创新企业的发展一般要经历种子期、创建期、成长期和成熟期四个生命阶段。技术创新企业与一般企业融资特点最大的不同在于，其各个生命周期对应的融资需求不同，融资渠道不同，即技术创新企业的融资需求呈现周期性特征。

（二）直接融资是技术创新企业的最佳融资方式

1. 两种融资模式的比较

按照储蓄向投资的转化是直接由储蓄主体来实现还是通过银行的金融中介来实现，可将融资模式分为直接融资模式和间接融资模式。直接融资是指融资是由储蓄提供者直接购买由资金需求者发行的金融产品来实现的，主要包括发行股票和债券、资产证券化等融资方式。间接融资是指储蓄向投资的转化是由银行作为中介来实现的。

间接融资的优点是：授信额度可以使企业的流动资金需要及时方便地获得解决；保密性较强。缺点是：社会资金运行和资源配置的效率较多地依赖于金融机构的素质；监管和控制比较严格和保守，对新兴产业、高风险项目的融资要求一般难以及时、足量满足。

直接融资的优点是：筹资规模和风险度可以不受金融中介机构资产规模及风险管理的约束；具有较强的公开性，受公平原则的约束，有助于市场竞争和资源优化配置。缺点是：直接凭自己的资信度筹资，风险度较大；一般逐次进行，缺乏管理的灵活性；公开性的要求有时与企业保守商业秘密的需求相冲突。

因此，直接融资区别于间接融资的特征主要表现为：与现代金融高效率特性高度相容，市场化程度高，高风险和高收益并存，具有特殊的风险分担机制。

2. 直接融资方式更适合技术创新企业的特征

根据对技术创新企业的融资特点的分析，可知技术创新企业在发展过程中融资需求规模大、期限长、风险高。因此，需要一种能够解决风险的分担以及资金的长期投入和收益在不同的时期内匹配的融资模式。直接融资特有的风险分担机制较间接融资更能有效地满足技术创新企业的融资需求，可从以下几个方面进行分析。

第一，技术创新企业是知识、技术高度密集的经济实体，需要高投入来研发产品，由于创新技术的不确定性、市场接受程度的不确定性和投资期限较长，因而投资者面临很大的风险。传统的金融机构由于追求低风险条件下的稳定收益，其贷款的审慎性原则会使商业银行尽量回避风险大和期限长的项目，因此技术创新企业无法从银行得到贷款。

第二，传统的金融机构贷款的稳健性原则使得商业银行在向技术创新企业贷款时，要求其具有良好的信用记录、赢利记录、必要的担保抵押等。中小型技术创新企业是技术密集型企业，可做抵押的固定资产很少，人力资本是技术创新企业的主要资产，而人力资本是无形资产，无法进行市场估价，且人力资本的流动性较大，因而无法向银行进行贷款抵押。由于经营风险较大，市场前景不明确，使得许多工商企业也不愿意充当企业的担保人，因此技术创新企业的状况决定了其在担保贷款的过程中处于劣势，无法取得银行贷款。

第三，传统金融机构相对于承担技术创新失败的巨大风险来说其收益是不对称的，银行并不因为对技术创新企业提供金融支持而获得额外的创新收益，反而却承担了创新失败的风险。这种风险与收益的不对称打击了银行等金融机构贷款给中小企业的积极性，从而使技术创新企业从银行贷款更加困难。

第四，直接融资的风险分散和风险传递功能可以使资产处于流动状态，与商业银行的风险相对集中和风险累积完全不同，直接融资可将风险有效地分散和传递。直接融资还可以通过资本市场特有的股权细分等功能实现风险在众多投资者和期限的优化配置，从而满足了技术创新企业对分担风险和对资金期限匹配的需要，最终实现收益共享的目标。因此对于技术创新企业来说，直接融资的金融制度更能为其提供金融支持。

二 多层次资本市场体系能够满足技术创新企业特殊融资需求

(一) 技术创新企业融资需求具有生命周期特征

技术创新企业通常是新技术产业化的结果。新技术的产业化通常需要经历技术研发、实验、商品化、产业化等阶段。与新技术产业化的步骤相适应，技术创新企业的发展一般要经历种子期、创建期、成长期和成熟期四个生命阶段。技术创新企业的融资特点与一般企业不同，其各个生命周期对应的融资需求不同，融资渠道不同，即技术创新企业的融资需求呈现周期性，不同的发展阶段，所需资金规模不同，投资风险不同，导致融资的渠道也有所变化。对技术创新企业的各个发展阶段的融资需求和渠道进行具体分析如下。

研发期又叫实验室阶段，是科技产业化的种子期，主要目标是开发某种技术或产品，其结果是取得某项发明或研发出某种高端技术，这种发明和技术一般不具有产业化开发的动作，只存在再开发价值，因而也不会带来经济效益。研究开发阶段的风险主要是技术风险，资金需求也相对较小，却是科技产业化中十分关键的阶段。由于风险较大，又没有经济效益，这个阶段的主要资金来源是国家科技基金、企业开发资金或私人资本。

创建期是在研究开发获得成功之后，企业家开始应用科研成果进行产品开发，并将开发成功的产品进行试生产的阶段。这个阶段的主要目标是将科研成果转化为产品，并进行生产能力和市场的开发，因而这个阶段也可以叫做产品化阶段。这个阶段仍然面临高风险，主要风险是技术风险、管理风险和市场风险。这个阶段企业需要的资金往往较大，主要用于购买生产设备、组织产品生产、市场推广等。发展到这个阶段的企业一般是中小型科技企业，此时企业的产品研发还存在不确定性，从银行得到贷款的可能性很小或者得到的贷款额非常有限。另外，企业一般缺乏经营管理方面的经验，因而这个阶段的投资风险是最高的，是科技企业最容易夭折的阶段。创建期的科技企业融资难的问题尤为突出，财务风险最大。创建期的资金来源主要是天使资本、创始人投资和创业资本，风险投资也开始进入。

成长期也叫商品化阶段，分为早期成长期和高速成长期两个阶段。度过创建期的科技企业往往在产品开发、产品生产、市场推广等方面取得了一些进展，成长性逐渐显现，主要风险从技术风险转移到管理风险和市场风险，早期成长期的企业仍处于净现金流量为负的阶段。到了高速成长期企业开始有了经营业绩，但是为了进一步开发产品、拓展市场、进行产品的行销和推广需要比创建期更多的资金，但这个阶段的企业一般还不符合上市标准较严的主板市场要求，无法通过主板市场上市取得资金，而风险投资在获利后往往会在这个阶段后期选择退出所投资的企业，然后将资金转投其他企业或项目，这时科技产业与金融资源的结合的首推市场就是二板市场，二板市场较主板市场的上市成本低、标准低，为风险投资提供了退出机制，也为新兴科技企业融资提供了广阔的途径。此外，产权交易、场外交易等也是这个阶段科技产业融资的可选途径。

成熟期是真正实现产业化的阶段，是科技企业产品在市场上急剧扩张的时期，科技企业赢利水平和赢利能力显著增加，并通过资本运营形成了较大规模，实现了产品的规模化生产，且风险逐渐减少。经过了企业的成长期后企业的经营管理步入了轨道，已经成为具有稳定经济收益和一定市场份额的公司，为了进一步实现产品的规模化生产需要更广泛的产业资本投入，以获得产业的规模经济效益。处于成熟期的科技产业在投融资方面与传统产业没有太大差别，主要的融资形式包括股票融资、债券融资、商业银行贷款等。

（二）建立多层次资本市场满足技术创新企业融资需求

通过对技术创新企业各个阶段的融资需求和渠道进行分析可以看出，由于各个阶段融资特点的不同，客观上需要不同层次的资本市场与之相适应。

在企业的种子期，私人风险投资是主要的融资模式。在企业的创建期和成长期，风险投资是主要的融资模式，为了满足企业这个阶段的融资需求，应该根据企业的融资需求建立专门为技术创新企业提供融资的风险资本市场，即二板市场和上市标准更低的柜台交易市场（OTC）。在企业的成熟期，销售和利润稳定，投资风险降低，收益率较之前两个阶段下降，对于追求高额利润的风险资本来说，客观上有退出的要求。目前，风险资本的退出渠道主要有股份上市、股份回购、企业购并、破产清算等。股份上市是指风险资本家通过将所投资的高新技术企业进行 IPO（首次公开发行）或在 OTC 市场（柜台交易市场，也称为三板市场）出售所持股份的活动，达到套现退出的目的。目前，IPO 方式是风险资本最佳的退出方式。由此可以看出，风险资本在退出机制方面和资本市场结合紧密。随着风险投资的出现和风险资本市场的诞生，资本市场进一步细分，除了一般意义上的资本市场，还会纳入风险资本市场。一般资本市场是指主板市场，风险资本市场为处于成长期的技术创新企业提供融资，主要是指创业板市场和 OTC 市场（二板市场和场外交易市场）。

在对科技企业融资困境进行分析时，应该从投资方和融资方两个角度切入，任何单方面的研究都是片面的。在资本市场上，只有投融资双方的需求都得到满足，资金的融通才能顺利实现，投资问题和融资问题其实是一个问题的两个方面，因此应从投融资相结合的多角度进行分析。作为融资方的科技企业由于其阶段性和行业性的特征决定了其风险程度、资金需求量和收益水平的差异，表现为融资需求的多样性。而资本市场的投资方由于资金来源、资金量、投资目标和策略的差异，决定了其风险承担能力和风险偏好的差异，投资需求表现出多样性。多样化的融资需求和多样化的投资需求要顺利对接需要一个多层次的交易平台，于是完善的多层次资本市场成为一种必然要求，这也是从根本上解决投融资问题的关键一步。

多层次资本市场体系的建立是顺利实现科技成果转化的重要保证，目前我国的资本市场结构单一，不能满足不同类型投资者和融资者的需求，使得拥有科研能力、科技产品转化技术的高科技企业因为没有足够的资金而无法将科技成果转化或无法进一步发展壮大，而拥有资金的投资者却找不到投资机会。科技与资本市场的有效结合成为解决科技产业化过程中融资难问题的关键。针对科技产业的特点和发展规律，针对不同技术水平、生产规模、融资偏好的科技企业的融资需求和不同风险偏好、投资目标的投资者的投资需求，建立一个有效的多层次的资本市场体系，为科技产业化提供强大的资金支持，已经成为当务之急。

综上所述，由于技术创新企业在不同的发展阶段的融资需求不同，不同阶段需要资金的规模、预期收益、投资风险不同，客观上需要建立一个能够为不同融资需求阶段进行风险定价和风险分担的资本市场。因此，建立一个多层次的资本市场体系来为技术创新企业各个发展阶段进行金融支持是十分必要的。

三　科技产业化的模式

科技产业化就是科技产业的实现过程，这个过程包括科技的研究、开发、生产、渗透等。科技产业化应该包括两个方面的内容：一是科技被批量转化成商品或劳务并形成新的产业的过程；二是各种高技术迅速广泛地渗透到传统经济部门，使这些经济部门的经济效益不断提高的过程。科技产业化通过这两个过程，促进国民经济整体经济效益的提高和产业结构的优化升级，从而推动一国经济的发展。就科技企业个体而言，科技产业化过程往往包括开发期、创立期、成长期、成熟期四个阶段。科技产业化是实现我国产业升级、产业结构调整的关键因素，在科技产业化的过程中，科技投入是最为关键的。我国的现状表明，在科技投入方面，资金来源单一，科技成果转化面临着融资难的问题。因此，建立多层次的资本市场是推动科技产业化的决定因素，资本市场尤其是风险投资为科技创新型企业提供了资金支持。同时，资本市场也是风险资本自由进入和退出高科技企业的重要渠道，资本市场也能通过其特有的机制监督企业的运行，促使其提高效率。科技创新和资本市场结合的研究对于促进我国科技成果的转化，实现产业结构的调整，从而促进经济的增长具有十分重要的意义。

根据实现科技成果转化的融资方式的不同，科技产业化可以分为间接产业化、合作产业化、独资产业化和内部产业化四种模式（见表8－2）。这里所谓的科技产业化模式，也可以说是科技成果转化模式。科技产业化是个动态过程，在这个动态过程中融资方式处于不断变化过程中。

表 8－2　不同产业化模式的特征和适用阶段比较

产业化模式	特征	适用阶段
间接产业化	无法获得足够的资金	开发期
合作产业化	风险较小,长期稳定的资金支持,可观的经济效益	创立期
独资产业化	便于管理,独立经营,但投入资金有限,欠缺经营管理人才,高风险	成长期
内部产业化	可退可进,充分利用企业内部资源,生产成本低,经济效益好	成熟期

间接产业化是指科研单位以自己的技术优势为企业提供单项或者整套的技术支持，通过企业将技术转化为生产力，并创造经济效益，然后

通过国家或企业对其研究进行投资，促进其进一步发展。这种模式的资金来源主要是国家的投入和服务企业的投资，适用于处于技术开发期的科技企业融资。

合作产业化是指科研单位以其科研成果、技术优势入股，与其他单位投资者的资金入股组成独立的法人企业，生产自己研发的产品或利用自己研究的新技术生产产品。这样建立的法人企业在发展壮大以后，推行现代企业制度，将成为新兴的具有强大生命力的"股份有限公司"或"有限责任公司"。

独资产业化是指由研究机构或科技企业独立出资或贷款建立的独资或控股的独立法人企业，以自己的研究成果或技术优势生产全新的产品，或者以自己的技术优势生产与现有产品有区分度的具有竞争力的产品。

内部产业化是指企业内部设立专门的科研部门，其科研技术成果直接在企业内部转化为商品，从而实现科技产业化的过程。很多大型企业内部都有自己专门的科研部门负责产品研发和新技术开发，科研机构只是作为企业的一个部门存在，并不向工商局注册为独立法人，最多是进行内部独立核算。

以上的科技产业化模式中，合作产业化的方式是最佳模式，科研单位的技术加上单位投资者的资金使成立的企业一开始就具有了一定的实力和优势，且风险较小。科研单位与企业的联系除技术方面外，还有产权方面的联系，能够形成稳定、长期的科技与产业的合作关系，取得可观的经济效益，从而使科技研究能得到长期的资金支持，得以进一步发展。这种模式适用于科技产业化的初期，科研单位拥有较先进的技术但又不具备雄厚的经济实力的情况。

独资产业化模式，便于管理，独立经营，统一核算，同时又能准确地调解其产业化发展过程中可能出现的各种问题，但是也应看到，处于产业化初期的科技企业没有大量的资金可以投入，同时又缺乏优秀的经营管理人才。此外，独资产业化模式使得企业要独立承担科技产业化带来的高风险，这对于正处于深化改革的科技企业而言，是力所不能及的。但是对于已经形成一定规模，具备一定的经济基础和稳定的收入来源，同时在市场经营方面具有优势的科技企业（往往是处于成长期的科技企业）来说，这种模式是最佳选择。内部产业化对于科技企业具有很大的吸引力，因为这种模式可以利用企业已有的技术基础，进行针对性的研发，经济效益较好，可以充分利用已有的设备、场地，生产成本低，可进可退风险小。这种模式只有在拥有雄厚资金实力的大型企业中才能推行，处于成熟期的科技企业适用这种模式。

四　科技产业的经济特征及科技产业化投融资特征分析

（一）科技产业的经济特征

科技产业作为以科技的运用为基本手段进行运作的科技型企业或企业群的集合，与传统产业相比有其特殊的经济特征，主要表现在以下几个方面。

1．高投入

科技产业前期需要很高的沉默成本，科技企业往往需要精密的仪器和先进的生产手段，高科技产业表现更为突出，高额的开发成本使得科技产业化需要的投入很高。

2．高风险

科技产业特有的技术不确定性、产品生产和售后服务的不确定性及高竞争性，可能导致技术失败、产品销售不出去等风险。因此，相对于传统产业，科技产业具有更高的风险性。这些风险主要包括技术风险、财务风险、市场风险、管理风险。技术风险主要是指科技产业的技术可行性、技术经济效果和技术寿命等存在诸多的不确定性，技术开发成功率低，并由此给投资者带来损失的可能性。科技产业化开发期的技术风险最大，并随着科技企业的发展壮大逐渐降低。财务风险主要是指在科技企业成长的过程中，资金需求不断扩大，而在创立期融资渠道较少，很容易出现资金供应断层，财务风险几乎伴随着科技企业成长的整个过程，并随着资金需求的扩大，财务风险不断加大。市场风险主要是指由于技术创新项目从研发到试生产，再到批量生产，最后产生经济效益，这期间市场可能发生难以预测的变化，如产品不再适应市场需求，或者有了新的替代品，市场的不确定性是科技项目从研发一直到大规模生产这整个过程中存在的风险。管理风险主要是指科技产业在创新和发展过程中，因管理者素质、决策管理水平或公司组织结构、管理体制等因素，导致项目失败的可能性。管理风险不仅存在于科技企业中，几乎存在于所有行业的企业中，贯穿了科技企业技术创新的全过程（见表 8 - 3）。

表 8 - 3   科技产业化各阶段风险特征

成长阶段	开发期	创立期	早期成长期	高速成长期	成熟期
主要风险	高风险： 技术	高风险： 技术 产品 融资 市场	高风险： 产品 管理 融资 市场	中度风险： 管理 后续融资 市场扩展	正常风险： 管理 竞争 市场战略 融资

3. 高收益

科技企业所应用的技术和科技成果是建立在最新科技成果基础之上的，一旦科技产品开发成功，或者科技成果得以成功应用，并获得广泛的市场认可，就会高速成长，产生较大的经济效益，投资收益率大大超过传统产业收益率。

4. 规模性

随着科技产业规模的不断扩张，其产生的总体经济效益和社会效益不断提高，科技产业往往要求形成一定的经济规模，成功的科技产品都以国际市场为背景。科技产业的这些特征决定了科技产业发展中融资行为的特点。

（二）科技产业投融资特征分析

在科技产业化的不同阶段，其面临的风险、资金需求等都表现出不同的特点，对应于不同的风险程度和资金需求，投资主体也在随之变更。科技产业化过程中科技企业在各个阶段面临的风险、收益存在很大差异，风险和收益的不匹配使得资金供给和需求产生了矛盾，这种矛盾随着科技企业规模的不断扩大、不确定性的降低和承担风险能力的增强而得以缓解。但由于科技企业高成长性的特点，决定了其资金需求的增长必然快于资金供给的增长，从而再次产生资金供求矛盾，这种矛盾是科技产业发展的内在规律性的体现，也是科技产业投融资特征的本质表现。

通过以上分析可见，科技产业投融资特征表现为显著的阶段性差异，每一阶段的投融资各有其特点，各个阶段的投资方式和工具、融资手段和途径不尽相同。阶段性特征需要融资渠道和投资主体的多样性，主体多样性表明技术创新投融资有多个参与主体，各个主体在整个创新投融资活动过程中充当不同的角色、发挥不同的作用。技术创新投融资的阶段性、主体多样性要求有与之相适应的转换机制，亦即不同阶段、不同参与主体之间的投融资活动要能顺利地交接和转换。因此，在此意义上讲，中原经济区科技产业的蓬勃发展，前提条件是要形成有利于技术创新投融资活动交接、转接的创新投融资机制，包括主板市场、二板市场、地方性产权交易市场在内的多层次的资本市场体系，尤其是风险资本市场和风险投资体系是这种转换机制的极重要的组成部分。

五　科技产业化所需的投融资激励相容机制

（一）激励相容机制分析

在信息经济学中激励相容被作为一个约束条件来解决委托代理问题，是指在委托方和代理方之间，代理人掌握了全面的信息，而委托人往往信息不足，他们之间的信息不对称产生了激励问题，委托人往往需要设计一个激励合同，诱使代理人在既定的自然状态下即便是出于自身利益考虑也会选择对委托人最有利的行为，使代理人和委托人的目标函数尽可能趋于一致。而在机制设计理论中，激励相容被用来作为衡量一种制度优劣的标准之一。机制设计理论认为，在市场经济中，每个经济人都是理性的，都会有自利的一面，因而其个人行为都会按照最大化自身利益的原则进行，个体的自利往往会破坏整个集体或社会的利益，因而应该建立一种制度安排，在这种制度安排的设定下，每个个体在追求个人利益的同时正好与集体或社会价值最大化的目标相吻合，使个体和集体之间的利益函数达到某种程度上的相容，这一制度安排就是"激励相容"。

在科技产业化投融资过程中，投融资双方固有的矛盾随即出现，这种矛盾主要表现在信息不对称、收益分配不一致和经营目标不一致三个方面。从机制设计理论的角度看，由于投融资双方都是理性的经济人，都以自身利益最大化为行为原则和出发点，融资方最大的利益是以尽可能低的融资成本获得所需的资金，并使科技企业实现基于长远经营目标的发展，从这个利益角度出发，融资方会倾向于发布有利于获得融资的信息，选择成本较低的融资方式，并从长期经营目标出发经营管理企业。相应的，投资方最大的利益是在所投资的项目中尽快地获得尽可能大的投资收益，从这个利益角度出发，投资方需要真实、完整和及时的信息，并抱着套现获利的短视目标。其中，收益分配问题的解决是建立在完全信息和一致性目标基础之上的，即在完全信息下投融资双方可以根据各自的风险承担、对企业的贡献率来确定各自收益分配的比例。这几方面的矛盾，归根到底来源于双方利益目标的不完全一致性，这也是导致科技产业融资难的原因之一。解决投融资矛盾的关键是建立一种特殊的制度安排，在这种制度安排下，投融资双方的利益目标进一步趋同，从而与加速科技产业化的资本市场建设目标达到相容，这种制度即"激励相容"的投融资机制。

（二）科技产业化过程中激励相容的投融资机制分析

1. 科技产业化过程中投融资激励不相容问题

投融资是科技产业化过程中最为关键的一环，但由于投融资过程中相关方利益的不一致性往往导致主体的利益摩擦、机会主义行为、道德风险和逆向选择等问题，进而造成科技产业融资方（资金需求者）与相对投资方（资金供给方）之间资金供求失衡或脱节。一方面，科技产业急需资金要素的多渠道支持；另一方面，由于制度缺失（或不合理）使得潜在的资金供给者交易成本过大、风险过大和不确定性过多等而降低把资金投资于科技产业的意愿，进一步加剧了科技产业发展融资的困惑。这种资金供求的失衡或者说投融资的矛盾，综合表现为投融资激励不相容问题。

（1）目前资本市场投融资渠道较少是产生激励不相容的主要原因

对于科技企业来说，融资的渠道包括内源性融资和外源性融资两种，内源性融资主要包括股东投资、保留盈余、企业内部职工借款、天使借款等，外源性融资则包括间接融资的贷款方式和通过资本市场的直接融资方式。科技企业融资难问题集中体现在开发期至高速成长期之前的这个阶段，处于这个阶段的科技企业尚未成长壮大，一般都是中小型企业，因而融资难问题主要是针对中小型科技企业而言的。

由于中小型科技企业规模小，资产少，组织管理不规范，业务模式成熟度低，这些企业大都以内源性融资为主。一方面，是因为内源性融资较灵活，资金使用较少受外部因素影响，且财务成本较低，相对风险也较低；另一方面，也是无奈的选择，因为中小型企业很难获得其他渠道的融资方式。以银行为主的间接融资方式，往往是抵押贷款、担保贷款或信用贷款，而科技企业抵押物少，不确定性强，缺少担保资产，没有与银行建立长期的信用关系。需要以股权方式长期投入的资金特性，与银行稳健的经营原则相违背，一般无法获得贷款性融资。

证券市场上也出现融资难问题，因为对于中小型科技企业而言，证券市场要么门槛太高，要么存在严格的准入制度，将中小型科技企业拒之门外。例如，我国《公司法》在关于债券发行主体资格方面规定，只有股份有限公司、国有独资公司和两个以上的国有企业或者其他两个以上的国有投资主体投资设立的有限责任公司才有资格发行公司债券，而目前大多数高科技中小企业都是民营企业，根本就不具备发行债券的资格。即使少数企业满足了发行债券的条件，也会因为发行债券的品种、期限的限制而使债券市场这种融资渠道的有效性大打折扣。

风险投资被认为是中小型科技企业最佳的融资渠道，但受限于中国风险投资业资本规模、投资主体、运作机制等因素，使风险投资无法成为中小企业的主要融资方式。技术产权交易市场也是与中小型科技企业较为匹配的融资渠道，产权交易的畅通将是这个市场发挥融资功能的关键，目前的产权市场运作中遇到的问题都是阻碍产权交易畅通的因素，也使科技企业通过产权市场融资受到限制。例如，2010年11月，"国家区域性中小企业产权交易市场试点单位——河南省技术产权交易所"正式启动，并被确定为全国5个试点机构之一，承担着为中部六省和山东、浙江等省搭建产、股、债权交易平台的重要任务，为河南省利用产权交易市场进一步拓宽中小企业融资渠道发挥着重要作用。但由于与《证券法》的关系没有理顺等各种原因，中国证监会等部门提出异议，随即公告停牌。这件事情再次证明了中原经济区建设中多层次资本市场建设的必要性和迫切性。

相对于融资方融资难的问题，投资者投资也显得阻碍重重。中国的投资市场还处于稚嫩的起步阶段，虽然经过了几年的发展，但投资规模、投资品种、投资渠道仍然非常有限，无法为大量的资金提供充足的蓄水池，资本市场整体容量还非常小。同时，债券市场、票据市场、拆借市场、外汇市场、期货市场等都有待进一步发展，加上资本市场对于不同类型的投资者还有很大的准入限制，金融衍生品市场甚至还没有形成。受市场规模和成熟度限制，资本市场上的金融产品不够丰富，投资者选择空间较小，使大量投资资金只能追逐少量的几种投资产品，多样化的投资需求得不到满足。在这样一个狭隘的市场空间，当资金供给增大时就会出现资金量与投资品种难以平衡的现象，大量资金无法合理分流。

投融资渠道阻碍和数量较少，导致科技企业和投资方的选择空间十分有限，难以针对自身特点选择适合的融资和投资方式。在这种情况下，科技企业采用的融资方式往往是由于没有更好的选择才退而求其次，这种方式和该企业的阶段性特征、行业性特征并不是最佳的匹配。而投资方也是在种种进入门槛的限制下，选择了与其风险承担能力、投资目标不完全符合的投资方式。由此，投融资双方的目标函数很容易发生偏离，使激励不相容问题的产生成为可能。

（2）信息不对称、交易成本过大加剧了激励不相容问题

信息不对称使得委托方无法获得完全信息，带来了"逆向选择"和"道德风险"问题，造成交易成本过大，加剧了激励不相容问题。逆向选择问题来自资本市场的投资者事前不知道融资方的风险程度和预期的收益水平，从而使投资者的决策因这种信息不对称而无法达到最优状态，在某种情况下甚至会出现高风险、低收益的企业把风险较低且收益较可观的企业驱逐出资本市场的现象。对于投资方来说，投资项目本身的预期收益水平是投资者最为关心的，在对传统企业提供资金时，投资者可以较容易地获取被投资企业产品或服务的商品化程度、技术优势、市场前景、行业成长特点等信息，并据此做出投资决策。

而信息不对称在科技产业化的融资过程中表现得更为突出，一方面，在准备向科技企业投资的过程中，投资方会发现他们要完全了解电子、生物、通信和计算机等领域的发展水平和发展动向在短期内难以达到；另一方面，在高科技企业申请的投资项目中，许多都是对新产品、新服务的研究和开发，因而市场上类似的案例较少，可供对比和参考的企业也不多，这就增加了投资者获得相关评估资料和可供参考的依据的成本和难度。再加上很多处于发展初期的高科技企业往往存在财务制度不健全、经营管理缺乏经验、信息披露不规范等问题，给投资者调查带来重大困难，加重了信息不对称程度。

道德风险主要是融资方为了自身利益，利用信息不对称而采取的损害投资方利益的行为。道德风险的产生主要是由于信息不对称、交易成本不断攀升和法律信用制度不完善。在投融资关系确定之后，投资方仍然难以完全掌握被投资企业产品或服务的商品化程度、技术优势、市场前景、行业成长特点等信息，更重要的是投资方在签订投资合同后，十分关心与其投资回报率息息相关的经营者（往往就是融资方）努力工作的程度。但作为投资方，他们不能观测到经营者真实的努力程度，而只能观察到被投资企业的定期报表或者业绩报告，假若被投资企业的信息披露不规范或者为了获得资金而扭曲信息，投资者仅仅依靠被投资方的信息披露则很可能无法获得真实、全面、及时的信息，这就为道德风险的产生提供了可能。由于信息的不对称必然会诱使投资方花费较多的精力和资金主动去获得信息以降低信息不对称的

程度，从而降低道德风险。而这样的尝试需要付出很大的成本，因为这些信息是作为私人信息为被投资方所掌握的，因而投资方想要通过自身努力以获得信息或签订详细的能适应各种情况的合同所花费的成本不断攀升。而在合同实施过程中，保证合同顺利实施的监督费用也是相当高的，费用的提高成了阻碍投资者监督科技企业运营过程的主要原因。总之，交易费用的不断攀升进一步提高了道德风险产生的可能性。法律制度的不完善也可能成为道德风险发生的法律漏洞。

（3）监管制衡机制不健全导致激励不相容问题

我国的法律基础薄弱，市场约束力不强，投资公司、中介机构的治理结构不健全。长期以来，激励相容问题未受到充分重视，缺乏激励相容的监管理念和机制。目前的监管体制在信息不对称条件下，不可避免地会产生投资者与监管当局、监管当局与融资者之间的目标冲突，不健全的监管机制不仅没有遏制激励不相容问题，反而产生了新的激励不相容问题。

从资本市场资金的供给方或投资者角度看，缺乏良好的信用秩序和信息的透明性是导致信息搜寻成本过高、投资收益与风险不成比例的关键因素。从这个角度讲，不合理的资本市场构架和不完善的法律制度、公司治理结构、信息披露制度、证券监管机制是导致科技产业化过程中投融资激励不相容问题的又一重要原因。因此，建立激励相容的制度安排是解决包括投融资渠道不畅、交易成本过大在内的科技企业技术创新融资难问题的关键所在。

2. 加速科技产业化过程中激励相容的投融资机制分析

一个好的经济制度应满足三个要求：导致了资源的有效配置、有效利用了信息、激励相容。实际上，投融资激励相容制度设计主要涉及两个基本问题：一个是信息效率问题，即这个制度是否只需要较少的信息传递成本，制度设计所要考虑的一个重要问题是要尽量简化传递过程中的复杂性；另一个是机制的激励相容问题，即在所制定的制度下，每个参与人主观上追求个人利益的同时，客观上正好达到机制设计者所要实现的目标。

具体而言，制度的设计应该从投资方和融资方的真实需求出发，作为投资者最需要的是在一个信息真实、完整、及时披露的市场中根据自身的投资需求理性地选择投资项目，并能获得预期的收益。在这个市场中，必须有良好的诚信制度，投资风险应仅限于投资项目本身面临的风险，不应该包括由于信息不对称带来的"逆向选择"和"道德风险"，投资成本中应尽量减少交易成本的部分。交易成本被定义为市场交易中的费用，在资本市场中投资者获得市场信息、寻找投资项目和投资伙伴、对投资回报和其他交易条件达成共识，以及在投资过程中对分歧进行调解甚至仲裁等，这些都是为了与欲投资伙伴之间形成合作所必需的共同信息。为获得这些共同信息所花费的成本，就是所谓的交易成本。一旦交易成本过高，投资者出于成本收益考虑可能会削弱投资者投资的积极性，甚至打消投资念头，也会影响潜在投资者对整个资本市场的信心。还有一个问题是投资渠道过于单一，资本市场的投资者的类型是相当丰富的，单一的投资渠道不仅意味着投资者选择空间狭窄，交易成功率会随之下降，往往也意味着投资组合不能有效分散风险，投资渠道过于单一也是相容机制必须避免的。而作为融资方，最需要的是获得企业发展所需的资金。不同的融资者面临不同的市场，处于起步阶段或者规模较小的企业由于属于新兴企业，自身资产、信用记录都处于相对劣势，但这个阶段的企业往往需要更多的资金支持。而另一些大型企业，已处于高速发展期，自身具有相当的资金实力，这样的企业投资者往往争着向其投资。这就出现了投融资市场的失衡状态，不同类型的资金需求者无法在资本市场上找到适合其特点的融资渠道，根本的原因是融资渠道单一，这与单一的投资渠道一起成为资本市场功能释放的重要阻碍。总之，作为融资方，真正需要的是多元化的融资渠道，投资的持续性和合理融资成本等都是融资方关心的问题。

从市场组织者的角度看，有效的投融资机制，应该是既有利于资本市场有效地发挥资源优化配置的功能，又便于管理部门的监管，能够降低监管成本，有效控制风险，提高资本市场的深度。多层次的资本市场体系将不同规模、不同赢利水平的上市公司进行了分层，市场组织者就可以对不同市场实施不同的监管标准和方法，不仅满足了投融资双方多样化的需求，也使市场组织者实施的监管更具针对性，监管效果更佳。

综上所述，激励相容的投融资机制应该包括以下几方面的内容。

（1）多层次的资本市场是根据投融资方各自的需求和偏好建立的，投融资双方需求的这种对接，是激励相容机制的基础。

（2）较少的信息传递成本，主要有赖于严格的信息披露制度和诚信体系的构建。严格的信息披露制度是减少信息不对称、避免逆向选择和道德风险的重要保证，而诚信体系的建立是从社会规范的角度降低道德风险、降低市场交易成本、提高市场效率的有效措施。

（3）维持资本市场有序运行必不可少的健全的法律体系和监管机制，包括具有公信力的法制和监管制度以及公司治理机制等。为适应多层次资本市场，法律制度应该更加健全、完善，也应该是分层次的。监管模式应该由集中监管转变为分层次监管，这有助于节约监管成本，提高监管效率。

在科技产业化过程中，多层次资本市场以及激励相容的投融资机制的建立中一个非常重要的角色必须由政府来扮演。从政府的角度看，科技产业化投融资过程中的激励相容就是指政府管理的侧重点由规制转变为激励，政府的经济行为及决策对私人机构具有激励作用，通过努力调节投融资双方的行为选择方向，推动其做出追求效益、提高效率的行为选择，从而解决投融资过程中资金供求失衡、资金供求双方信息不对称的问题，促进科技产业化的进程。而私人机构的行为相容于政府行为之中，私人机构就会根据政府政策和决策做出对他人或社会有利的反应，这使各方在追求其个体利益的同时也达到了政府想要达到的宏观目标。在中原经济区建设进程中，地方政府应成为多层次资本市场制度供给的主导角色，在有效的金融制度建立过程中发挥主导作用，从而建立推动科技创新的良性发展机制，促进中原经济区产业组织的优化，更好地解决"三化"协调发展中的融资难的问题。

第三节　多层次资本市场体系的风险防范

发展多层次资本市场体系必然存在着各层次资本市场的风险，并且市场层次越低，风险就越大。虽说风险是投融资过程中必须面对的现象，但良好的制度设计和有效的监管组织体系是多层次资本市场健康运行的必要保障。

一　行政部门承揽市场的系统性风险

对市场主体来说，风险可分为系统性风险和非系统性风险。系统性风险具有影响各个微观主体的效应，非系统性风险则是单个或部分微观主体所面临的风险。对行政监管部门来说，防范和化解市场风险的重心在于防范和化解系统性风险，而不在于防范和化解非系统性风险，与此对应，非系统性风险应由各个微观主体自己承担。在承揽非系统性风险的条件下，行政监管部门难免陷入处理各种不分巨细的繁杂事务中，无法集中精力建设多层次的资本市场体系，或者出于担心包括非系统性风险在内的各种风险发生，不敢大胆地展开多层次资本市场体系的建设。

值得强调的是，微观主体较为普遍面临的问题并非都是系统性风险，在相当多的场合，这些风险实际上只是非系统性风险，在深化体制改革和经济结构调整过程中，这种情形尤为明显。以 A 股市场为例，在多年实践中，上市公司浪费募股资金、财务造假和信息造假、母公司调用上市公司资金、庄家操纵股价、内幕交易、证券公司挪用客户保证金等现象受到投资者的普遍指责，但这些因素所形成的风险基本上都是非系统性风险。一方面，行政监管部门的选择应是依法坚决打击各种违法违规活动，纠正各种不符合法律法规要求的行为，而不应是通过强化审批制承揽非系统性风险；另一方面，资本市场中的一些风险是可通过市场组织者来承担和防范的，不必由行政监管部门直接运用行政机制和政策手段进行干预。如在 A 股市场中股市走势的异常波动以及上市公司披露信息不及时、不准确等。如果这些现象的发生与市场组织者（如证券交易所）直接相关，则行政监管部门的选择也应是加强对市场组织者的行为监管，而不应是将市场组织者的职能承揽于自身。总之，应将非系统性风险交给各个微观主体各自去防范和化解，不应由行政监管部门代行其责。只有在这种条件下，行政监管部门才可能将重心放在多层次资本市场体系的建设上。

二 交易制度供给的无效性风险

制度的主要作用是通过建立一个人们相互作用的稳定的结构来减少不确定性。随着市场环境（如市场新需求的发现、关键技术的开发和使用、行为人收益预期等因素）的变化，在市场中很可能出现新的获利机会，从而打破原有的制度均衡。

如果组织或操作一个新制度安排的成本小于其潜在制度收益，就可能发生实际的创新。至于一个社会通过何种制度变迁方式来获取这一潜在收益，则主要受制于这个社会的各个利益集团之间的权力结构和社会偏好结构。主流制度经济学一般认为，获取潜在制度收益的方式有两种：一种是自下而上的诱致性制度变迁方式，即个人或一群人在给定的约束条件下，为确定预期能导致自身利益最大化的制度安排和权力界定而自发组织实施的创新，另一种是自上而下的强制性制度变迁方式，即权力中心凭借行政命令、法律规范以及经济刺激来规划、组织和实施制度创新。

我国资本市场的创新经历了最初的强制性制度变迁向诱致性制度变迁的转化，主板市场的设立明显具有强制性制度变迁的特征，而主板市场之外的资本市场建设明显具有诱致性制度变迁的特征。由于诱致性制度变迁的风险大于强制性制度变迁的风险，所以在有效制度的供给上将面临更大的不确定性和风险。例如，目前各地产权交易制度的供给，许多是在计划经济时期形成的交易制度，已经不适应市场经济发展的要求，对交易市场的建设没有起到很好的推动作用。退一步讲，就算交易制度供给是有效的，但在现有的政策环境下很难实施，结果还是表现为无效制度的供给。不管是上述哪一种情况，在资本市场没有形成有效制度供给之前，我国资本市场仍将保持无序、不规范的状态，所以尽快建立多层次资本市场制度是资本市场改革的当务之急。

三　监管体系不健全导致的风险

资本市场产品的虚拟特性决定了其交易过程是一个非常复杂的过程，因此对资本市场产品的交易监管也将受到严峻的考验，如何规范公司、券商及其他经纪组织的行为和保护投资人的利益是证券监管必须解决的问题，只有很好地解决了这些问题，资本市场才可以保持健康发展。我国针对证券市场逐步制定了相关法律、规定或者文件，如《公司法》《证券法》《证券投资基金法》，但这些法律体系存在很多和资本市场发展不相适应的条款，加之监管中存在很大漏洞，所以在证券市场出现了很多违法行为，损害了投资人的利益，也影响了证券市场的长期健康发展。正确监管的出路不在于封杀资本市场的创新实践，而在于保护投资者的合法权益，促进公司充分进行信息披露，提高信息披露的质量，为投资者判断证券投资风险提供依据。要高度重视对投资者的回报，保障投资者依法行使各项权利。要促使侵害投资者合法权益的行为受到应有的制裁，加大违法违规行为的成本，推动有关民事赔偿责任制度的完善和落实，只要这样，一个有效的监管体系才能得以形成。

四　建立统一制度下的分级监管模式

监管制度是维护投资者利益，确保资本市场透明、公正、高效运作的重要保障机制。从证券市场角度看，一个成熟的市场需要有成熟的监管体制相配套。目前，我国资本市场更多地依赖政府监管，监管机构习惯于对市场进行直接控制，证券业协会的监管功能较弱，服务意识强于管理意识。但是，在场外交易市场较为发达的国家或地区，政府对场外交易市场的间接监管多于直接监管，而证券商协会和证券业协会等组织作为行业自律性机构，对于场外交易市场多实行直接管理。在这些场外交易市场中，由于没有直接的行政管理机构，监管的人力成本较低。同时，证券交易不通过经纪人而是直接成交，也降低了证券交易的手续费，为上市企业提供了成本较低的直接融资服务，使得场外交易市场得以繁荣发展。借鉴国外的先进经验，结合我国场外交易市场的实际情况，可以考虑官方监管与自律监管并重，构建中央、地方两级政府监管部门，交易所、市场参与主体和社会公众共同参与的分层次、多主体的监管体系。考虑到我国场外交易市场在理论上应采取的双层递进式结构，既有统一的全国性市场，又有多个区域分市场，所以在监管上，为提高监管效果与效率，应充分发挥地方性监管机构的功能，在中央、地方监管机构之间按照统一制度、分级监管的原则进行分工合作监管。首先，由中央监管机构作为统一的全国性市场的政府监管机构，而区域市场由中央与地方监管机构进行联合监管。其次，在对区域市场监管方面，中央监管机构重在立法，制定统一的监管制度规则体系，指导并监督地方监管机构监管活动。而地方监管机构依据法律法规以及中央监管机构制定的制度规则，由中央监管机构授权，对场外交易区域分市场进行监管。

第四节 中原经济区多层次资本市场定位及发展措施

根据中原经济区经济发展和经济体制改革的实际，应当建立层次多元化、功能多元化的资本市场体系。本节结合河南省的优势，提出符合中原经济区建设实际的多层次资本市场定位，并提出中原经济区多层次资本市场发展措施。

一 中原经济区多层次资本市场定位

由于土地、资本、劳动力、技术及制度供给等要素禀赋在空间区域分布上的非对称性和非均衡发展，在不同区域经济范围内集聚、运动的资本也有不同特点，从而形成与全国性资本市场相对应的区域性资本市场。区域性资本市场对区域经济发展的特殊意义主要体现在推动本区域经济发展、重组本区域经济结构、促进区域金融中心形成等方面。区域经济结构调整的核心是各个经济区域自觉从比较优势出发发挥主观能动性，促进经济资源的合理流动。区域性资本市场作为区域资本流动、重组、配置的中介，必然发挥着十分重要的作用。

区域资本市场是区域经济的集中表现。区域资本市场的状况和效应既反映了区域范围内吸引资本的能力，也反映了区域范围内经济效益和投资环境的总体状况——只有那些投资环境优越、经济效益好的地区才能形成资金洼地，吸引大量的外来投资，成为统一资本市场中的强势区域。不可忽视的现实是，自改革开放以来，我国经济发展呈现地域上的非均衡发展的态势，东部沿海地区经济快速发展，而地域广阔的中西部地区经济发展明显缓慢。受地理环境及经济基础的制约，资本市场的发展也表现为这种地理区域上的不均衡特征。现有的沪深两个证券交易所均设立在东部沿海经济发达地区，无论是上市公司还是证券经营机构均集中在东部地区，中西部地区的上市公司和证券经营机构相对较少，而各地区发行股票筹资额亦存在较大差距。东部发达地区由于得天独厚的资本市场便利条件，加快了资金集聚的效能。实际上中西部上市公司从资本市场中筹措的资金，远不及投资者通过资本市场流向东部的资金，由此形成了资金从中西部地区流向东部地区的态势，加剧了中西部地区资金贫乏的局面，使中西部地缺乏必要的资金支持，经济发展受阻。

因此，从根本上走出资本形成困境，解决中西部地区经济社会发展所面临的巨大资金缺口和投资不足的压力，最有效的途径就是突破目前单一的、全国性的、主要适合大企业融资的资本市场体系，拓展资本市场的层次性，建立以横向为主的区域性资本市场，尤其应给予中西部地区必要的金融政策倾斜，使其率先建立起区域性证券交易所，并进一步完善地方性产权交易机构。

对中原经济区多层次资本市场的定位离不开其服务的对象，即"三化"协调稳定发展。"三化"协调稳定发展中，必须充分发挥新型城镇化的引领作用、新型工业化的主导作用、新型农业现代化的基础作用，其中新型城镇化是引领和载体。"三化"协调稳定发展需要建设资金及各种人才、物力等资源，所有这些资源的取得仅仅依靠政府的努力难以在短期内达到，因此必须建设有利于"三化"协调稳定发展的多层次资本市场体系，充分利用国内外、省内外的资金和资源为中原经济区建设服务。

中原经济区多层次资本市场体系的建立并不意味着要在河南省建立包括主板市场、二板市场和三板市场在内的各层次的资本市场，也不要求必然要将河南省资本市场发展成为全国性或全球性的资本市场。因此，中原经济区多层次资本市场的定位是服务于发展新型工业化、新型城镇化和新型农业现代化的"三化"协调稳定发展。首先要大力发展的是三板市场和各种要素市场及期货市场,这些层次的资本市场要么在河南省已经发展起来,要么在全国具有领先地位(如期货市场);其次要与国内各地的资本市场相互融合沟通;最后要充分利用全国性资本市场。简言之,中原经济区资本市场的定位是利用国际国内多层次资本市场,融通国内主板、二板市场,大力发展本地三板市场和各种要素市场,适应于中原经济区经济发展并为区域内高成长性的企业提供融资服务,形成全方位的服务中原经济区"三化"协调稳定发展的多层次资本市场体系。

二 中原经济区多层次资本市场发展措施

1. 积极培育各类企业在多层次资本市场上市

河南省工业基础差,资金瓶颈一直是制约河南省工业发展的一个突出问题。目前,各商业银行改制后,大多把扶持重点转向了优势产业和效益较好的大中型企业,对绝大多数中小企业往往爱莫能助。而要加速实现中原经济区"三化"协调稳定发展,仅靠少数重点企业是远远不够的,必须站在提升全省经济整体实力和优化产业结构的高度,认真审视工业资金瓶颈制约的问题,充分利用现有条件,帮助中小企业拓展融资渠道。要加快利用和发展资本市场,加强对企业股份制改造和上市的规划指导,推动规模大、实力强的企业和科技含量较高、成长性好的企业上市,因地制宜地发展境外上市,努力扩大河南省上市公司数量。

从提高河南省上市公司质量、加强对上市公司的监管而言,河南省对上市公司的监管与处罚可以与沪深证券交易所结合建立联席会议制度,双方以联席会议为平台,定期或临时召开工作联席会议,通报上市公司违法违规行为的新情况与新动向,充分发挥各自的优势,加强协调配合,对证券执法过程中遇到的重大、疑难问题进行深入探讨和迅速处理。

2. 规范上市公司行为,增强其再融资能力

为确保上市公司拥有明晰而具体的资金使用计划,做到有序、有效再融资,结合河南省的实际情况,在建设中原经济区的过程中有必要从以下几个方面改进对上市公司融资的监管。

一是及时掌握公司再融资动向,事前纳入监管计划。为及时了解辖区上市公司再融资动向,增强再融资监管工作的针对性,有关部门要及时对有再融资意向的公司进行调查摸底,制订现场检查计划,并高度关注相关公司的

再融资信息披露情况。

二是结合信息披露日常监管，强化审核相关公司信息披露文件。一方面，重点审核公司的定期报告，审核再融资公司的中报及年报等定期报告时，重点关注募集资金使用部分，并与招股说明书中披露的信息进行核对；另一方面，关注实施再融资公司的信息披露是否及时、准确和完整，是否进行了选择性信息披露，是否引致股价异动等。对于变更募集资金投向的，重点关注其是否履行了相关审议程序并及时进行信息披露。

三是对募集资金使用情况进行全程监管，提高资金使用效率。重点关注募集资金使用效益和变更情况。在募集资金使用期间，要实时掌握募集资金使用进度，严格关注募集资金投向变更情况。募集资金使用完毕后，原则上安排对公司进行现场检查，检查募集资金是否按规定用途使用、是否进行专户存储、变更用途是否履行相关程序等。在后续期间，做好对募集资金建设项目的持续监管，关注其收益情况及是否达到预期使用效益等。

中国证监会已出台了一系列规范证券市场的办法，其中有多项涉及募集资金闲置问题。中国证监会在《关于做好上市公司新股发行工作的通知》中，提出将净资产收益率作为核准新股发行申请的重要依据。《上市公司新股发行管理办法》第十一条也将上市公司前次募集资金的使用情况作为公司能否获得再融资资格的关注重点。因此，河南省应依法规范上市公司行为，提高上市公司的质量，创造条件让优质企业上市，使优质上市公司能更方便地取得再融资机会。要做到严把再融资审核入门关，把没有必要的再融资计划挡在市场的大门之外。在这一过程中，认真实施好保荐制度也是切实提高市场再融资效率的一个重要途径，要让中介机构证券公司发挥其应有的作用，进行有效的事前和事中审核。

3. 整合金融资源，充分发展壮大河南省的金融实力

河南省要建设金融强省，振兴经济，既要靠"国有金融"，又要发挥"地方金融"的作用。省、市各级政府要"创造环境、研究政策、建立机制、提供服务"，进一步做强做大地方法人金融机构。目前，河南省地方金融机构存在着弱、小、散等现象，至今没有一家地方商业银行上市。事实证明，地方商业银行上市，不仅可以增强银行自身的实力，也会极大地支持地方经济的发展。因此，应充分利用、调度并整合资产资源、行政资源和社会资源，通过风险处置、增资扩股、引进战略投资者等途径，支持地方商业银行扩大市场份额，改善资产质量。加快本土商业银行上市融资步伐，做强做大本土金融产业。

同时，要加快开放河南省的金融市场。既要向外省开放，又要向外资开放。既要向国有资本开放，又要向社会资本开放。到目前为止，外部金融机构很少进入河南市场。要因势利导，大力改善金融发展环境，以稳定透明、公平竞争、法制健全、服务高效的良好环境，吸引更多的境内外金融企业到河南省设立法人机构和分支机构。要着力营造有利于各类金融企业平等竞争的发展环境，通过招商和培育各类市场竞争主体，带动河南省金融服务业的振兴。

4. 支持企业并购重组及收购外地ST类上市公司

在当今经济全球化迅猛发展，世界性产业结构调整步伐加快的新形势下，积极促进企业战略重组，有利于河南省企业统筹配置国内外资源，在新一轮竞争发展中抢占先机，在产业再分工中赢得主动；有利于在现代农业、工业主导产业、高新技术产业、现代服务业等重要行业和关键领域尽快形成一批有较强辐射力、影响力和带动力的市场竞争主体；有利于企业整合上下游资源，集中各类创新要素，优化治理结构，促进优势互补和产业链衔接，加快技术进步和产业升级，推动体制创新和机制转换，实现规模效应、聚变效应和集成效应。

但河南省资源配置分散，大公司、大企业集团少，产业集中度低，结构不合理等矛盾依然突出。在促进企业重组过程中，还存在着条块分割、相关政策措施不配套等问题，影响了重组的效率和效果。

中国证监会《关于修改上市公司重大资产重组与配套融资相关规定的决定（征求意见稿）》指出，按照在产权清晰、治理规范、业务独立、诚信良好、经营稳定和持续经营记录等方面执行与首次公开发行趋同标准，要求拟借壳资产（业务）持续两年赢利。同时，支持上市公司重大资产重组与配套融资同步操作。上述措施旨在支持企业利用资本市场开展兼并重组，促进行业整合和产业升级，进一步规范、引导借壳上市活动，完善上市公司发行股份购买资产的制度规定，鼓励上市公司以股权、现金及其他金融创新方式作为兼并重组的支付手段，拓宽兼并重组融资渠道，提高兼并重组效率。

由于ST类公司具有壳资源，所以河南省拟计划融资的企业可通过并购重组省外的ST类公司，达到企业上市融资的目的。在中原经济区的建设过程中，不妨给予重组ST类公司的本省企业更多的政策优惠。河南省人民政府《关于积极促进企业战略重组的指导意见》指出，对重组企业增资扩股和发行股票、企业债券、中长期票据、短期融资券给予优先支持，对省内重点企业并购境外制造企业、研发机构和开发重要矿产资源给予相关项目贷款贴息支持。大力发展融资担保体系、小额贷款公司和创投基金，为企业重组发展提供"过桥贷款"等多形式、多层次的融资支持。

具体把握的原则有：① 提高产业集中度。推动基础产业、先进制造业、高新技术产业、现代服务业和基本公共服务领域的资源整合，促进企业非主业资产合理流动，加快形成若干专业化水平高、具有规模优势的完整产业链条。② 打造优势企业群体。培育一批主业突出、规模和效益进入国内同行业前茅的企业。③ 提升企业核心竞争力。集聚优势资源和创新要素，推进企业管理创新、文化创新，提高自主创新能力，形成一批具有自主知识产权、核心技术和知名品牌的优势企业，增强企业软实力和综合竞争力。

5. 加强产权市场制度建设，规范信息披露机制

产权市场是推行国有产权进场交易制度建设的重要环节，也是防止产权交易中商业贿赂行为的重要场所，要在完善交易规则、创新竞价方式、提高竞价能力等方面进行探索的同时，加强产权交易市场规范化建设。

截至 2011 年 7 月，河南省虽然有 90 余家上市企业，包括境内的 50 余家和境外 30 余家，但是相对于拥有 1 亿人口、中部地区 GDP 总量第二、增速第一的河南省来讲，这仍然是杯水车薪。在这种形势下，河南省采取了许多创新措施，2010 年 11 月，"国家区域性中小企业产权交易市场试点单位——河南省技术产权交易所"正式启动，41 家企业的 41 只股权经过综合席位会员保荐、会计师审计、评估师事务所评估、律师事务所尽职调查、省政府指导委员会批准后上市挂牌交易。河南省技术产权交易所被确定为全国 5 个试点机构之一，承担着为中部六省和山东、浙江等省搭建产、股、债权交易平台的重要任务。

建立健全国有产权转让过程中的信息披露制度，是规范国有产权有序流转、确保产权市场健康发展的重要工作。国务院国资委正在筹建的"全国企业国有产权转让信息监测系统"，对于实现国有产权转让信息的集中发布、加强国有产权转让信息的监督管理有着十分重要的意义。建议在建设监测系统的同时，出台相应的规范国有产权转让信息披露工作的政策性文件和格式指引，统一国有产权转让信息的标准、格式和内容，对产权市场公开披露的信息进行分类管理、分级披露，强化国有产权信息披露的时效性，明确各市场参与主体在国有产权转让信息披露中的义务和责任，同时加大对信息披露工作监督检查力度，进而健全产权市场的风险防范机制，促进产权市场的持续、稳定和健康发展。同时，要拓宽信息披露的渠道。国内外主要证券市场信息披露的方式有三种：一是通过纸媒进行披露；二是使用专门的信息披露系统；三是通过互联网的电子化信息披露系统。这三种方式并不互相排斥，而是共同使用，其中通过互联网进行信息披露是国内外证券市场信息披露的发展趋势。

同时，要建立健全股权登记和代办转让系统。代办股份转让系统是由中国证券业协会组织设计、具有资格的证券公司参与的为非上市股份公司流通股份提供转让的场所。代办股份转让系统的出现，解决了原中国证券交易自动报价系统（STAQ）、人民银行发起的报价系统（NET）挂牌公司流通股份的流通问题，也为交易所终止的上市公司提供了股份转让渠道，完善了我国证券市场的退出机制，成为我国证券市场体系的重要组成部分。习惯上，我们将代办股份转让系统称为"三板市场"，视为交易所市场（主板市场）、创业板市场（二板市场）之外的证券市场的第三层次。中关村科技园区非上市股份有限公司股份报价转让试点，是中国证监会、北京市政府和科技部等有关部门落实《国家中长期科学和技术发展规划纲要（2006—2020年）》关于推动高新技术企业股份转让的要求，经过精心准备推出的一项重要措施。

《中原经济区建设纲要》明确指出，支持郑州、洛阳、南阳、安阳等地申报国家级"代办股份转让试点园区"，努力实现园区内非上市股份有限公司进入系统挂牌交易。结合河南省实际情况，要积极加入全国非上市股份有限公司代办股份转让系统，为全省非上市公司股权转让服务。

6. 鼓励发展创业投资基金、股权投资基金和股权投资类企业

经过30多年改革开放和经济的持续高速增长，一方面，河南省面临着大量中小科技企业需要通过创业投资和创业板市场获得发展壮大资金的问题；另一方面，又面临着很多老的国有企业和一些已成规模的民营传统企业亟须通过并购进行产品和技术升级的问题。为此，如何发展河南省创业投资基金和股权投资基金，建议从以下几方面来进行。

（1）在借鉴国外成功经验和失败教训的基础上，认真总结我国创业投资实践中的经验，尽快对国家十部委关于《创业投资企业管理暂行办法》加以修订和完善，使创投业走上法治化轨道。同时，要加快制定和实施创投业的相关扶持政策，尤其是企业所得税法中关于创业投资税收优惠政策的规定要抓紧落实。此外，还要对河南省设立的政府创业投资引导基金进一步加以引导和规范，充分发挥其引导社会民间资金进入创投行业的作用，为河南省源源不断涌现出来的高成长科技型中小企业提供更加充沛的资金支持。

（2）我国发展专业化并购投资基金已势在必行。为此，要尽快单独制定并购投资基金管理办法，并在实践中逐步完善施行，其中包括定向募资对象的条件、资金募集方式、杠杆融资比例、管理团队资格、并购上市企业的程序等。虽然国家已经出台并购贷款等措施，但是还远远不能适应并购投资基金的发展要求。因此，要大力发展企业债券，扩大并购投资基金融资渠道。还应充分发挥信托投资的功能，通过发行信托凭证为并购投资基金并购融资提供工具。

对并购投资基金的监管，主要集中在以下几个方面：一是严格控制其杠杆融资的比例及资金来源的合法化；二是管理团队的资格认定包括职业道德和业务技能；三是并购融资的资金要专注于并购业务，不准用于其他业务；四是并购上市公司要严格按照证监会的相关规定和程序进行操作；五是充分发挥行业自律的作用，制定行规和行约，强化行业自律的权威性。

（3）《证券投资基金法》正在修订，要注意区分创投基金、并购投资基金与证券投资基金，因为这三者的投资对象和投资工具不同，其运作机理更不同。证券投资基金主要是通过买卖二级市场股票、申购新上市 IPO 股票及上市公司增发股票以赚取市场差价；创投基金是通过投资入股非上市高成长科技型和商业模式创新型的中小企业，经过服务和培育企业，然后通过所持股份转让、回购或上市退出，收回投资并获得投资收益；并购投资基金是通过杠杆融资收购兼并企业的控股权，对企业重组整合，改善企业经营管理，使企业增大收益，再通过出售所持股权获得投资收益。

7. 依托期货交易所，大力发展期货市场

我国"十二五"规划明确提出要推进期货和金融衍生品市场的发展，我国目前的期货市场正处于从量的扩张向质的提升转变的关键时期。在国家从政策上对期货发展给予大力支持的同时，目前期货行业所处的经济环境却不容乐观。当前世界经济发展并不稳定，全球流动性泛滥，国际大宗商品价格波动比较剧烈。在国内，通胀的预期比较明显，现货市场价格体制并不完善，市场基础薄弱，投资者结构不合理，市场功能发挥不充分，等等，这些因素给期货市场未来发展带来很多不确定性。目前，期货市场在国家宏观调控中的重要作用开始逐步显现，期货的实物性和金融性兼备的特征开始为现货企业和大众所理解和认可，现货企业开始更多地谋求期货和现货的结合，通过期货市场开展套期保值、原料采购或者产品销售乃至开展仓单质押贷款等融资业务。随着股指期货推出步伐的日益加快，期货市场各层次的参与者结构开始发生重大变化，商业银行等金融机构获准进入国内期货市场。交易所不断优化自身管理和服务体系，投资者教育工作不断深入，期货公司开始进入多元化时代。

郑州商品期货交易所作为河南省最重要的金融资源之一，对全省期货行业的发展起着带动作用。在中国证监会的领导下，河南省应着力于依托郑州商品期货交易所，建设中原经济区乃至东亚重要的期货交易中心。中原经济区建设应该充分利用郑州商品期货交易所的优势，郑州商品期货交易所应不断推动中原经济区优势资源期货品种上市，发挥期货市场在中原经济区发展过程中的积极作用。

8. 充分利用资本市场，提高资金运营水平

（1）健全的市场机制不仅是良好金融生态环境的本质特征，更是优化经济环境的重要内容。要结合国家产业政策，从资源、人才、地理、区位、文化等各个方面，深入研究河南省优势，在科学制定和执行基础设施及社会发展中长期发展规划的基础上，应经常性地对经济运行的各个环节、各个方面进行全面梳理，对各类有悖于市场原则的体制、机制和制度要及时废止，努力培育市场经济氛围，健全市场机制，加快经济市场化进程，提高经济核心竞争力。

（2）加强国有企业改革进程，构筑规范有效的微观基础。市场机制作用的发挥必须建立在微观经济主体市场化行为的制度基础之上。因此，要加快国有企业的股份制改造步伐，尽快建立产权明晰、权责明确、政企分开、管理科学的现代企业制度，完善法人财产制度和法人治理结构，健全内部约束机制，硬化企业的预算约束，使其在受到严格约束的条件下积极参与市场竞争，逐步适应市场化的竞争环境，为资源配置市场化创造较好的经济主体环境。

通过资本市场进行资本运作，具有操作规范、产权清晰等特点，国有企业的资产调整应通过企业的资本运营来完成。通过联合、兼并、资产重组等形式，扩大企业的经济规模，盘活存量、带动增量，促进企业经营机制转换和结构调整，同时，积极吸引非国有经济成分加入国有企业改革。对重组后的部分优质国有资产，可按照产业归类属性，逐步向上市公司注入或置换，以提高上市公司赢利能力和整体资产规模，扩大再融资的数额。

（3）大力发展非公有制经济。目前非公有制经济已成为河南省经济发展的重要力量，在非公有制企业生产经营状况有待改善的情况下，金融部门对其加大资金支持的前提是必须提供有效担保。因此，地方政府应建立和健全中小企业贷款担保制度，改善中小企业融资环境，增加金融部门对其信贷资金投入，提升非公有制经济的竞争能力和赢利能力。

（4）推进金融市场的发展，拓宽河南省企业直接融资渠道

一是创造条件，支持河南省企业上市，有效地利用境内外资本市场。二是扩大发行企业债券，提高直接融资能力。三是按照积极稳妥、市场化运作的原则，建立产业投资基金和风险投资基金，加快河南省科技成果产业化步伐，促进高科技企业健康发展。四是积极开拓和完善其他适合的融资方式如商业信用、票据市场、金融租赁和民间金融等。五是积极发展其他法人金融机构。支持大型综合性企业投资参股金融机构，鼓励地方银行、证券、期货、保险和信托投资公司互相参股，逐步发展金融控股集团。支持有条件的企业发起设立企业财务公司、汽车金融公司、住宅金融公司等专业性金融服务公司。

9. 积极推进金融生态建设，合力建设金融发展的良好环境

金融生态环境是金融业生存发展的外部环境，包括经济环境、法制环境、信用环境和中介服务体系等内容。随着社会主义市场经济的发展，金融生态环境在区域经济发展中的作用越来越突出，信贷资金的流向与流量更多地取决于区域金融生态环境的改善程度。加强金融生态环境建设，对改善投资环境，提高信贷资源的配置效率，加快河南省工业化、城镇化、农业现代化进程，促进河南省经济社会发展，实现中原崛起具有十分重要的作用。近年来，河南省金融生态环境得到明显改善。但是，还存在一些薄弱环节，如社会信用观念淡薄、中介服务市场化水平和社会公信力不高、企业逃废金融债务的行为时有发生等。建议加快建设面向社会的以信用征集、信用评价、信用发布、信用监督和信用惩戒为主要内容的河南省社会信用体系。为此要切实转变观念，采取有力措施，促进金融生态环境建设，实现经济金融良性互动，推动河南省经济又好又快发展。

根据经济主体的多层次需要，特别是中小企业、农户等群体的发展需求，构建多层次、分工有序的信用担保体系。支持民营担保公司发展，鼓励有实力的民营企业参资入股，建立面向民营企业的担保机构。鼓励设立各类

会员制担保公司，提高担保效率。规范发展各类中介服务机构。鼓励和支持中介服务机构为金融活动提供会计、审计、法律、资产评估、信用评级、融资担保、投资咨询和保险代理等中介服务。规范发展会计师事务所、律师事务所、资产评估机构、保险代理机构等中介服务机构，提高金融业综合服务能力。

整顿规范金融秩序，严厉打击逃废金融债务行为，维护金融机构合法权益。进一步改善司法环境，提高金融案件执结率。规范企业破产改制行为，依法落实和保全金融债权。严格执行国家有关政策规定，加强对企业改制中金融债权的管理，防止企业借重组、分立、股份制改造和破产等机会逃废金融企业债权。

着力建设土地流转权交易中心、技术交易中心、资源交易中心等要素市场，助力中原经济区的发展。要素市场是多层次资本市场的重要组成部分。要素市场大概分为两类：一类是对应于商品概念，主要以资本品为交易对象，交易权属而不是交易具体商品的市场，如产权市场，非上市股权市场，技术、信息市场等，可以称其为权益类要素市场；另一类是以具体商品为交易对象的大宗商品交易市场，可以称其为大宗商品类要素市场。这两类要素市场有共性的地方，都具有可平台化、指数化、金融化的特点。产权交易市场作为多层次资本市场体系中的重要组成部分之一，其重要功能就是融资，通过办理股权转让融资、股权质押融资等业务，帮助企业解决融资难问题。河南省产权交易中心在做好股权登记托管业务的同时，办理股权质押业务，积极为中小企业解决融资难题。

10. 地方政府转化职能，促进金融制度创新

在一个完善的市场经济体制下，政府在投融资方面的主导性职能，并不是自己直接参与投资和审批了多少项目，而是政府是否能够为经济体系中的投融资双方提供良好的、高效率的融资环境。政府在金融活动中的任务应当是创造适当的政策、法律环境，促使各金融机构高效发挥功能，而不应直接干预金融机构的信贷活动，更不应自己直接提供担保等金融服务。

政府的主要职能以下几个方面：第一，消除产权歧视、强化产权保护，致力于创造一个平等竞争的市场环境。第二，协调经济发展与社会发展的关系，建立科技基础研究、生态和环境保护，为社会提供市场机制所不能提供的公共产品服务。第三，完善收入分配职能。建立对贫困地区和贫困人口的转移支付，完善社会保障事业，形成较为完整的多层次的社会保障体系，努力实现社会的公正、公平。第四，通过建立和完善信息公开制度，提高市场主体依据政策、信息自主决策的能力。随着改革的深化，市场约束力增强，政府职能应尽快从对微观经济的直接干预及时转向创造良好的宏观环境和有效率的市场，政府的有效性在很大程度上要通过市场的有效性来体现。

政府和银行都是建立在法律基础之上的两大平等主体。政府是依法管理，银行是依法经营。政府的经济管理职能也应由微观干预向宏观调控转变，通过经济杠杆、法律手段和必要的行政手段去行使。对贷款项目，应当由政府提供充分的信息，使得企业和银行能够互相向双向选择的方向发展，政府只搭建了一个平台，由银行依法自主经营。

政策篇——机制优化

第九章
郑州区域金融中心形成的
动力机制分析

第一节　金融中心建设的理论基础

金融中心建设要以一定的理论为依据，伴随着金融中心的发展，国内外金融中心理论逐步展开和深化。本节对这些理论进行介绍和分析，希望对郑州区域金融中心建设提供一些借鉴价值。

一　金融产业和金融中心的概念与特征

（一）金融产业的概念与特征

金融的资源属性已被广泛认可，金融资源具有突出的层次性特征，主要包括基础核心层的货币资金、中间层次的金融工具体系和组织体系、整体功能层次的金融制度和法规等。所有金融要素通过专业部门的运作，构建出完整、独特的价值运动系统，凝聚成具有统一属性的产业集合，即金融产业。

金融资源集中于最能发挥潜力和实现最高经济效益的地区，在资金价格的引导下在区域间运动，因而其具有地域特色。金融产业不是虚拟经济，它是一种复合型组织体系，是金融地域性特征与金融资源各层次体系融合而成的有机实体，它一般由银行业、证券业和保险业等专业部门构成。金融产业既是创造价值的实体产业，同时它也是开放的、具有推动力的生产要素，与其他产业保持着密切的关联，促进和导向其他产业的变革与发展，成为经济发展的启动器。因此，金融的作用首先是在当地经济建设中的资金融通和经济助推作用，没有金融的支持，经济发展的许多项目便难以完成；其次是发展金融业本身可以提高当地金融服务业占 GDP 的比重，也有利于改善当地的产业结构，扩大就业。关于二者的关系，张凤超（2003）认为，一方面，区域经济发展水平是金融产业成长的重要地理约束条件，为其提供了承载空间；另一方面，金融产业成长是介入区域经济发展的动力性条件和重要力量，是推动区域经济非均衡运行的启动器和神经中枢。

金融产业的主体是经营货币资金及其他金融产品的经济实体，提供的产品是金融商品和金融中介服务，其构成要素包括金融经营组织、金融监管机构、金融产品生产和流通市场等。金融体系的形式受到交易成本和非对称信息的影响。交易成本是指金融交易所花费的时间和金钱，金融体系的建立就是为了降低这些交易成本以使有价值的交易活动能够发生。金融中介能够利用规模经济的优势，随着交易规模的增加而降低交易的成本。非对称信息是指金融交易的双方由于所处的地位不同而不能对称地掌握相互的信息。非对称信息导致金融体系的两类问题是逆向选择和道德风险。为了最小化道德风险问题，贷款人必须对借款人采取限制性合约，以使借款人不能够从事不偿还贷款的行为。贷款人还必须监控借款人的活动并在借款人违约时实施限制合约。与逆向选择和道德风险密切相关的是"搭便车"问题。"搭便车"问题因为那些没有花费资源收集信息的人们仍能够利用其他收集信息的人们的信息时发生。金融中介在降低这些逆向选择和道德风险问题上起到了关键的作用，同时，它们可以通过发起不能被外部投资者共享的私人贷款来防止"搭便车"问题。

所以，从本质上来看，金融产业是具备鲜明地域性特色的、生产高度专业化信息的行业。

（二）金融中心的概念与特征

关于金融中心的定义，在理论界尚未达成共识。Kingdleberger（1974）认为，金融市场组织中存在的规模经济促使银行及其他金融机构选择一个特定的区位，形成了金融市场的集聚力量，即金融中心。金融中心承担着金融交易中介以及在区域间储存价值的功能，金融中心的集聚效应提高了跨区域支付效率，对金融资源优化跨地区配置效率也有积极的影响。Gehrig（1998）指出，向心因素和离心因素的相互博弈最终决定金融中心的产生。向心因素包括规模经济、信息溢出效应、市场流动性，离心因素包括市场进入成本、政治干涉及地方保护所造成的进入壁垒。上述向心因素往往由大规模金融企业集聚产生，当这些向心因素大于离心因素，也就是金融产业集聚发展到一定程度和水平时，才会形成金融中心。饶余庆（1997）认为，金融中心使银行与其他金融机构高度集中，各类金融市场能自由生存和发展，金融活动与交易较任何其他地方更能有效率地进行。

综合国内外学者对金融中心的解释，金融中心一般是指金融机构大量集聚、金融市场开放自由、金融信息运转流畅、金融体系健全高效的城市或地区。它是资金往来的交会点和集散地，往往诞生于金融业高度集中、集散资金的融通功能极强、金融业务辐射范围远超金融中心所在地区的经济中心城市。概括而言，它集金融资源中心、金融交易中心、金融机构群集中心、金融创新中心与金融服务和监管中心于一身。

金融中心的特征可以归纳为三个方面：首先是依托性，以经济中心为依托集散资金；其次是辐射性，以活跃的金融市场实现金融资源的有效配置，对周边、全国甚至国际产生很强的渗透和影响力；最后是集聚性，以金融机构的集聚降低成本，提高安全性与流动性。

二 金融中心形成的影响因素

金融机构所在地的经营成本、人力资源供给、电信设施的质量与安全可靠性、监管环境与税收制度四大因素影响着金融中心的城市竞争力。具体而言，以下因素对金融中心的形成有较重要的影响。

（一）地理因素

金融地理学认为，形成金融中心的区域必须具有优越的区位条件。因为距离与非标准化信息的传递效率恰好成反比，距离贸易交通中心越远，相关信息就越少。所以，金融业要想快速发展，更多地获得相关信息，就必须尽可能地接近商业集中地，克服距离问题。便利的交通及发达的基础设施、优越的地理和时区位置仍然是金融中心形成的先决条件。尽管科技进步淡化了地理位置的重要性，但是便利的交通和发达的基础设施保证了生活的便利程度，为金融集聚提供了基本的外部条件。交通中心为实体经济运行的枢纽，早期形成的河流交叉点和经济航线，后来建成的铁路、地下电缆和高速公路枢纽，以及今天的先进的航空联系和卫星通信，这些交通中心会聚了最多的"非标准化信息"，从而使城市在金融中心的竞争中处于有利地位，这是跨国公司、金融机构选址考虑的基本条件。

具备收集、交换、重组和解译信息的能力是国际金融中心必须具备的最根本特征。由于面对面的接触仍是决策中非常重要的方式，节点城市的集聚优势对于公司选址十分重要。公司喜欢选择具有以下特征的地点：①具有充分交通和通信基础设施的战略节点；②有特定范围的劳动力市场，尤其是具有熟练信息处理技能的人员，能够提供高质量的外部服务；③丰富的社会和文化愉悦；④好的社会制度因素，包括人们的工作态度、忠诚度、生产率及技能等。

（二）制度因素

政府在某城市的优惠政策也能吸引跨国公司的地区总部并产生集聚。这些制度主要包括监管环境、税收制度以及投资激励。对存贷款利率的限制、业务许可和存款准备金要求方面的差异会对资金的国际流动和金融机构业务发展的地理分布产生重大影响。

对于监管制度的尺度把握非常重要，适度的监管制度既能够对市场强制实行有效的控制，同时它的限制性又不能太强，否则它将会促使市场向其他地方转移。金融机构对由于业务和利率限制导致金融机构成本上升的监管措施持抵触态度。税收是金融机构判断投资环境质量方面的一个重要因素。如果政府对金融业采取自由化和国际化政策，并提供税收方面的优惠和便利，那么对于金融产业集聚的促进作用是相当大的。例如，1968年新加坡开放离岸金融业务，并采取低税收、提供便利等措施来吸引和鼓励外资银行在新加坡营业，外资银行纷纷登陆新加坡经营亚洲美元业务，亚洲美元市场及亚洲美元债券市场随即形成。

（三）基础设施因素

1. 经营成本

日益激烈的竞争已明显增强了金融机构对经营成本的敏感性。在各类成本中，"空间成本"（如办公楼租金、不动产价格、建筑成本）成为金融机构选址时考虑的重要因素。

2. 信息技术

通信服务的价格、可获得性、质量和可靠性是决定一个地区是否具有潜在吸引力的重要因素。信息技术主要是指现代通信和电子技术。调查显示，银行与金融机构平均每年的电信费用预算至少比其他行业高29%。但是与成本相比，电信服务的质量与可靠性变得越来越关键。电话与网络银行的发展也充分显示了金融市场开发、金融服务分销与金融交易效率的提高对电信服务的依赖性。电信设施的质量取决于这样一些因素：设施利用现代技术的程度，升级现有设施的投资规模，地区电信公司对业务需求的反应程度和能力，政府对电信业投资的态度和政策，包括税收政策、折旧补贴、激励技术升级的制度等等。

（四）人才因素

金融行业是高知识密集型行业，特别依赖人的创造性劳动，人力资源是金融服务业的核心资源，人才的优势也是金融机构最重要的竞争优势。国际金融中心的活力和发展状况在一定程度上取决于人才特别是高端金融人才的数量和质量，如香港金融业就把高级金融管理人员的国际化工作经历作为一个重要指标来考量。对于金融产业集聚来说，人才的集聚效应变得愈益重要。有才能和创业精神的投资银行家、基金经理和货币交易员如果集聚到一起并且相互影响，他们在进行交易、开发产品、拓展投资、寻找机会、发现客户等方面的表现将会更为出色。掌控金融交易不仅需要一流的金融和商务人才，还需要法律、会计、项目管理和信息技术方面的一流人才。因此，一个同时具有多种类型人力资源供给的地区对金融机构总部或各业务部门都具有吸引力。劳动力成本及间接影响劳动力成本的城市生活费用水平，对金融机构选址也有一定影响，但是劳动力的素质与专业技能也是金融机构非常重视的因素。

（五）信息流因素

信息流对于金融活动的选址有重要影响，包括信息的可得性与信息的可靠性，金融产业的潜在机会与获利性在很大程度上依赖于信息的因素。信息中心理论强调信息在金融中心形成过程中的主导作用，从信息角度解读金融中心在地理空间的位移。该理论认为，金融中心在提供专业及高附加值的中介服务时，在很大程度上依赖于信息流。金融中心不仅是信息的收集者和使用者，也是将底层信息升华为有机信息的中转站，信息流主导着金融中心发展的步伐和方向，金融业也因此被称作高附加值的信息服务业。

Porteous（1995）强调塑造和发展金融中心背后的力量，大致上可以从信息外在性（Information Externalities）、信息腹地（Information Hinterland）、国际依附性（International Attachment）、路径依赖（Path Dependence）和不对称信息（Asymmetric Information）来解释，这些力量是金融中心地位的决定因素。信息腹地是指一个中心城市能获取有价值的信息流的最佳地点。在信息腹地，可最先以最低成本获得有价值的信息流。因此，信息腹地的大小与特征对金融企业有重要影响。世界主要金融中心往往是一个信息数量和质量较强的信息腹地城市。

综上所述，区域金融结构的合理程度会直接影响整个区域金融资源配置的效率。在金融发展过程中，受各方面市场因素的推动，金融资源和金融机构会向某些特定的具有相对经济优势的中心城市集中，各金融机构围绕快速增长的中心分布，在此形成金融中心并促进整个区域经济增长。

三　金融中心形成的理论

金融中心形成的原动力是什么？哪些力量推动其成长？这是金融中心理论研究的重点。目前，规模经济学、区位经济学及金融产业集聚理论等经济学理论从不同角度对金融中心的形成和发展给予了理论解释。

（一）区位经济理论

区位经济学（Location Economics）对金融中心形成的原因提供了地理位置上的解释，认为金融中心在地理位置上拥有某种优势吸引投资者和筹资者进入。美国经济学家伊萨德（Isard）发展了现代区位论，他指出"利润最大化是产业配置的基本原则，但这一原则的实现与自然环境、产品成本、区域间工资水平、价格水平变动等因素相关，因而合理的区位选择和产业配置必然受多种因素影响，需要对多种因素进行综合考虑"。这一理论被称为综合决定论。20 世纪 60 年代以来，区位论更注重行为因素的作用。克鲁梅（krumme）指出，区位选择不是孤立的，不仅与社会环境、政府政策有关，也与个人决策、家庭职业相关。因此，区位决策者的思想行为和价值观常常成为区位选择的决定因素。决策者所选择的区位，不一定是成本最低或利润最大的区位，而是决策者认为综合优势最明显的区位。而且工业、农业、城市的区位选择也不是孤立的，一种区位的选择对其他区位会产生影响，进而影响整个经济的空间结构。

区位经济理论可以从地理位置优势来解释金融中心的形成。这些优势包括以下几点。

1. 地点优势

金融中心处于或靠近经济中心，对资金的大量需求使得金融机构大量集聚。经济体系越活跃，金融机构越容易扩大规模，提高服务质量。

2. 交通优势

金融中心所在地一般具有便利的交通条件与发达的基础设施，节约了金融机构的经营成本。

3. 政策优势

金融中心所在地政府对金融业往往提供创新和税收等方面的优惠政策。

所以，金融机构出于对经营场所、资金、人才、信息等因素的选择决定了金融中心必须位于经济发达的城市或地区。

（二）规模经济理论

规模经济（Economics of Scale）理论是区位经济理论在集聚经济效益论中的发展。规模经济是指达到一定产量规模以后，平均成本随着产量的增加而下降的规律。当同一产业的企业集聚于特定地区，会形成具有竞争优势的集合体，该集合体相对于其他地区拥有规模经济优势，企业可以通过扩大规模降低单位产品或服务的固定成本，从而提高经营效率。

帕克（Park）将微观经济学的规模经济和集聚经济的理论应用于金融中心形成的研究中。

规模经济理论在金融中心形成中的应用，主要有以下几个方面。

1. 有利于金融机构协作

大量金融机构的空间集聚可以加强机构间的协调和配合，降低成本，扩大经营能力。银行之间的合作有利于发放风险大的贷款及需要多家银行参与的银团贷款等。保险商和券商、银行和保险商、商业银行和投行等实体之间也会产生跨业合作关系。集中经营的区域便于金融机构设立清算与结算的联合服务关系，体现规模的外部经济效益。随着大批金融机构的集中和发展，为金融机构服务的相关辅助性产业也将得到迅速的发展。

2. 有利于基础设施共享

大量金融机构的空间集聚，可以共同建设和使用基础设施和服务设施，如清算结算系统、交通通信设施等，从而达到减少投资、降低成本的目的。同时，金融机构的集聚会形成庞大的需求市场，必然会增加基础设施服务商的有效供给，从而可以推动基础设施的不断完善和提高。

3. 有利于信息传递

大量金融机构的空间集聚可以使客户和金融机构之间更好地沟通和传递信息，节约交流时间，提高效率。空间上的彼此接近可以进行面对面的交流，从而建立私人间的信任和感情。特别是对于需要金融机构作为中介参与的间接融资活动，金融机构在空间上的集聚可以给客户提供更多的选择和更好的服务。

4. 有利于金融人才的集聚

金融中心的形成需要大量高素质的金融人才，而金融中心往往处在经济发达的城市，它本身所具有的区位优势能够吸引优秀的金融人才。大量金融人才集聚可以实现人才市场共享，增加潜在的人才需求与供应。同时也创造了良好的金融氛围，提高了当地居民的总体素质，进而能够吸引更多优秀人才的加入。

（三）产业集群理论

产业集群（Industrial Cluster）是指在某一区域中，具有竞争合作关系，且在地理上集中的企业和机构等组成的群体。产业集群的崛起是产业发展适应经济全球化和竞争日益激烈的新趋势，是为创造竞争优势而形成的一种产业空间组织形式。

产业集群能够为企业从三个方面提供发展优势，这也成为产业集群不断扩大的动力机制，而金融产业集群比其他实体产业集群具有更明显的集聚效益。

第一，分享规模经济。金融机构集聚和金融市场规模的扩大，降低了金融活动的成本，提高了经营效益，促使更多的金融机构入驻，提供更有竞争力的金融产品和服务，拉动总需求，进一步扩大了规模效应。集群内金融机构及辅助性产业可以分享公共基础设施、人力资源、信息资源，在不牺牲个体灵活性的前提下获取范围经济收益，不仅节约了经营成本，而且促进了金融机构之间的分工协作。

第二，降低交易成本。金融机构空间集聚使得彼此交往频繁，协作关系较稳定，容易建立相互信任的合作关系及保障这种信任关系的社会制度，从而降低谈判成本，提高合同执行的效率，降低交易费用。同时，金融机构的相互靠近，可以减少信息不对称，使客户与金融机构之间以及金融机构与金融机构之间更好地沟通和传递信息。这将有助于减少搜寻市场信息的时间和成本，从而降低交易费用。

第三，促进金融创新。集群内激烈的竞争形成强大压力，迫使金融机构加快金融创新步伐，不断推出符合经济发展需要的新的金融工具和交易方式，改善金融服务质量，创建新的金融组织形态，推动金融创新的持续发展。同时，相关企业的集聚可以促进专业知识的传播和扩散，获得创新学习效应。

（四）增长极理论

1955 年，法国经济学家佩鲁（Perroux）首次提出了增长极的概念。增长极理论认为，经济发展不是同时在全区域进行的，而是从一些条件较好的地区开始。在经济增长过程中，某些主导部门或有创新能力的企业在一些地区或城市集聚，形成一种资本与技术高度集中、具有规模效益、自身增长迅速并能对周边地区产生强大辐射作用的"增长极"。区域金融增长点的动力来源即增长点内部出现的金融集聚效应。增长极具有技术、经济方面的先进性，通过"增长极"的优先增长及对周边地区的辐射，可以带动相邻地区共同发展。

将增长极理论引入区域金融的研究中，可以更好地解释金融中心尤其是区域金融中心的形成与发展。在金融发展过程中，金融资源向中心城市集聚，形成区域金融增长极。区域金融增长极通过向周围地区设立金融分支机构或向周围地区进行投资增加等方式带动周边地区金融和实体经济的发展，从而对区域金融活动产生积极的作用。

四　金融中心的分类与发展路径

（一）金融中心的分类

根据不同的分类方法，可以将金融中心分为不同的类别。根据形成规律可以分为自然形成型金融中心、政府主导型金融中心和综合型金融中心。根据金融交易发生与否可分为功能型金融中心和簿记型金融中心。如果金融机构在当地金融市场为客户提供服务或从事实质性金融交易，并创造就业和收入机会，那么该地区就是功能型金融中心；如果不发生实质性的业务活动，只是为发生在其他地区的金融交易提供合法的登记场所，就是簿记型金融中心。按照辐射范围的不同分为国际金融中心和国内金融中心。国际金融中心又分为区域性国际金融中心和全球性金融中心。国内金融中心可分为区域性国内金融中心和全国性国内金融中心。下面主要采用这种分类方法展开研究，见图9-1。

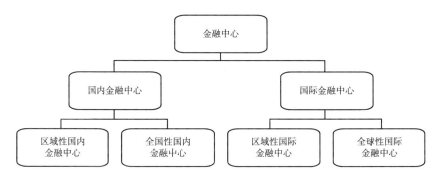

图 9-1　金融中心的分类

（二）金融中心的发展路径

纵观全球各层级金融中心的发展历程，可以发现，金融中心都是金融产业的集聚，这是金融中心形成的必要条件和必经阶段。

1. 金融产业集聚的组织演进

产业集聚作为一种生产组织形式，其组织性质是随着分工的深化，逐渐从专业化组织、一体化组织过渡到柔性专业化组织的，这也是金融产业组织演进的必然结果。金融产业分工是由产业间、产业内到产品内部的逐渐深化过程，最初是从一般产业中独立出货币经营的产业，从而形成了金融产业。后来金融业逐渐分离出银行、证券、保险、信托、租赁等行业，分别提供存贷款、证券买卖和保险业务等不同的金融产品服务。进一步细分，产业内的若干产品便被分离出来，比如基金业进一步细分出指数基金、债券基金、ETF基金、LOF基金等。随后，分工开始深入到产品内分工，金融产业链开始纵向垂直分解，金融产业链包括研发、咨询、交易、营销、品牌等，即按照产品价值链的分工，分为若干生产和服务工序，如商业银行建立单独的数据处理中心，并且向部分区域集中。随着分工的深化，金融产业专业化和一体化也在交错展开。知识与信息外溢等效益使得金融产业集聚也逐渐得到发展。

金融产业集聚可以分为纵向关联和横向关联两种形式，前者是集聚区企业之间按照产业链或价值链构建集聚网络，后者是企业之间按照产品的互补性形成企业网络，比如银行、证券公司和保险公司分别提供不同的金融服务产品，但彼此往往也集聚在一起。随着分工的演进，金融产业集聚的层次逐渐得到提升，由专业化组织到一体化组织再到柔性专业化组织。柔性专业化组织即网络化组织，是金融产业集聚发展的高端组织形式。

一个网络主要由节点、联结和能量构成。产业集群网络中，这三个构件对应为网络的行为主体（节点）、网络行为主体的合作竞争行为（节点之间的联结）、集群中的资源（能量）。集群中的行为主体相当于网络组织中具有决策能力和信息处理能力的活性节点，主要包括集群中的企业、研究机构、地方政府、金融机构及中介机构等；集群中的经济活动主要是指各个行为主体之间的相互作用关系和联系强度，包括经济交易和非正规的技术、知识的传播和交流；集群中的资源相当于网络结构中节点的位置决定的"能量"，包括自然禀赋、硬件基础设施、金融资产、人力资本、政府政策等。

从区域范围来讲，金融集聚区或集群本身就是一个网络系统，可称之为内部集聚网络；从全球范围来看，金融产业集聚区是全球产业分工和产业链的一部分，各区域产业及各个集聚区之间存在着相互关联关系，组成了全球性的产业网络，可称之为外部集聚网络。

2. 从机构集聚向功能集聚的转化

传统的金融产业集聚是指金融机构的集聚，大量金融机构集聚在某地形成金融集聚区。随着产业集聚发展到柔性专业化网络组织，金融产业集聚逐渐向功能集聚阶段过渡，金融集聚区内的机构数量减少，但是功能却比以往更强大。更为重要的是，这些少数金融机构通过掌控产业价值链的关键环节对区域外的金融机构形成一定的控制力，产业价值链实现了区域分割与整合，这些少数金融机构形成了金融产业布局中的关键节点。功能集聚包括金融机构总部集聚和节点集聚两种表现形式。

总部是指在企业系统中独立于商品生产部门的决策机构。总部的职能包括交易协调、资源配置、战略规划和战略实施，它一般不直接参与下属单位的生产经营活动。总部经济是指由企业总部在城市的集聚而形成的，并产生集聚经济效应的一类区域经济。总部经济集中了企业价值链中知识含量最高的区段——研发、营销、资本运作和战略管理。总部集聚占据产业价值链的高端环节，处于产业链的上游，而其下游按梯度在本区域的周边形成扩散型分布。总部成为管理、技术和体制创新的基地，以及信息流、物流和人才流中心，并将各类资源向相关区域扩散，产生了"总部经济扩散效应"。

地租竞价机制驱动着金融企业总部向城市中心区集聚。在城市中心的中央商务区（CBD），由于地价昂贵，一旦企业的边际成本高于企业的边际经济附加值，就会导致企业外迁，让位于经济附加值相对较高的企业。在这种作用机制下，城市的最核心地段往往成为金融等经济附加值较高企业的研发中心和商务管理总部的集聚地。

跨国公司地区总部和金融服务中心在选址问题上有着相似的特征。一方面，为了有效管理全球组织，跨国公司倾向于把地区总部设在大的节点城市和金融服务中心，跨国公司总部的集聚能够反映并且加强一个城市金融服务空间集聚的效益。另一方面，金融机构倾向于集中在跨国公司总部附近，从而以最高管理水平更好地为其客户服务。一般来说，如果一个跨国公司在某地区建立一个地区总部，公司的所有交易事宜及资本的进出都在此地分派和关联，作为公司组织的"神经中枢"，跨国公司的地区总部一般承担公司在此地区分支机构的控制和融资活动职责。由于地区总部是跨国公司资本交易和资金流动的枢纽（如融资、价格转移及税收负担），集聚众多跨国公司地区总部的区域通常也是产生金融集聚的主要地区。

节点是由产业价值链某一环节的集聚而形成的集聚区域，它根据价值链的等级不同而分为不同的等级。随着分工的深化，对于金融产业来说，不同层次产业环节在不同的区域实现集聚。在掌控研发、营销等价值链关键环节的前提下，一些大的金融企业将一些数据处理、技术服务环节等外包给本国其他区域或者发展中国家金融机构，这样就形成了金融产业不同节点的集聚，它们有着不同的功能等级。掌控价值链高端环节的发达国家金融中心是全球金融产业的高级节点，而处于价值链低端的发展中国家则是金融产业的低级节点，它们共同构成了全球金融产业价值链的整体。

内部一体化组织所形成的金融产业总部集聚和外部一体化组织带来的金融产业功能节点集聚既可能在单个区域实现也可能在不同区域实现。一方面，在城市内部，大城市功能区细化，出现了以服务、商业为主要职能的CBD功能区，以及以生产等职能为主的周边区域，城市内的不同区域执行着不同产业价值链的功能；另一方面，城市与城市之间展开分工，有的城市职能也由生产性职能向服务性、控制性职能转变，从而产生了城市的等级。中心城市凭借对金融产业价值链高端功能的集聚，形成了"控制性城市""头脑城市""世界城市"等，而其他城市则是金融产业低端价值链功能的集聚，城市之间共同协作实现金融产业整体职能的发展。

综上所述，金融产业集聚是金融资源地域运动的结果，而金融资源地域运动取决于各地区的比较优势。区域比较优势主要包括内生比较优势和外生比较优势，前者包括外部经济、贸易需求、路径依赖，后者包括地理区位、基础设施、制度、人才、历史及偶然因素等。在以上因素影响下，金融资源在不同地域之间运动，从不均衡向均衡方向发展。金融产业集群影响力进一步扩散，金融业逐渐成为该地区的核心产业，推动金融中心的形成和经济的快速发展。

Reed（1980）提出金融中心的发展过程"可以归纳为五个阶段，这五个阶段又构成了一个腹地范围的等级体系"，并指出"每一阶段的中心相应地服务于：它的直接腹地；腹地外更大区域；整个国家范围；邻近国家和政治属地；成为世界范围的金融中心"（见图9-2）。

图9-2 金融中心的发展路径

金融中心的发展演变所遵循的路径如图9-2中箭头所示，可以看出，金融中心首先是以金融产业集群为基础的，金融产业集聚促进了金融业的发展，提升了金融产业的竞争力，推动了区域金融中心的形成，并逐步发展成为国际金融中心。但这只是一般规律，大多数国内金融中心、区域性国际金融中心因为金融中心所在国的世界经济地位与金融开放政策等因素在长期内都无法成为全球性国际金融中心。

第二节　国内外金融中心发展动力与模式分析

在全球范围内，经济发展活跃地区几乎都有具有较强竞争力的金融中心做支撑。这些金融中心的内涵表现出极大的丰富性和多样性，本节选取伦敦、新加坡、北京、上海和深圳等城市分别作为国内外不同金融中心模式的代表，希望通过总结不同金融中心的发展模式及运作经验为郑州区域金融中心建设提供有益的借鉴。

一　基于动力机制的金融中心形成模式

金融中心是经济与金融相互促进、相互影响的结果。金融产业集群是金融中心形成的必经阶段。联合国贸发会议（UNCTAD，1998）把产业集群分为两类：依靠内生力量自发形成的集群和依靠外生力量人为形成的集群。金融产业集群是特殊的产业集群，纵观全球的国际性大都市，在走向地区、区域乃至国际金融中心的过程中，自然因素和政府因素起到了决定性的作用。按照金融产业集群形成、发展的市场自发性和地区禀赋、外部环境与政府政策对其的影响，我们可以把金融中心分为两种模式。

（一）诱导自发模式

金融中心的诱导自发模式是指金融体系的产生、发展、变化取决于经济的发展，经济的增长产生了对金融的需求，于是各种金融机构不断增加并不断创造出更多的金融产品，提供更多的金融服务，制度层面的金融决策与法规也随之发生变化。这种变化又刺激了金融的进一步发展，使得金融机构集聚，服务的范围也不断扩大，逐渐与周边、全国乃至国际建立广泛而密切的业务联系，最终形成金融中心。金融中心的形成和成长与经济发展相伴随，具有相互促进的特点（见图9－3）。这种金融体系产生与发展途径中所形成的金融中心称为诱导自发的金融中心。这种金融中心是以国家经济实力为基础发展起来的，多是市场经济长期自由发展的城市，纽约和伦敦就是典型代表。

图 9 - 3   金融中心的诱导自发模式

（二）引导培育模式

金融中心的引导培育模式是通过政府的主动引导培育而形成的，是指在实体经济规模相对弱小、金融发展水平较为低下的前提下，政府根据现有条件对经济发展的战略模式进行空间布局，同时制定相关的产业政策，按照一定标准对符合要求的相关城市或区域进行评估，挑选出最具潜力的城市或区域，对这些城市或区域给予适度宽松灵活的政策进行建设，并对企业的投资方向进行相应的引导（见图 9 - 4）。引导培育模式是通过国家或地区相关部门的设计或强力支持而产生的。这一模式的产生和发展具有超前性，能有效刺激当地经济的发展，有一定的先导作用，新加坡是该模式的典型代表。

图 9 - 4   金融中心的引导培育模式

政府的引导培育作用主要体现在三个方面：①政府规划。政府对金融中心的发展战略进行整体规划，指明发展目标和方向。②政府推动。政府通过出台创新和优惠政策为金融中心建设提供动力。③政府监管。政府通过法律手段维护公平竞争，防范金融风险，使金融市场稳定发展。

一般而言，两种模式所发展的金融中心都需要政府的参与，二者的本质区别在于前者的动力来自经济发展所提出的要求，是自然形成的"原动力"，而后者则是来自政府力量的介入，是人为产生的"推动力"（见表 9 - 1）。

表 9 - 1   两种模式的比较

比较项目	诱导自发模式	引导培育模式
发展动力	自然形成的原动力	人为产生的推动力
目标任务	与经济发展相伴随	带动经济及金融发展
作用发挥	被动	主动
政策取向	自由开放	政府干预
发展轨迹	渐进式	突变式

资料来源：参见黄解宇、杨再斌《金融集聚论》，中国社会科学出版社，2006。

二　国外金融中心发展动因及模式分析

（一）伦敦金融中心——诱导自发模式的典型代表

伦敦是全球国际金融中心，伦敦国际金融中心的形成过程是诱导自发模式的典型代表。

借助于第一次工业革命，19世纪50年代英国在世界工业生产和世界贸易中傲视列强，伦敦逐渐成为全球生产中心和世界贸易中心。伴随着19世纪最后20年国际金本位制的确立，英国积累了大量黄金储备，英镑成为国际贸易最主要的结算货币和支付手段，伦敦的国际金融中心地位在第一次世界大战前得以确立，成为全球第一大国际金融中心。

伦敦的国际金融中心地位与国际贸易紧密相连。英国将产品销往世界各地，又将赚取的资金输送回伦敦。国际贸易的发展进一步使伦敦将国内业务扩展成为国际业务。一方面，伦敦成为资金供给方、需求方的中介，为世界贸易提供结算和融资服务，从而使伦敦金融交易日益活跃，大小银行相继产生，银行体系日益完善；另一方面，英国开始对外输出资本，在遍布全球的殖民地进行投资，成为世界上最大的债权国。随着英国头号资本主义强国地位的确立、海外贸易和投资的扩张，以及英镑逐渐成为世界上最重要的国际储备货币，伦敦于20世纪初逐渐发展成为世界闻名的全球性国际金融中心，国际金融机构集聚、跨国金融活动频繁、金融产品和所依托的技术越来越先进。

二战后，当英国经济受二战创伤、英镑的绝对国际主导地位被美元取代、伦敦的国际金融中心地位被纽约赶超时，伦敦也在尽力维持自己的金融优势并寻求新的发展机会。20世纪50年代，在当时东西方冷战的大背景下，由于苏联和东欧社会主义国家需要为其积累的美元资金寻求一个在美国之外存放和使用的市场，于是伦敦的银行吸收了大量的美元存款。在随后的英镑危机中，英国政府禁止伦敦的银行向第三方的贸易进行英镑融资的政策，事实上促使银行吸收更多的美元存款并发放美元贷款。于是伦敦成为最早、最主要的境外美元市场。20世纪60年代，美国政府颁布了一系列抑制美元外流的政策，这些管制性举措促进了欧洲美元市场的繁荣，许多美国的金融机构为了逃避管制，干脆将相关的业务运作机构迁移到伦敦等海外市场。20世纪80年代，英国银行为了维系其在全球金融业中的主导地位，开始将美元作为英镑的替代币种进行贷放，从而使伦敦成为欧洲美元市场的中心。伦敦发展离岸金融业务巩固了其作为全球性国际金融中心的地位，也体现了一个老牌金融中心所蕴涵的能量。

伦敦国际金融中心的确立与发展过程充分体现了在经济、环境变换下诱导自发模式金融集聚的典型特征，即金融集聚与金融中心是顺应经济发展与社会环境变迁的需要自发形成的。这个过程也体现了"经济决定金融，经济发展决定金融发展"这一深刻的历史命题。

当然，在伦敦作为国际金融中心的发展过程中，英国政府在其中也做出了积极贡献。例如，从1986年10月开始的以金融综合经营为特征的金融服务业自由化改革，促进了商人银行业务与股票经纪业务相融合，以及商业银行与投资银行的相互结合，这有利于吸引外国金融机构在伦敦营业。同时，英国的商业银行纷纷收购和兼并证券经纪商，逐渐涌现一批超级金融机构和跨国金融机构，这对于伦敦的金融机构开展国际金融业务非常有利。和金融业务自由化改革相适应，20世纪90年代末，英国政府开始推动以统一金融监管为特征的金融改革。这两项改革使得伦敦的金融业发展得到一个新的契机，也使伦敦的国际金融中心地位得以巩固。

纵观伦敦金融中心的形成过程，其发展经历了三个阶段，见图9-5。

第一阶段，发端于伦敦深厚的历史文化底蕴和良好的外部环境及市场需求，伦敦现代服务业的发展为知识密集型服务产业集群的诞生奠定了产业基础。

第二阶段，伦敦服务业的快速发展，有效地提高了服务产品的供给能力，也刺激了面向全球的市场需求，从而诱导了伦敦金融商务服务业集群的形成。其中，金融创新成为推动伦敦金融商务服务业集聚发展的不竭动力。

第三阶段，政府的积极规划和实施调控促进了伦敦金融商务服务业集群的国际化发展。

（二）新加坡金融中心——引导培育模式的典型代表

新加坡金融中心的发展大致经历了以下几个阶段。

1. 发展机缘

1965年刚刚独立的新加坡，经过对内外环境的审慎分析之后，政府认为应该借助地缘优势，使新加坡成为置于洛杉矶和苏黎世之间的国际金融中心①，从

---

① 即在洛杉矶闭市之前接手其相关业务，自己闭市时再将相应的金融交易活动转交给苏黎世国际金融中心。

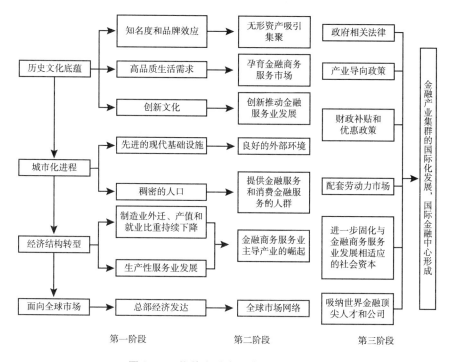

图 9 - 5 伦敦金融中心发展的三个阶段

而实现金融活动全天候不间断的运作。受这一目标的启迪，新加坡步入了其国际金融中心的构建之路。

2. 平稳起步

1968 年 10 月 1 日，新加坡政府开始允许美国银行新加坡分行在银行内部设立一个亚洲货币经营单位（Asian Currency Unit，ACU），接手非居民的外国货币存款，这一经营单位为非居民提供了资金借贷和外汇交易等各项业务，亚洲美元市场由此产生并得到迅速发展。这一事件也成为新加坡离岸金融市场诞生的标志。1968 年，新加坡政府采取一系列财政奖励措施，同时取消了亚洲美元市场的外汇管制，以达到吸引更多银行加入 ACU 经营的目的。自 1972 年开始，新加坡金融管理局还取消了 20% 的存款准备金率。为加快国际金融中心建设的速度，自 1976 年起，新加坡金融改革的步伐加快。1976 年 6 月，新加坡政府放宽了外汇管制，新加坡可以与东盟各国自由通汇，并且东盟各国可以在新加坡境内发行证券，新加坡政府给予了更多的税务优惠政策。1977 年，新加坡政府又对 ACU 的利得税进行调整，从 40% 下调至 10%。1978 年 6 月 1 日起，新加坡金融管理局全面开放了外汇市场，取消外汇管制，通过这些措施来达到吸引更多外资银行到新加坡设立 ACU 的目的。1984 年，亚洲第一家金融期货交易所——新加坡国际金融交易所（SIMEX）成立。1986 年，新加坡抢先大阪交易所，提前两年推出了日经 225 指数期货。1992 年 8 月，新加坡将离岸银行新加坡元的贷款额度由原来的 5000 万新加坡元提高到了 7000 万新加坡元。1997 年，新加坡又抢先推出了摩根台指期货。1998 年，新加坡推出了摩根（MSCI）香港指数期货。2006 年，新加坡推出了新华富时中国 A50 股票指数期货，这是全世界第一个以中国内地股票为标的的股指期货。这一系列措施从各个方面提高了新加坡离岸金融业务的发展速度。

3. 稳步推进

随着金融改革措施的推进和实施，新加坡的金融业取得了突飞猛进的发展。金融业的迅猛发展也带动了整个国民经济的发展，使得金融服务业成为推动新加坡经济腾飞的主力产业。在经历东南亚金融危机之后，面对更加严峻的国内外竞争环境，新加坡金融管理局制定了一系列相关的政策规划。

1999 年 5 月 17 日，新加坡公布了 10 多年来最为彻底的银行业改革计划方案。从 2000 年 1 月起，新加坡金融管理局放松了对交易佣金的管制，各个证券经营机构可以自行决定；鼓励外国公司到新加坡发行证券，在证券交易所上市交易。在金融衍生产品的发展上，政府积极鼓励金融机构创新，以开发出更多新的金融产品，通过这些措施提升新加坡金融中心的地位，扩大其资本市场对东南亚及国际金融市场的影响力。随着各项改革措施的稳步推进，新加坡金融体系逐渐演变成以信息披露为本，以鼓励金融创新为主，离岸金融市场的发展模式也由分离型向一体型过渡。

随着金融业务证券化程度的加深，基金已成为金融业的又一新生力量。为鼓励本国基金业发展，政府推出了两项有力措施：一是降低基金管理业的准入门槛；二是开放本国国内市场。这两项措施的推出，使得基金行业获得快速发展。

4. 成功转型

面对来自中国香港和上海日趋严峻的竞争，新加坡政府决定转变之前在全球金融领域内的定位，不再作为全球的外汇交易和投资银行业务的中心，而是要成为地区的资产管理、风险管理和全球操作的领导者。

2002 年 7 月 1 日，为扶持本国基金业的发展，新加坡金融管理局再次大胆改革，尤其是在对待海外基金方面，实行海外基金登记销售制。这种新的销售模式大大降低了购买成本，颇受海外基金管理公司的赞许。这些海外基金管理公司开始在新加坡海外基金市场上大步挺进。其结果是，无论是在管理的基金数量上，还是在基金管理专业人才的数量和质量上，基金这一资产管理方式已成为新加坡成功的增长领域的一朵"奇葩"。

从新加坡金融中心的发展模式来看，在其金融业集聚发展的过程中，两个因素起到了关键作用。

其一，特殊的地理位置和文化特色为政府规划金融产业集聚提供了可能。新加坡的地理位置得天独厚。由于优越的地理位置、方便快速的通信、政局的稳定、国民素质较高等特点，外国资本大量涌入，推动了新加坡经济的腾飞。同时，各国银行云集新加坡，银行总数仅次于伦敦、纽约和香港三大城市，成为全球第四大金融中心。

其二，政府的积极引导促进了金融产业集聚的形成。新加坡政府在明确发展金融业的定位后，依靠政府卓越的执行力，通过政策的引导与推动，最终促成了金融业的集聚发展。目前，新加坡金融机构数目已经形成一定规模（见图9-6）。

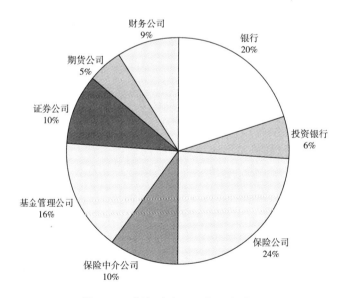

图9-6　新加坡金融机构分类情况

（三）两种模式的比较分析

纵观两大金融中心的发展历史，两种模式之间实际上存在着巨大的差异。

诱导自发模式依靠的是市场竞争形成的良性循环，属于市场创造模式，其前提是区域经济范围内已经形成了专业化的市场，可以为金融企业提供一系列成熟稳定的交易条件和信息，从而使金融企业最终在该地域内稳定下来。自发的金融产业集聚，从单一的金融企业群到催生金融配套企业的集聚，再到形成成熟稳定的产业空间集聚，绝不可能一蹴而就，必须经历几十年甚至上百年的孵化演变。

引导培育模式则主要是依赖国家的相关扶持性产业政策，属于政府主导的嵌入发展模式。该模式由政府根据经济发展战略进行空间布局，按照相关标准对城市进行评估，比较选择出具有金融产业集聚潜力的城市，并给予相当宽松灵活的产业政策进行发展配套，引导企业选址投资的方向。这一模式充分把握了金融产业所具有的超前先导作用，利用其在国民经济产业链中的核心地位和其特殊的传导机制，在全球产业梯度转移、金融资本世界范围内流动这一全球化背景下，由国家或地方政府主导，通过人为设计规划和政策强力支持，引导金融资本流向那些金融基础相对良好的区域，形成产业集聚的雏形，带动国内金融市场的发展，再通过金融产业的上下游联系，促进经济各部分的发展，进而催生对金融业的新需求，巩固产业集聚的效果，加深集聚的程度与规模。

（四）发展动因分析

发展金融中心需要具备一定的条件。

1. 区位优势是形成金融中心的初始动力

金融中心的区位是指金融活动占有的场所，包括地理区位、行政区位等。具备一定的区位优势是形成金融中心的前提条件。

第一，地理区位优势。地理区位即区域金融中心具体的坐落位置，它会影响金融企业的经营成本和交易成本，如交通成本、通信成本和交换成本。金融中心拥有比同区域其他城市更便利、更通达的区位，位于其内的金融机构的交易成本、交通通信费用和获取商业信息的费用相对较低，并通过成本优势诱导区域金融中心以外的企业向区域金融中心集聚。沿海港口城市交通便利，与国外联系密切，在发展金融中心方面较内陆城市具有优势，易于发展成为金融中心，见表 9-2。以新加坡为例，新加坡虽然只是个城市国家，但地处马六甲海峡咽喉要道，是东西方海上连接的重要深水港。同时，由于它处于亚洲时区，因此可以很好地作为伦敦、纽约资本市场的补充，具备成为离岸金融中心的独特优势。

表9-2　港口城市作为金融中心的城市分布

地　　区	全球性国际金融中心	区域性国际金融中心	国家金融中心
欧　　洲	伦敦	巴黎 曼彻斯特 阿姆斯特丹 法兰克福 布鲁塞尔 卢森堡	—
美　　洲	纽约	芝加哥 多伦多	旧金山 墨西哥城
亚太地区	—	东京 新加坡 悉尼 迪拜 巴林 香港	大阪 横滨 马尼拉 曼谷 汉城 上海

　　第二，行政区位优势。金融中心的作用有两个方面：一是政府可通过行政权力向中心城市集聚金融资源，培育金融中心。由于首都和省会是高级政府所在地，具有行政区位优势，能集聚大量金融资源，常常可形成区域金融中心，见表9-3。二是行政中心总部集聚、人口集聚都能为金融企业的发展提供额外的市场需求，有利于金融业的发展。行政中心往往也是"信息腹地"，由于金融市场日趋投机，金融机构入驻信息腹地，可以凭借"地方"信息辨析市场。此外，政府的行政级别越高，基础设施越完善，外部经济效应越强，越有助于促进金融集聚与金融中心的发展。

表9-3　首都作为金融中心的城市分布

地区	全球性国际金融中心	区域性国际金融中心	国家金融中心
欧　　洲	伦敦	巴黎 阿姆斯特丹 布鲁塞尔 卢森堡	—
美　　洲	—	—	墨西哥城
亚太地区	—	东京 新加坡 巴林	曼谷 汉城 北京

2. 发展经济是构筑金融中心的基础动力

国际金融中心的发展过程表明，经济基础决定一切。只有一国经济发展了，才能真正提升自身在国际金融领域的地位，其中心城市自然就成为世界金融中心。雄厚的经济实力能够牵动区域经济金融的发展。

第一，经济发展使社会收入水平不断提高，因而提高人们对金融投资和理财服务的需求。这是金融业发展的原动力。

第二，经济发展可以提供更好的社会文化生活环境和就业环境，吸引大量高素质的人才，为区域金融中心的形成提供充足的人力资源。相对完善、公平、公开和公正的法律仲裁体系，宽松的政策环境，高效的政府体系等的存在有利于降低金融制度的转换成本，减轻路径依赖的惯性，提高金融产业与国际接轨的便捷程度。而便利的交通设施、先进的通信网络、充足的能源动力设施，也为金融业的发展、运行和创新提供了便捷的载体条件，有利于区域金融中心的构建和升级。

第三，经济发展能够吸引大量企业，而企业间频繁的交易需要通过金融业作为中介来完成。经济的繁荣和企业的集聚为资本提供了较高的预期收益率和较低的风险，可以吸引大量资本，为金融中心的形成、发展提供充足的资金。大量的企业在发展过程中既是资金的供给者又是资金的需求者，为金融业的发展提供了广阔的市场空间，同时也意味着金融机构融资规模必须大，效率必须高，手段必须多，承担风险能力必须强。这是金融工具、金融机构多样化和金融效率迅速提高的直接原因之一。

从金融中心的全球分布看，世界上最著名的金融中心都位于经济发达的国家或地区。国际金融中心的产生、发展都与所在国家或地地区的经济发展和发达程度息息相关。比如新加坡，它成为国际金融中心的过程始终与亚太地区逐步成为全球经济发展的重心联系在一起。亚洲周边国家或地区的经济发展是促进新加坡金融业发展的重要动力。

3. 发达的金融市场是金融中心的核心动力

金融市场是金融机构活动的场所。国际金融中心首先是各类金融市场高度发达、金融交易十分活跃的地方，具有很强的市场广度、深度和集中度。从世界上主要的国际金融中心发展的现状来看，功能性国际金融中心都拥有发达的金融市场，可见，发达的金融市场是国际金融中心形成的基础和前提，是国际金融中心最重要的组成部分。

世界主要金融中心拥有包括货币市场、资本市场、金融衍生品市场和黄金市场在内的各类市场，其中债券、股票、期货和期权、票据等金融工具多种多样。在这些市场中，不同的市场主体通过这些金融工具实现其融资、支付清算、套利和风险管理等不同目的和层次的需求，资金在这样的市场中流动并获取收益，形成一个高效、有序、透明、互通的多层次、多品种及流动性强的金融市场。因此，世界主要金融中心的金融市场一般都规模庞大。

国际金融的中心发展依托已从银行转变到市场。17 世纪之前，国际金融中心所依托的主要金融组织形式是银行机构。例如，佛罗伦萨素有"银行城"的美誉，以佛罗伦萨为中心而向外拓展企业的著名银行（如 Peruzzi、Bardi、Frescobaldi、Spini、Scali 等）多在欧洲各大商业重镇设有分行。17 世纪之后，随着阿姆斯特丹股票交易所的建立，金融市场迅速发展，并取代银行成为国际金融中心的主要依托，成为现代国际金融中心的最主要特征。伦敦、纽约等现代国际金融中心无一不具有非常发达的金融市场。

4. 政府扶持是金融中心发展的重要动力

二战后的新兴工业化国家，由于其经济实力相对于英、美等国家仍处于赶超上升阶段，金融体系尚不完备，面对全球范围内的市场竞争，急需以金融产业来实现跨越式发展。这些国家已经不具备依靠经济发展来循序渐进完善金融体系的时间和空间，所以近几十年形成的金融中心都是引导培育模式，唯有依靠政府的力量来加快金融产业的现代化和国际化进程。即使是诱导自发模式的典型代表——伦敦金融中心，也一直受到英国政府对本国金融业的扶持和引导。当本国金融业的体制和现状已不再适应国际竞争需要时，英国便进行金融自由化改革，取消了经纪商、交易商职能互兼的禁令，促进了商业银行与投资银行的结合，使所有金融机构都可以参加证券交易所的活动，逐渐涌现了一批超级金融机构和跨国金融机构，这对于伦敦的金融机构开展国际金融业务非常有利，也使伦敦的国际金融中心地位得以巩固。

三 国内金融中心发展动因及模式分析

近几年来，伴随着我国经济的持续稳定增长和金融体制改革的深化，各地政府已深刻认识到金融业和金融中心在促进经济增长方面的重要作用。我国已有 30 多个城市提出了建设不同层次金融中心的目标，图 9 - 7 是 2010 年我国金融业增加值排名前 10 位的城市，从图中可以看出，上海、北京、深圳的金融综合实力已远远超过其他城市，本部分通过对这三个全国性金融中心的分析，探讨我国金融中心发展模式及发展动力。

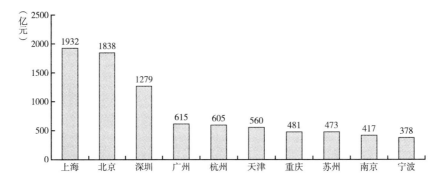

图 9 - 7   2010 年中国金融业增加值排名前 10 位的城市

资料来源：各城市统计局。

（一）上海模式

1. 借助"四个依托"推进金融中心建设

（1）依托悠久的金融历史

20 世纪 30 年代，上海汇集着以中央银行、中国银行、交通银行、中国农业银行四大政府银行为首的原国家资本与官僚资本金融机构以及外国在华金融机构的总部，存款占全国银行存款总额的 30% ~ 40% ，也是远东唯一的黄金市场、货币发行枢纽、国内国际汇兑中心。那时的上海不仅是国内的金融中心，也是远东金融中心之一。

（2）依托雄厚的经济基础

国民党政府统治时期和计划经济时期，上海的工业发展水平已在全国领先。20 世纪 80 年代，上海以制造业为中心，第二产业占 GDP 的比重超过 70% 。20 世纪 90 年代以来，随着浦东新区的开发，上海的工业又重新焕发了新的生机。上海工业总产值占全国的 1/10，主要以轻纺、重工业、冶金、石油化工、机械、电子工业为主，其他还有汽车、航空、航天等工业。张江高科技园区也汇集了大量的高端制造业。

自身雄厚的经济实力以及长江三角洲城市群的核心地位是上海建设国际金融中心的发展基础。这种规模极大且迅速成长的经济体系为上海国际金融中心建设提供了巨大的需求和坚实的基础。

（3）依托发达的航运业

上海港位于长江三角洲前缘，地处长江东西运输通道与海上南北运输通道的交会点，也是我国沿海的主要枢纽港，也是我国对外开放、参与国际经济大循环的重要口岸。上海外贸物资中 99% 经由上海港进出，每年完成的外贸吞吐量占全国沿海主要港口的 20% 左右。作为世界著名港口，2010 年上海港在货物吞吐量连续六年保持世界第一的情况下，集装箱吞吐量首次跃居世界第一。浦东机场连续三年货邮吞吐量位居全球机场第三，国际航空货运枢纽地位进一步巩固。发达的航运大大推动了上海国际贸易中心的发展，使得市场对金融服务的需求日益加大，从而推动投融资、结算业务的发展，带动了金融创新和金融发展。

（4）依托政府的高度重视

随着我国改革开放的深化，建设上海国际金融中心作为重要国家战略被提上议事日程，一直以来，党中央、国务院给予上海国际金融中心建设大力支持。1992 年 10 月，党的十四大把建设上海国际金融中心正式确立为国家战略。2004 年 2 月，根据中央对上海的战略定位，提出《推进上海国际金融中心建设行动纲要》。2006 年 11 月，根据全国"两会"期间的要求出台了《上海国际金融中心建设"十一五"规划》，进一步提出了量化目标。2007 年，根据全国金融工作会议精神，上海市委、市政府明确提出，今后一个阶段，上海国际金融中心建设主要是突出"五个重点"、实现"一个聚焦"。2009 年，《国务院关于推进上海加快发展现代服务业和先进制造业建设国际金融中心和国际航运中心的意见》出台，这是首次以国务院文件的形式，明确了上海国际金融中心建设的国家战略定位。党中央、国务院的高度重视和大力支持是上海国际金融中心建设不断取得新突破的重要保障。

2. 积极培育发展多元化金融市场

从金融发展来看，建立完善的金融市场体系是金融改革和发展的最中心的环节。20 世纪 90 年代初期，上海就开始了市场培育，成立了证券交易所和外汇交易中心，吸引大批国内银行和证券公司的同时也促生了很多本土金融机构，形成了金融机构与金融市场的良性互动。

证券公司、保险公司、基金公司、期货公司与信托投资公司等一大批直接融资主体与中介的发展，极大地降低了上海金融市场多元化融资的成本，有力地推动了上海金融市场对上海和全国经济的支持。

目前，上海是全国金融市场最集中的地区。证券交易所、期货交易所、全国银行间同业拆借、债券交易、外汇交易、黄金交易市场均设在上海。过去 5 年中，上海证券交易所股票、债券发行额占全国直接融资总额的比重超过90%，上海期货交易所占全国期货市场份额的比重超过60%，而上海黄金交易所已成为全球最大的场内实物黄金市场。2010年，上海黄金交易所各黄金品种累计成交6051.50吨，同比增长28.46%；成交金额16157.81亿元，同比增长57.04%①。多元化的金融市场体系全面推进上海国际金融中心建设。

3. 营造一流的金融环境

1995年以来，金融产业成为上海的支柱产业，金融业产值占上海GDP的10%以上。2009年金融业增加值占上海GDP的11.99%。上海已成为我国金融机构、金融资产、金融人才最集中的地区之一，全国性金融机构的功能性营运中心大都设在上海。上海金融机构资产规模约占全国的9%，赢利能力较强。证券、保险机构资产规模、赢利能力等均位居全国前列。

上海制定相应政策制度，刺激基金管理公司、保险公司和各种功能性公司，平均每年新增金融机构数量超过10家。上海积极创新人才激励机制，吸引集聚全球金融人才，加强以能力建设为核心的开放的金融机制，不断提升金融人才特别是高端人才的发展空间。上海注重风险控制与防范系统建设，把各类金融活动纳入法制化轨道，保障金融稳定运行。

（二）北京模式

1. 借助政治中心地位优势推进金融中心建设

北京是首都，是全国政治、文化和国际交往中心，具有建设金融中心城市的政治优势。北京是中央人民银行、中国银监会、中国证监会等国家金融管理机构所在地，具有信息优势。银行、证券、保险等大型金融机构总部集聚在北京，种类齐全，具有发展的总部优势。大型企业集聚在北京，中国的136家中央企业有102家在北京，具有总部经济优势。加之各个部委也都在北京，为了方便与政府部门打交道，许多大的跨国企业也选择在北京设立办事机构。全球500强企业的中国总部一半以上在北京，中国的100强企业有80多家总部在北京。

金融中心建设最主要的条件除金融需求、制度健全之外，还包括交易成本最低交易效率最高。在总部集聚地，政府、金融机构及企业总部所掌握的核心信息可以及时通过面对面的交流来共享、互动，极大地降低了交易成本，提高了交易效率。所以，总部集聚的地方往往是金融中心所在地。

---

① 资料来源于上海黄金交易所网站。

2. 借助科学规划推进金融中心建设

世界上的金融中心建设经验表明，一个城市的金融机构距离越近，金融中心成长起来的可能性就越大。北京早在 20 世纪 90 年代就规划出金融街和中心商务区（CBD），为建设金融中心提供了物质基础。通过制定科学的金融业发展规划和确定合理的金融资源空间布局，将存量和增量金融资源向特定空间区域配置，从而有意识地将这一特定区域发展成为全市的金融中心区。《北京市"十一五"时期金融业发展规划》提出"三个功能区"模式，突出金融街在金融资源集聚和金融业发展中的主体地位，同时将 CBD、中关村西区作为重要的金融功能区。三个功能区在金融资源集聚和金融业发展方面具有较为明确的分工：金融街侧重集聚国内金融资源，发展国内金融业；CBD 侧重集聚国际金融资源，发展国际金融业；中关村西区侧重发展科技金融业。2008 年北京市委、市政府出台《关于促进首都金融业发展的意见》时提出"一主一副三新四后台"模式。"一主"是指金融街作为金融主中心区，要进一步集聚国家级金融机构总部，提高金融街的金融集聚度和辐射力。"一副"是指 CBD 作为金融副中心区，是国际金融机构的主集聚区，加快北京中心商务区的核心区建设，提高国际金融资源集聚度。"三新"是指新增海淀中关村西区、东二环交通商务区、丰台丽泽商务区为北京市新兴科技金融功能区。"四后台"是指加快推进金融后台服务支持体系建设，完成四个金融后台服务园区基础设施规划编制工作，推进海淀稻香湖、朝阳金盏、通州新城金融后台服务园区的征地拆迁和土地开发工作，推进西城德胜金融后台服务园区的配套设施建设。

3. 制定吸引政策，营造吸引金融机构和人才的良好环境

"一点一行三会"和四大商行的总部都在北京，具有金融机构集聚优势；有一大批国内外著名高校和科研院所，超过 20 万名金融从业人员，具有国际金融中心城市的人才优势。

高素质的金融人才队伍既是金融中心金融创新的源泉，也是实现金融国际化的必要条件。北京制定了吸引跨国公司中国总部和国外金融机构落户北京以及吸引国际金融人才的优惠政策，营造了良好的金融发展环境，为金融人才在京发展提供全方位服务。北京不断优化金融人才结构，完善对金融监管人才、金融高管人才、中介服务人才、金融研究人才、金融后备人才等各方面人才的综合开发和服务机制。加强金融人才境内外交流和培训工作，引进境外人才培训机制，提升金融从业人员国际化水平。现在北京已形成一支

具有一定规模的金融从业人员队伍，而且金融人才年轻化的趋势日益明显，金融从业人员的层次也不断提高，形成了一支学历较高、素质较高、工作经验较丰富的中高层管理人才队伍。

（三）深圳模式

1. 突出三大优势，助推深圳金融中心建设

① 深圳证券交易所是非常活跃的交易所，中小企业板的开设使深圳成为全国中小企业、成长性企业、高科技企业的融资中心，以交易所为核心的多层次资本市场初显雏形。

② 深圳是创业投资最活跃的地区，机构数量和资本规模居全国首位。

③ 深圳是全国最大的财富管理中心，其共同基金规模在 2006 年已经占到全国基金总规模的 50% 。在私募证券投资基金方面，深圳创新发展了国内最为规范的"私募＋信托"的私募证券投资模式，成为全国的私募证券投资基金中心。

2. 准确定位，在金融创新中打造科技金融中心

深圳针对国家大环境的变化，一直在调整自身的定位和发展方向，建设具有自身特色的金融中心。根据拥有较好的证券业、基金管理业和风险投资集聚的现实条件，深圳在金融中心的路径选择上避免与上海、北京进行同质竞争，而是将建设重点放在投融资、财富管理和金融创新方面，打造高科技金融中心。

作为我国最早和最大的经济特区，深圳已经形成了金融创新机制，这对各类金融机构都具有吸引力。国内各家银行总行特别看重深圳的窗口示范效应，大力支持深圳分行的金融创新。深圳的保险、证券及基金等金融机构也在金融工具、金融产品、金融服务、金融运作创新方面走在全国前列。包括私募股权基金、风险投资基金在内的另类投资发展也在国内名列前茅。深圳市政府在政策上鼓励金融创新，设立"金融创新奖"。深圳准确的定位、金融创新的传统和创新机制，使深圳金融中心保持了国内领先的竞争优势。

3. 深化深港合作，构建港深国际金融中心

香港是亚太地区最重要的国际金融中心之一，具有完善的金融市场体系、丰富的金融产品结构和先进的运营管理经验，拥有大量的高级金融人才。深圳利用毗邻香港的区位优势，大力推进深港金融经济合作，主动接受香港金融业的辐射，推进深港两地金融市场的融合，扩大香港金融业发展的腹地，实现两地优势互补，与香港共同建设中国的世界级国际金融中心。

（四）我国主要金融中心成功发展的动因分析

1. 政府推进特征明显

这是符合世界潮流的，也是符合我国各地经济发展要求的。三个城市都出台了一系列规划，谋求本地金融中心的长远发展。

2. 与经济实力、地理位置密切相关

金融资本只有与产业资本结合才能创造价值。缺乏产业和经济的长期稳定发展，金融资本就会成为无源之水，金融业最终便无法发展壮大。而上述这些城市的经济发展水平高，区域经济实力强，都是所在地区的经济中心，具备了雄厚的经济基础和财政实力，也具备了优越的地理位置，可以为金融业的发展提供良好的生态环境条件。

3. 充分利用自身优势

上海的优势在于历史，雄厚的经济实力和便利的交通条件带来强大的金融需求，形成了全方位、多层次的金融市场体系。北京的优势在于北京的政治地位，政治中心产生信息，信息是减少交易费用、提高交易效率的条件。深圳的优势在于毗邻香港，可以受到香港金融业的辐射。

4. 目标定位准确

这三个城市都根据自身的经济实力、资源禀赋和区位优势，提出了各具特色的目标定位和辐射范围。这些城市都制定了金融中心发展规划，通过明确的金融中心发展构想，一方面扩大城市对外影响力和吸引力，另一方面也形成差异化的金融中心发展策略，避免同质竞争。

第三节　金融中心发展的动力机制分析

在经济全球化背景下，金融中心作为区域经济的腹地和核心，其形成与发展受多种动力要素的影响和驱动。资本与金融活动在空间上的集聚是金融中心产生的根本原因。集聚是推动金融中心形成与发展的根本力量，金融产业集聚是金融中心的本质特征。从金融产业集聚动力因素理论出发是研究金融中心形成发展的有效途径。

本节从两个层面归纳：一个层面是要形成有效的内部运行机制和内源动力机制，包括经济金融发展的促进机制、外部经济机制、金融创新机制、社会资本与网络机制等；另一个层面是要有外部环境的支撑，包括政府的促导行为、金融基础设施、金融生态环境等，二者结合构成金

融中心发展的动力机制。各要素之间相互作用，直接或间接地影响金融中心的形成和发展。

一 金融中心动力机制的理论评析

（一）金融中心动力机制的含义

动力机制是指在事物运动与发展过程中各种动力的作用原理与传导过程，其本质是描述动力与事物运动与发展的内在联系。所以，金融中心动力机制是驱动金融中心发展和演化的力量结构体系及其运行规则，是金融中心的内在核心问题，有着复杂的构成和作用原理。从金融中心动力机制的组成元素来看，所谓的动力，是指驱动金融中心形成和发展的一切有利因素，在金融中心的形成和发展阶段分别表现为生成动力和发展动力。集聚机制是比较稳定的构成方式和作用规律。因此，金融中心动力机制具有一定的稳定性和规律性。金融中心正是在一系列比较稳定的、具有相对固定的协调关系并有明显作用规则的驱动力的作用下才得以发展，并显示出其强劲的竞争优势的。

（二）研究金融中心动力机制的重要意义

1. 动力机制研究是揭示金融中心形成发展一般规律的有效途径

为揭示其形成发展规律，可从多个方面进行研究，如从内源动力和外源动力方面。动力机制的本质是揭示金融发展动力与金融中心形成发展间的内在联系，因而是揭示其形成发展一般规律的最有效途径。

2. 动力机制研究是发现金融中心发展问题的有力工具

动力是导致一切事物运动与发展的根本原因。金融发展需要动力，金融集聚需要动力，金融中心的形成与发展也需要动力。通过动力机制的研究，我们可以找到不同地区金融发展速度规模结构出现差异的根本原因，是发现金融中心形成发展问题及其原因的有力工具。

3. 动力机制研究是制定金融相关政策的基础

通过对金融中心形成与发展动力的研究，可以使政府了解动力产生的原因以及影响动力变化的因素，进而有针对性地制定相关政策，确保其有效性和科学性。

二 金融中心发展的内源动力机制

内源动力是一种自发的内在力量，是指事物的发展过程中，在事物内部产生的能够导致事物运动与发展状态变化的力量，主要表现为经济金融发展的促进效应、外部经济性、金融创新以及社会资本与网络效应等。

（一）经济金融发展的促进机制

1. 经济发展是促进金融中心形成的"原动力"

在一些发展较快的经济区域，生产贸易的扩大对资金筹募和资本流通不断提出新的要求，促进金融资源集中，带动金融产业逐步成长。大量的企业在发展过程中既是资金的供给者又是资金的需求者。一方面，企业经营产生短期性资金的需求；另一方面，生产领域游离出的大量闲置资本也需要寻求投资场所，这为金融业的发展提供了广阔的市场空间。企业间频繁的交易促进了各类辅助性企业的产生和发展，如会计师事务所、律师事务所、经纪公司、资产评估担保公司、支付清算体系等，这些辅助性企业反过来又可以健全和完善金融中心的服务设施和功能。同时，经济发展促进社会收入水平不断提高，增加了社会储蓄水平，增强了公司和个人对金融投资和理财服务的需求。

2. 相对发达的金融业是金融中心形成的加速器

金融业的发展可以提高资金的使用效率，提高储蓄率与储蓄—投资转化率，从而增加投资，促进经济增长；可以迅速反应市场信息，有助于形成金融中心的市场优势；可以减少投机行为，降低市场风险。金融业的发展主要包括金融机构的集聚和金融市场的发展。

第一，金融机构集聚能够推动金融相关产业的发展，出现金融产业集群。金融机构一般有相似的要素需求和存在的条件，但是这些要素和条件并不是普遍可得的。在一个合适的特定区域中，具备了金融机构需要的要素和存在条件，形成了金融机构的初步集聚，而金融机构集聚将会推动金融相关产业的发展，出现了金融产业集群，进而形成了金融中心，金融中心与金融机构集聚之间存在相互强化效应，因为随着金融机构集聚的深化，金融机构数量不断增加，已经存在的金融机构会不断得到规模经济带来的效益，进而增加对金融机构的吸引力，吸引新的金融机构进入，最终形成金融中心与金融机构集聚的相互强化，推动金融中心的进一步发展。

第二，金融市场的充分发展决定了金融中心功能的实现。首先，金融中心的资金集散主要通过金融市场完成，金融市场是资金集散的重要载体，是金融资源的交易中心。国内外金融中心的实践证明，金融市场规模扩大，金融中心的影响力就增加。其次，在市场条件下，金融市场各主体目的的实现，金融中心的风险管理、创新和金融体系结构优化等功能也主要通过金融市场来实现。

金融业的发展使得该城市成为金融增长极，凭借强烈的极化效应吸引更大规模的资金流入，进一步提高投资效率，逐步成为区域经济发展的重要力量。经济金融活动互相促进融合的过程成为金融中心形成和发展的内在动力。

经济金融发展的促进机制见图 9 - 8。

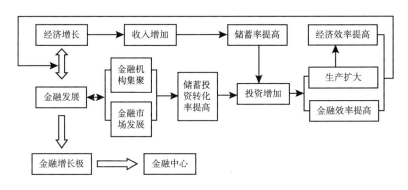

图 9 - 8　经济金融发展的促进机制

（二）外部经济机制

外部经济的概念是由现代新古典理论创始人英国经济学家马歇尔首先提出的，在其 1890 年发表的《经济学原理》一书中首先提出了外部经济的概念，他认为外部性是指"一个经济主体的行为对另一个经济主体的福利所产生的影响，而这种影响并没有通过货币或市场交易反映出来"，即"依赖于产业一般发展"的那些内容。马歇尔解释的外部经济效应是：厂商可获得更好的信息和技能，具有数量劳动的可利用性以及具有专业化机械使用的经济效果。这些因素在金融产业集群形成与发展中起着一定的作用，也成为金融中心发展的原动力。在理论上，外部经济具有正反馈机制，一旦金融产业在某一区域集聚，外部经济就会成为其他金融机构和辅助性企业选择这一区域的推动力，从而促进该集聚体的进一步发展，产生更大的外部经济。

1. 共享公共资源

金融机构运转离不开公共设施，如便利的交通运输、信息通信等。金融机构和辅助性企业通过共同使用公共设施减少分散布局所要增加的额外投资，使可能的投入获得规模经济。业务联系较强的机构和部门因为空间接近而节省了相互间物质与信息的转移费用，从而优化了资源配置，降低了经营成本，提高了资源的使用效率。

2. 获得规模经济

通过金融产业集聚，可以实现相同部门的金融机构和相关辅助性企业数量的增加，整体规模增大，进而使无法获得内部规模经济的单个企业实现合作基础上的外部规模经济。首先，集中交易能大大提高交易效率。金融产业集聚效益主要体现在跨地区支付效率的提高和金融资源跨地区配置效率的提高。同时，发达的金融市场和金融体系能为本地区有闲置资金的投资者提供投资渠道，这使得金融产品能达到供给与需求的平衡发展。其次，通常金融市场的规模越大，各种金融产品的流动效率就越高，金融资源利用率就越高，借款人就可以支付较低的利率或得到更多的贷款。最后，金融企业集群产生的外部规模经济不仅使得金融业本身得到发展，而且能带动本地区的其他产业集群发展，然后反过来促进金融业发展，达到相互促进集群发展的良好局面。当大量金融机构集中在特定空间时，商业银行与投资银行之间、保险公司与证券公司之间、商业银行与保险公司之间的客户可能是交叉互补的，所以跨行业的金融合作业务也产生了。

3. 促进金融人才市场的形成与发展

金融产业集群的发展会促进当地金融人才市场的形成和发展，这对于吸引新机构的迁入和建立具有重要意义。而金融人才市场的发展，增强了人才的流动性，加大了对人才自身素质的要求，促进了信息技术的扩散和传播，并增加了创新的机会。在人才自由流动的市场环境下，人们总是趋向于向可提供充足就业机会和发展机会以及较高的要素报酬的地方流动。同样，金融机构也总是趋于在容易找到丰富金融人才以及高素质人才的地方进行经营。人才市场共享使金融机构节约了劳动力要素成本、搜寻成本、培训时间和搜寻时间，从而减少了管理成本和其他方面的费用。

4. 加快信息交流

金融产业集聚加强了金融企业间信息的流动并增强了企业间的相互信任，这种信任使得客户很容易达成合作意向。金融机构之间近距离、面对面的接触，有利于各种新思想、新知识、新技术的传播，形成了知识的溢出效应，所以金融机构集聚为金融机构间知识的扩散、传播提供了基础和条件。而快捷的信息沟通有利于降低金融风险。由于频繁的交易活动和便捷的信息传递，降低了交易的不确定性，同时也使各个市场参与者能够以最快的速度感应到经济运行中的风险，进而有利于在金融机构之间形成良好的风险预警系统，以有效应对市场中的各种金融风险。正是基于对知识溢出和风险降低的追求，金融机构才有了集聚的倾向，从而形成金融产业集群。

5. 形成区域品牌

单个金融机构要建立自己的品牌，需要庞大的资金投入，然而通过集集群内机构的整体力量，加大广告宣传的投入力度，利用群体效应，容易形成区位品牌，从而使每个机构都受益。而且集群的形成使政府更愿意投资于交通、通信、教育等公共设施，而这些设施的设立又明显促进了集群内金融机构和辅助企业的发展。例如，陆家嘴中央商务区，现已形成区域品牌效应，入驻该区域对于提升企业形象、吸引人才、开拓国内外市场都非常有利。反过来，这种区域品牌效应也有利于提升整个区域的形象，为招商引资和未来发展创造有利条件。

外部经济机制见图 9 - 9。

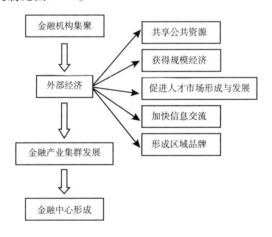

图 9 - 9　外部经济机制

（三）金融创新机制

创新概念首先由著名经济学家熊彼特于 1912 年在他的著作《经济发展理论》中提出，是指新的产品的生产、新的技术或新的生产方法的应用、新的市场开辟、原材料新的供应来源的发现和掌握、新的生产组织方式的实行等。金融创新正是循着这一思路提出的。

金融创新是指金融内部通过各种要素的重新组合和创造性变革所创造或引进的新事物，它是一个为盈利动机推动、缓慢进行、持续不断的发展过程。金融创新的形式和内容多种多样，大致可归为三类：①金融制度创新。

包括各种货币制度创新、信用制度创新、金融管理制度创新等与制度安排有关的金融创新。②金融业务创新。包括金融工具创新、金融技术创新、金融交易方式或服务创新、金融市场创新等与金融业活动相关的创新。③金融组织创新。包括金融结构创新、金融业结构创新、金融机构内部经营管理创新等与金融业组织结构相关的创新。在金融中心形成与发展的过程中，创新始终是主要的动力源。

1. 金融创新促进金融中心的形成

金融创新是金融发展最具核心作用的因素和力量。从某种意义上讲，金融业的发展历史，本质上也是一部金融创新史。金融中心的形成和发展就是金融创新的结果。很多城市都具有区位上的优势，能否成为金融中心，还要靠机遇和政治运气。而能否把握机遇与运气，就要依靠各个城市金融创新能力的高低。从早期佛罗伦萨银行家运用代收的教皇供奉作为收购羊毛的预付经费等商业银行的信用手段创新，到热那亚关于掉期交易的创新，到威尼斯关于中央银行机制的探索，再到阿姆斯特丹关于股票交易所的设立，都可以看到金融创新的影子。

金融创新通过新产品的设计，使金融市场始终保持着对投资者足够的吸引力，强大的市场规模使得其他金融机构和辅助性企业入驻该区域。金融机构和辅助性企业的大量集聚，导致区域内竞争激烈，强大的压力转变为强烈的创新动力，加快了金融创新的步伐，提升了金融产品和服务的质量，最终形成创新加速集聚，集聚反过来刺激创新的良性循环，从而直接推动了金融产业集群乃至金融中心的形成、完善和不断升级。

2. 金融创新保持金融中心的活力

金融创新是金融业持续发展的基础。只有区域内金融机构生机勃勃，金融中心才具有生命力。而金融机构保持生机与活力的一个有效办法就是金融创新。目前，金融市场上的主要产品都是金融创新产品。20世纪20~30年代以来，以期货为代表的衍生产品创新成为金融创新的主角。特别是随着金融定价理论及信息技术的发展，金融创新的速度越来越快，也越来越复杂化。全球金融衍生品交易规模从1976年的不足金融交易总额的1%上升至目前的占金融交易总额的80%以上，强化了原有金融中心的地位，如美国的华尔街和新加坡国际金融中心。而且金融创新通过电子计算机网络技术的应用，提高了支付清算能力和速度，降低了运营成本；通过大量新工具、新交易、新技术和新服务，增加了金融机构的资产和盈利率，提高了金融机构的运作效率。金融工具的创新使企业融资结构发生变化，以银行贷款为主的间接融资的比重和重要性逐渐降低，以股票和债券融资为主的直接融资的比重和重要性迅速增加。金融创新促进了区域金融结构升级，迅速放大了交易量，提高了金融市场的运作效率，进而提高了整个金融中心的核心竞争力。

3. 金融中心的发展推动金融创新

金融中心内由于空间接近和共同的产业文化背景，可以加强知识的传播与扩散，形成知识溢出效应，增强金融机构的研究创新能力。知识技术的外溢效应随空间距离的扩大而下降，集聚所带来的知识溢出，有利于集群内经验共享，并能提高技术创新能力和生产率。集聚主体之间经过知识的综合、外化和内化，实现了知识的区域化过程，有利于金融知识的共享，创造"知识乘数效应"。知识学习效应加快了集聚区域的金融知识孵化和金融创新，从而获得了金融创新的区域比较优势。金融机构的大量集聚，不仅激励企业积极创新，也迫使金融从业人员相互攀比，不断学习，空间上的靠近也为学习创造了便利。

金融创新是一个系统过程，这种金融创新链的发展在很大程度上得益于金融产业集群。在该系统中，金融机构虽然是金融创新的主体与核心，但高校与研究机构、政府、中介机构的支持也相当重要。高校与研究机构作为知识与技术的源头，以及金融人才的有效供给者，不仅可创造新知识与新技术，还可通过教育、培训和成果转化等方式，促进知识、信息、技术的扩散，以及创新人才的有效供给，为金融创新提供智力支持。政府可以对金融创新提供公共服务，并制定相关的鼓励措施。中介机构可以为金融创新及时传递科技与市场信息，并提供技术支持，使金融机构迅速把握市场机会，进行金融创新。所以，金融中心的发展提供了良好的金融创新范围。

4. 正确认识金融监管和金融创新的关系

2008 年的金融危机被认为在一定程度、一定层面上源于金融的过度创新和金融监管过度宽松的共同作用。如果金融创新严重脱离实体经济和企业的基本需要，不为广大投资者和市场参与者所了解，它所迎合的是狂热市场中的投机需要，而监管部门放松监管，最终只能使金融创新演变为击鼓传花的游戏，形成了巨大的泡沫，直至泡沫破灭，导致信用危机和流动性危机，最终演化为全球性的金融危机。因此，我们必须很好地处理金融监管和金融创新的关系，使金融创新处在有效监管之下。

金融创新机制见图 9 - 10。

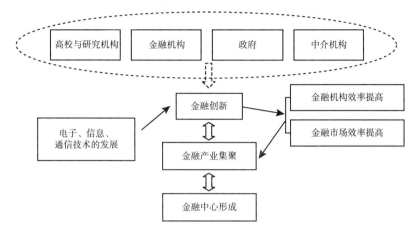

图 9 - 10 金融创新机制

（四）社会资本与网络机制

社会资本是人们在长期交易过程中形成的关联——社会网络、共同遵守的信任机制和社会规范。社会资本推动了金融产业集群内的协作网络，减少了不确定性和交易成本，提高了金融创新能力。

1. 社会资本推动金融中心的形成和发展

社会资本依靠其信任机制和规范机制增强产业关系网络中企业间的信任度，促成长期合作，产生协同效应并形成规模经济，从而降低成本，提高效率，使得大量企业不断涌入，促进了产业集群的形成。而金融机构的空间集聚又使得彼此交往频繁，更加容易建立相互信任的合作关系及保障这种信任关系的社会制度。相近的距离使它们具有相同的社会文化背景，进而形成共同的价值观念和行为规范，进一步提升区域内金融机构的信任合作关系，使众多不同类型的金融机构和辅助性企业集聚在一起联合提供金融服务，形成良性的产业网络，进一步降低成本，提高效率，为实现集群式发展提供条件，加速了金融中心的形成与发展。

2. 社会资本增强金融中心的竞争优势

第一，社会资本降低金融机构的经营成本。频繁交流使得金融机构间互通信息，产生信任和合作，减少因信息不对称带来的不确定性和风险，降低了交易成本和机会主义成本。空间的接近节约了金融机构获取信息和协商谈判的时间，减少了时间成本。金融中心内的社会资本也可以凭借其优势吸引更多高素质金融人才的加入，减少金融机构对员工的培训成本和管理成本。这些都使得金融中心内部金融机构大大降低了经营成本。同时，社会资本使金融机构在能力互补的情况下，可以通过企业集群方式进行金融交易，推出复合型金融产品，提高金融效率。这些金融机构在长期的合作过程中形成相互的默契和潜在的规则，提高了经营效率，从而获得竞争优势，增强金融中心的竞争力。

第二，社会资本促进金融创新。在金融中心内部，由于社会资本的存在，金融机构之间有着较强的信任和依赖，彼此之间为了追求规模经济和最大利益共享隐性知识和稀缺信息，促使信息资源、知识、技术、经验等在产业关系网络内快速流动，知识、技术等资源的溢出增加了金融创新机会，有利于金融中心不断巩固竞争优势地位。

第三，社会资本提高金融中心知名度。金融中心内部企业在合作交流中会慢慢营造独特的人文环境，这种带有地缘特征的社会资本，对金融中心内成员有着不可抗拒的影响力。人们会主动地共同维护这种特有文化，从而增强集群凝聚力。而集群凝聚力的增强又可以进一步加强集群内企业间的信任与合作，增强企业的责任感与集体感。另外，集群内独特的文化作为一种无形资产，具有难以模仿性和品牌价值，可以提高金融中心的知名度，提升金融中心的持续竞争力。

社会资本与网络机制见图 9-11。

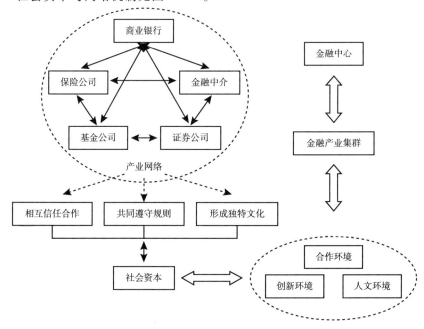

图 9-11　社会资本与网络机制

三　金融中心发展的外源动力机制

外源动力是指来自事物外部，并能够导致事物运动与变化的力量，主要表现为政府的促导行为、金融基础设施和金融生态环境等。

（一）政府的促导行为

不管金融中心是诱导自发模式还是引导培育模式，都不能完全否认政府的作用。特别是我国目前整体经济金融发展水平仍较低，金融机构不够齐全，金融市场不够发达，金融体系尚不完善，不具备诱导自发模式的基础条件。政府可以通过适当的金融政策倾斜，一方面积极引导金融机构行为，另一方面努力弥补市场缺陷，促进区域金融体系的发展。所以，在我国金融产业集群乃至金融中心的培育和发展中，政府具有不可替代的促导作用。

1. 指导金融中心健康发展

地方政府从带动区域经济金融发展角度出发，会立足区域特点，统筹考虑集群内机构的设立与发展，客观制定总体规划政策，避免无序竞争造成的资源配置的浪费。地方政府通过金融政策和财政政策引导地方金融信贷资金流入地方政府支持、发展良好的行业和企业，流出竞争力不强、高风险的行业和企业，避免区域内金融机构恶性竞争带来自相残杀的创伤，使地方金融健康发展。同时，地方政府基于本地利益的考虑也会有动力刺激金融机构实现产品的经营和联合，支持金融创新，减少区域内金融机构的摩擦，进而提高本地金融机构的效率和竞争力。

2. 推动金融中心品牌建设

金融中心品牌建设要求区域内具有完善的基础设施、优秀的服务品质和诚信的对外形象。而为该区域提供良好外部环境的是政府，政府通过创造更好的行政服务环境、良好的基础设施建设和其他公共产品的供给，不仅能提高集群内金融机构的运行效率，而且还将在客观上给金融中心增加吸引力，使区域外优秀企业向本区域集聚，促进可持续发展，从而提高集群的优势和区域竞争力。

3. 促进金融中心产业集聚

政府可以出台各种优惠措施吸引集群外企业加入，支持金融机构集聚；可以与高校、行业协会合作，加强对金融人才的培养，优化人力资源环境；可以加大科技创新力度，完善科技发展体系，形成产业集群的持久竞争力。

集群的良好发展又可以进一步促进金融中心产业集聚。

大量国家的发展经验证明，政府在金融发展中能够发挥积极有益的作用，有利于充分利用后发优势，促使地区金融实现质的飞跃。随着区域经济竞争的加剧，各地都更加重视金融在区域经济发展中的核心作用。多数区域性中心城市都提出建设金融中心的目标和规划，并提出许多配套的扶持政策，在我国多数地方争夺区域金融中心的情况下，地方政府的外部推力就显得尤其重要。

（二）金融基础设施

基础设施是保证国家或地区社会经济活动正常进行的公共服务系统，包括公路、铁路、机场、通信及水、电、气、热等公共设施和教育、科技、医疗卫生、体育、文化等社会事业。基础设施为金融运行提供物质和精神保障。良好的基础设施可以使金融业获得较大优势，同时给企业创造了比较优势，使资本获得更多回报，从而引发资本的循环累积效应，提高区域的吸引力和集聚力，推动区域金融中心的快速成长。首先，便捷的交通设施、发达的通信设施、充足的能源为金融交易提供物质条件和信息传输渠道。其次，一流的公共设施和完备的社会事业可以吸引各类企业和外来人口，带来各种金融需求，为金融业注入源源不断的动力。最后，完善的基础设施可以吸引优秀人才，同时，通过提供各种教育和就业机会，解决优秀人才配偶就业、子女教育等问题，排除他们的后顾之忧，使其能充分发挥智力才能，推动金融创新。基础设施的规模、质量直接影响着金融中心的建设和发展。

（三）金融生态环境

所谓金融生态，是指影响金融业生存和发展的各种因素的总和，它既包括与金融业发展相互影响的政治、经济、法律、信用环境等因素，又包括金融体系内部各要素如金融市场、金融机构、金融工具、金融产品，通过资金媒介和信用链条形成相互作用、相互影响的系统。《伦敦城全球金融中心2009年指数报告》显示，人、商业环境、市场准入、基础设施、综合竞争力5个指标中，被调查者认为商业环境是最重要的因素，其被提及的次数几乎等于其他领域被提及次数的总和。因此，无论是金融机构集聚还是金融市场发展，金融环境优化是必要条件。推进金融中心生态环境建设，要以促进金融业健康有序发展为目标，重点加强法治环境、信用环境和监管环境建设。

1. 金融法治环境

良好的法治环境是金融资本进入的基本条件。金融活动需要法律制度规范交易行为，金融安全需要法治进行保障，金融纠纷解决也需要一个公平高效的司法和仲裁体系。

2. 金融信用环境

金融经济本质上是信用经济。在计划经济时期，国有银行的信用等同于政府信用，保证了金融活动的顺利进行。随着金融市场化改革的逐步深入，政府逐步退出市场，不再为金融机构的信用背书。但与此同时，我国金融业并没有建立起市场化的金融信用体系，这导致金融信用缺失问题日益突出，金融道德风险加大。一个典型现象是，当前银行业"惜贷"与中小企业融资难并存，金融对实体经济的支持力度较弱。因此，改善金融信用环境迫在眉睫。

3. 金融监管环境

国际金融危机的爆发表明，如果缺乏有效的金融监管，金融创新和金融市场发展将失去控制。目前，我国实行金融分业监管模式，与金融混业经营和监管的发展趋势相比，存在的主要问题是：金融监管部门之间缺乏有效协调；地方政府金融监管权力较小；国际金融监管合作不够。

金融产业集群所在地一定是市场秩序良好、经济运行效率很高的城市。良好的金融生态环境是加快金融中心建设的基础。如果某地区形成了金融中心，表明此地区金融生态环境较好，具有公平公正的市场竞争环境和活力迸发的创新环境，能够吸引金融机构和金融人才集聚，加强区域金融合作，提高创新能力，增强金融业科技含量，进一步壮大金融市场。营造良好的金融生态环境，对于拓展投融资渠道，防范和化解金融风险，促进经济结构向资源节约型、环境友好型转变有着极其重要的作用。资本的涌入可以推进金融信息化，加快社会征信系统建设，不断优化发展环境，规范金融市场秩序，有助于从根本上解决影响金融安全稳健运行的突出矛盾和问题，为金融中心的建设和发展创造有利条件。

由上述分析可以看出，金融中心动力机制与竞争力呈现一种正相关的关系，一般来说，金融中心发展动力越大，该金融中心城市金融竞争力就越强，反之亦然。在各种动力机制作用下金融中心形成、发展的过程，也是金融中心城市金融竞争力不断提升的过程。随着城市金融竞争力的提升，亦反作用于各种动力机制，二者相互作用，相辅相成。

第四节　金融中心动力机制指标体系

金融中心动力机制的指标选择对于确定金融中心发展潜力具有重要意义。所以，构建一套既符合理论要求，又符合中国客观经济实际的指标，对我国金融中心的建设与发展至关重要。所构建的金融中心动力机制的指标体系应能全面体现并评价区域金融中心动力机制的整体状况。因此，应遵循以下原则：一是全面性，能全面客观地评价区域金融中心的动力机制。二是较强的可操作性与可行性，设计指标体系的目的不是做理论探讨，所以在设计指标体系时一定要注意数据的可操作性和可行性，应能通过地区综合统计年鉴与专业年鉴获得。三是层次性，要通过分层建立指标体系，既显示指标体系的条理性，又可以从几大方面体现区域金融中心发展动力机制的特征。四是简洁性，在遵循上述原则的基础上尽可能简化指标，从而选取一些代表信息量较大而且能够反映事物本质特征的指标。

一　指标体系的基本框架

区域金融中心发展的动力不仅取决于地区经济发展水平，而且还与金融发展、金融创新、社会资本、基础设施、政府支持、生态环境等因素密切相关，故根据相应理论将区域金融中心动力机制的指标体系分为 7 个要素，7个要素之间存在既相互独立，又相互影响的内在关系。上述任何一个要素的缺少或不完善都可能会影响最终评价的客观性与实用性。

（一）经济发展要素

（1）城市 GDP 是该地区在一定时期内所生产出的全部最终产品和提供劳务的市场价值的总值。所在城市 GDP 越高，经济越发达，对金融的需求就越旺盛，金融业发展水平也就越高。

（2）人均 GDP 是反映居民财富水平和经济发展程度的重要指标，能有效体现城市经济的真正实力，客观反映地区之间的发展差距，在国内外指标体系中均处于核心位置。人均 GDP 反映了区域市场规模，市场规模越大，对金融资源的需求就越旺盛，从而吸引更多的金融企业进入该地区并促进金融产业的集聚，进而形成金融中心。

（3）第三产业占比体现了城市经济结构的先进程度，反映了经济发展水平和结构的变化。第三产业产品和服务的增加，扩大了居民消费的可选择空间，成为经济增长的拉动力。第三产业一般是资金密集型行业，第三产业比重越高，城市的辐射力和综合服务水平就越强，对金融资源的需求也会越强，这将提高该地区金融业的发展水平。

（4）实际利用外资金额反映了一个地区与外部市场联系的紧密程度。利用外资可以弥补城市建设资金的不足，加速城市经济发展；可以引进国外先进的生产技术、管理知识和经营管理经验，培养科技人才，提高生产技术水平和经营管理水平；可以促进产业结构的改善和出口贸易的增长；同时也可以间接反映该地区综合交易成本的高低。一般外资流入较多的地区，其交易成本较低，适宜产业集聚，这也在一定程度上推动了金融服务业的发展。

（二）金融发展要素

（1）金融相关比率（FIR）是指城市金融资产总量与 GDP 的比值，用以反映各城市金融发展的实际水平，从而影响地区经济未来的发展潜力。FIR 比值越大，外部经济效应越显著。由于我国金融系统仍然是银行主导，利用地区存贷款作为指标，基本上可以反映出城市金融资产规模变化的总体状况。

（2）金融业增加值是金融业及相关金融附属活动新创造的价值，是一定时期内金融业生产经营活动最终成果的反映，体现了金融产业的增值率。

（3）金融市场规模。金融市场是以金融资产为交易对象而形成的供求关系及其机制的总和，主要包括货币市场、股票市场、债券市场、黄金市场、外汇市场、产权交易市场和衍生品市场。金融市场是支撑金融产业的载体，金融市场的规模和交易活跃程度是吸引和会聚金融资源的重要因素，对于区域金融中心建设起着至关重要的作用。因为我国金融市场发展不平衡，全国性金融市场几乎全集中于上海，细分金融市场各个指标没有意义，在本书中直接采用第三期 CDI CFCI 金融市场规模得分数据作为金融市场规模指标。

（4）金融从业人员数从就业方面反映金融发展水平，该指标数值越大，表明金融业在该地区的发展水平越高，并从某种程度上反映了该地区居民对于金融业的支持程度。

以上 4 个指标反映了该地区金融业的发展规模。

（5）贷款余额与存款余额的比值（贷存比）反映了金融资源配置的效率。存款余额反映一个地区在一定时期内能够提供的储蓄量，存款余额越多表明可用于投资的资金也就越多；贷款余额反映金融机构对该地区经济发展的支持程度。但二者只能反映金融资源的规模水平，鉴于已有金融相关比例指标代表城市金融规模状况，所以利用二者的比值来客观反映资源配置效率。

（6）银行存款中企业存款比重高低在一定程度上反映了直接融资渠道是否畅通。

以上2个指标反映了该地区金融资源配置效率。

（7）金融业增加值与GDP比反映了金融业每年新创造出来的产值对该地区国内生产总值贡献的大小。

（8）存贷款总量占全国比重越高，说明其在全国金融市场中的地位越突出，金融区位优势越明显。

（9）金融从业人员区位商是指金融从业人员相对比重与就业人员相对比重的比，反映了该地区金融专业人员的相对水平，从侧面反映了金融发展水平。金融发展水平越高，对当地经济影响力越大，吸纳劳动力的能力也越强，金融从业人员就会越多，金融从业人员的相对比重就越大。

以上3个指标反映了该地区金融业的集聚状况。

（三）金融创新要素

（1）金融创新度是反映某一地区内金融机构创新能力，以及创新产品最终转化能力的指标。金融创新的情况如何，会直接影响到区内金融市场的完善度和金融交易的活跃度。根据各国的金融实践，金融创新会引起交易性金融资产比重的降低和投资性金融资产比重的提高。因此，我们可以用某地区金融资产总量与交易性金融资产的比例来反映金融创新程度，并将这一指标称为金融创新度。由于我国金融系统仍然是银行主导，暂不考虑债券余额和股票市值部分，所以利用地区存贷款总量作为该地区金融资产总量指标，流通现金量作为交易性金融资产指标。因为一个地区流通现金量数据难以获得，所以用金融机构现金收支总量来代替。金融机构现金收支总量是累计量，导致计算出的金融创新度小于1，但不影响得出结论。地区存贷款总量与金融机构现金收支总量的比值越大，金融资产中投资性资产的比重越大，金融创新程度越高。

（2）R&D经费支出占GDP比重说明城市用于科技投入的多少。根据联合国教科文组织对科技创新能力的认定，研发经费占GDP比重不到1%的国家或地区，缺乏创新能力；比重为1%~2%的国家或地区，会有所作为；比重大于2%的国家或地区，创新能力较强。所以，R&D经费支出占GDP比重可以度量城市范围内的科技研发创新实力，反映了城市对科研的支持程度。

（四）社会资本要素

（1）高等学校在校学生数是衡量区域信用制度建设差异的指标。人力资本是十分重要的社会资源，教育水平的高低直接影响到市场参与者的信用活动。教育发展程度较高的地区，人们普遍拥有较好的信用习惯和较高的信用记录，信用风险也就相对较低，金融业的发展就有较好的信用环境。

（2）万人公共藏书量反映了城市为满足市民提高文化素质、陶冶情操而提供的文化支持水平。万人公共藏书量的增加有利于全民学习、终身学习的学习型社会的形成，有利于该地区文化软实力的提升，有利于城市整体信用水平的提高。

（五）基础设施要素

基础设施是区域金融中心城市生产生活的物质技术基础，基础设施的完备程度和先进性直接关系到金融资源的进入意愿与流动效率，是区域金融中心城市能否正常运行的重要影响因素。本书采用较为综合的2个指标来衡量城市基础设施总体情况。

（1）人均道路面积反映了城市的基础建设情况。

（2）移动电话用户普及率表明区域金融交易的便利度和信息流通的现状。金融资源趋于集聚在信息成本较低的地区，信息化水平越高，该地区的集聚力与扩散力就越强。

（六）政府支持要素

是否出台促进金融中心发展的意见并制定专项规划，直接反映了地方政府对于金融中心建设的态度和积极性，在我国多数地方争夺区域金融中心的情况下，地方政府的外部推力是重要影响因素。

（七）生态环境要素

（1）人均公共绿地面积的大小体现了城市生态环境的优劣。

（2）商业银行不良贷款率（做正向化处理，取负值）反映了一个地区良好诚信的市场环境。不良贷款率越低，说明该地区金融生态环境越好，金融资源越倾向于向该地区集聚。

以上区域金融中心发展动力机制体系建设的指标从经济发展要素、金融发展要素、金融创新要素、社会资本要素、基础设施要素、政府支持要素和生态环境要素7个子体系共22个相对独立的指标多角度、多层次地综合表现区域金融中心发展的动力特征，表9-4列示了上述指标体系。

表 9-4　区域金融中心动力机制评价指标体系

序号	一级指标	二级指标	指标代码
1	经济发展要素	城市 GDP	X1
2		人均 GDP	X2
3		第三产业占比	X3
4		实际利用外资	X4
5	金融发展要素	金融相关比率	X5
6		金融业增加值	X6
7		金融市场规模	X7
8		金融从业人员数	X8
9		贷存比	X9
10		企业存款比重	X10
11		金融业增加值与 GDP 比	X11
12		存贷款总量占全国比重	X12
13		金融从业人员区位商	X13
14	金融创新要素	金融创新度	X14
15		R&D 经费支出占 GDP 比重	X15
16	社会资本要素	高等学校在校学生数	X16
17		万人公共藏书量	X17
18	基础设施要素	人均道路面积	X18
19		移动电话用户普及率	X19
20	政府支持要素	是否出台促进金融中心发展的意见并制定专项规划	X20
21	生态环境要素	人均公共绿地面积	X21
22		商业银行不良贷款率	X22

二　指标体系评价方法与步骤

目前，国内外关于多指标综合评价有多种方法，如层次分析法、主成分分析法、神经网络分析法等，为了达到对 22 个指标降维的目的，本书采用主成分分析法。

因为每个变量都在不同程度上反映了所研究问题的某些信息，并且指标之间彼此有一定的相关性，因此所得的统计数据反映的信息在一定程度上有重叠。在用统计方法研究多变量问题时，变量太多会增加分析问题的难度和复杂性，人们希望定量分析的过程中，在得到信息量较多的前提下涉及的变量要尽可能少。主成分分析法的独到之处在于，它能够消除样本指标间的相互关系，在保持样本主要信息量的前提下，提取少量有代表性的主要指标。

同时，在分析过程中得到主要指标的合理权重，用主成分作为决策分析的综合指标。主成分分析的基本步骤如下。

（一）样本数据标准化

设样本数据矩阵为 $X = (x_{ij})_{m \times n}$，即 n 个指标 m 个样本。标准化数据矩阵为 $Y = (y_{ij})_{m \times n}$，标准化公式为

$$y_{ij} = \frac{x_{ij} - \overline{x_j}}{s_j}, (i = 1, 2, \cdots, m; j = 1, 2, \cdots, n)$$

其中，$\overline{x_j} = \frac{1}{m} \sum_{i=1}^{m} X_{ij}, s_j = \sqrt{\frac{1}{m-1} \sum_{i=1}^{m} (x_{ij} - \overline{x_j})^2}$。

经过标准化变换后，各样本的均值和方差分别为 0 和 1。

（二）计算相关系数矩阵

设样本相关矩阵

$$R = (r_{ij})_{n \times n} = \begin{bmatrix} r_{11} & r_{12} & \cdots & r_{1n} \\ r_{21} & r_{22} & \cdots & r_{2n} \\ \vdots & \vdots & & \vdots \\ r_{n1} & r_{n2} & \cdots & r_{nn} \end{bmatrix}$$

相关系数 $r_{ij} = \frac{1}{m-1} \sum_{k=1}^{m} y_{ik} y_{kj} (i, j = 1, 2, \cdots, n)$，并且有 $r_{ij} = r_{ji}$，$r_{ii} = 1$。所以，R 是对称矩阵，主对角线上元素均为 1，只需要计算上三角元素或下三角元素。

（三）计算相关矩阵 R 的特征值和对应的特征向量

由特征方程 $|\lambda I - R| = 0$ 解出 n 个特征值 $\lambda_1, \lambda_2, \cdots, \lambda_n$，并使其按大小顺序排列，即

$$\lambda_1 \geqslant \lambda_2 \geqslant \cdots \geqslant \lambda_n \geqslant 0$$

特征值是各主成分的方差，它的大小反映了各个主成分对于描述被评价对象所起的作用。

由齐次线性方程组 $(R - \lambda I)E = 0$，解出对应的特征向量 $e_1, e_2, \cdots, e_n$，即

$$E = (e_1, e_2, \cdots, e_n), e_j = (e_{1j}, e_{2j}, \cdots, e_{nj})^T, (j = 1, 2, \cdots, n)$$

（四） 计算主成分贡献率及累积贡献率

主成分贡献率为

$$b_j = \lambda_j \left(\sum_{j=1}^{n} \lambda_i \right)^{-1}, (j = 1, 2, \cdots, n)$$

按照累积贡献率准则，即以累积贡献率 $\left(\sum_{i=1}^{k} \lambda_i \right) \left(\sum_{i=1}^{n} \lambda_i \right)^{-1} \geqslant 85\%$ 为准则，提取前 k 个主成分 $Z_j = \sum_{i=1}^{n} e_{ij} y_j, (j = 1, 2, \cdots, k)$。其中，$Z_j = (Z_{1j}, Z_{2j}, \cdots, Z_{nj})^T$，这表示第 j 个主成分是标准化指标样本的线性组合，其系数是特征值 λ_j 对应的特征量 e_j 的分量。

（五） 计算主成分载荷

主成分载荷计算公式为

$$L_{ij} = \sqrt{\lambda_i} \times e_{ij}, (i, j = 1, 2, \cdots, n)$$

（六） 计算综合评价值

综合评价值可以用 k 个主成分的加权平均值，权数取各主成分的贡献率 b_j，即综合评价值为 $Z = \sum_{j=1}^{k} b_j z_j$，由此可以分析主成分的经济意义。

第十章
郑州区域金融中心动力机制的总体构建

第一节　郑州区域金融中心发展的动力分析

在金融已成为现代经济核心的背景下形成区域金融中心，对于带动地区经济的协调发展具有积极的意义。

首先，建设区域金融中心是促进金融产业集聚的需要。金融中心能使金融信息的流通更加顺畅，缓和金融机构之间的利益冲突，促进有序竞争。金融业不仅需要完备的基础设施和先进的技术，也需要自身的信用、公众的信任和外部法治环境的完备。金融机构在空间布局上集中并形成金融中心，不仅有利于信息、人才、基础设施等资源共享，同时也方便金融监管规范，提升金融业整体形象。

其次，建设区域金融中心是应对外部金融竞争的需要。近年来，随着区域经济竞争的加剧，竞争的焦点集中在金融资源的争夺上，各地都极为重视金融中心在区域经济发展中的地位和作用。目前国内已有 30 个城市提出以建设区域金融中心为目标。仅在中西部地区就有武汉、西安、郑州、长沙、重庆、成都等城市分别角逐中西部金融中心的地位。特别是武汉，在城市综合竞争力、总部经济、金融业增加值等方面领先于郑州，其竞争中部地区金融中心的战略将给郑州带来较大的挑战。在这种环境下，如果郑州没有明确、清晰的金融业发展规划和战略，不能顺应国内金融业重新洗牌的新形势加入到区域金融中心建设的竞争中去，那么郑州市金融业的发展将会受到很大限制，原有的竞争优势也可能会遭到削弱，限制中原经济区经济的发展。

最后，建设区域金融中心是促进中原经济区快速发展的需要。从世界各国的经验分析，经济中心城市同时也是金融中心城市，纽约、伦敦、东京，以及我国的上海、北京、深圳均是如此。金融中心作为金融机构和金融服务的集聚地，发挥着资本集聚和辐射功能。通过金融中心的资金融通和资本运作，实现资源在区域内外的优化配置，带来金融中心所在城市及周边地区投资的持续繁荣，形成产业的扩张和交易的集聚，创造大量的就业机会和财政收入，为区域经济发展做出贡献。中部地区由于金融效率相对较低，区域金融发展的滞后加剧了经济发展的落后。目前，中原经济区已上升为国家战略，中原经济区建设和现代农业发展对金融的强烈需求，都对区域金融中心的形成与发展提出了迫切的要求。因此，郑州有必要建设区域金融中心以拉动区域经济的快速发展。

一　郑州市金融业发展现状

（一）金融业总体发展水平

"十一五"期间郑州市金融业主要指标见表10-1。从表10-1可以看出，"十一五"期间，郑州市无论是GDP总量，还是金融业增加值、金融市场规模都持续增长，对地区经济的支持力度不断增强，在河南省经济中真正起到了龙头作用。但是从图9-7中可以看出，2010年中国金融业增加值排名前10位的城市并没有郑州市，这说明郑州市的金融实力与其他金融发达城市相比还有不小的差距。

同时，郑州市金融组织体系逐步完善。"十一五"期间，郑州辖区银行、证券期货、信托、保险业与多层次资本市场发展迅速，融资担保、股权投资基金等新型金融业态蓬勃兴起，随着改革开放的不断推进，金融机构资本实力与经营活力也不断提高，区域金融稳定性增强。

按照综合开发研究院[①]发布的第三期CDI中国金融中心指数，郑州市金融综合实力得分23.37分，在排名的29个城市中综合排名第20位。在其他各分项排名得分方面：金融产业绩效38.99分，排名第21位；金融机构实力12.34分，排名第22位；金融市场环境3.85分，排名第5位；金融生态环境41.84分，排名第23位。

---

① 综合开发研究院又称"中国脑库"，英文缩写CDI，是经国务院总理批准成立、在业务上接受国务院研究室指导的独立研究咨询机构。

表 10 – 1　"十一五"期间郑州市金融业主要指标

指标＼年份	2006	2007	2008	2009	2010
国内生产总值(亿元)	2013.48	2486.75	3012.86	3308.51	4040.90
第三产业增加值(亿元)	865.52	1092.79	1263.74	1418.92	1646.40
人均生产总值(元)	27961	34069	40714	44231	49945
各项存款年底余额(亿元)	3559.94	3938.18	4916.39	6540.27	7990.90
各项贷款年底余额(亿元)	2722.86	2939.90	3612.29	4922.19	5717.50
保险公司保费收入(亿元)	49.54	60.77	94.55	103.07	151.23
保险公司赔款及给付(亿元)	11.39	17.49	22.97	28.85	28.72
金融业城镇固定资产投资(亿元)	0.25	1.15	2.06	2.86	2.93
金融业增加值(亿元)	110.00	141.14	184.28	218.31	257.81
金融业增加值占 GDP 比重(%)	5.46	5.68	6.12	6.60	6.38
金融业增加值占第三产业比重(%)	12.71	12.92	14.58	15.39	15.66
金融相关率(FIR)*	3.12	2.77	2.83	3.46	3.43

注：* 为在金融相关率计算过程中，金融资产总量数值用存款加贷款近似代表。2010 年国内生产总值、金融机构存贷款数据来自郑州市统计信息网，保险业相关数据来自中国保监会河南省监管局网站。

资料来源：根据 2006 ~ 2010 年《河南统计年鉴》整理。

（二）金融业发展相对水平

从郑州市金融业相对于河南省、全国的水平来看，郑州市金融机构存贷款余额均约占河南省的 1/3，保费收入约占全省的 20%，这些指标占全国的比例在 1% 上下（见表 10 – 2）。

表 10 – 2　郑州市金融业相对于河南省、全国的水平

单位：亿元，%

项目＼年份		2006	2007	2008	2009	2010
郑州市	各项存款年底余额	3559.94	3938.18	4916.39	6540.27	7990.90
	各项贷款年底余额	2722.86	2939.90	3612.29	4922.19	5717.50
	保费收入	49.54	60.77	94.55	103.07	151.23
河南省	各项存款年底余额	11492.55	12576.42	15255.42	19175.06	23148.80
	各项贷款年底余额	8567.33	9545.48	10368.05	13437.43	15871.30
	保费收入	252.31	323.56	518.92	565.39	793.28
全国	各项存款年底余额	335459.80	389371.00	466203.00	597741.00	718237.93
	各项贷款年底余额	225347.20	261691.00	303468.00	399685.00	479195.55
	保费收入	5640.30	7036.21	9784.24	11137.30	14527.97

续表

项目 \ 年份		2006	2007	2008	2009	2010
郑州市占 河南省比重	各项存款年底余额	30.98	31.31	32.23	34.11	34.52
	各项贷款年底余额	31.78	30.80	34.84	36.63	36.02
	保费收入	19.63	18.78	18.22	18.23	19.06
郑州市占 全国比重	各项存款年底余额	1.06	1.01	1.05	1.09	1.11
	各项贷款年底余额	1.21	1.12	1.19	1.23	1.19
	保费收入	0.88	0.86	0.97	0.93	1.04

资料来源：根据中国人民银行及其分支机构网站相关统计资料整理。

从占比的年度发展趋势看，各项指标大体呈上升态势，金融增长速度快于河南省和全国平均水平，郑州市金融急剧发展的格局基本形成。

另外，从金融业增加值占 GDP 比重、金融业增加值占第三产业比重和金融相关率（FIR）三项指标来看，郑州市的三项指标水平明显高于河南省（见图 10 - 1、图 10 - 2、表 10 - 3），金融业对 GDP 的贡献越来越大，金融业增加值占第三产业比重越来越高，金融业对第三产业的结构优化作用日益增强。特别是金融相关率保持了总体提高的趋势，从而表明郑州市在保持经济平稳、良好的运行过程中，金融业的发展水平也越来越高。

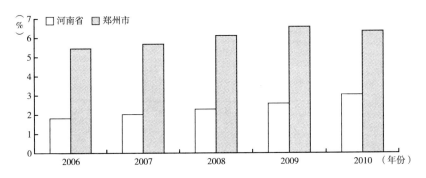

图 10 - 1　郑州市与河南省金融业增加值占 GDP 比重对比

（三）金融业发展与中部省会城市的比较

使用 2010 年金融相关率指标来对比郑州市与中部六省省会城市金融发展水平，从表 10 - 3 可以看出，郑州市金融业发展水平低于太原、武汉、南昌，高于长沙和合肥，高于全省和全国平均水平。

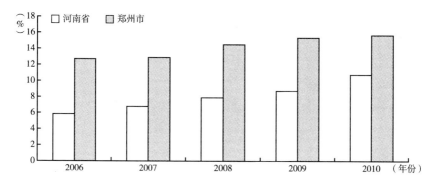

图 10 - 2　郑州市与河南省金融业增加值占第三产业比重对比

表 10 - 3　2010 年郑州市金融业发展水平的城市比较

指标	郑州	武汉	长沙	合肥	南昌	太原	河南省	全国
金融相关率（FRI）	3.43	3.63	2.81	3.24	3.46	6.82	1.70	2.98

资料来源：根据相关统计资料计算。

　　就金融业增加值占 GDP 比重而言，2010 年郑州市达到 6.38%，在中部六省省会城市中居第 1 位，比居第 2 位的武汉高了 0.14 个百分点（武汉为 6.24%）；就金融资产规模而言，2010 年郑州市金融机构各项存款和贷款余额分别为 7790.90 亿元和 5717.50 亿元，在中部六省省会城市存款和贷款增量比较中分别居第 2 位和第 3 位；2010 年郑州市保费收入为 151.23 亿元，保费收入保险深度、保险密度在中部六省省会城市中分别居第 2 位、第 1 位和第 2 位；2010 年郑州市 A 股股票基金交易额 1.28 万亿元，期货交易额 61.8 万亿元，股票与期货交易额均居中部六省省会城市第 1 位；郑州商品交易所在全国 4 家期货交易所中居第 2 位①。

　　从金融产业绩效来看，郑州市在金融深度方面略高于中部六省省会城市平均水平，金融业增加值与金融宽度与区域平均基本持平，而金融从业人员数量稍弱于区域平均；从金融机构实力来看，郑州市在证券类金融机构实力方面大幅低于区域平均水平，银行类机构实力和国际化程度方面与区域平均基本持平，而在保险类机构实力方面则远高于中部六省省会城市平均水平；从金融商业环境来看，郑州市除在专业服务方面具有显著的优

―――――――――――

①　根据各城市 2010 年统计年鉴整理。

势外，在社会保障和经济外向度方面略显不足；从金融人才环境来看，郑州市在医疗卫生和旅游吸引力方面具备一定优势，但在城市绿化和城市交通方面则有较明显劣势，在教育环境、文化娱乐、环境状况、生活成本方面与区域平均水平持平。

（四）郑州商品交易所发展现状

1990年10月，郑州市建立粮食交易市场1993年5月，由现货交易为主转型为期货交易为主，成为我国第一家期货交易所。经过20多年的发展，郑州商品交易所初步形成了粮、棉、油、糖等大宗农产品兼PTA和甲醇的综合性期货交易品种体系。如今，郑州商品交易所期货价格已成为国内外贸易的重要参考价格。路透社每日发布郑州小麦、棉花等价格信息，一些国外贸易企业开始把郑州商品交易所相关品种期货价格作为同国内洽谈贸易的参考依据。

"十一五"期间，郑州商品交易所的交易品种日趋完善，目前上市的交易品种增加为8个，成交量与成交金额也逐年攀升（见表10-4）。小麦（包括优质强筋小麦和硬白小麦）、棉花、白糖、精对苯二甲酸、菜子油、早籼稻等期货品种促进相关产业经济发展的功能与作用得到了社会各界的认可，市场影响力不断扩大。截至2010年底，郑州商品交易所共有会员215家，分布在全国27个省（市、自治区）。其中，期货公司会员173家，约占会员总数的80%；非期货公司会员42家，约占会员总数的20%。2010年郑州商品交易所成交量与成交金额两项指标均超越大连商品交易所，在我国三大商品交易所排名第二（见图10-3）。郑州商品交易所是郑州市经济发展的优势资源，在区域金融中心建设中发挥着重要作用。

表10-4 2006～2010年三大商品交易所期货交易统计

交易所 \ 年份		2006	2007	2008	2009	2010
大连商品交易所	成交量（万张）	23952.28	36978.58	63831.94	83356.46	80633.55
	成交金额（亿元）	51975.87	118152.92	274853.26	376437.03	417058.81
上海期货交易所	成交量（万张）	11484.55	16631.20	28052.60	85972.80	124379.63
	成交金额（亿元）	125748.31	226899.65	288719.93	737583.20	1234794.99
郑州商品交易所	成交量（万张）	9259.65	19832.30	44511.43	45422.51	99181.01
	成交金额（亿元）	31809.61	62385.80	155600.10	191122.64	617998.88

资料来源：中国证监会网站。

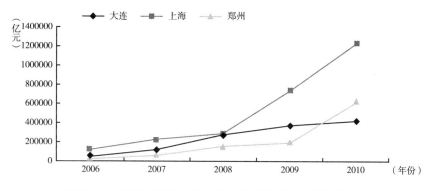

图 10 - 3　2006～2010 年三大商品交易所成交金额趋势变化

二　郑州区域金融中心发展的内在动因分析

（一）郑州区域金融中心发展的内在优势

1. 河南省日益增强的经济金融实力为建设郑州区域金融中心提供了强大支撑

2010 年，河南省国内生产总值突破 2 万亿元大关，处于全国第 5 位。全省存贷款总量居中部六省首位，有效支持了全省经济平稳较快发展。2010 年，郑州市 GDP 达到 4040 亿元，"十一五"期间年均增长 13.7%，GDP 总量占全省的比重由 2005 年的 15.7% 提高到 2010 年的 17.4%。此外，根据中国社会科学院 2011 年 2 月 28 日发布的《中国省域经济综合竞争力发展报告（2009～2010）》蓝皮书，在全国各省区各项竞争力的综合评价中，河南省排名第 14 位，处于中游区的前列，在中部六省排名第 2 位。

经济的快速发展，市场经济体制的逐步完善，金融业的全面开放，社会资本的快速流动，对河南省整合金融资源、完善金融体系、发展金融市场、优化金融环境提出了新的、更高的要求。从经济和金融发展水平来看，郑州市在河南省的首位度持续增强，这必然要求郑州金融业的快速发展和集聚，为中原经济区经济的持续增长和发展提供强有力的支持。

2. 已经形成的金融体系为建设郑州区域金融中心奠定了良好基础

随着金融体制的改革和发展，河南省金融业总体保持健康平稳发展，形成了银行、证券、保险、期货、信托各业并举及各类机构并存的金融体系。

截至 2010 年底，河南省共有城市商业银行 17 家，农村合作机构① 143 家，财务公司 2 家，农村新型机构② 19 家，银行业保持良好运行趋势，不良贷款持续"双降"，赢利能力不断增强。证券业呈现加快发展态势。截至 2010 年底，河南省新增证券和期货经营机构 31 家，上市公司 10 家，募集资金合计 106.81 亿元。保险业市场运行安全稳健。截至 2010 年底，河南省新增省级公司 5 家，市级及以下分支机构 103 家，中介机构 15 家，代理机构 68 家，全省保费收入增长 40.31%，居全国第 5 位，中部第 1 位，经营效益明显改善，市场秩序持续向好。货币市场不断完善。2010 年河南省新增 1 家全国银行间同业拆借市场成员和 16 家全国银行间债券市场成员，同业拆借累计成交金额同比增加 303.3 亿元，资产质量和经营业绩不断提高，监管和风险防范能力逐步增强。多层次的资本市场体系初具规模。郑州市拥有我国中西部地区唯一的商品交易所，交易品种不断增加，交易规模不断扩大，郑州商品交易所期货累计成交量同比增长 118%，累计交易金额同比增长 223%，期货交易市场的作用越来越明显，不仅充分显示小麦等农产品的供求关系，引导农产品的生产和交易，促进农产品种植的结构调整，更为重要的是期货市场提供了农产品的权威价格，为风险管理提供了工具，减少了国际市场的冲击。证券和产权交易市场趋于活跃。2010 年河南省国内股票筹资 142 亿元，债券筹资 208 亿元，显现了较强的融资功能，初步形成了资本市场与货币市场相互促进、共同发展的格局。

3. 郑州市具有强大的资金供给能力和旺盛的资金需求

巨大的资金供给和需求是建设金融中心的必要条件。首先，郑州市具有强大的资金供给能力。2010 年郑州市金融机构各项存款余额为 7990.90 亿元，较 2006 年增加了 4430.96 亿元，年均增速 22.4%；金融机构各项贷款余额为 5717.50 亿元，较 2006 年增加了 2994.64 亿元，年均增速 20.38%。这显示了郑州市金融业较强的融资能力。其次，郑州市具有旺盛的资金需求。随着促进中部崛起规划的实施和中原城市群的一体化以及中原经济区战略的推进，郑州市作为河南省的省会城市，进入到一个重要的战略机遇期，未来发展对资金需求量之大可想而知。这种巨大的资金需求决定了未来将有更多的国内外资金涌入郑州市，郑州市作为区域金融中心的地位必将不断加强。

---

① 包括农村信用社、农村合作银行和农村商业银行。
② 包括村镇银行、贷款公司和农村资金互助社。

（二）郑州区域金融中心发展的内在劣势

1. 郑州市经济总量仍旧存在差距

根据郑州市统计局资料，2010 年郑州市 GDP 达到 4040 亿元，首次跻身 4000 亿元阵营，在全国地级以上城市中排名第 22 位。但是，在 22 个超过 4000 亿元的城市当中，上海、北京、广州 3 座城市的 GDP 超过万亿元，居前三位；深圳、南京等 14 座城市的 GDP 在 5000 亿元以上；长沙、唐山、烟台、东莞、郑州 5 座城市的 GDP 为 4000 亿～5000 亿元。上海市的 GDP 已经接近 1.7 万亿元，北京市的 GDP 接近 1.4 万亿元，郑州市的 GDP 尚不足北京市的 1/3。据目前已经公开的数据，在中部，长沙市 2010 年 GDP 为 4500 亿元，武汉市为 5500 多亿元，郑州市仍然落后于武汉市和长沙市。郑州市经济总量的差距也为郑州区域金融中心建设带来较大的挑战。而且郑州市 2010 年人均可支配收入为 18897 元，仅相当于全国平均水平的 98.89%，分别相当于上海市和北京市同期水平的 59.35% 和 65.00%。从人均量上来看，作为省会城市的郑州市，人均可支配收入不仅与上海市、北京市等发达城市相比存在巨大的差距，甚至低于全国平均水平，与中部地区的武汉市、长沙市、合肥市相比也有一定差距。

2. 金融业增加值比重仍较低

2010 年郑州市金融业增加值占 GDP 比重仅为 6.38%，在第三产业的比重也只占到 15.66%。从郑州市金融发展水平与中部六省的对比来看，虽然郑州市在中部各省会城市中位居前列，但在金融业增加值比重等方面仍落后于全国平均水平，与周边省会城市相比也有一定的差距。

一方面，与全国其他中心城市相比，郑州市金融整体功能不够完善的现状仍旧存在，地方金融机构不发达、金融组织体系不健全、金融生态环境有待改善、直接融资比重低等问题比较突出，制约着经济的持续、快速、健康、协调发展。突出表现在金融产业结构的不平衡，即以银行业金融机构为主体，而非银行业金融机构规模偏小，发展水平较低，仅靠银行业快速发展，潜力有限，增加值难以上升。同时，金融机构的核心竞争力，尤其是参与国际市场竞争的能力还不强，总部机构数量少，要素集聚、对外辐射的能力还较弱。

另一方面，法人金融机构总部设置较少。郑州市金融业的发展除起步较晚外，在金融机构的设置上也存在很大的不足，不仅缺乏全国性或区域性的金融机构，而且还缺乏地区独立法人中小金融机构和非金融机构，这在内涵和外延两方面都制约了整体金融业的发展。截至 2010 年底，郑州市有独立法人证券公司 1 家，期货公司 3 家，还没有独立法人大型股份制商业银行、基金公司和保险公司。现有的金融机构大多是全国或其他地区的分支行，经营自主权十分有限，自身业务功能简单，从总部到基层的信息传递环节多、路径长、时效差，资金往来活力不足。例如，在保险机构方面，虽然河南省 2011 年上半年保费收入就达到 489.02 亿元，排名全国第 3 位，郑州市本地保险市场业务规模也较大，但由于缺乏机构总部和运营决策权，保险公司的资金除少数支付赔款和给付外，大多数流出省外，很少投资到本地市场。有限的经营权限也使得金融创新空间被压缩，资金松紧受全国宏观经济态势的影响较大，金融业潜力难以发挥。因此，做大做强本土金融机构，大力引进外部金融机构总部、区域总部等仍是目前较为紧迫的任务。

3. 金融集聚效应仍不明显

目前，郑州区域金融中心在规模、功能与定位方面还存在较大差距。

第一，金融总部效应尚未显现。虽然作为中原经济区的龙头城市，但是由于金融中心建设起步晚、进展慢，郑州市金融业对周边地区的辐射和带动作用并不明显。表现之一就是与其他中心城市相比，金融机构集聚度不够。除国有商业银行外，股份制银行与外资银行分支机构较少，农村信用社实力较弱，郑州银行刚刚迈出跨区域发展的步伐。五大银行、外资银行、国内股份制商业银行及外地保险公司、证券公司在郑州市的机构均为分支机构，不具法人地位，功能比较单一。产业投资基金、共同基金、小额贷款公司缺位，信托投资公司、财务公司、金融租赁公司、信用担保机构等规模均较小，市场影响力有限。缺少全国性金融机构的区域性信贷审批中心，使得金融机构在业务审批、信贷权限、资金调配、资金运用等方面的自主权受到制约。

第二，金融集聚规模仍较小。郑东新区中心商务区内，已有农业银行、广东发展银行、中国民生银行、汇丰银行（中国）、百瑞信托、郑州银行等多家金融机构的省级机构入驻，工商银行、建设银行、中国银行、交通银行、中信银行、光大银行、浦发银行、招商银行、兴业银行等金融机构也均设有营业网点，金融商务集聚效应正逐步显现。但国内外知名的金融中介服务机构、中外资金融机构河南省或郑州市分行或分公司、法人金融机构、金融机构的全国性或区域性总部等进驻率相对较低，金融集聚规模和效应仍需进一步扩大。

我们从金融集聚的衡量指标出发，分析郑州市整体金融业集聚情况。

① 区位商（Location Quotient，LQ）

区位商是产业的效率与效益分析的定量工具，是一种较为普遍的集群识别方法，用来衡量某一产业的某一方面在特定区域的相对集中程度。我们用区位商来判断和衡量河南省金融产业集聚程度。区位商有两个解释：一个是指某区域某行业从业人员数与该区域全部行业从业人员数之比和全国该行业从业人员数与全国所有行业从业人员数之比相除所得的商；另一个是指一个地区特定部门的产值在该地区总产值中所占的比重与全国该部门的产值在全国总产值中所占比重方面的比率。这里采用第一种解释，区位商公式为

$$LQ = \frac{r_{ij}/r_j}{N_i/N}$$

其中，r_{ij} 表示 j 地区 i 产业的就业人数，r_j 表示该地区总体就业人数，N_i 表示全国 i 产业的就业人数，N 表示全国总体就业人数。当区位商大于 1 时，表示 j 地区 i 产业具有比较优势；当区位商接近 0，表明该地区该产业没有比较优势。所以，LQ 指数也用来揭示该地区该产业与全国平均水平之间的差异。根据公式和数据整理得出郑州市金融业集中度情况（见表 10 – 5）。

表 10 – 5　2010 年郑州市金融业集中度

指标	银行业	证券业	保险业	金融业
LQ	1.436454	0.601942	1.258607	0.957636

资料来源：2011 年《河南金融年鉴》、国家统计局网站。

从表 10 – 5 中可以看出，郑州市金融业区位商为 0.957636，表明郑州市金融集聚效应已经显现，但金融产业集聚程度仍较低，同其他发达地区相比仍不具有比较优势。银行业和保险业的区位商大于 1，说明这两个行业已经初步具备了比较优势，但还不明显，需要进一步发展，以增强其集聚能力。证券业的区位商最低，说明证券业的集聚程度最低，竞争力较弱。

② HHI（Herfindahl-Hirschman Index）

HHI 指数是一个广泛用于测量金融机构集聚程度的指数。HHI 值越大，表示市场集中程度越高，当 $HHI = 1$ 时，表示独家垄断。计算公式为：

$$HHI = \sum_{j=1}^{N} \left(\frac{Z_j}{Z} \right)^2$$

其中，Z_j 表示第 j 家金融机构的资产规模，Z 表示整个行业所有 N 家机构的总资产。HHI 指数对资产较大的金融机构赋予更大的权重。

利用 2010 年统计数据，我们对具有比较优势的银行业和保险业分别计算它们的集中度指标（见表 10 - 6）。

表 10 - 6　2010 年郑州市银行、保险业集中度

机构类别	HHI
银行	0.160
保险	0.134

资料来源：2011 年《河南金融年鉴》。

从表 10 - 6 中可知，两类机构 HHI 均大于 0.1，属于中度集中，表明郑州市银行、保险机构集中度比较高，但有进一步集聚的空间。

4. 金融人才仍然匮乏

第一，金融人才结构不合理。金融服务业是知识密集型、劳动密集型、对人员要求非常高的行业。就数量而言，郑州市的金融从业人员数在中部地区仅次于武汉市，排在第 2 位，但高素质人才比例偏低，研究生学历人员占总人数的比例不到 5%（河南省该比例不到 2%）。从表 10 - 7 河南省金融机构人员统计数据来看，很大一部分高素质的人才集中在大型金融机构特别是银行部门，保险公司等其他金融机构高级人才奇缺，而银行部门特别是待遇较高的一些银行却出现了人才供大于求的情况。而且各金融机构一般性的人才较多，高层次的金融管理人员和高素质的金融专业人才奇缺，金融工程、产品开发、风险控制等领域的研发人员特别匮乏。

第二，金融人才外流严重。河南省收入低于东南沿海发达地区，形成较大的收入落差，是金融人才外流的主要原因。近几年来，河南省内普遍面临金融人才不足、高级管理人才向经济发达地区迁移的现象，出现了人才缺乏与人才流失现象并存的严峻局面。外地高级金融人才因为收入、住房、子女教育等限制因素而最终选择更发达的城市，河南省内高校培养的博士生、紧俏专业硕士生也大部分因为郑州市工资水平偏低、住房等消费水平偏高而首选东部沿海城市。这些直接影响了郑州区域金融中心的建设。由此可见，河

表 10 - 7　河南省金融机构人员统计数据

单位：人

机构类别	总人数	大专以下	大学	研究生
银行机构①	98540	55658	40437	3134
保险公司②	31655	15394	15924	334
地方金融机构③	75665	61118	14013	505
其他金融机构④	619	65	326	228
合　　计	206479	132235	70700	4201

注：① 银行机构包括人行、国开行、农发行、工行、农行、中行、建行、交行、中信、光大、广发、浦发、招商、兴业、邮储、汇丰和银行业协会。

② 保险公司包括保监局、出口信用、人民财产保险、太平洋保险、天安保险、平安保险、永安保险、太平保险、中华联合、大地保险、华安财险、阳光财险、都邦保险、渤海保险、中国人寿财险、永城保险、中银保险、民安保险、中国人寿、太平洋人寿、泰康人寿、新华人寿、太平人寿、合众人寿、生命人寿、华夏人寿、中荷人寿、平安养老、人民健康、人民人寿、信泰人寿、国华人寿、华泰人寿和嘉禾人寿。

③地方金融机构包括省农联社、郑州银行、开封银行、洛阳银行、平顶山商行、安阳商行、鹤壁商行、新乡银行、焦作银行、濮阳商行、许昌银行、漯河商行、三门峡商行、南阳商行、信阳商行、周口商行和驻马店商行。

④其他金融机构包括商品交易所、华融资产、长城资产、东方资产、信达资产、中原信托、百瑞信托和银联公司。

资料来源：2011 年《河南金融年鉴》。

南省虽然培养了大量金融人才，但是留不住人才，尤其是高层次、高素质的金融人才。因为金融人才的匮乏，机构间人才的争夺和流动无序、频繁的现象日趋严重，这不但大大增加了金融机构的经营成本，而且损害了企业形象，降低了客户服务的标准，造成了不良影响。

第三，金融人才培养方式滞后。高校在金融人才培养方面确实起到了重要作用，但国内高校金融人才培养的模式注重理论，缺乏实践，特别是缺乏国际经验。河南省内院校设置的金融专业都较宽泛，是传统类型的金融专业，难以培养出适应金融市场需要的复合型人才。教育界与业界的脱节，使得高校毕业生刚进金融机构时，只是"毛坯"，必须经过一定的培训才能成为专业人才，造成资源浪费。而且河南省内金融机构对员工的培训只注重短期效应，没有长远的培训目标和计划，缺少系统科学、具有针对性的培训。

金融人才的匮乏制约了金融业的快速发展，不利于提高金融行业的整体竞争能力。如果在短时间内，人才培养和储备不能大幅度增长，人才竞争的加剧将对金融业的发展产生负面影响。

5. 社会资本与网络仍欠缺

第一，金融机构之间横向关联度较低。郑州市内的金融机构几乎都是分支机构，在资金、业务、信息方面完全受纵向管理约束，银行、证券、保险等金融机构之间，银行同业之间，甚至同一银行各分支行之间，难以沟通信息和相互合作，不能有效形成信息扩散效应和优势互补合力。同时，过于强调竞争而忽视合作，无法共享社会关系网络所带来的创新聚合效应。

第二，金融机构与高校和科研机构之间的合作严重不足。虽然目前各方对金融机构与高校和科研机构的研发合作越来越重视，但其比例与全国平均水平相比还比较低。定期举办的座谈会、研讨会等往往流于形式，实际交流、沟通并不多。

第三，尚未形成完备的配套体系。金融中介机构种类不全，结构不合理。目前市场中介多以经济鉴证类和咨询服务类为主，缺乏票据经纪公司、保理公司、银团贷款专门中介、安全认证机构等专业服务机构，现有的经济鉴证类和咨询服务类中介机构也存在竞争力不足、服务质量良莠不齐的现象。金融中介机构服务的落后无法实现资金流与信息流的高效整合与匹配，也无法依靠其在风险管理和参与成本上的比较优势使投资者更有效地参与市场投资，不利于社会网络的形成，阻碍了金融业的快速发展。金融服务外包还处于起步阶段，与国内其他先进城市相比差距很大，业务较单一，高端业务发展不够。

6. 金融创新能力仍不足

中国科技发展战略研究小组按照知识创造、知识获取、企业创新、创新环境、创新绩效五方面编写的《中国区域创新能力报告2011》显示，整个中部地区创新能力总体呈现下降趋势，河南省的排名从2010年的第15位下降到2011年的第17位，说明资源型省份向创新型省份转变尚有困难（见表10-8）。

表10-8　2010年与2011年各地区创新能力排名

地　区	2011年排名	2010年排名	变化
江　苏	1	1	0
广　东	2	2	0
北　京	3	3	0
上　海	4	4	0
浙　江	5	5	0
山　东	6	6	0
天　津	7	7	0
辽　宁	8	12	4

续表

地　区	2011 年排名	2010 年排名	变化
四　川	9	9	0
重　庆	10	10	0
湖　南	11	11	0
陕　西	12	14	2
湖　北	13	8	－ 5
福　建	14	16	2
安　徽	15	13	－ 2
吉　林	16	21	5
河　南	17	15	－ 2
江　西	18	22	4
河　北	19	18	－ 1
黑龙江	20	19	－ 1
内蒙古	21	26	5
广　西	22	20	－ 2
山　西	23	17	－ 6
贵　州	24	29	5
甘　肃	25	28	3
云　南	26	25	－ 1
海　南	27	23	－ 4
新　疆	28	30	2
宁　夏	29	24	－ 5
青　海	30	31	1
西　藏	31	30	－ 1

资料来源:《中国区域创新能力报告 2011》。

　　金融是一门专业性很强的学科，随着金融创新的层出不穷，金融的内涵不断深化，而目前市场上高素质创新人才的供给处于紧缺状态，严重影响了郑州市金融行业的业务创新。实力强、辐射范围广的大型金融机构及专业机构投资者、金融公司等的缺乏，更使得创新环境恶化。

三　郑州区域金融中心发展的外在动因分析

(一) 郑州区域金融中心发展的外在优势

1. 郑州区域金融中心发展的外部机遇

2011 年，中原经济区建设正式上升到国家战略层面，为河南省金融业的快速发展创造了良好的政策环境，也为郑州区域金融中心建设提供了有利时机。郑州市作为中原城市群和中原经济区的核心城市，巨大的发展潜力为建设郑州区域金融中心提供了广阔前景，理应在金融体系和功能的完善方面为中原崛起和中原经济区建设提供有效支持。

2011年，《国务院关于支持河南省加快建设中原经济区的指导意见》正式公布，提出"支持郑州商品交易所增加期货品种，建成全国农产品期货交易中心、价格中心和信息中心"。这是继2009年出台的《国务院关于进一步实施东北地区等老工业基地振兴战略的若干意见》中力挺大连期货市场发展建设后，期货市场再度被绘入服务区域经济发展的蓝图。国外成熟市场发展的实践表明，期货市场对促进金融中心建设发挥着积极作用。期货市场可以推动地区交易和定价中心的形成，提升所在区域在国内、国际经济贸易中的知名度，吸引金融机构的入驻，带动区域相关产业发展。同时，期货市场的资金集聚和经济辐射效应可以为金融中心建设提供强有力的支撑，也能为地方财政收入提供重要来源。《国务院关于支持河南省加快建设中原经济区的指导意见》的出台，将为郑州期货市场创造更积极的发展环境，促进郑州区域金融中心城市建设。

2. 政府的促导政策频出

河南省政府从软、硬环境两方面进行支持：一是继续推进郑东新区金融商务区建设，使之成为河南省金融机构的集聚区、金融创新的示范区、金融服务的优质区和金融运行的安全区。二是制定出台有关政策，推进信用体系建设，强化监管，加快金融人才的培育和引进，提高公共信息服务水平，加强组织领导等具体政策措施；郑州市也出台了吸引金融机构进驻的优惠政策，包括吸引金融机构机构总部、地区总部、分支机构或代表处等给予的资金补助和营业税、所得税的减免等（见表10-9）。

表10-9　郑州市金融产业集聚规划主要政策背景

年份	文件	文件出台背景	相关内容（摘要）
1998	《郑州市城市总体规划（1995~2010年）》	将郑州市建成全国重要的商贸、金融、信息中心，成为经济繁荣、交通发达、环境优美、基础设施完善、服务功能良好、具有中原文化特色的社会主义现代化商贸城市	明确了规划区范围、城市性质、城市规模、城市布局等问题

续表

年份	文件	文件出台背景	相关内容（摘要）
2006	《中共中央国务院关于促进中部地区崛起的若干意见》	促进中部崛起	增强郑州市中心城市辐射功能,促进中原城市群发展
2007	《中共中央国务院关于促进中部地区崛起的若干意见责任分工的通知》	贯彻落实《中共中央国务院关于促进中部地区崛起的若干意见》	—
2007	《河南省人民政府关于郑州区域性金融中心建设规划纲要》	为了进一步增强郑州市的凝聚力、辐射力,把郑州市建成在全国有重要影响力的区域性金融中心,有效带动河南省金融业发展,更好地发挥金融对经济发展的推动作用,加快全面建设小康社会、实现中原崛起的步伐	明确了郑州区域性金融中心建设的发展目标、战略重点、主要任务和实施步骤,鼓励和引导在郑金融机构和将要入驻郑州的金融机构向金融商务区集中,使之成为河南省金融机构的集聚区、金融创新的示范区、金融服务的优质区和金融运行的安全区,打造特色鲜明的金融中心标志性工程
2007	《郑州市人民政府关于进一步加快郑州区域性金融中心建设的意见》	把郑州市建设成为在全国有重要影响力的区域性金融中心,有效带动河南省金融业发展,更好地发挥金融对经济发展的推动作用	
2008	《中共河南省委河南省人民政府关于加快发展服务业的若干意见》	促进河南省服务业又好又快发展	郑东新区 CBD 金融集聚区项目列入 30 个省份服务业特色园区
2009	《中共河南省委河南省人民政府关于推进产业集聚区科学规划科学发展的指导意见》	加快构建省（市）现代产业体系,实现资源要素优化配置,促进产业集聚区科学发展	加速产业集聚和企业集聚
2009	《郑州市人民政府关于进一步推进产业集聚区科学发展的实施意见》		
2010	《郑东新区管委会关于促进经济繁荣加快产业发展的意见》	为全面落实科学发展观,培育经济发展产业结构,促进经济繁荣,推动郑东新区产业经济发展再上新台阶	发展现代金融业,建设金融集聚区。积极吸引国内外金融机构到中央商务区设立总部、区域总部和分支机构,提高郑东新区的服务功能和凝聚力、辐射力,把郑东新区建成最富活力的金融集聚区和郑州区域性金融中心的龙头

年份	文件	文件出台背景	相关内容（摘要）
2010	《郑州关于加快推进企业上市工作的意见》	助力资本市场郑州板块建设	—
2011	《全国主体功能区规划》	指导科学开发国土空间	中原经济区被纳入国家层面的重点开发区域（包括河南省以郑州市为中心的中原城市群部分地区）
2011	《国务院关于支持河南省加快建设中原经济区的指导意见》	明确中原经济区建设的总体要求、战略定位和发展目标	明确提出加快推进郑东新区金融核心功能区建设
2012	《中原经济区郑州都市区建设纲要（2011～2020年）》	明确提出郑州都市区建设的总体思路、战略定位和战略目标	明确指出金融业在郑州都市区中的重要作用

资料来源：根据有关文件和公开资料整理。

郑州区域金融中心获得国家、省、市三级政府重点政策扶持，将比其他地区更早、更多地获得政策倾斜和要素配置，郑州市建设区域金融中心，占据"天时、地利、人和"的竞争优势。

3. 政府服务体系初步形成

从未来政府体制改革的趋势看，"小政府大服务"将成为政府体制改革的必然趋势。政府系列的服务体系除提供必要的政策性指导外，还需要提供开拓市场、信息咨询、信用评价、维护合法权益等方面的服务，推进金融发展交流，扩大郑州市影响力。2011年综合性金融服务网站"河南省政府金融网"建立。通过这个平台，河南省各金融机构可随时发布工作动态和业务信息、查询政策和企业信息；企业可了解金融机构最新服务举措，发布企业基本信息和融资需求信息；群众可了解相关金融产品、金融知识，进行网上咨询。该网站的建立架起了政府、金融机构、企业、大众之间互动的桥梁，更好地服务于河南省金融事业发展、服务于中原经济区建设。

4. 区域地缘区位优势

中原经济区作为国家层面重点开发区域，位于全国"两横三纵"城市化战略格局中陆桥通道和京哈、京广通道纵轴的交会处，包括河南省以郑州市为中心的中原城市群部分地区。郑州市作为中原城市群和中原经济区的核心城市，处于承东启西、联南贯北的战略部位，东邻发展势头强劲的沿海发达地区，西接广袤的西部地区，在我国公路、铁路大动脉和通信信息网络中占据中枢地位，是东西南北大通道的交会点，为各种生产要素的流动、集聚和区域金融中心的建设提供了便利条件。

5. 基础设施条件较完善

近年来，河南省和郑州市的基础设施建设进展快速，特别是郑东新区中央商务区（CBD）水、电、气、热、通信等基础设施配套完善，医疗卫生、学校、商场、体育、文化等社会事业全面发展。金融基础设施建设也得到明显加强，支付清算系统建设进一步完善，大小额支付系统、境内外币支付系统、支票影像系统、电子商业汇票系统和网银跨行支付清算系统均已开通运行。截至 2011 年 4 月底，河南省共发行银行卡 1.19 亿张，人均持卡量超过 1 张。发展银联卡特约商户 10.85 万家，布放 POS 终端 14.21 万台，联网 ATM 机具 1.2 万台，目前河南省银行卡跨行交易金额增幅已居全国首位。

6. 诚信建设初现成效

第一，2010 年底河南省银行业不良贷款余额与上年相比减少 102.03 亿元，贷款不良率下降 1.75 个百分点，不良率与全国的差距缩小至 3.18 个百分点。特别是河南省农村合作金融机构不良贷款率持续"双降"，不良贷款余额与上年同期相比下降 66.33 亿元，不良贷款占比下降 5.34 个百分点，信贷资产质量进一步提高。财产险公司保费批退率、应收保费率、业务及管理费率、手续费率等反映市场秩序的关键指标均明显好转，分别下降 2.42、0.3、2.1、1.79 个百分点，一些长期困扰市场的弄虚作假、恶性价格竞争等问题得到明显改善。人身险方面的销售误导、虚假宣传等违规问题得到一定缓解。

第二，河南省制定实施《河南省社会信用体系建设联席会议工作制度》，建立了信息交流机制，正向引导并稳步推进中小企业信用信息征集、农户电子信用档案建设和评价工作。现已正式启动河南省中小企业信用体系试验区建设，引导金融机构通过征信系统发掘优质客户。2010 年河南省共有 8.6 万户中小企业纳入中小企业档案库，办理贷款卡 1.6 万张；涉农金融机构共为 589 万户农户建立信用档案，340 万户农户获得信贷支持。为了切断不当行政干预对银行业不良率和信贷增长的影响，省、市两级政府不断加强金融债权维护，优化金融司法环境，推动金融诚信建设。设立金融审判法庭，审理涉及银行、保险、证券、基金、信托、期货、票据等方面的金融民商案件，并向金融机构发布审判信息、典型案例，提出司法建议，开展有关金融法制教育与学术交流等，维护了金融机构的合法权益，初步实现了金融司法的良性互动。强化违约行为监测，建立银企诚信平台和企业诚信档案等重点工作，进一步优化和改善了河南省金融诚信环境，提升了中部地区金融集聚力和影响力。

(二) 郑州区域金融中心发展的外在劣势

1. 在中部的目标定位尚不明确

近年来，武汉、西安、合肥、长沙、成都、重庆等中西部大中城市均在加快区域性金融中心建设的步伐，构筑区域竞争的战略高地，以赢得经济发展的主动权（见表10－10）。在未来发展中，郑州区域金融中心面临着东部领先、西部开发、东北振兴、中部崛起以及其他地区金融中心快速发展带来的竞争压力。在这种环境下，如果郑州市没有明确、清晰的金融业发展规划和战略，不能顺应国内金融业重新洗牌的新形势加入到区域金融中心建设的角逐中去，那么郑州市金融业的发展将会受到很大限制，原有的竞争优势也可能会遭到削弱，金融业发展的迟缓最终将限制实体经济的发展。

表10－10　我国建设金融中心城市的目标定位和辐射范围

城　　市	地区	目标定位	辐射范围
北　　京	华北	具有国际影响力的金融中心城市	全球
上　　海	华东	2020年基本建成全球国际金融中心	全球
深　　圳	华南	全球性区域国际金融中心	全球
广　　州	华南	珠三角地区的区域性金融中心	国内外具有影响力
杭　　州	华东	长三角南翼的区域性金融中心	长三角地区
南　　京	华东	华东地区重要的区域性金融中心	长三角地区
天　　津	华北	中国北方的金融改革创新基地	环渤海地区
武　　汉	华中	具有强大辐射力的中部金融中心	长江中游地区
重　　庆	西南	长江上游的区域性金融中心	西部地区
成　　都	西南	中国西部的金融中心	西部地区
厦　　门	华东	海峡两岸区域性金融中心	闽台地区
昆　　明	西南	泛亚金融中心和人民币跨境结算中心	泛亚地区
大　　连	东北	东北亚重要的国际金融中心	东北亚地区
苏　　州	华东	区域功能性金融中心	长三角地区
宁　　波	华东	上海国际金融中心的副中心	长三角地区
沈　　阳	东北	东北地区性金融中心	东北地区
西　　安	西北	中国西部的区域性金融中心	西北地区
济　　南	华东	黄河中下游的区域性金融中心	华东和华北地区
合　　肥	华东	服务长三角的区域性金融中心	华东和中部地区
郑　　州	华中	中部地区的区域性金融中心	中原地区
青　　岛	华东	环渤海经济圈的区域性金融中心	山东半岛区域
福　　州	华东	海峡西岸的离岸金融中心	闽台地区
南　　昌	华东	中部区域性金融中心	中部地区

城　市	地区	目标定位	辐射范围
长　春	东北	东北区域性金融创新城市	东北亚地区
石 家 庄	华北	华北地区的金融中心	华北地区
哈 尔 滨	东北	东北的区域性金融中心	东北亚地区
长　沙	华中	中部区域性金融中心	中部地区
南　宁	华南	北部湾区域性金融中心	北部湾地区
兰　州	西北	西北区域性金融中心	西北地区
乌鲁木齐	西北	面向中亚的区域性金融中心	中亚地区

资料来源：参见王力、黄育华《中国金融中心发展报告（2010～2011）》，社会科学文献出版社，2011。

目前，郑州区域金融中心的发展目标还是依据 2007 年《郑州区域性金融中心建设规划纲要》中的定位，已不能适应现在发展的要求，如何明确自身与其他中部区域金融中心的关系和差异是急需解决的首要问题。

2. 金融生态环境仍需改善

虽然政府高度重视金融生态环境问题，也努力采取了各种有力措施，金融生态环境明显改善，但由于一些企业信用意识薄弱、部分金融机构历史遗留问题较多等，导致河南省及郑州市金融生态环境仍存在一些问题。2010 年河南省银行业不良贷款率仍高于全国平均水平 3.18 个百分点，发案数量居全国第 2 位。较高的不良贷款率以及对银行业的不当行政干预，影响了整个银行业对河南省的信贷信任和支持力度。2010 年河南省的贷款规模达到 15871.30 亿元，同比增长率较 2009 年同期回落 11.5 个百分点，且仅占全省 GDP 比重 69%。截至 2010 年底，河南省贷款总量虽然在全国位列第 9 位，但新增贷款规模只列第 13 位。郑州市银行业不良率虽低于河南省平均水平，但与全国区域性金融中心城市相比仍不具备优势。在区域金融竞争加剧的形势下，为增强河南省及郑州市的金融竞争力，需要进一步加强金融生态环境建设。

第二节　郑州区域金融中心发展动力的实证检验

本节选取 9 个城市与郑州进行对照研究，判断郑州区域金融中心发展动力的现状与前景。上海和北京体现了全国金融中心建设的最高水平，被选入参照分析系统，以此来对比分析郑州的差距。在中部地区，能和郑州进行金融资源竞争的城市有 4 个，分别是武汉、合肥、长沙及南昌。济南、石家庄、西安是中西部重要中心城市的代表，也被选入比较分析系统。

计算指标数据。运用第九章第四节介绍的方法，对原始数据实行标准化，利用 SPSS 软件求出 22 个指标的相关系数矩阵，并计算相关系数矩阵的特征值及各主成分的贡献率和累积贡献率。表 10 – 11 按照特征根从大到小的顺序列出了所有的主成分。

表 10 – 11　各主成分特征值、贡献率及其累积贡献率

主成分	特征值	贡献率（%）	累积贡献率（%）
	12.353	56.150	56.150
2	3.336	15.165	71.315
3	1.956	8.889	80.204
4	1.419	6.448	86.652
5	1.021	4.639	91.291
6	0.809	3.678	94.970
7	0.705	3.205	98.175
8	0.229	1.043	99.218
9	0.172	0.782	100
10	$6.019E-16$	$2.736E-15$	100
11	$5.446E-16$	$2.476E-15$	100
12	$3.019E-16$	$1.372E-15$	100
13	$2.490E-16$	$1.132E-15$	100
14	$1.361E-16$	$6.185E-16$	100
15	$-4.246E-17$	$-1.930E-16$	100
16	$-7.599E-17$	$-3.454E-16$	100
17	$-1.186E-16$	$-5.391E-16$	100
18	$-1.452E-16$	$-6.600E-16$	100
19	$-2.335E-16$	$-1.061E-15$	100
20	$-5.207E-16$	$-2.367E-15$	100
21	$-5.471E-16$	$-2.487E-15$	100
22	$-7.466E-16$	$-3.393E-15$	100

从表 10 – 11 可以看出，第一主成分的特征根为 12.353，它解释了总变异的 56.150%；第二主成分的特征根为 3.336，它解释了总变异的 15.165%；第三主成分的特征根为 1.956，它解释了总变异的 8.889%；第四主成分的特征根为 1.419，它解释了总变异的 6.448%。四者累积百分率

为 86.652%，大于 85%，符合利用主成分进行分析的条件。因此，只需求出第一至第四主成分 F1、F2、F3、F4 即可，它们已能够充分反映上述 10 个城市金融中心发展动力的综合水平。

图 10-4 是按主成分大小排列的主成分散点图，可见从第五主成分开始特征根都比较小，此图从另一个侧面说明了第一主成分的贡献率较高。但是从累积贡献率大于 85% 考虑，本研究选取了 4 个主成分。

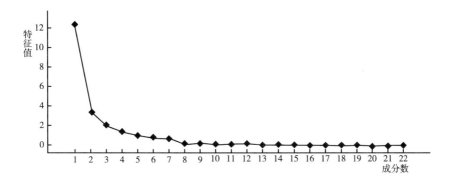

图 10-4　主成分散点图

主成分载荷矩阵（见表 10-12）显示，第一主成分与城市 GDP、人均 GDP、第三产业占比、实际利用外资、金融相关比率、金融业增加值、金融市场规模、金融从业人员数、企业存款比重、金融业增加值与 GDP 比、存贷款总量占全国比重、金融创新度、R&D 经费支出占 GDP 比重、万人公共藏书量、商业银行不良贷款率有很强的相关性，这说明第一主成分涵盖了区域金融中心动力机制评价指标体系的经济发展要素、金融创新要素的所有指标，金融发展要素中金融规模 4 个指标，金融资源配置效率 1 个指标和金融集聚 2 个指标，社会资本要素以及生态环境要素两个方面的各 1 个指标。第二主成分在金融从业人员区位商、高等学校在校学生数、移动电话用户普及率、人均公共绿地面积 4 个指标上有较大载荷，说明它反映了金融发展要素、社会资本要素、基础设施要素、生态环境要素的部分子因素。第三主成分与贷存比有较大相关性，说明它主要反映金融发展要素中的金融资源配置效率因素。第四主成分与人均道路面积、是否出台促进金融中心发展的意见有较大相关性，主要反映基础设施要素和政府支持要素中的 1 个子因素。

利用表 10-12 提供的主成分得分系数，计算出第一、第二、第三、第四

主成分得分，然后以方差贡献率占 4 个因子总方差贡献率的比重为系数，即

$$F = (F_1 \times 56.15 + F_2 \times 15.165 + F_3 \times 8.889 + F_4 \times 6.448)/86.652$$

分别计算 10 个城市金融中心发展动力因子综合得分及综合排序，所得结果见表 10 - 13。

表 10 - 12 主成分载荷矩阵

变量	F1	F2	F3	F4
X_1	0.978	0.084	0.001	0.071
X_2	0.779	0.076	0.492	- 0.106
X_3	0.850	- 0.376	0.012	- 0.059
X_4	0.915	0.143	0.111	0.136
X_5	0.841	- 0.413	- 0.073	- 0.161
X_6	0.994	0.049	- 0.026	- 0.008
X_7	0.695	0.366	0.107	0.462
X_8	0.987	0.030	- 0.046	0.098
X_9	- 0.491	0.111	0.826	- 0.074
X_{10}	0.637	0.324	0.362	- 0.299
X_{11}	0.922	- 0.051	- 0.020	- 0.074
X_{12}	0.983	- 0.050	- 0.063	- 0.097
X_{13}	0.267	0.678	- 0.320	0.008
X_{14}	0.966	- 0.087	- 0.079	- 0.178
X_{15}	0.962	- 0.127	- 0.050	0.073
X_{16}	0.102	- 0.674	0.021	0.071
X_{17}	0.941	0.155	0.184	0.096
X_{18}	- 0.053	0.392	0.479	0.642
X_{19}	0.094	- 0.801	0.402	0.373
X_{20}	0.418	- 0.376	- 0.511	0.534
X_{21}	- 0.042	0.857	- 0.249	0.212
X_{22}	0.773	0.314	0.055	- 0.298

表 10 - 13 金融中心发展动力得分

城 市	F1	F2	F3	F4	总分 F	排序
上 海	6.570733	2.002318	0.495872	1.663373	4.782840	1
北 京	6.455088	- 1.574812	- 0.810062	- 1.904448	3.682401	2
郑 州	- 1.491472	- 0.603089	- 1.410805	- 0.162908	- 1.228854	7
武 汉	- 0.095980	- 1.206482	0.317788	0.000428	- 0.240705	3

城　市	F1	F2	F3	F4	总分 F	排序
长　沙	－2.202830	0.514272	2.114150	－0.676437	－1.170867	6
合　肥	－1.593630	2.934018	0.752344	－1.072394	－0.521808	5
南　昌	－2.599226	－0.461333	0.245376	－1.016855	－1.815508	10
济　南	－0.861156	－0.292257	1.039827	1.290502	－0.406459	4
石家庄	－2.592197	1.762313	－2.902592	0.570615	－1.626600	9
西　安	－1.589318	－3.074950	0.158108	1.308124	－1.454433	8

从表 10 - 13 可以看出，10 个城市中，上海和北京的发展动力最强，并且优势明显，其余 8 个城市基本处在同一水平。郑州作为中原经济区的经济中心，其区域金融中心发展动力得分排名第 7 位，低于平均水平，也低于中部六省省会中的武汉、合肥和长沙。这些都反映出郑州市金融业发展的现状：郑州市金融发展已初具规模，但金融服务仍滞后于经济需求；金融机构规模较小，结构单一，且资金外流严重，总部效应尚未体现；金融创新能力与开放度均较低，金融生态发展落后；虽然拥有郑州商品交易所这一大优势，但缺乏健全的多层次资本市场体系。从经济发展来看，河南省位次已经比较靠前，显示了巨大的发展潜力，特别是地区生产总值已经大大高于全国平均水平。但河南省过多的人口成为经济进一步发展的阻力，郑州市人均指标数值偏低，这说明与其他城市相比，郑州市对金融资源的需求不旺盛，金融发展动力不足。金融中心发展动力指标体系选取的基本上都是人均指标，这也是郑州排名靠后的原因之一。

地区间经济发展的不平衡和由此所带来的资金分布的不平衡，客观上要求各城市在确定金融中心发展战略规划时，既要考虑自身的潜在优势条件，也要考虑与周围城市之间的"互动效应"。因此，在制定具体的金融中心建设战略之前，要了解郑州市金融业发展动力的大致情况，要明确郑州区域金融中心的发展理念和发展定位，从中发现郑州区域金融中心发展动力的优势与差距，为郑州区域金融政策的制定提供理论依据。

第三节　郑州区域金融中心发展定位与建设目标

从前面章节对郑州区域金融中心发展动力机制的分析可以看出，郑州市的内在发展动力及外部发展环境有着自己独特的特点，与其他地区相比，有优势也有劣势。本节根据郑州市金融业发展的实际状况，提出适合郑州区域金融中心的发展定位与建设目标。

一　郑州区域金融中心发展模式与定位

郑州市在选择区域金融中心发展定位与路径时，必须从自身实际出发，突出差异化，准确定位，建立适合自身特点的区域金融中心。

（一）郑州区域金融中心发展理念

1. 突出特色的理念

特色就是优势，就是竞争力。构建中原经济区，必须立足国家对河南省的定位，在不牺牲农业和粮食、生态和环境的前提下，实现新型工业化、新型城镇化、新型农业现代化的协调发展。要充分利用河南省作为我国第一农业大省和粮食生产核心区的战略优势，探索金融支持"三农"发展新模式的重大制度创新。通过统一规划和制定涉农金融制度与配套政策，引导金融机构加大对"三农"资金供给，进一步改进和提升农村金融服务，努力满足多层次、多元化的"三农"金融服务需求，推动城乡金融协调发展，逐步建成立足郑州、面向中原、辐射全国的国家级涉农金融改革示范区，成为郑州区域金融中心的核心功能之一。

郑州商品交易所是中部地区唯一的期货交易所，上市的期货品种以粮、棉、油、糖等农产品为主。郑州商品交易所将传统农业和现代金融市场联结起来，积极打造"全国农产品期货交易中心、价格中心和信息中心"，正成为郑州区域金融中心建设的重要"名片"。

2. 政府推动和市场导向相结合的理念

坚持政府主导与市场化发展相结合，正确处理市场在资源配置中的基础作用与发挥政府推动作用的关系，前期政府应采取超常规的措施大力推进，在税收、土地使用、优惠政策等方面给予政策引导，后期则需要坚持市场化、产业化、社会化的发展方向，按照市场化原则来运作，从而实现郑州区域金融中心的可持续发展。

3. 集约高效的理念

基于环境容量、土地资源有限的条件，按照集约利用土地的原则，应明确单位土地投入产出强度、容积率、绿地率、公共服务设施用地比例、配套生活设施用地比例等指标。鼓励标准化设施建设，提高土地利用效率，防止圈占土地、无序开发等行为。科学制定区域金融中心的空间资源配置，合理确定金融企业的入驻门槛，使金融集聚区得到高效合理的利用。

4. 统筹协调的理念

金融集聚区规划在功能定位、基础设施和服务设施的建设上，要加强与郑州市总体规划的协调，体现"突出中心、集中资源"的理念，使金融资源向金融集聚区集中，避免金融业发展布局和金融资源配置的过度分散化。通过金融集聚区建设，提高配套能力，提升郑州城市品质，实现金融中心功能的有效辐射，将郑州市打造成人居环境优美的现代化城市功能区。

5. 弹性灵活的理念

制定弹性、灵活的金融集聚区发展规划，合理确定开发时序，协调近、中、远期关系。集聚区建设在不同时期应能反映社会经济的不同要求，空间布局既要满足近期经济发展的需要，又要达到长远合理有序的目标。布局结构要保持一定的灵活性，并满足分期建设的需要，对未来发展可能产生的变数及市场需求的弹性给予充分的考虑和预留。

（二）郑州区域金融中心发展定位

随着交通、能源、通信、水利、环保等基础设施趋向完备，郑州市具备了加快承接产业转移的支撑条件。郑州市是河南的省会城市，又是国家级的区域中心城市，它发展很快，在全国大城市中的位次不断提高。郑州市要发挥区域中心城市的带动作用，不但自身要发展，而且要服务周边地区，带动全省乃至周边地区的发展。所以，现在郑州市做的很多事情都带有明显的"中心"特点，比如交通枢纽中心、物流中心、通信中心，以及将来的医疗服务中心。国家明确规定，郑州市要建设大型航空枢纽，要完善铁路枢纽，要完善物流仓储体系，等等。所以，郑州市主要是要发挥实际的服务带动功能和作用。鉴于此，郑州区域金融中心的目标定位是：立足郑州，服务河南，面向中原经济区，形成以金融区域总部为龙头，投融资服务为主体，期货业和要素市场为两翼，金融后台服务和各类中介服务为依托，金融生态环境和人才建设为保障的金融中心发展格局，着力构建投融资中心，区域性保险中心，农村金融创新中心，农产品期货交易、定价与信息中心，区域产权交易中心，金融配套服务中心等。

1. 投融资中心

资本短缺是中原经济区许多地方经济发展面临的主要瓶颈，建立区域投融资中心吸引外来资金和民间资金进入是郑州市建立区域金融中心的主要目的，是作为中原经济区经济中心的客观要求。以郑州市为中心的中原城市群已成为我国中部地区最具发展活力的经济密集区之一，但要把郑州市建设成为中原经济区乃至中部地区的经济中心，还需要继续壮大企业，发展经济，提升经济总量，这个过程中的资金缺口是相当巨大的。目前主要依靠贷款拉动经济增长的方式远远无法满足郑州市及中原经济区经济发展和产业结构升级的需要，而投融资中心建设可以为经济持续健康发展提供强有力的支撑。

2. 区域保险中心

近年来，郑州市保险市场增长迅速，市场结构逐步完善，服务地方的能力逐步增强。2010年全市保费收入为151.23亿元，保费收入、保险深度、保险密度在中部六省省会城市中分别居第2位、第1位和第2位，已具备建设区域性保险中心的现实基础。保险业作为现代经济的核心，在地方经济和社会发展中扮演着重要角色。随着保险资金运用渠道的逐步放宽，保险基金成为资金供给的生力军。随着郑州区域金融中心建设的深入，大量金融机构纷纷进入郑州市场，带来了巨大风险管理与保险保障需求，促进了保险业的发展。而非寿险以及保险附属机构的存在又可以吸引更多金融企业的进入，形成良性循环。除此之外，构建郑州区域保险中心，也可以构筑风险保障体系，完善多层次社会保障体系，健全安全生产保障机制，促进社会和谐稳定，具有强烈的社会意义。

3. 农村金融创新中心

河南省自2008年被人民银行总行确定为农村金融创新工作试点地区以来，积极探索农村金融各项重大制度创新，省内农村地区金融产品日益丰富，金融服务水平显著提升，涌现了一批可复制、易推广，能够切实满足广大农户、涉农企业融资需求的产品和服务方式，为全国农村金融改革与发展探索了新思路和新模式。但纵观郑州市农村金融创新历程，无论是银行、证券产品创新，还是保险产品创新，都存在负债类业务创新多、资产类业务创新少等问题。一些金融产品如农产品期货、农产品担保、农业保险等创新产品，虽然具有广泛的市场需求，但目前研发不足。郑州市可在充分吸收借鉴国内外一些成功的农村金融创新模式的基础上，探索建立农村信贷担保机制，加快农村信用体系建设，提高农村地区支付结算业务的便利程度，扩大政策性农业保险的覆盖面，引导更多信贷资金和社会资金投向农村，通过金融手段推进城乡统筹协调发展。

4. 农产品期货交易、定价与信息中心

《国务院关于支持河南省加快建设中原经济区的指导意见》指出，"支

持郑州商品交易所增加期货品种，建成全国农产品期货交易中心、价格中心和信息中心"。在郑州区域金融中心建设中要充分利用河南省作为第一农业大省和郑州市拥有商品期货交易所的优势，增加农产品期货市场交易品种和规模，逐步确立郑州商品交易所在国内和国际粮食市场上的定价权，服务于国家粮食安全战略。同时，要加大新品种研发和市场开发力度，加强国际交流与合作，发挥郑州商品交易所的引领作用，推动郑州市乃至整个中原经济区期货市场健康发展，使郑州市逐步成为在国内外具有重要影响的期货价格中心和信息中心。

5. 区域产权交易中心

中小企业产权交易市场是对主板、中小板和创业板市场的重要补充和完善，对发挥市场资源配置效用、全面改善中小企业融资环境、推动产业结构优化升级、活跃资本市场、扩大河南影响都具有非常积极的作用。在稳步推进区域性中小企业产权交易市场试点工作的过程中，要整合郑州市现有产权交易市场，加快完善中小企业产权、债权、股权交易平台，建立健全各项交易制度，规范交易行为，增强市场活力，构建中小企业高效便捷的直接融资通道，逐步打造在全国具有重要影响的区域产权交易中心。

6. 金融配套服务中心

建立完善的金融配套服务体系可以健全金融生态链，丰富金融品种，降低金融企业交易成本，保障金融市场健康发展。近年来，随着河南省金融业的不断发展，金融配套服务机构逐步完善，但与传统金融相比，融资担保、法律、会计、评估、咨询、金融数据备份等中介服务机构还不成熟或存在空白，导致郑州市金融业难以适应其产业体系多层次、多类型的融资需求。所以，郑州区域金融中心建设必须大力发展金融配套服务业，成为金融配套服务中心，为金融业的深入发展创造便利和机会。

（二）郑州区域金融中心发展模式

比较北京、上海和深圳等金融中心的发展模式，可以看出，北京是首都所在地，是我国的政治、经济、文化中心，因而其金融政策资源优势突出，这一点是任何其他城市所无法比拟的，可以说，北京金融中心建设走的是充分利用政策资源优势的路线。并且，近年来，金融街还先后吸引了高盛集团、摩根大通银行、法国兴业银行、瑞银证券等70余家世界顶尖级外资金融机构和国际组织入驻，金融的国际影响力不断增强，北京已经成为名副其实的亚太地区金融中心。

和北京相比，上海金融中心的优势不在于金融资源的总量，而在于金融市场和金融营运中心等特色。上海的金融市场门类相对齐全，有全国性的证券市场、银行间外汇市场、银行间拆借市场、黄金市场、债券市场、商品期货市场、金融期货市场等。人民银行上海总部、外资银行总部和地区总部、中资银行信用卡中心、私人银行总部、证券公司、基金管理公司、保险资产管理公司、金融后台服务中心等都落户上海。金融业增加值占浦东新区生产总值的17%左右，已经接近发达国家金融中心金融业占 GDP 比重为18%的平均贡献水平。所以，上海的发展方向完全是以完善金融市场为核心，把金融机构总部（包括跨国金融机构亚太区、中国区总部，资产管理机构、金融租赁机构、私募股权投资基金及其他新兴金融机构）更多地吸引到上海，进一步提高上海对全球金融资源的定价能力，拓展金融市场的深度和广度。同时，上海还集聚着一大批会计、法律、评估、监管、审判、检察、仲裁、咨询等各类专业机构，在维护金融秩序、保障投资者权益方面发挥着重要作用，为上海金融中心建设提供了优良的软环境。

深圳的金融中心发展模式更多依赖占 GDP 较大比重的民营企业和高新技术企业的大力发展，深圳建立有高新技术产业园区等产业集聚区，民营经济发展成为经济发展的主力，在此基础上，加上深圳证券交易所，使深圳金融中心的发展打上了以产业发展促金融发展的烙印，反过来，金融发展进一步带动了产业的发展。

通过以上分析，我们认为郑州区域金融中心建设不具备北京那样的政策资源优势，而更适宜走上海和深圳的发展道路，即以产业为支撑、以市场为导向的金融中心发展模式。区域金融中心的构建不可能一蹴而就，必须要经历一个发展演化的进程。综合中原经济区特征和内外环境，笔者设计了两步走战略：政府推动的区域金融中心－市场主导的区域金融中心。第一阶段，主要是构建政府推动的区域金融中心。这主要是因为：第一，我国目前仍处于市场经济体制转型的阶段，政府主导的特征非常明显，中原经济区建设也不例外；第二，金融业所具有的高风险性，迫使国家和地区政府必须加强对金融的监管和控制；第三，根据国内外金融中心的发展经验，在初建阶段，政府在政策、环境建设、信息服务等方面对金融资源的适当支持能够发挥重要的作用。郑州作为后起的区域金融中心建设城市，在这一阶段，政府的大力扶持显得尤为重要，它有助于克服和缩短制度创新的时滞。第二阶段，在郑州区域金融中心发展的中后期，将逐步向市场主导的区域金融中心转变。随着我国金融业开放度、外向度的不断提高，市场导向的作用将越来越重要，这就要求打造相对开放、自由的市场体系，以市场化的发展带动区域金融中心的形成。在这一阶段，政府的作用将主要体现在提供宏观调控、政策引导、信息服务、法制建设、改善市场环境等方面。

此外，郑州区域金融中心向中原经济区的辐射，可采取集中发散型模式，以郑州市为中心，向中原经济区整体扩散。有两种途径：一种是通过金融机构体系自上而下的发散；另一种是郑州区域金融中心向各分中心的扩散。

二 郑州区域金融中心建设目标

作为一个新兴的经济区域，郑州区域金融中心并不具备成熟经济区已有的优势，那么，有必要结合郑州市以及河南省的特点，建立合理有效的发展目标。

（一）总体发展目标

郑州区域金融中心发展规划应实现"金融机构集中布局、金融产业集群发展、资源节约利用、功能集合构建"四个要素的有机融合。用 10～15 年时间建设一个金融机构种类齐全、园区功能完善、配套设施齐备、投资环境友好、金融市场发达、金融创新活跃、监管体系合理、金融服务快捷、规模优势突出、集聚效应明显、辐射带动有力、生态环境优美、金融产业繁荣发展的生态型金融产业集聚区和区域金融中心，在金融资源配置中更大程度地发挥基础性作用。

1. 完善四大体系

即完善金融组织体系、金融市场体系、金融监管体系、金融信用体系。通过改革、调整等形式，进一步建立起与市场经济相适应的金融组织体系；按照高起点、全方位、规范化、辐射面广、渗透力强的思路，推进金融市场建设，逐步达到功能健全、筹资迅速、服务广泛的要求，形成统一、开放、竞争、有序、严格管理的金融市场体系；逐步形成部门监管、行业自律、内部控制、社会监督、政府协调五位一体的金融大监管体系；通过采取综合措施，全方位推进，建立良好的金融秩序和信用环境。

2. 达到四个增长

即达到融资总额、金融业增加值、税收、就业人数显著增长的目标。金融产业的发展和金融中心的建设，首先是金融在当地经济建设中的资金融通和经济助推作用，没有金融的支持，拉动内需的诸多项目就难以立项和完成。金融对产业经济发展、产业结构升级乃至企业经营运作具有资本集聚和资金配置功能；其次是发展金融本身可以提高当地金融服务业占 GDP 之比，也有利于改善当地的产业结构，扩大当地的就业。作为一个高增长、高附加值的产业，金融业自身产值的增长对经济发展具有直接贡献，而且它还具有较高的产业关联性，能带动一批具有高附加值的相关产业（如电子商务等高新技术产业）和一大批相关商务服务业（如资信服务、会计审计、税务及法律服务）的发展。

3. 实现两个突破

即实现金融机构入驻、地方性金融机构发展的突破。积极吸引内外资银行、证券公司、基金公司、国际财团及其区域性总部、跨国公司的功能性中心等入驻；从河南省实际出发，大力整合金融资源，把发展地方金融机构作为全省金融业发展的重中之重，大力培育地方金融龙头机构，加快涉农金融机构体制改革步伐，实现地方性金融机构在质量上的全面提升，全面增强中原经济区金融实力。

（二）行业目标

1. 银行业

引进全国性及区域性股份制商业银行落户郑州，引进战略投资者，组建省级股份制银行；整合省农村信用联社金融资源，大力发展村镇银行、小额贷款公司、抵押担保公司、典当行、消费金融公司、融资租赁公司、企业集团财务公司等中小金融机构及涉农金融机构。

2. 证券业

建立股票、债券等证券种类齐全、证券机构发达的市场体系和监管体系，扩充企业上市直接融资渠道，建设地方资本市场。实现国内债券融资和国际资本市场融资的较大增长。大力促进当地企业上市，做好上市辅导工作等一条龙服务。

3. 保险业

将郑州市建设成为重要的区域性保险中心。争取在保费收入、保险覆盖面、渗透率、保险密度、保险深度等方面取得较大进展。

4. 期货业

力争到 2015 年，郑州商品交易所交易品种达到 10 个左右；到 2020 年，把郑州商品交易所建成集农产品、能源、原材料、工业品和金融产品为一体的现代化综合性期货市场，争取推出期权等衍生品业务，成为在国内外具有重要影响的期货定价中心之一。

5. 信托业及担保体系

建立以政策性担保机构为龙头、商业性和互动性担保机构为两翼的信用担保体系。此外，大力发展票据市场，成为中部地区票据发行及转让最集中的地区。

第四节　郑州区域金融中心建设的具体对策

为实现郑州区域金融中心的建设目标，郑州市必须拓宽视野，在借鉴国内外国际金融中心案例和考虑中原经济区具体条件的基础上，统筹制定郑州整个金融业发展的具体对策，提升郑州金融业的经营水平和发展潜力，抓好自身金融建设的各项工作。

一　针对发展动力内在劣势的具体对策

（一）加快中原经济区经济建设

经济是金融的基础，金融中心是经济高度发达的具体体现。一个地区的经济实力是其资金需求和供给的前提，经济结构是决定和引导信贷投入的基础。河南省应该抓住中原经济区建设的机遇，加快调整产业结构，转变发展方式。一是实施项目带动，实现产业规模由小变大。二是扶持龙头企业，引进配套企业，发展产业集团，实现产业链条由短变长。三是加快园区建设，从整体上优化产业的空间布局，实现产业布局由散变聚。四是促进自主创新，不断提高经济发展的科技支撑能力，实现产业层次由低变高。五是加强经济合作，建立区域互动机制，通过经济分工协作优化资源配置，实现区域影响由弱变强。最终实现由传统资源型农业向现代市场农业转变，由劳动密集型为主工业向劳动技术结合型工业转变，以及由传统业态服务业向新型业态服务业转变。

（二）引导金融机构总部集聚

金融中心建设的成败在于总部金融建设。总部金融是总部经济在金融产业领域的一种延伸和表现，是指跨国金融公司、国内大型金融企业总部（含地区总部）在区域金融中心高度集聚，并通过调度资本、技术和人才等资源，对周边产生强烈辐射效应的经济形态。之所以强调总部金融的集聚，是因为总部金融的集聚地一定是金融管理中心、运营决策中心、资金集散中心、金融业务交易中心和金融信息发布中心。金融机构高度集中并不必然成为金融中心，如果只是金融机构分支网点的集中，最多也只能形成低层次的客户服务市场，难以形成多层次的金融同业市场。因为金融机构分支网点的功能在于服务，是各种制度和政策的执行部门，是金融产品的推广营销单位，金融从业人员也主要是金融客户服务人员和较低级别的管理人员。而机构总部的服务对象以金融机构同业为主，主要发挥决策、运营和调度的作用。此外，金融市场中的交易主体需要有管理和营运决策权力的总部作为支撑。一般情况下，金融产品的研发、资金的调集和管理、大的信贷项目的审批和风险控制管理都由总部负责和审批。金融高端人才，特别是金融产品设计人员、风险管理人员、投资组合管理人员、金融经济研究人员、金融高级管理人员等一般也只在总部机构发挥作用。

金融机构总部集聚的城市，金融业对 GDP 的贡献值就大，金融从业人员就业占比也大，金融在产业结构中的地位也更突出。从金融机构总部的角度审视，郑州市应从以下方面吸引金融机构总部的集聚：首先，打造发达完善的金融市场，金融市场的发达和完善有利于发挥金融中心的规模经济与集聚效应，扩大金融中心的辐射深度和广度，从而进一步吸引新的金融机构总部加入。目前应大力发展郑州商品交易所、股权交易市场、资本市场、货币市场、保险市场、票据市场、期货市场、外汇市场、黄金市场和衍生金融工具市场等；其次，在打造加工制造、物流、商贸和信息文化等区域性中心的同时，要努力使其成为区域内外金融机构集聚中心、金融市场中心、资本运营中心和资金调度与清算中心。

（三）做优做强本土金融机构

本土金融机构能够大力支持本地区的经济建设，是构建金融中心的重要力量。一方面，政府部门要研究如何鼓励本土金融机构提高整体融资能力和效率；另一方面，金融机构要完善自身公司治理结构，把自身发展战略与本土经济发展结合起来，实现经济金融的共赢。做优做强本土金融机构，有利于打响河南省本土金融品牌，增强河南省金融业整体实力与竞争力，进一步促进郑州区域金融中心的形成。

郑州市应从以下方面发展壮大本土金融机构：首先，进一步整合地方现有金融资源，以河南投资集团和区域规模较大的城商行为平台组建区域金融控股集团，增强地方金融调控能力，开发跨市场的金融业务，提高金融市场配置资源效率，推动区域经济增长。其次，支持信托公司、财务公司、融资租赁公司等拓展业务范围，建立健全中小企业融资担保体系，积极开发中小企业集合信托产品，探索和开展投资银行业务，开发信托资产管理业务，创立区域产业发展基金，建立二手设备交易市场，利用河南省制造业发达的优势发展与生产厂商合作的租赁机制，鼓励民间资本投资金融行业。再次，支持郑州商品交易所继续做大做强，不断拓展市场广度和深度，丰富市场对象，研究农林、化工、能源、商品指数等新品种，鼓励和促进标准化期货衍生产品的产生和设立，最大限度地满足客户风险管理和其他需要；积极开展国内外交流与合作，打造功能完善、技术先进的综合性交易和服务平台。最后，继续深化农村信用社改革，支持发展村镇银行、资金互助社和小额贷款公司等新型农村金融组织，建立健全农民小额信用贷款和农户联保贷款制度。

（四）鼓励金融创新

金融创新是金融发展的内在动力，也是国际金融中心发展变迁的重要推动力量。郑州区域金融中心建设金融创新的重点放在以下几方面：一是坚持以市场供求为导向，实施金融产品和金融服务创新，不断开发金融新产品、新业务，大力拓展新的金融市场，特别要加大农村金融产品创新力度，积极发展农户小额信贷和农户联保信贷业务，探索建立农村信贷与农业保险相结合的银保互动机制。二是坚持实施制度创新，积极鼓励和引进多种形式的金融资本，推进产业结构优化升级，努力营造有利于金融中心形成的金融制度和环境。三是实施金融组织和金融发展模式创新，包括金融机构的功能扩展和业务种类创新等，培育股权投资机构，鼓励建立区域性再担保机构。四是加强金融创新的规划指导，确保金融安全。

（五）加强金融人才队伍建设

金融人才的建设是郑州区域金融中心建设的重要保障，要充分发挥现有科研教育资源，积极培养本地金融人才，鼓励金融机构与研究所、高等院校加强合作，通过学历教育、短期培训等形式，加快实用金融专业人才培养。同时，可以采取项目共建的方式，重点资助现有高等院校相关学科（金融、管理、法律、会计等）的学历和继续教育项目，促进这些学科的改造和建设，更新教学内容，适应市场需要，提高培训质量，促进个人素质、金融员工技能与金融业发展需要的同步提高。鼓励海外著名大学与民间培训机构到城市来投资办学，培训符合国际标准的专业人才和专业从业人员。要认清郑州市金融人才队伍结构性矛盾，制定培养和引进高级金融人才的相应政策和措施，吸引和集聚金融人才，建立高级金融人才的培养基地和实验基地，努力构建一支与郑州区域金融中心相适应的金融人才队伍。

二 针对发展动力外在劣势的具体对策

（一）积极发挥政府的推动作用

在我国多数地方争夺区域金融中心的情况下，政府的外部推力就显得尤其重要。首先，要得到国家政府的政策倾斜和财政支持，积极创建国家涉农金融改革示范区。其次，要认真学习国家和省市对金融集聚区建设以及相关产业发展的优惠政策，贯彻落实支持金融集聚区发展的财税、收费和奖励政策，对提升金融产业水平、扩大金融产业规模、促进循环经济等的企业提供优惠资金和减免税费。最后，地方政府除对区域金融中心进行合理功能定位之外，还要针对郑州市乃至河南省金融发展的特点，研究制定相应的配套政策和措施并提供优质的政府服务。

1. 制定较为宽松的、具有激励性质的政策措施

促进金融业对内对外开放，鼓励各种性质的社会资本参与金融机构的重组改造和投资入股，为地方性金融机构壮大发展创造条件。当前可以重点落实以下工作：一是加快组建区域性股份制银行的步伐，进一步发挥其在集聚地区金融资源、支持地区经济发展的龙头带动和辐射作用。二是不失时机地促进城市商业银行的发展，积极争取在中原经济区的主要城市设立更多的地方性商业银行。三是壮大资本市场参与主体，做大做强中原证券公司。四是整合地方金融资源，探索组建地方金融控股公司，推动银行业、证券业、保险业的业务合作与创新，为中原经济区发展提供强大的金融支撑。

2. 加快转变管理思路，加强政府对金融产业发展的支持与服务

当前可落实以下工作：一是组建郑州市金融专家咨询委员会，提供融资、咨询、信息等一系列金融服务，为郑州市金融业发展和区域金融中心建设出谋划策。二是建立信息共享平台，整合政府部门的宏观发展战略及金融机构的各自发展规划，加强人民银行、监管部门、市（区）有关部门及金融机构的沟通与协调，避免建设工作中出现遗漏、重复等问题。三是改善政府服务，简化行政审批手续和程序，提高工作效率，创造良好的市场环境、政策环境、信用环境，使落户郑州市的国内外金融机构有可依靠感和反映问题渠道的畅通感。

3. 降低金融机构经营成本，引导目标企业向近期发展的主要区段集聚

除了针对金融机构总部、多种类金融机构及金融后台产业出台相关的税收优惠政策，加大对这些机构建立和引入的奖励力度外，地方政府还应在规划和宏观调控方面，注重抑制房地产一级市场和二级市场的过热。在通信和电力等传统公共事业领域扩大市场准入，鼓励企业竞争，以实现降低服务价格、提高服务质量的目的。另外，建立第三方服务平台，为金融中介、服务外包企业提供人力资源、政策咨询、知识产权咨询、项目接发包、投融资等市场化、社会化服务，政府可以对服务平台建设和营运费用给予资金补贴，对使用平台服务的企业给予经费补贴。

4. 保持区域经济金融政策的稳定性和连续性。稳定的区域经济金融政策，有利于投资者的融资能力和投资信心，有利于金融集聚过程的连续性

目前中原经济区的发展政策以及广阔的内地市场都为郑州市打造区域金融中心创造了条件。地方政府支持金融发展要多在"给政策""建机制"和优化环境方面下功夫，扎扎实实地做一些有利于促进金融安全、化解金融风险的工作，从而更好地为中原经济区经济发展服务。

首先，在推进区域金融中心建设的过程中要落实支持金融业发展的财税、收费、土地使用和奖励政策；其次，要针对郑州市乃至中原经济区金融发展特点，有针对性地加大各项政策扶持力度，引导金融资源和优秀人才的集聚，鼓励金融创新；再次，应注意在制定相关政策法规时增加操作细则，提高政策的可操作性；最后，应注意政策的透明度和执行过程中的公平、公正性。

（二）构建良好的金融生态环境

良好的金融生态环境除了优越的地理位置、便利的交通、完善的基础设施等硬件要求外，最重要的是软件方面的要求，包括服务环境、监管环境、诚信环境和舆论环境等。构建良好的金融生态环境可以吸引金融资源进入，防范金融风险，实现经济金融的协调、可持续发展。

1. 优化金融服务环境

优化金融服务环境首先要完善金融服务基础设施，提高金融服务效率。鼓励和支持金融部门加强金融信息化建设，不断完善现代化支付体系、电子金融等金融服务平台和金融监管信息平台，建设金融信息中心。加大政府扶持力度，吸引国内外优秀会计、律师、评估、评级等与金融核心业务密切相关的各类中介服务机构来郑发展，形成省、市金融中介服务中心市场。鼓励金融中介服务机构加强业务合作，拓展金融信用调查、资信评估等中介服务市场，规范发展金融经纪和代理市场。强化中小企业的金融支持，建立中小企业信用担保体系，努力拓宽企业融资渠道。

（1）加强金融信息化建设

首先是加强现代化支付清算体系的建设和创新，大力支持银行电子化支付清算系统和银行卡的发展，推广自动柜员机和网上银行业务，提高跨行结算速度，构建河南省外向实时支付系统、电子批量系统，确保资金流转在中原城市群之间高效畅通的同时优化农村地区支付服务环境。其次是继续完善代收付系统和自助缴费系统，建立统一的信息传递网络和健全的管理制度保证收付单位及银行跨行资金的及时清算入账，降低交易费用，提高支付效率。最后是构建金融信息共享平台，将分散在各金融管理机构的金融数据进行组织和管理，建立全市乃至全省集中统一的金融数据统计渠道，形成中原经济区金融统计研究共享机制。整合金融数据资源，建立覆盖整个中原经济区的产业经济信息网络，全面、客观、及时地反映中原经济区经济金融运行特点和发展趋势，为地区金融合作与互动提供信息支持。

（2）发展金融中介服务机构

随着金融行业的不断发展和完善，金融中介服务机构与金融业发展之间的关系日益密切。例如，郑州区域金融中心多层次资本市场的发展，需要编制大量法律意见文书，因而需要大量法律人才；随着世界资本市场向中国的开放，要解决好国际金融法律事务，郑州市需要积累和储备足够的法律人才。所以，郑州区域金融中心建设必须引入权威的律师事务所，培育和发展郑州市本地律师专业人才。

对金融中介机构而言，应重点推进专业服务建设，使得中介机构向现代化、品牌化发展。对政府而言，应做到以下几点：第一，应从增强城市综合服务功能出发研究制定中介服务业发展总体规划，把中介服务业发展规划与"十二五"规划、城市总体规划统一起来，着力健全和提升中介行业结构，发挥互补性、综合性效应，重视知名品牌中介机构的培育和引进，并将知名中介机构向近期主要发展的区段引导，逐步形成规模和特色，发挥集聚效应，促进金融中介服务业健康协调发展，适应金融核心区企业对直接需求的急速增长。第二，要进一步放宽金融中介服务业市场准入，鼓励民营资本参与国有金融中介服务机构的资产重组和股份制改造，大力吸引国内外知名金融中介服务机构入驻河南省。第三，要推动金融中介服务机构的市场化和独立性运作，培育市场化信用评级机构、支付中介机构；建设河南省法人金融机构共享的计算机系统、电子数据、财务结算、技术研发、人员培训、银行卡运营和客户服务等后台服务中心，积极引进河南省外金融机构在郑州产市设立全国性和区域性后台服务中心。第四，要积极扶持金融中介服务机构做大做强，加大河南省自主品牌建设的政策支持力度，引导金融中介服务机构树立品牌意识，加速与国际市场接轨；充分发挥河南省加快自主品牌建设专项资金的作用；加大对金融中介服务机构注册商标、品牌的保护力度，严厉打击假冒等各类侵权行为。第五，要资助建立中介行业协会，重视中小型金融机构的利益，加强金融中介行业协会外部运行和内部管理，发挥金融行业协会组织、自律机构、行业促进会的自我管理、自我服务功能，规范中介服务机构的执业行为，提高从业人员职业操守，提高金融中介服务机构的专业水平和服务能力。

（3）推进投融资平台建设

郑州区域金融中心要为中小型企业提供有效的金融服务，必须解放思想，转变观念，大胆运用发达国家或地区先进的金融创新工具，根据中小企业的融资需求探索开发多样化的融资形式。推动投融资平台加强市场化运作，通过设立产业投资基金、发行债券与中期票据、上市、信托、融资租赁等多种方式吸纳和集聚社会资金，扩大直接融资规模，形成风险投资、融资担保、银行信贷、上市扶持在内的一条龙服务的投融资平台。

第一，要大力推动郑州市中小企业上市融资。郑州市政府可以成立专门机构，深入调研和细心挖掘河南省有前景的中小企业，支持企业上市进入资本市场直接融资。第二，要鼓励发展中小企业信用担保机构。融资担保是中小企业和民营企业实现资金有效供给的一个重要保障。引导现有的担保机构规范发展，设立财政控股或参股设立的政策性信用担保机构，鼓励社会资金设立商业性信用担保机构，建立区域性再担保机构，支持企业设立互助性担保机构，逐步建立健全中小企业信用担保体系，扩大中小企业融资担保能力，进一步保障河南省企业资金投融资的畅通和安全。第三，要加快成立小额贷款公司，提供小额贷款，尤其是无抵押信用贷款，以此打开河南省中小企业市场，提供多层次金融支持。第四，要发展融资租赁业，重点培育一批有规模、有影响力的融资租赁公司，尤其要加快发展具有国资背景的融资租赁公司，颁布租赁法规，加强统一管理。建立二手设备交易市场，为租赁设备提供合理合法的退出渠道，以此控制融资租赁企业的潜在风险，保障企业利益，实现融资租赁业良性循环发展。第五，要积极推动风险投资机构的组建和发展，大力引进国内外风险投资管理人和风险投资资金，发展壮大河南省风险投资事业。发展多层次资本市场，健全资本市场的准入与退出条件。充分利用股权交易试点，开辟股权投资进出的多通道。第六，要建立企业融资信息发布制度。政府部门要及时、全面地掌握企业生产经营情况，掌握企业资金需求情况，定期召开政府、银行、企业联系会，研究分析企业资金使用和收益情况，鼓励和支持银行向效益好、信用高的中小企业投放贷款。第七，要完善出资人监管制度，建立科学的投融资决策机制和风险防范制度，确保投融资平台的健康发展。

2. 优化金融监管环境

从国际金融中心发展历史看，一方面，国际通行的监管规则是国际金融市场公认的游戏规则，是规范运作、防范金融风险的基本保障，也是保证金融中心持续发展的前提；另一方面，建立符合国情的监管体系，创造相对宽松而规范的监管环境，有利于形成本地金融市场特色和优势，有利于促进金融创新和市场影响力的提升。从宏观上看，问题的解决有赖于国家总体金融产业政策和监管部门的市场准入政策，但地方政府对地方主体金融机构也并非无能为力。因此，郑州区域金融中心建设应力求定位于建立以国际通行规则为基础的、和国际接轨的、在中部地区有影响力的金融中心。而开放、自由的市场体系对国内外金融机构而言，意味着更低的进入成本、运营成本和更有效率的资金流动。

3. 优化金融诚信环境

当前困扰中原经济区金融生态的一些突出问题是：企业逃废银行债务、金融胜诉案件执行难、对金融活动的非法干预、虚假财务信息、金融欺诈、金融恶性竞争等。这些都是对金融资源的掠夺性破坏，导致金融生态环境失去平衡，金融业的发展就不可能持续，最终必然要付出惨重的代价。构建良好的金融诚信环境，应从以下方面着手：第一，以建立现代金融企业制度为基础，积极探索新型银政（府）、银企（业）关系；第二，强化金融监管，防范化解金融风险，建立金融发展与稳定的协调机制，防止金融发展中的新生因素对金融稳定的冲击；第三，建立健全社会信用体系、文化道德体系和诚信价值体系，为建设区域金融中心创造良好的社会环境；第四，加强金融行业组织自律的约束力；第五，加大对金融债权的强制执行力度，保护金融交易中各方面的经济利益，构建平等竞争环境，保证金融活动的有序进行，提升民众的金融诚信意识。

在金融监管部门的支持下，积极推进社会诚信体系和社会诚信管理系统建设，大力发展独立、公正的会计审计系统和社会信用中介系统，为社会提供全面、准确的社会信用资料，建立相应的法律制约和监管保证措施；主动采取制度创新，废除制约金融业发展的地方性金融法规、制度和政策。当前要从四个方面推进社会信用体系建设：一要规范市场经济秩序，建立良好的社会信用道德和文化环境。二要建立完善的信用信息服务体系，这是整个社会信用体系建设的核心问题。这更多的需要由人民银行牵头，政府相关部门（如工商、质量技监、税务等）配合，共同组建地方性的征信机构。三要建立政府部门的信用监管与公共服务、市场信用服务机构的商业化运作、行业组织的诚信活动与要自律三方面有机结合的运行机制。在政府引导下，成立信用信息服务行业协会，加强行业自律。四是健全和完善信用监管体系和相关制度。

4. 优化金融舆论环境

郑州区域金融中心建设乃至中原经济区未来的发展都需要媒体的舆论支持。不仅要加强郑州区域金融中心建设重大意义的宣传，提高对构建郑州区域金融中心重要性和紧迫性的认识，还要增进外界对河南省的沟通和了解，加强河南省与外界的交流合作，做好郑州区域金融中心与国内其他地区金融业发展和建设的关系以及郑州区域金融中心对中原经济区乃至整个中部地区的积极作用等方面的宣传工作。

第五节　郑州区域金融中心对中原经济区金融资源配置优化分析

金融作为现代经济的核心是优化资源配置最重要的手段和途径。建设区域金融中心，可以通过金融资源的空间整合，形成发达的金融市场，将社会闲散资金导向最佳生产性投资场所，促进本地区经济的快速持续发展，提升整个区域经济运行的活力。

一　优化金融资源配置，提升中原经济区综合实力

中原经济区建设上升到国家战略层面给河南省金融业带来了巨大的发展空间，同时也带来了巨大的挑战。目前，河南省金融业发展还存在着诸如金

融相关比率偏低、人均金融资源拥有量较少、直接融资发展滞后、金融业发展滞后于经济的发展、对经济发展的支持力度不足、金融生态环境欠佳等一系列问题，构建区域金融中心可以完善金融市场，提高金融效率，扩大金融业发展的规模效应，为区域经济发展提供高效低廉的融资渠道和资金支持，优化金融资源配置，带动区域经济的协调发展，提升中原经济区的综合实力。

（一）提升中原经济区金融实力

区域金融中心是金融机构集中、金融市场发达、金融服务高效、金融产品丰富的资金集散枢纽。金融中心的建设过程是金融资源在一个城市某一特定区域集中的过程，是金融要素市场不断完善的过程。

第一，金融资源的大量集聚使得金融中心集聚了大量的金融机构。金融机构的集聚促进了彼此之间的相互协作、信息与基础设施的共享，提高了支付效率、服务质量和金融资源配置效率，在时空上有利于经济资源的配置和拓展，实现了社会资本的合理配置，有助于提高资金的使用效率。

第二，金融资源的大量集聚为金融要素市场的不断完善提供了保障。金融中心内极易形成发达成熟的多层次金融市场，包括金融市场、货币市场、保险市场、票据市场、期货市场、外汇市场、黄金市场和衍生金融工具市场等。不同市场之间的协调发展，有助于提高金融行业的利润水平，增强金融行业的风险管理能力，提供多样化的产品和服务，保持和吸引更多客户，实现金融资源的合理配置。发达的金融市场丰富的金融工具使金融资产结构优化，金融活动的总量大幅提高，以股票、债券市场为代表的直接金融体系得到大力发展，进一步促进了金融资源在中心内的集聚，提高了金融相关比率。

第三，金融资源的大量集聚使得一个区域内的金融主体及金融活动主要集中于金融中心，金融功能的竞争性配置使得金融机构为适应环境而相互融合，形成彼此之间的业务交叉。加强各种金融中介机构的竞争和合作，取得跨行业的协力效应，有助于金融业全方位联合，实现优势互补、协调发展。充分的竞争有利于消除垄断，空间的集聚有利于减少信息不对称，从而降低政府的监管成本，提高监管效率，促进行业间相互监督。金融监管能力的提高又降低了储蓄者和投资者的社会风险预期，进一步扩大了资金供给，促进金融业更快发展。

第四，金融资源的大量集聚使得金融机构之间的竞争日益激烈，为了获得竞争优势，各种金融机构必须积极进行金融创新。同时，金融中心中大量的金融人才可以互相学习，提高创新能力，中介机构可以及时传递科技与市场信息，使金融机构能够迅速把握市场机会进行金融创新。随着金融中心的发展，金融基础设施的日益完善，也有利于金融创新的推广和普及。

第五，金融资源的大量集聚加快了证券、保险和信托等金融服务行业的发展，进一步完善了与实体经济体系相适应的现代金融服务体系。区域金融中心建设不仅能加强金融服务业的资源配置功能，引导金融资源合理流动，增强金融服务产品的供给能力，而且能提高金融服务质量和资源配置效率，提升自身实力和竞争力。

（二）提升中原经济区经济实力

区域金融中心内金融机构集中，金融市场发达，各种信息通达，基础设施先进，金融服务高效，因此能够迅速集中区域内大量的金融资本和其他生产要素，实现经济的规模经营，获取经济规模效益，从而有力推动该城市及周边地区的经济发展。从世界各国的经验分析，经济中心城市同时也是金融中心城市，纽约、伦敦、东京，以及我国的上海、北京、深圳均是如此。金融中心作为金融机构和金融服务的集聚地，发挥着资本集聚和辐射功能。通过金融中心的资金融通和资本运作，实现资源在区域内外的优化配置，带来金融中心所在城市及周边地区投资的持续繁荣，形成产业的扩张和交易的集聚，创造大量的就业机会和财政收入，为区域经济发展做出贡献。

中部地区由于金融效率相对较低，区域金融发展的滞后加剧了经济发展的落后。目前，中原经济区已上升为国家战略，中原经济区建设以及现代农业发展对金融的强烈需求，都对区域金融中心的形成与发展提出了迫切的要求。如果没有发达的金融业，郑州区域中心城市的作用和地位会受到削弱，区域经济发展的空间也会受到制约，所以打造郑州区域金融中心可以拉动中原经济区经济的快速发展。

首先，金融中心提供充足的资金投入。中原经济区建设需要大量的资金投入。一些具有增长潜力的投资和产业（如高成长性产业、传统优势产业以及先导产业）的发展都离不开强大的资金支持，老工业基地调整改造、资源型城市可持续发展、高新技术研发及文化产业振兴等也需要大量资金的注入。区域金融中心建设能够有效动员社会储蓄和闲散资金，引导这些金融资源投向重点发展的支柱产业、高新技术产业以及物流、信息服务等现代服务业，推动优质企业上市，提升金融资源配置效率，加速产业资本与金融资本的融合，实现区域内金融资源互动，突破区域经济发展中的资金缺口瓶颈，为区域经济社会的发展提供资金支持。

其次，金融中心提供多样化的金融服务。区域金融中心的形成与发展集聚了大批金融机构，这些金融机构服务的相关辅助产业（如投资咨询公司、律师会计事务所、资产评估公司、信用担保公司等机构）也得到了迅速的发展，提供了结算汇兑、保险证券、理财信托、资本运作和金融衍生品交易等多样化的金融服务。这些金融服务不仅支持区域产业结构调整，促进区域经济协调发展，而且帮助企业进行市场预测与风险规避。

再次，金融中心提供先进的金融设施。支付清算系统、支票影像系统、电子商业汇票系统、网银跨行支付清算系统、远程数据交换等先进设施和技术的运用，使金融业能够为区域经济发展提供方便快捷、成本低廉的服务，加速了资金流和信息流的周转，加快了中原经济区建设的进程，提高了中原经济区经济发展的效率。

最后，金融中心提供开放的金融体系。开放的金融业能够吸引区域外的金融资源流入，带动信息、物流、商贸等服务业的发展，有效扩大资源配置的空间和范围，将中原经济区打造成内陆开放高地。

综上所述，建设郑州区域金融中心可以最大限度地实现资源在区域内的优化配置，为协调区域经济发展提供有效金融支持。

二 优化金融资源配置，支持"三化"协调发展

建设中原经济区，促进中原崛起，是促进我国经济持续发展和区域协调发展的战略选择。以解决"三农"问题为出发点和着力点，统筹推进新型工业化、新型城镇化和新型农业现代化，走不以牺牲农业和粮食、生态和环境为代价的"三化"协调科学发展的路子是中原经济区建设的突出特色和主要内容。"三化"协调发展的实施需要巨大的资金支持，郑州区域金融中心的建设可以更好地发展资本市场，扩大直接融资与间接融资，满足"三化"建设所需的大量资金。

（一） 支持新型工业化建设

目前已开始新一轮以产业升级改造和新兴产业培育为标志的区域竞争。中原经济区要实现新型工业化就要全面推动工业转型升级和服务业的发展，这需要大量的资金投入。

第一，不管是发展壮大汽车、电子信息、装备制造、食品、轻工、建材

六大高成长性产业，还是改造提升传统优势产业、优化产品结构、改进工艺技术、延伸产业链条过程，都会带来大规模的项目融资和技术更新等资金需求。建设郑州区域金融中心可以最大限度地为工业转型升级提供有效的资金支持，通过金融市场配置资源，使得资金流向效益好、有前景的高成长性产业和积极改造升级的传统优势产业。

第二，新能源汽车、生物、新能源、新材料和节能环保产业等高科技产业技术含量高、抵押品少，具有高投入、高风险、高收益的特点，这决定了资金需求规模大、风险高、预期收益高，使得其更偏好资本市场导向的融资模式。建设郑州区域金融中心可以培养多层次资本市场，促使金融机构加大信贷支持力度，以科技进步和科技创新为动力，优化配置资源，促使社会经济可持续发展。

同时，郑州建设区域金融中心可以吸引大批金融机构和辅助性企业入驻，刺激了对商务旅游、交通运输、宾馆餐饮等服务业的需求，促进这些行业和社会中介服务业的迅速发展。

（二）支持新型城镇化建设

中原经济区新型城镇化建设以中心城市和县城为重点，以新型农村社区建设为城乡统筹的结合点，全面构建现代城镇体系。金融在城镇化实现过程中发挥着重要的造血、输血功能和宏观调控功能。

城镇化进程需要大量的资金支持。首先，土地流动、城镇基础设施建设、产业结构调整和高新技术发展都离不开金融机构与金融市场的支持。因为所需资金量巨大，资金缺口不能单纯依靠金融市场的内生性增长，必须吸引更多的金融资源参与到城镇建设中，实现投资主体多元化、融资渠道商业化。其次，城镇化需要从根本上解决农村劳动力过剩、城镇发展不平衡等问题，单纯依靠国有企业等大中型企业无法满足旺盛的就业需求。世界各国的经验表明，中小企业作为经济中最活跃的力量，能够以较快速度，较少成本创造较多的就业岗位，吸纳和消化城镇化所带来的就业压力。但中小企业由于缺乏可用于抵押的资产，难以取得银行信贷支持，再加上缺乏完整的、经过审计的财务报表以及信息不透明等原因，难以通过发行债券或股票的方式实现直接融资，所以融资难一直是中小企业发展面临的主要问题。

郑州区域金融中心建设可以支持城镇化进程。第一，金融通过将储蓄转化为投资、提高资本配置效率来加快城镇化进程。而区域金融中心建设可以提高资本配置效率和金融市场结构效率，带动人口、技术、资本等生产要素在空间集聚，产生规模效应，形成"金融增长极"，通过金融中心的辐射作用带动周边城镇的发展，促进整个地区城镇化水平的提高。第二，区域金融中心一般是区域投融资中心，可以建立投融资平台，采取发行企业债券、信托计划产品或上市融资等形式筹措建设资金；也可以更好地发展资本市场，扩大直接融资，鼓励金融机构积极开展项目贷款和银团贷款，满足城镇化建设所需的大量资金。第三，区域金融中心一般具有健全的中小企业融资担保体系，通过设立政策性信用担保机构，鼓励社会资金设立商业信用担保机构、建立区域性再担保机构、支持企业设立互助性担保机构等措施，扩大中小企业融资担保能力。

（三）支持农业现代化建设

资金支持不力是制约农业现代化的突出问题。造成目前金融支农困局的原因有很多，主要是以下几点：第一，农业基础设施落后，科技含量低，仍以初级产品供应为主，农业保险尚未普及，容易受到自然灾害以及市场因素的影响，导致涉农业务风险高，收益低，金融资本不愿进入该领域。第二，目前农村金融体系仍以商业金融机构为主，农业企业规模小，管理落后，可供抵押物少，兼之农业担保机构运作机制尚不健全，不易获得信贷支持。第三，虽然农业科技创新可以提高农产品的竞争力，但因资金投入巨大，初期收益较低，平均经济效益低于社会效益，金融机构投资动力不足。第四，随着国有商业银行股份制改造的深入，金融机构从经营效益出发，减少了农村服务网点，弱化了农村金融服务。第五，农村金融机构资金外流严重，农村合作金融机构的储蓄资金被持续分流，缺乏支农资金。第六，涉农金融产品较为单一，创新力度不足，服务功能不够完善，不能满足农业现代化建设的多元化金融需求。

破解金融支农困局，首先，要健全农村金融服务体系，建立服务农村经济的区域投融资体系，加强金融机构对"三农"的金融服务，将城市金融强大的辐射力延伸到农村，引导金融资源在城乡合理配置，推进城乡统筹发展。特别要深化农村信用社改革，支持农村信用社通过增资扩股、引进战略投资者或并购重组等方式切实提高资本实力、转换经营机制，不断提高经营能力、赢利能力和管理水平。通过资金奖励、风险补偿等方式鼓励农村信用社扩大信贷投放，开展金融产品和服务方式的创新，增强服务"三农"功能。其次，要建立和完善农户信用等级和生产经营情况档案，加大农户小额信贷的发放力度，并制定小额信贷相关法律和法规，鼓励民间资本进入，确立民间专业小额信贷机构的合法地位，推动农村地区微型金融机构的组建与发展，拓宽农村微型金融机构资金筹集渠道。再次，要建立或完善农业担保机构运作机制和信贷风险补偿机制，健全政策性农业保险制度，建立农业再保险和巨灾风险分散机制。最后，要优化涉农金融资源配置，探索通过信托、基金、银团贷款、产权交易等方式募集涉农金融资源，引导民间借贷健康发展，建立河南省统一的民间投资性担保后台服务体系，推进支农金融产品创新。所有这些，至少是区域金融中心才担当得起的。

参 考 文 献

[1] Adams, D. W., *Are the Aruments for Cheap Agricultural Credit Sound?*, Undermining Rural Development with Cheap Credit, Boulder: Westview Press, 1984.

[2] Adolfo S., "A Causality Test between Financial Deepening and Growth", *Working paper of Social Science Network Electronic Paper Collection*, 2001.

[3] Bell, Clive & Srinivasan, T N & Udry, Christopher, "Rationing, Spillover, and Interlinking in Credit Markets: The Case of Rural Punjab", *Oxford Economic Papers*, Oxford University Press, vol. 49 (4), October, 1997.

[4] Bencivenga Valerie R., Smith Bruce D., "Financial Intermediation and Endogenous Growth", *Review of Economic Studies*, 1991, 58 (2).

[5] Besley Timothy & Stephen Coate, "Group Lending, Repayment Incentives and Social Collateral", *Journal of Development Economy*, 1995, 34.

[6] Carkovic Maria and Levine Ross, "Does Foreign Direct Investment Accelerate Economic Growth?", University of Minnesota, *NBER Working paper*, June, 2002.

[7] Clive Bell, T. N. Srinivasan and Christopher Udry, "Rationing, Spillover, and Interlinking in Credit Marlers: The Case of Rural Punjab", *Oxfrod Economic Papers*, New Series, Vol. 49, 1997.

[8] Ghatak Maitreech, "Group Lending, Local Information and Peer Selection", *Journal of Development Economy*, 1999.

［9］ Goldsmith, R. W. , *Financial Structure and Development* , New Haven: Yale University Press, 1969.

［10］ Greenwood Jeremy, Smith Bruce D. , "Financial Markets in Development, and the Development of Financial Markets", *Journal of Economic Dynamics and Control* , 1997, 21 (1).

［11］ Greenwood, J. , Jovanovic, B. , "Financial Development and Economic Development", *Economic Development and Cultural Change*, 1990 , 15.

［12］ Gupta K. L. , *Finance and Economic Growth in Developing Countries* , London: Croom Helm, 1984.

［13］ Gurley, John G. , Shaw, Edward S. , "Financial Aspects of Economic Development", *American Economic Reviews* , 1955, 45 (4).

［14］ Gurley, John G. , Shaw, Edward S. , "Financial Intermediaries and the Saving-investment Process", *Journal of Finance* , 1956, 11 (2) .

［15］ Kapur, B. K. , "Alternative Stabilization Policies for Less-developed Economics", *Journal of Political Economy* , 1976, 84 (4).

［16］ Kindleberger C. P. , Charles P. , "The Formation of Financial Centers: A Study in Comparative Economic History", *Princeton Studies in International Finance*, 1974, 36 (2).

［17］ King, Levine, "Finance and Growth: Schumpeter Might Be Right", *Quarterly Journal of Economics* , 1993, 108.

［18］ Maria Carkovic and Ross Levine, "Does Foreign Direct Investment Accelerate EconomicGrowth?", University of Minne-sota, *NBER Working Paper*, June, 2002.

［19］ Marshall A. , *Principles of Economics*, London: Macmillan, 1890.

［20］ Mathieson, Donald J. , "Financial Reform and Stabilization Policy in a Developing Economy", *Journal of Development Economics* , 1980, 7 (3).

［21］ Mckinnon, R. I. , *Money and Capital in Economic Development* , Washington D. C. : Brookings Institution, 1973.

［22］ Mohsin S. Khan, Abdelhak S. Senhadji, "Financial Development and Economic Growth: An Overview", *IMF Working Paper*, 2000, 12.

［23］ Pagano, M. , "Financial Markets and Growth: An Overview", *European*

Economic Review , 1993, 37.

[24] Park Y. S., Essayyad M., *International Banking and Financial Centers*, Boston, Kluwer Academic Publishers, 1989.

[25] Patrick, H. T., "Financial Development and Economic Growth in Underdeveloped Countries", *Economic Development and Cultural Change*, 1966, 14.

[26] Popkin S., *The Rational Peasant*, University of California Press, 1979.

[27] Porteous D., *The Geography of Financial*: *Spatial Dimensions of Intermediary Behaviour*, Athenaeum Press, 1995.

[28] Rajan, R. G., Zingales, L., "Financial Dependence and Growth, *American Economic Review* , 1998, 88 (3).

[29] Reed H. C., "The Ascent of Tokyo as an International Financial Center", *Journal of International Business Studies*, 1980.

[30] Ross Levine, "Financial Development and Economic Growth: Views and Agenda", *Journal of Economic Literature* , 1997, 35 (2).

[31] Schumpeter, Joseph A., *The Theory of Economic Development* , Cambridge, MA: Harvard University Press, 1911.

[32] Shaw, E., *Financial Deepening in Economic Development* , Oxford University Press, 1973 .

[33] Stiglitz J. and Weiss A., "Credit Rationing in Markets with Imperfect Information", *American Economic Review* , 71, 1981.

[34] Stiglitz J., "Markets, Market Failures and Development", *American Economic Review* , 79, 1989.

[35] Stiglitz Joseph, "Peer Monitoring and Credit Market", *World Bank Economic Review*, 1990.

[36] S. Popkin, *The Rational Peasant* , California, USA, University of California Press, 1979,

[37] Thomas Gehrig, "Cities and the Geography of Financial Centers", *University of Freiburg and CEPR*, March, 1998.

[38] Vicente Galbis, "Financial Intermediations and Economic Growing in Less-developed Countries: A Theoretical Approach", *Journal of Development Studies* , 1977, 13 (2).

［39］Gilberto M. Lanto & Ryu Fukui，《东南亚小额信贷的创新》，中国农村金融与信贷设施研讨会，法国巴黎，2003 年 10 月 13～14 日。

［40］艾洪德、徐明圣、郭凯：《我国区域金融发展与区域经济增长关系的实证分析》，《财经问题研究》2004 年第 7 期。

［41］〔美〕爱德华·肖：《经济发展中的金融深化》，邵伏军等译，上海三联书店，1988。

［42］巴曙松：《多层次资本市场与经济体制改革》，《证券时报》2003 年 10 月 26 日 。

［43］巴曙松：《中小企业板启动与多层次资本市场发展》，《资本市场》2004 年第 7 期。

［44］白钦先：《金融可持续发展研究导论》，中国金融出版社，2001。

［45］〔美〕布莱克：《比较现代化》，杨豫译，上海译文出版社，1996。

［46］曹凤歧：《建立和健全多层次资本市场体系》，《中国金融》2004 年第 7 期。

［47］曹啸、吴军：《我国金融发展与经济增长关系的格兰杰检验和特征分析》，《财贸经济》2002 年第 5 期。

［48］曹阳：《当代中国农村微观经济组织形式研究》，中国社会科学出版社，2007。

［49］曹源芳：《中国区域金融中心体系研究——以金融地理学为理论视角》，中国金融出版社，2010。

［50］〔德〕查普夫：《现代化与社会转型》（第二版），陈黎、陆程宏译，社会科学文献出版社，2000。

［51］陈岱荪、厉以宁：《国际金融学说史》，中国金融出版社，1991。

［52］陈铭仁：《金融机构集聚论——金融中心形成的新视角》，中国金融出版社，2010。

［53］陈先勇：《中国区域金融发展与区域经济增长》，武汉大学出版社，2005。

［54］陈野华：《西方货币金融学说的新发展》，西南财经大学出版社，2001。

［55］〔美〕道格拉斯·C. 诺思：《制度、制度变迁与经济绩效》，刘守英译，上海三联书店，1994。

［56］〔美〕德布拉吉·瑞：《发展经济学》，陶然等译，北京大学出版社，

2002。

[57] 丁志杰：《发展中国家金融开放》，中国发展出版社，2002。

[58] 范祚军、洪菲：《建设我国多层次资本市场体系的构想》，《南方金融》2004 年第 12 期。

[59] 冯兴元、何梦笔、何广文：《试论中国农村金融组织机构的多元化》，载《中国农村发展研究报告》，社会科学文献出版社，2004。

[60] 冯用富：《中国金融进一步开放中汇率制度选择的方向》，《金融研究》2000 年第 7 期。

[61] 郭沛：《中国贫困农户小额信贷研究》，中国农业大学博士学位论文，1999。

[62] 韩德宗：《建立多层次证券市场交易费用的分析》，《经济理论与经济管理》2005 年第 8 期。

[63] 韩俊等：《中国农村金融调查》，上海远东出版社，2007。

[64] 韩廷春：《金融发展与经济增长：经验模型与政策分析》，《世界经济》2001 年第 6 期。

[65] 何广文：《中国农村金融供求特征及均衡供求的路径选择》，《中国农村经济》2001 年第 10 期。

[66] 何广文：《中国农村金融转型与金融机构多元化》，《中国农村观察》2004 年第 2 期。

[67] 何广文、李莉莉：《大型商业银行的小额信贷之路——兼论与新型农村金融机构间的合作机制》，《农村金融研究》2011 年第 5 期。

[68] 何广文、李莉莉：《贵州铜仁地区农户金融需求研究——万山、松桃、沿河、德江、思南、印江调研分析》，技术援助专家报告，2005。

[69] 何广文、李莉莉：《正规金融机构小额信贷：运行机制及其绩效评价》，中国财政经济出版社，2005。

[70] 赫国胜：《赶超型国家金融体制比较》，中国金融出版社，2002。

[71] 胡金炎、张乐：《非正规金融与小额信贷：一个理论述评》，《金融研究》2004 年第 7 期。

[72] 黄宗智：《华北的小农经济与社会变迁》，中华书局，2000。

[73] 孔祥毅：《百年金融制度变迁与金融协调》，中国社会科学出版社，2002。

[74] 孔祥毅：《金融经济综论》，中国金融出版社，1998。

［75］〔美〕雷蒙德·W. 戈德史密斯：《金融结构与金融发展》，周朔译，上海三联书店，1990。

［76］李莉莉：《农户资金互助模式与机制研究》，河南省教育厅自然科学研究项目，2007。

［77］李莉莉：《正规金融机构小额信贷运行机制及其绩效评价》，中国农业大学博士学位论文，2005。

［78］李延敏：《中国农户借贷行为研究》，人民出版社，2010。

［79］联合国贸发会议跨国公司与投资司：《1998 年世界投资报告：趋势和决定因素》，中国财政经济出版社，2000。

［80］梁颖、罗霄：《全球产业集聚的形成模式研究：全球视角与中国的选择》，《南京财经大学学报》2006 年第 5 期。

［81］林毅夫、姜烨：《发展战略、经济结构与银行业结构：来自中国的经验》，《管理世界》2006 年第 1 期。

［82］林毅夫、孙希芳：《银行业结构与经济增长》，《经济研究》2008 年第 9 期。

［83］刘纪鹏：《产权市场应是我国资本市场的重要组成》，《产权导刊》2007 年第 4 期。

［84］刘伟、王汝芳：《中国资本市场效率实证分析——直接融资与间接融资效率比较》，《金融研究》2006 年第 6 期。

［85］柳季、马骥：《试论多层次资本市场体系的构建——以 NASDQ 为例》，《东北师大学报》（哲学社会科学版）2005 年第 2 期。

［86］〔美〕罗纳德·I. 麦金农：《经济发展中的货币与资本》，上海三联书店，1988。

［87］罗荣渠：《现代化新论》，北京大学出版社，1993。

［88］〔英〕迈克尔·帕金：《微观经济学》（第 8 版），张军译，人民邮电出版社，2009。

［89］孟猛：《金融深化和经济增长间的因果关系》，《南开经济研究》2003 年第 1 期。

［90］潘英丽：《全球视角的金融变革》，江西人民出版社，2000。

［91］庞晓波、赵玉龙：《我国金融发展与经济增长的弱相关性及其启示》，《数量经济技术经济研究》2003 年第 9 期。

［92］彭杰、熊海强：《河南省农村金融发展与经济增长关联性研究——基

于帕加诺 AK 模型的实证分析》，《商品与质量·学术观察》2011 年第
1 期。

[93] 彭小兵：《建设长江上游地区金融中心研究——以重庆为例构建区域
金融体系》，科学出版社，2010。

[94] 乔雅君：《河南省金融发展与经济增长关系的实证分析——基于动态
VAR 模型的解释》，《金融理论与实践》2010 年第 4 期。

[95] 冉光和、李敬等：《中国金融发展与经济增长关系的区域差异研究》，
北京大学中国经济研究中心经济发展论坛工作论文，2005。

[96] 饶余庆：《中国香港国际金融中心》，商务印书馆，1997。

[97] 史清华、黎东升：《试行"费改税"对农民负担的影响——以湖北监
利 178 户典型调查》，《华南农业大学学报》（社会科学版）2003 年第
2 期。

[98] 史永东、赵永刚：《中国证券市场非线性特征的实证分析》，第八届中
国管理科学学术年会论文集，2006。

[99] 世界银行：《1989 年世界发展报告：金融体系与发展》（中译本），中
国财政经济出版社，1989。

[100] 〔美〕斯蒂格利茨：《稳定与增长：宏观经济学、自由化与发展》，刘
卫译，中信出版社，2008。

[101] 〔美〕斯蒂格利茨：《自由市场的坠落》，李俊青等译，机械工业出版
社，2011。

[102] 〔美〕斯蒂格利茨、沃尔升：《经济学》（第 4 版），黄险峰、张帆
译，中国人民大学出版社，2010。

[103] 宋圭武：《农户行为研究若干问题述评》，《农业技术经济》2002 年
第 4 期。

[104] 谈儒勇：《中国金融发展和经济增长关系的实证研究》，《经济研究》
1999 年第 10 期。

[105] 汪三贵、朴之水、李莹星：《贫困农户信贷资金的供给与需求》，载
《农业经济与科技发展研究》，中国农业出版社，2001。

[106] 汪小亚：《农村金融体制改革研究》，中国金融出版社，2009。

[107] 王丹、张懿：《农村金融发展与农业经济增长：基于安徽省的实证研
究》，《金融研究》2006 年第 11 期。

[108] 王道云、武冰、刘华：《中国多层次证券市场的务实选择》，《银行

家》2004 年第 5 期。

[109] 王国刚：《建立和完善多层次资本市场体系》，《经济理论与经济管理》2004 年第 3 期。

[110] 王景武：《金融发展与经济增长：基于中国区域金融发展的实证分析》，《财贸经济》2005 年第 10 期。

[111] 王丽萍、霍学喜、邓武红：《西部地区农户资金借贷实证分析——以陕西省 248 户调查为例》，《中国农业大学学报》（社会科学版）2006 年第 3 期。

[112] 王敏玉、史元：《构建我国多层次证券市场体系的思路与对策》，《中国流通经济》2004 年第 2 期。

[113] 王曙光：《金融发展理论》，中国发展出版社，2010。

[114] 王松奇、徐义国：《多层次资本市场构想》，《税务与经济》2004 年第 4 期。

[115] 王苏生、谭建生等：《深圳建设金融中心研究》，人民出版社，2010。

[116] 王勇：《中国农民组织化回顾与反思：1978～2008 年》，《青岛农业大学学报》（社会科学版）2009 年第 1 期。

[117] 温思美、杨顺江：《论农业产业化进程中的农产品流通体制改革》，《农业经济问题》2000 年第 10 期。

[118] 吴晓求：《对当前中国资本市场的若干思考》，《经济理论与经济管理》2007 年第 9 期。

[119] 吴拥政、陆峰：《基于金融生态视角的区域金融发展与经济增长关系的实证分析》，《区域金融研究》2010 年第 5 期。

[120] 〔美〕西奥多·W. 舒尔茨：《改造传统农业》，梁小民译，商务印书馆，2003。

[121] 谢太峰、高伟凯等：《北京金融中心建设研究》，知识产权出版社，2011。

[122] 邢天才：《我国多层次资本市场体系的构建与发展思路》，《财经问题研究》2003 年第 3 期。

[123] 徐洪才：《论建立我国多层次资本市场体系的"9+1+1"模式》，《首都经济贸易大学学报》2004 年第 3 期。

[124] 〔以〕雅荣：《成功的农村金融机构》，世界银行论文交流，华盛顿特区，1992。

［125］〔以〕雅荣：《在建立健全的农村金融机构过程中政府职能的转变》，中国农村金融与信贷设施研讨会，法国巴黎，2003 年 10 月 13～14日。

［126］〔以〕雅荣等：《农村金融问题、设计和最佳做法》，中国农村金融研讨会阅读材料，2002 年 9 月 18～19 日。

［127］杨德勇等：《区域金融发展问题研究》，中国金融出版社，2006。

［128］杨胜刚、朱红：《中部塌陷、金融弱化与中部崛起的金融支持》，《经济研究》2007 年第 5 期。

［129］尹萃、栾光旭、张媛：《后过渡期的多层次资本市场构建》，《企业改革与管理》2005 年第 3 期。

［130］余永定等：《西方经济学》，经济科学出版社，1997。

［131］喻新安、刘道兴、谷建全等：《在实践中探索区域科学发展之路——河南以新型城镇化引领“三化”协调发展的认识与思考》，《中州学刊》2012 年第 3 期。

［132］〔美〕约翰·格利、爱德华·肖：《金融理论中的货币》，贝多广译，上海三联书店，1988。

［133］张凤超：《金融产业成长及其规律探讨》，《当代经济研究》2003 年第 10 期。

［134］张杰：《农户、国家与中国农贷制度：一个长期视角》，《货币金融评论》，2004 年第 6 期。

［135］张杰：《中国金融成长的经济分析》，中国经济出版社，1995。

［136］张文路、赵雪芹：《关于构建中国多层次化证券市场的分析与建议》，《金融研究》2004 年第 8 期。

［137］张幼文、干杏娣：《金融深化的国际进程》，上海远东出版社，1998。

［138］张元红等：《当代农村金融发展的理论与实践》，江西人民出版社，2002。

［139］赵勇、雷达：《金融发展与经济增长：生产率促进抑或资本形成》，《世界经济》2010 年第 2 期。

［140］赵振全、薛丰慧：《金融发展对经济增长影响的实证分析》，《金融研究》2004 年第 8 期。

［141］中国人民银行农户借贷情况问卷调查分析小组：《农户借贷情况问卷调查分析报告》，经济科学出版社，2009。

［142］中国现代化战略研究课题组：《中国现代化报告 2001》，北京大学出版社，2001。

［143］中国现代化战略研究课题组：《中国现代化报告 2003：现代化理论、进程与展望》，北京大学出版社，2003。

［144］周放生：《资本市场应构建金字塔式的体系》，《中国经济快讯周刊》2003 年第 6 期。

［145］周立、王子明：《中国各地区金融发展与经济增长实证分析：1978 ~ 2000》，《金融研究》2002 年第 10 期。

［146］周小斌、耿洁、李秉龙：《影响中国农户借贷需求的因素分析》，《中国农村经济》2004 年第 8 期。

［147］朱守银等：《中国农村金融市场供给和需求——以传统农区为例》，《管理世界》2003 年第 3 期。

［148］邹德文：《"量身定做"股权激励方式》，《科技创业》2007 年第 3 期。

图书在版编目（CIP）数据

中国区域金融发展的动力机制：以中原经济区为样本/史自力等著.
—北京：社会科学文献出版社，2013.4
（中国区域经济发展动力机制研究系列）
ISBN 978 - 7 - 5097 - 4243 - 3

Ⅰ.①中⋯ Ⅱ.①史⋯ Ⅲ.①区域金融－经济发展－研究－中国
Ⅳ.①F832.7

中国版本图书馆 CIP 数据核字（2013）第 014827 号

·中国区域经济发展动力机制研究系列·

中国区域金融发展的动力机制
——以中原经济区为样本

著　　者/史自力 等

出 版 人/谢寿光
出 版 者/社会科学文献出版社
地　　址/北京市西城区北三环中路甲 29 号院 3 号楼华龙大厦
邮政编码/100029

责任部门/经济与管理出版中心　　　　　责任编辑/冯咏梅　张景增
　　　　　（010）59367226　　　　　　　　　　　　陶璇
电子信箱/caijingbu@ssap.cn　　　　　　责任校对/李　立
项目统筹/恽薇　　　　　　　　　　　　责任印制/岳　阳
经　　销/社会科学文献出版社市场营销中心（010）59367081　59367089
读者服务/读者服务中心（010）59367028

印　　装/三河市尚艺印装有限公司
开　　本/787mm×1092mm 1/16　　　　印　　张/24
版　　次/2013 年 4 月第 1 版　　　　　字　　数/417 千字
印　　次/2013 年 4 月第 1 次印刷
书　　号/ISBN 978 - 7 - 5097 - 4243 - 3
定　　价/75.00 元